2018广西财经学院博士科研启动基金"基于SAAS云平台即时型绩效游戏系统构建与应用实践研究"（K9-9999-15-00-00-015）；本教材由广西财经学院管理科学与工程课程建设经费资助。

U0724067

房地产市场分析

狄振鹏　主编

沈阳出版发行集团

沈阳出版社

图书在版编目（CIP）数据

房地产市场分析 / 狄振鹏主编. — 沈阳：沈阳出版社，2021.1

ISBN 978-7-5716-1565-9

Ⅰ.①房… Ⅱ.①狄… Ⅲ.①房地产市场－市场分析 Ⅳ.①F293.35

中国版本图书馆CIP数据核字(2021)第021095号

出版发行：沈阳出版发行集团 ｜ 沈阳出版社
（地址：沈阳市沈河区南翰林路 10 号　邮编：110011）

网　　　址：http://www.sycbs.com

印　　　刷：定州启航印刷有限公司

幅面尺寸：170mm×240mm

印　　　张：22

字　　　数：455 千字

出版时间：2021 年 1 月第 1 版

印刷时间：2021 年 11 月第 1 次印刷

责任编辑：周　阳

封面设计：优盛文化

版式设计：优盛文化

责任校对：李　赫

责任监印：杨　旭

书　　　号：ISBN 978-7-5716-1565-9

定　　　价：89.00 元

联系电话：024-24112447

E－mail：sy24112447@163.com

编委会

主　编：狄振鹏

副主编：王珍莲　李世美　刘　昀

委　员：蔡利民　范　红　郭堂辉　贺　清

　　　　郭福良　黄　毓　杨富源

协助小组成员：杨　灵　林雨心　杨正优

　　　　　　　郭桂梅　李　雯　谭智科

　　　　　　　苏代冬　袁治祥　蒙海法

　　　　　　　梁耀臻

前　言

　　房地产专业是为了顺应中国房地产市场的迅猛发展势头，高等院校开设的相对比较全新的专业。从 1998 年国家开设推行住房制度市场化改革以来，房地产市场越来越成为国民经济的支柱产业，显著改善了社会民生、城镇风貌、经济增长和扩大就业，尤其是对老百姓生活品质、幸福指数的影响也越来越大，房地产市场问题也引起了全社会的普遍关注，常常成为全民讨伐和媒体报道的焦点，房价的波动实在是牵动着十几亿中国人民的心。

　　中国房地产市场发展也就是大约 20 多年的历史，与西方发达国家 100 多年发展、相对比较成熟的房地产市场相比，中国的房地产领域从开发、管理到营销、服务等等，都有比较大的差距。高等院校的房地产专业课程建设也显得比较稚嫩和初级，在专业课程教学时选择使用教程就发生了诸多困难，以本课程《房地产市场分析》为例：一方面是近 20 年前出版的教程，有部分内容已经明显过时，而且出版社也没有库存的教材，另一方面是经过翻译的西方教材（美国教材较多），显然不适合国内的实际情形，很多国外的案例、政策环境、行业管理与中国完全不同，可以作为参考资料，但作为专业教材就不太合适，以至于掉入没有合适专业教材可选的窘境。因此，在广西财经学院各级领导的关心和支持下，房产系组织教师等专业力量进行编写本专业教材，主要是为了解决房地产专业教学过程中，专业教材比较缺乏、不少专业教材出版年代久远，已经不适应当下的市场情况等等问题。

　　本书配套课程《房地产市场分析》是房地产市场营销体系中的前期重要基础和关键环节，属于是市场营销决策前的情报收集和整理分析工作。房地产企业只有在对市场环境进行充分研究分析的基础上，才可以进行产品、价格、分销渠道和促销的进一步规划和决策。本书的核心主体内容与房地产前期策划、房地产市场营销的部分内容有交叉重叠现象，起到了继续巩固和相互支撑作用，共同构成了房地产市场营销管理的理论基础和整体结构体系。

　　本书每一章的标题为：第一章 房地产市场分析导论；第二章 房地产经济环境分析；第三章 房地产政策和规划环境分析；第四章 房地产总体趋势分析；第五章 房地产项目市场分析；第六章 房地产竞争产品分析；第七章 房地产客户研究分析；第八章 房地产市场调研分析；第九章 房地产目标市场分析；第十章 商品住宅市场分析；第十一章 写字楼市场分析；第十二章 商铺分析。

　　本书的主要特色是：紧跟新时代房地产发展的新形势，从房地产市场持续高速增长 20 年之后，房地产市场进入了稳健成长阶段，疯狂暴涨的时代已经过去，平稳健康的时代已经来临，加上中央多次强调的"房住不炒"的高度精神，以及强调不会用房地产市场来刺激经济增长的手段，房地产业也开始进入了新时代。地方政府和中央对房地产市场进行调控的决心和手段都不会轻易松懈，把新时代的新趋势和新要求体现在本书内容中是本书紧跟时代的特色。同时，本书是吸收和融合了国内外房地产行业同类教材、专业书籍和业内资料等各种内容基础上进行编撰而成，正所谓是站在前人的肩膀上，博采众长、汇聚精华。在此，我们向房地产市场行业的前辈和同行们表示致敬！正是一代一代房产人的共同努力、潜心研究和智慧的结晶，才汇集成本书的小小成果。

本书是实践应用型专业课程的编著类教材，可作为房地产经营管理、工程建设与管理等专业的本科教材，也可以作为相应专业研究生及房地产领域从业者、房地产行业管理者的参考用书。本书的使用和教学建议：1）本书为专业课教师配套有教学用PPT，为方便教学可以使用本教材的专用PPT。2）建议配套本书的专业课程教学可分为16个教学周，针对十二章内容可以每周讲授一章内容，再增加1-2次的现场项目的踩盘教学（二周），最后一周进行课程总结、复习和测试环节。3）建议运用本书时，尽量把理论教学与项目现场实践教学相结合，除了结合本书提供的部分工作案例进行分析之外，还可以运用本书编著教学团队正在探索尝试的"慕课＋项目"双螺旋翻转教学法，除了线上慕课自主学习、课堂翻转练习之外，还可以分团队小组（工作坊）与房地产企业的实际楼盘项目相结合，把企业项目案例的实际问题引入到教学课堂，针对实际建设项目的情景问题并进行翻转式训练，让学生能够运用所学理论知识和方法技能来提供实际工作问题的解决方案，这样知行合一、产教融合，可以取得应用型专业课程教学的最佳效果。

本书的编辑委员会构成：编委会主编：狄振鹏，副主编：王珍莲、李世美、刘昀。

编委会委员：蔡利民、范红、郭堂辉、贺清、郭福良、黄毓、杨富源。本书能够顺利编撰完成，同时也离不开我的学生研究小组成员的大力协助，研究小组成员有：杨灵、林雨心、杨正优、郭桂梅、李雯、谭智科、苏代冬、袁治祥、蒙海法、梁耀臻，正是有了他们协助收集资料、查看文献、录入文字、图表制作和后期文字整理，本书才能够顺利完成，再次也对他们的努力付出表现诚挚的感谢。

本书编撰时间匆忙，尽管是大家在业余时间能够共同协作、努力付出，希望尽量减少瑕疵，由于专业程度和时间方面有限，相信在专业水准和内容精准方面一定存在着不少值得修改完善之处，希望同行和读者提出宝贵意见，以利于后期再版时继续改进和完善。

编者

2019 年 12 月

目 录

第一章 房地产市场分析导论 ·· 1

    第一节 房地产及房地产市场基本概况 ·························· 1

    第二节 房地产市场分析的基本思路 ···························· 7

    第三节 房地产市场分析的内容、类型和特征 ···················· 9

    第四节 房地产市场分析的现实意义 ··························· 12

    第五节 我国房地产市场分析的发展 ··························· 15

第二章 房地产经济环境分析 ·· 26

    第一节 宏观经济环境 ······································· 26

    第二节 房地产产品供求形势和政策变化对房地产业的影响 ········ 31

    第三节 经济周期与房地产业市场的关系 ······················ 32

    第四节 如何去撰写一份市场分析报告 ························· 43

第三章 房地产政策和规划环境分析 ·································· 48

    第一节 房地产政策分析 ····································· 48

    第二节 房地产政策对房地产市场供求的影响 ··················· 52

    第三节 房地产规划影响分析 ································· 54

第四章 房地产市场总体趋势的分析 ·································· 66

    第一节 房地产市场供求关系变动的机制与房地产价格 ············ 66

    第二节 市场行情波动的分析方法 ····························· 71

    第三节 价格指数在房地产市场行情分析中的应用 ··············· 77

第五章　房地产项目市场分析 ································· 88

　第一节　房地产项目的特性分析 ························· 88

　第二节　房地产项目客户群分析 ························· 92

　第三节　房地产专业市场项目的自身情况分析 ··· 97

　第四节　房地产项目自身分析 ··························· 99

　第五节　房地产项目 SWOT 分析 ··················· 109

　第六节　房地产项目产品规划分析 ················· 113

　第七节　评价房地产项目及竞争对手的方法 ····· 115

第六章　房地产竞争产品分析 ························· 125

　第一节　竞争产品分析内容及流程 ················· 125

　第二节　房地产项目竞争对手分析 ················· 128

　第三节　房地产市场基本竞争战略 ················· 133

　第四节　不同类型房地产开发商的市场竞争战略 ··· 137

第七章　房地产客户研究分析 ························· 152

　第一节　客户分类 ··· 152

　第二节　客户分析与产品定位 ························· 161

　第三节　客户分析与营销策略 ························· 172

　第四节　客户信息收集与管理 ························· 173

　第五节　客户需求分析 ··································· 183

　第六节　客户身份形象 ··································· 189

第八章　房地产市场调研分析 ························· 195

　第一节　房地产市场调研概述 ························· 195

　第二节　房地产市场调研的操作流程 ··············· 210

　第三节　房地产市场调研数据的分析方法 ········· 214

　第四节　房地产市场调研报告 ························· 220

第九章　房地产目标市场分析⋯⋯⋯⋯⋯⋯⋯⋯⋯⋯⋯⋯⋯⋯⋯⋯⋯⋯⋯ 239

　　第一节　房地产目标市场概念⋯⋯⋯⋯⋯⋯⋯⋯⋯⋯⋯⋯⋯⋯⋯⋯⋯⋯ 239

　　第二节　房地产市场细分⋯⋯⋯⋯⋯⋯⋯⋯⋯⋯⋯⋯⋯⋯⋯⋯⋯⋯⋯⋯ 240

　　第三节　房地产目标市场选择⋯⋯⋯⋯⋯⋯⋯⋯⋯⋯⋯⋯⋯⋯⋯⋯⋯⋯ 248

　　第四节　房地产目标市场战略⋯⋯⋯⋯⋯⋯⋯⋯⋯⋯⋯⋯⋯⋯⋯⋯⋯⋯ 250

第十章　商品住宅市场分析⋯⋯⋯⋯⋯⋯⋯⋯⋯⋯⋯⋯⋯⋯⋯⋯⋯⋯⋯⋯ 262

　　第一节　商品住宅市场的特征⋯⋯⋯⋯⋯⋯⋯⋯⋯⋯⋯⋯⋯⋯⋯⋯⋯⋯ 262

　　第二节　商品住宅市场细分⋯⋯⋯⋯⋯⋯⋯⋯⋯⋯⋯⋯⋯⋯⋯⋯⋯⋯⋯ 264

　　第三节　商品住宅市场供求分析⋯⋯⋯⋯⋯⋯⋯⋯⋯⋯⋯⋯⋯⋯⋯⋯⋯ 271

　　第四节　商品住宅市场需求分析⋯⋯⋯⋯⋯⋯⋯⋯⋯⋯⋯⋯⋯⋯⋯⋯⋯ 275

　　第五节　商品住宅市场供给分析⋯⋯⋯⋯⋯⋯⋯⋯⋯⋯⋯⋯⋯⋯⋯⋯⋯ 281

　　第六节　住宅市场供给结构的分析方法⋯⋯⋯⋯⋯⋯⋯⋯⋯⋯⋯⋯⋯⋯ 285

　　第七节　商品住宅市场的竞争性分析⋯⋯⋯⋯⋯⋯⋯⋯⋯⋯⋯⋯⋯⋯⋯ 288

第十一章　写字楼市场分析⋯⋯⋯⋯⋯⋯⋯⋯⋯⋯⋯⋯⋯⋯⋯⋯⋯⋯⋯⋯ 291

　　第一节　写字楼市场供给预测⋯⋯⋯⋯⋯⋯⋯⋯⋯⋯⋯⋯⋯⋯⋯⋯⋯⋯ 291

　　第二节　写字楼租赁市场⋯⋯⋯⋯⋯⋯⋯⋯⋯⋯⋯⋯⋯⋯⋯⋯⋯⋯⋯⋯ 293

　　第三节　写字楼和工业物业开发⋯⋯⋯⋯⋯⋯⋯⋯⋯⋯⋯⋯⋯⋯⋯⋯⋯ 297

　　第四节　写字楼开发的需求分析⋯⋯⋯⋯⋯⋯⋯⋯⋯⋯⋯⋯⋯⋯⋯⋯⋯ 304

　　第五节　写字楼物业的供给分析⋯⋯⋯⋯⋯⋯⋯⋯⋯⋯⋯⋯⋯⋯⋯⋯⋯ 307

第十二章　商铺分析⋯⋯⋯⋯⋯⋯⋯⋯⋯⋯⋯⋯⋯⋯⋯⋯⋯⋯⋯⋯⋯⋯⋯ 313

　　第一节　商铺与商铺投资⋯⋯⋯⋯⋯⋯⋯⋯⋯⋯⋯⋯⋯⋯⋯⋯⋯⋯⋯⋯ 313

　　第二节　商铺的类型⋯⋯⋯⋯⋯⋯⋯⋯⋯⋯⋯⋯⋯⋯⋯⋯⋯⋯⋯⋯⋯⋯ 315

第一章　房地产市场分析导论

　　学习房地产市场分析，首先就是要对房地产的专业知识进行系统的梳理和知会，并且要对房地产市场行业状况有一个基本了解，以使我们清楚自己的学习任务和努力的目标，对房地产市场分析有一个基本思路，对于往后的学习和理解打下更好的基础，这也是本章撰写的目的所在。本章从房地产市场分析的基本思路入手，给读者和学习者一个房地产市场分析的初步认识和思路历程，然后介绍房地产市场分析的基本内容，把房地产市场分析中基本的方法、步骤、程序等进行一个总体的概述，最后分析房地产市场分析的现实意义，我们做一份房地产市场分析到底有什么用？房地产市场分析的主体是谁？客体是谁？房地产市场分析从宏观经济来分析还是微观经济入手？房地产市场分析有什么作用？这些问题都将在本章得到解答。

第一节　房地产及房地产市场基本概况

　　房地产的定义，从广义上讲，是房产与地产的总称，指国家、集体及个人所拥有的房屋和土地。就中国目前房地产业的业务范围而言，它包括归国家所有的城镇生产性或非生产性用地，以及附着在其上的城镇生产、生活用建筑和辅助设施和对这些建筑、辅助设施的管理等。农村生产用地、用房及宅基地等不属于城市房地产业的业务范围。国家有偿征用农村土地用于城镇建设时，只有所有权转让过程结束后，才纳入城市房地产的经营范围。同其他商品一样，房地产作为商品也只有通过市场流通渠道进行出租或出售，才能最终转移到消费者手中，房地产市场也因此成为社会主义市场体系中的一个重要组成部分。房屋与土地反映的是物质的属性与形态，而房产和地产则体现着相应的关系。房地产区别于其他商品的物理特征包括固定性、单件性、耐久性、有限性等特点，它的价格要借助房产价格体现出来。房地产开发周期长、投资大，房地产投资的流动性相对较差。在一般情况下，拥有房地产不仅能够有效地保

1

值，而且能够获得增值。从这一角度来说，房地产具有资本品和消费品的双重属性，鉴于房地产是一种特殊的商品，房地产市场也就因此具有特殊之处，对房地产市场进行管理、调控也带有许多特殊性。下面描述一下房地产市场的分类、特点、功能及作用等。

一、房地产市场的类型、主体与客体、特点

所谓房地产市场（不动产市场），可以从狭义和广义两个方面来理解。从狭义上说，房地产市场是房地产交换的场所；从广义上说，房地产市场是房地产交换关系，即房地产全部流通过程的总和。要了解房地产市场的发展和运行情况，进而掌握房地产市场的规律和运行原则，除需要弄清楚房地产市场的含义外，首先我们还必须对房地产市场的类型有一个正确的认识，这也是进行理论研究和实践操作的基础和前提。

（一）房地产市场的类型

现阶段中国房地产市场的类型，根据其组成可以分为房产市场、地产市场、房地产金融市场、房地产劳务市场和房地产技术信息市场五种类型。

1.房产市场

通过买卖和租赁两种交换形式，将房屋出售或出租出去，就形成了房屋的买卖市场和租赁市场，所谓买卖市场是指通过买卖这种形式实现房屋产权关系全部转移的房产市场。这种市场的参与者包括房产公司、企事业单位和居民个人，交易对象包括居住用房、商业营业用房、办公用房及其他用房，其特点是产权关系全部由一方转移到另一方。所谓租赁市场是指通过租赁这种形式，将房屋出租出去，从而实现产权关系部分转移的房产市场。这一市场的参与者也是房产公司、企事业单位和居民个人，交易对象包括居住用房、商业营业用房、办公用房及其他用房等。其特点之一是产权关系发生分离，一般是所有权归原房产出租者，使用权归房产承租者；特点之二是产权分离受到时间的限制，随租期长短而定。

2.地产市场

这是房地产市场中的另一个主要组成部分，它分为地产一级市场和地产二级市场两种形式。城市地产一级市场即城市土地出让市场。在这一市场上，各级政府代表国家这一所有权主体将指定地段通过招标、拍卖、协议等形式提供给开发者（即受让者），开发者一次性支付出让期内享有的土地使用权的出让费用。城市地产一级市场具有国家垄断的显著特征。因为《中华人民共和国宪法》中明确规定："任何组织和个人不得侵占、买卖或以其他形式非法转让土地。"这样，土地所有权便具有了只属

于国家的特定主体性。城市地产二级市场即房地产转让市场，是指土地在一级市场上出让后，受让者将土地通过一定的投资过渡，再转让给其他土地或房屋需求者。

3.房地产金融市场

房地产金融市场是指通过商业银行的房地产信贷部、证券公司等其他金融机构，采用信贷、发行股票、期票和债券，或者按揭和期货预售等方式，为房地产买卖和租赁活动融通资金而形成的辅助性的金融市场。在房地产金融市场中，特别值得一提的是房地产抵押市场，这种市场是指房地产的所有者以其拥有的房产或土地使用权为抵押物，向金融机构或他人取得借款的房地产交易市场。

4.房地产劳务市场

房地产劳务市场是指为房屋住户和用户提供房屋修缮、加固、改造、危房鉴定、方案设计、室内外装修、房屋附属建筑和设备的维修、房屋管理及经纪人活动等综合服务的房地产辅助市场。

5.房地产技术信息市场

房地产技术信息市场是指围绕房地产业务和技术咨询、房地产租赁和买卖行情及有关资料等所形成的供需市场。房地产市场愈是向广度、深度发展，这一市场的作用就愈不能忽视。

（二）房地产市场的主体与客体

在房地产市场中有两个不可缺少的要素，这就是房地产市场的交易主体与客体。房地产市场的交易客体主要是指作为房地产市场交易标的物的房产和地产。一般来说，房地产市场的交易主体可以分为以下几类。

供应方，即向市场投放房地产的一方。它主要包括房地产开发公司、房地产经营管理单位及出售和出租私房的个人。

需求方，即从市场获得房地产的一方。它主要包括购买或承租房地产的法人和个人。

融资方，即以资金投入保证房地产市场成功运作的一方。它包括国家、银行、企事业单位、社会团体和个人。

代理方，即指房地产代理经营中的中介机构和房地产经纪人。他们主要从事经营活动，提供信息和咨询服务等。

（三）房地产市场的特点

作为一个相对独立的市场系统与其他商品市场相比，房地产市场还具有以下几个特点。

1. 房地产市场的城市性

房地产业是从事房地产开发、经营、管理、服务的行业，所以深受人口城市化的影响，导致房地产市场也具有较强的城市性。房地产业务主要集中在城镇中。在农村，房地产业务是很少的，有时有的地方甚至根本不存在。而在城镇，则存在许多房地产开发和经营业务，而且城镇越大，工业化程度越高，人口流动越大，人口分布越密，对土地及生产用房、经营用房和住宅等各类房产的需求就越大，房地产市场就越发活跃，发育程度就越高。统计数据表明，房地产业务95%集中在城镇中，其中又有60%以上集中在大城市中。

2. 房地产市场的区域性

由于房地产是不动产，位置上具有固定性，再加上房地产商品所处的城市区域不同（区域不同将导致土地等级的差别和地理位置的差别），在中国，由于人口分布极度不均匀，区域经济发展也不协调，当地居民消费水平不同，区域经济发展状况不同，其市场供求状况和价格水平也必然会产生很大的差别，因而房地产供求状况和价格水平具有明显的区域性落差。

3. 房地产市场的垄断性

在城市里，无论是土地的一级出让市场，还是土地的二级转让市场，作为商品出售的只是土地的使用权，而土地的所有权仍然为国家所掌握。《中华人民共和国宪法》规定：城市的土地属于国家所有，任何组织或者个人不得侵占、买卖或者以其他形式非法转让土地。也就是说，除国家可以依法征用集体所有制土地外，城市土地的所有权是不能发生转移和进行买卖的。因此，在以土地作为交易客体的地产市场上，其经营必然是国家控制的垄断性经营。

4. 房地产市场的统一性

这种统一性是指房地产市场的融合性。房屋所有权的转移必然导致与之相适应的土地使用权的相应转移，这是因为对于房产来说，土地是它的载体，是它的一个重要组成部分。同样的道理，因为房产是地产的附着物，土地若到期收回，其地上建筑物也将随之收回，因而可以说，随着城市土地的开发建设，房产、地产已统一为一体。

5. 房地产市场供给的稀缺性

由于土地是不可再生的稀缺性资源，房产也必然是相对稀缺的（因为如上所述房产与地产是统一融合的）。所以，从根本上来说，房地产市场是一个供给有限、稀缺的市场。随着社会的不断发展，经济增长和城市化使城市人口激增，这样不论从生产角度来说，还是从生活角度来说，对土地的需求量都在日益增加。但是，土地的供给数量基本上是个恒定的常量，愈加凸显了房地产的稀缺性。

二、房地产市场的功能

市场作为商品的交易场所和商品经济的一种调节机制，它具有进行商品交易和提供信息的功能。而房地产市场作为统一的市场体系中一个重要的组成部分，它的功能有以下两点。

（一）为参与者提供交换场所和交换机会

房地产生产者必须到市场上去出售房地产。而房地产消费者为了满足居住和生产经营的需要，也必须去市场购买或承租自己所需要的房地产。房地产的价格高低及利用情况取决于它的物理特征和地理位置，而交换功能的内容不仅仅是出售和购买，还包括租赁和互换。

（二）为参与者提供所需的经济信息和技术信息

房地产的开发企业、设计者、建造商、管理者、估价人员和经纪人员等房地产活动参与者都需要使用有关房地产出售、租赁和互换的信息，作为进行投资、设计、招投标、经营管理和评估决策等活动和工作的依据。例如，房地产开发商作为投资者要通过市场了解房地产的供求关系及其变化趋势，以决定投资与开发量的大小；同时要了解房屋售价与原材料、劳动力价格及土地使用费等信息，以加强管理，控制成本开支，增加利润收入。房地产开发设计者要通过市场了解买方和承租方的要求，不断改进设计方案，调整产品结构，以适应消费者的要求。房地产建造商要根据市场上各种建筑材料的价格变化确定自己的标底。房地产管理者需根据市场价格信息和需求量的大小来确定租金水平。房地产经纪人则需根据市场价格信息和供求关系向顾客提出建议并收取相应租金。

三、房地产市场的作用

在适当的条件和外力推动下，房地产市场对于国民经济将产生诸多现实效用。归纳起来，房地产市场的主要作用如下。

（一）促进房屋生产的产业化和住宅消费的商品化

房屋的生产必须借助于房地产市场的活动才能不断向深度和广度发展，房地产的投资才能得以回收，房地产生产、建造过程才能得以重新开始并连续进行，生产者和消费者也能在房地产市场中得到相应的信息反馈，引导房地产按社会消费的需要发展，终止了过去福利化的住宅制度，以供求关系来决定买卖价格和租赁价格，使房地产具有更为明显的商品属性。

（二）促进居民消费结构的优化

改革开放前，住宅制度主要是福利分房，统一建设公平公开分配使用，这种情况导致中国居民消费结构呈现出畸形状态，住房消费支出在整个家庭消费支出中所占比重很小。改革开放后，开放和发展房地产市场，把居民消费引导到住房消费上，使居民在住房方面的支付能力相应提高，通过购买和承租的方式较好地改善居住条件，缓解住房紧张的矛盾，从而使沉淀的住房投资运动起来，实现住房建设和消费之间的良性运转。

（三）促进中国产业结构的合理化

随着中国产业结构的调整及住房制度、土地制度的改革和发展，房地产业逐渐成长起来，成为发展潜力巨大的新兴产业。由于房地产业具有较强的前后关联和侧向关联作用，它的发展可以带动一大批产业的发展，例如，绿植园林业、物流运输业、配套商业、服务业、旅游业和金融业等产业发展，推动中国第三产业发展，同时也能推动建筑、钢材、砂石等第一产业和第二产业发展，促进产业结构优化升级。房地产市场的发展将促进房地产金融市场、建筑市场、建材市场及其他消费和服务市场的发展，从而促进中国市场体系的完善，所以它的存在将引导整个国民经济在产业结构上向更合理的方向发展。

（四）调节城市房地产供求量的平衡关系

在房地产市场建立以前，城镇住房几乎是无偿使用的，住房需求不受支付能力的限制，居民对于房地产没有过多需求，这种需求是很难通过增加住房供给来满足的。在住房分配过程中也经常出现按权力、地位、人际关系分配的不公平现象。在房地产市场建立和发展起来以后，住房在适当考虑福利因素的情况下，主要按支付能力进行分配，需求就演变为需要有支付能力的需求，使住房需求日趋合理化，住房分配不公现象也大大减少。同时，在房地产市场中，房价、房租水平的提高将增加投资的回收，刺激各经济主体建设开发房地产的积极性，增加住房的有效持续供给，房地产供给的增加就会缩小住房需求的缺口，十分有力地改善了供求关系，从而实现住房供求的平衡。

第二节　房地产市场分析的基本思路

一、常见的房地产市场分析思路

房地产市场分析所涉及的内容非常复杂，从每个角度出发都可能研究发展出一些有用的市场信息。但是，由于预算的限制、时间的约束及资料的缺乏，任何一次房地产市场分析都不可能是无懈可击、完美无瑕的。目前的房地产市场分析的文章及房地产顾问公司的房地产市场分析报告中，都存在着思路不严密、现象不完整的问题，让房地产市场分析的可信程度大打折扣。

在实际的房地产市场分析过程中，一般有以下几种房地产市场分析模式。

（一）比较法模式

分析者主要是运用房地产估价的方法，与可比案例进行比较、修正，用来估计目标物业的房地产市场价格，然后在这个基础上进行项目的财务现金流分析。

（二）假设开发模式

假设房地产市场将有某种发展走势，例如，租金按某个速度增长，空置量估计将是某个水平等，然后估计目标物业未来的价格。

（三）现状类推模式

通过对整个市场现状的分析，可以发现什么类型的物业成交量最大，然后假设项目所在的市场与宏观市场同构，而且假设市场条件未来仍将继续，由此给开发商提出开发项目的建议。

二、市场信息的具体内容

市场信息包括三个层次（地区市场、专业市场和项目市场）、两个方面（供给和需求）、三个时段（过去、现在和未来）和五个基本影响因素（经济、人口、区位、地点和文化），具体说明如下。

（一）三个层次

地区市场是影响所有类型房地产市场行情的市场环境，它包括所有类型的物业，因而也叫作地区房地产市场。如果把地区房地产市场作为研究对象的话，那么影响因素就不只限于房地产业的范围，还包括一个地区的总体经济发展速度及产业结构，如地区经济发展的速度、人口的增长、收入的增长及就业等方面的影响。

专业市场是指按照物业的基本类型分类的市场环境，如写字楼市场、住宅物业市场、商业物业市场等。那些只对某种类型的房地产市场行情有影响的条件和因素，就构成了专业物业市场环境。如房改政策可能直接影响住宅的供给与需求；城市的功能规划也可能使城市的某个地段的写字楼成片地开发。

项目市场是指委托人委托顾问进行研究的物业市场环境，它多数情况下是开发商正准备开发的项目，或准备投资的一块土地等。个案项目是市场分析的最终的目标层，它要以上述分析作为依据，再加上对项目个案有直接影响的因素的分析，如项目所在地点的自然环境和条件等。

（二）两个方面

市场分析的主要任务就是分析供给与需求，分层次地分析各种影响因素，实质上就是要分析供求的变化。所以每个层次的分析都应包括两个方面，任何影响因素都会直接和间接影响房地产的供给和需求。例如，在地区市场上，第三产业的增长、外资企业的增加，显然会有利于写字楼市场上需求的增长；再如，在项目的所在区域，有无重要的道路建设规划，也会直接影响项目的吸引力范围和客流的数量。

（三）三个时段

对一个项目的市场分析，看起来是对市场的某个时间点的状况进行判断，但它必须是在对市场进行长期跟踪的基础上进行判断。所以在进行市场分析时，一定要有历史的概念。了解市场发展变化的来龙去脉，才能正确判断每个变动的影响力。

（四）五个影响因素

严格地说，对房地产市场造成影响的因素可能来自各个方面，其中主要来自经济、人口、区位环境、地点的自然条件及法律、人文心理方面。各个方面的因素构成了项目物业所在的市场环境。因此要认识项目物业所在的市场环境，就要考察这五个方面的变动及其影响。

以上的框架，大体上覆盖了市场分析时所要关注的各种信息。其中任何一种信息的分析都可以认为是整体思路的一个步骤。当然并不是说每一步骤都必须由房地产市场分析人员亲自去做，也并非每个项目都要自始至终地完成每一步的分析。

三、房地产市场分析的层次

房地产市场分析由于深度与内容侧重点上的不同要求，可分为以下三个层次的分析，每一后续的分析可建立在前一层次分析所提供的信息基础之上，它们之间有逻辑联系。

（一）区域房地产市场分析

区域房地产市场分析是市场研究区域内所有的物业类型及总的地区经济，对总的房地产市场及各专业市场总供需情况的综合分析。它侧重于地区经济分析、区位分析、市场概况分析等内容。

（二）专业房地产市场分析

专业房地产市场分析是对市场研究区域内专业市场（住宅、商业或工业物业）或专业子市场的供需分析，是在前一层次分析的基础上，对特定子市场的供需情况进行单独的估计和预测。它侧重于专业市场供求分析内容。

（三）项目房地产市场分析

项目房地产市场分析是在前两个层次的基础上，对特定地点、特定项目作竞争能力分析，预测一定价格和特征下的销售率及市场占有率情况，对项目的租金及售价、吸纳量及吸纳量计划进行预测。它侧重于项目竞争能力分析等内容。

第三节　房地产市场分析的内容、类型和特征

一、房地产市场分析的内容

房地产市场分析的对象和内容较为复杂与多样，在这里我们将它归纳为六项主要内容。但是各类房地产市场分析由于要求的标准和侧重点不尽相同，所包含的内容也不可能完全相同，有的可能只包含其中的几项。

1. 地区经济分析：是研究地区的经济环境，它包含地区经济的基本趋势分析和地区基础产业的发展趋势分析。房地产市场分析可采用政府和相关计划部门等机构对地区经济情况的研究结果，而不必对地区经济情况作完全分析。

2. 区位分析：某地点的最佳使用方式分析，它是进行投资决策时的主要分析内容。它要对项目地块所在的区位与附近类似的区位进行比较，在横向和竖向进行系统的科学的比较；在有两个或两个以上的可选使用方式时，就要对每一种可能的用途进行分析比较。

3. 市场概况分析：包含两个方面，一是对地区房地产各类市场总的概况分析；二是把项目及其所在的房地产市场放在整个地区中，考察其权重和基本状况，分析人口

数量、教育程度、公共政策、基础设施、经济、法律、交通通达性等方面是否支持该项目。

4.房地产专业市场供求分析：包含三个方面，一是根据潜在客户需求的来源及竞争项目的的所在地，确定需要进行房地产市场分析的研究区域；二是细分市场，对房地产产品进行细分和消费客群细分；三是分析房地产市场下各细分结构中的供需关系，找出细分结构中存在或者可能存在的供需缺口。

5.项目竞争分析：包含三个方面，一是分析目标房地产市场中的法律、经济、区位、交通通达性等特征；二是根据目标房地产的特征选择、调查竞争房地产项目；三是进行横向和纵向的房地产项目竞争评价，确定目标房地产的竞争特点及优劣势，通过数据或者预测一定价格和特征下项目的销售率及房地产市场占有率。

6.敏感性分析：测定房地产市场中关键参数的相关敏感性。确定房地产分析结果适用的区域范围和类别范围，指出房地产市场分析面对的不确定性。测定房地产市场中关键参数变动范围，对房地产市场分析中的关键性假设，测定它在确保房地产目标项目满足投资要求的前提下，允许做出相应变动的范围。

二、房地产市场分析的类型

由于房地产市场分析的委托房多种多样，委托分析的目的也多种多样，因此实践中房地产市场具有许多具体的类型，概括起来主要有以下类型。

（一）项目房地产市场分析

即为了确定一个房地产项目的竞争能力、市场吸纳量、吸纳率和吸纳速度而进行的房地产市场分析。这种类型的房地产市场分析服务一般是由房地产开发商提出的。

（二）片区房地产市场分析

对一个片区的各类房地产综合市场表现进行分析。这类房地产市场分析服务的需求者有房地产开发商、政府。当房地产开发商提出这种服务需求时，往往是为对其拟购地块进行投资分析；当政府提出这种服务需求时，往往是为了进行片区开发（如旧城改造）和片区规划的需要。

（三）地区房地产市场分析

地区房地产市场分析是指对一个城市或包含数个城市的区域房地产市场所进行的分析。这种房地产市场分析服务的需求者可能是政府，也可能是房地产开发商。当政府提出这种服务需求时，是为了对房地产市场进行监管的需要；当开发商提出这种服务需求时，一般是为了寻找投资机会，或为某个大型的房地产项目进行市场分析的需要。

（四）某类房地产市场分析

即对某一类物业的供给、需求和价格的状况及发展趋势进行分析。进行这种分析的房地产类别的大小，由委托方的需要来确定，如住宅类的房地产可以单独分析别墅市场、高档公寓市场、普通住宅市场。这种类型的房地产市场分析服务需求，一般是房地产开发商在打算进入某个细分市场而提出的。

（五）针对某问题的房地产市场分析

为了某个特定目的或解决某个特定问题而进行的房地产市场分析。例如，为了改善租售业绩而调整房地产产品所进行的房地产市场分析，为了使贷款银行或投资方相信项目可行而进行的房地产市场分析，为了政府进行大型基础设施或公共服务配套设施建设而进行的房地产市场分析。

三、房地产市场分析目的与特点

（一）投资决策中的房地产市场分析

房地产项目投资决策的目标是开发或投资满足目标收益要求的房地产项目，决策中最重要的问题是投资地点的选择和投资机会的把握，它要做的是项目房地产市场分析。其中，置业投资决策要确保项目的经济能力，分析市场前景及项目租金预测。开发投资决策要决定市场需求和寻找市场机会，选择正确的位置、合适的开发时间，以保证项目完成后有良好的市场需求。

（二）项目融资中的房地产市场分析

房地产项目融资中要对项目进行市场评估，以预测项目的销售收入，作为衡量贷款还款的主要来源。在融资过程中，开发商需要房地产市场分析作为项目可行性分析的一个重要部分提供申请贷款的理由。金融机构借助房地产市场分析的结果来评估项目的投资潜力，确保贷款和投资有一个好的市场基础，确保项目的经济能力，作为贷款项目选择的重要依据。

（三）房地产证券化中的房地产市场分析

在房地产证券化过程中，房地产市场分析的目的是帮助评估师合理确定抵押物的价值，帮助证券商进行市场定性、确定抵押物组合、为房地产证券定价等，为投资者提供抵押对象的完备信息，反映抵押对象的质量及市场预期回报。作为投资者选择证券类型的依据；为政府担保方及评级机构提供房地产的市场前景分析，作为分析证券实际价值的参考，并为进行证券结构控制提供依据。总之，证券化服务的房地产市场分析目的较复杂，它根本的侧重点在于关注房地产市场前景及项目物业的收益或回报率。

（四）房地产开发中的房地产市场分析

房地产的开发过程中，开发商要根据市场的需要确定方向，设计或修订投资策略，指导选定位置，进行产品计划、设计、品质、定价、调整，获取规划许可和政府支持，获取金融机构贷款的支持，制定合理的营销策略以促进项目开发成功。如为其提供项目建成后的市场可按售价和租金水平；根据项目特点进行亮点的挖掘，据此制定营销策略；另外，市场分析还提高了房地产企业对市场状况的把握程度，增强了企业的竞争能力，实时调整营销策略。

（五）市场宏观管理中的房地产市场分析

房地产市场宏观管理要把握房地产市场供求关系的变化规律，以合理制定有关的房地产产业政策；把握房地产市场宏观经济情况及政策、法律环境，以及房地产市场的供求情况，了解整个房地产宏观市场，以指导土地规划及利用，合理控制土地开发与土地供给的数量与结构；了解房地产专业物业供需情况，为房地产合理的结构控制提供依据；房地产宏观管理部门还要确定什么样的项目类型能获得公众的赞同，了解计划开发项目周围公众的态度，以确保新的开发适合社区的需要，满足公众的需要。

第四节　房地产市场分析的现实意义

房地产的重要特点是投资巨大、风险较高，这种特点导致了进行房地产投资需要密切关注房地产市场，遵循市场客观存在的运行规律，否则将蒙受巨大的损失。同时，房地产行业已经成为我国国民经济中最重要的产业，是当前国民经济的支柱产业，房地产行业已经关系着国民经济的发展、各级地方政府和全国千万家房地产开发及相关企业和几乎每一个家庭的利益。房地产投资巨大、风险高和牵涉着数量巨大的利益相关者，决定了房地产市场分析服务具有数量庞大的潜在客户和巨大的市场需求，但概括起来主要有房地产开发商、政府机关、金融证券机构、其他机构和人员等四大类客户。由于这四大类客户对房地产市场关心的问题不同，导致各类客户具有差别化的房地产市场分析服务需求。

一、房地产开发商的需求

房地产开发商是房地产市场分析服务的第一大客户。在房地产开发过程中，几乎从投资拿地到房地产销售的每一个环节都需要房地产市场分析服务来提供决策支持。具体来说，房地产开发商主要有以下环节需要房地产市场分析服务。

（一）进入市场的决策

当房地产开发商进行某个细分的房地产市场时，需要了解该细分市场的供求情况、竞争者的情况，以决定该细分市场是否值得进入，自己是否有足够的实力进入，为此需要房地产市场分析提供这方面的信息。

（二）投资区域的选择与决策

房地产的一个重要特点是具有区域性，对于房地产投资来说，这种区域性不仅表现在各地房地产市场的供求情况不同，而且表现在各地的房地产市场环境有很大的差别，在某地行之有效的房地产开发模式或营利模式，不一定适合另外一个城市或地区。有规模投资的风险，房地产开发商在进入某个区域时，需要房地产市场分析服务，以获取拟进入城市或地区的房地产供求情况、投资的政策环境、经济环境、文化环境和规划环境。

（三）购买地块的选择与决策

在开发商拟购买某块土地时，需要通过房地产市场分析服务分析该块土地是否值得购买，并且要确定以多少钱购买才能实现自己预定的投资目标，这涉及该地块开发后的房屋的销售比例和售价能够达到多少，所有这些决策需要的信息都需要通过房地产市场分析服务来提供。

1.项目开发的融资

由于房地产具有投资大的特点，在房地产开发商购买某地块后一般都需要向银行借款，为了说服银行提供该项目的贷款，此时开发商需要向银行提供有关该项目的市场分析报告（包括可行性研究，属于广义的房地产市场分析报告）。

2.已购地块的产品定位与规划设计

在此环节，房地产开发商因为需要确定已购地块的最佳使用方式而需要房地产市场分析服务。

3.拟售项目的营销分析

在此环节，开发商需要通过房地产市场分析确定项目的优劣势、卖点，确定目标客户群及其心理特征和行为特征。

4. 在售项目的营销调整

在此环节，房地产开发商通过市场分析找出其在售项目销售业绩欠佳的原因所在，并通过市场分析调整自己的营销策略。

5. 售罄项目的售后评价

在此环节，房地产开发商通过市场分析弄清自己已售完项目成功之处在何处，问题主要有哪些，以便在下一个项目继续发扬本项目的成功经验，克服本项目存在的问题。

二、政府机关的需求

政府机关对房地产市场分析服务的需求，主要源于两个方面的需要：为了对市场运行进行监管；为了实现政府投资利益的最大化。这两种需要具有不同的房地产市场分析服务要求。

为了对市场运行监管的房地产市场分析服务需求，主要是需要通过房地产市场分析弄清当前房地产市场的供求状况、空置率、售价与居民收入的协调性、价格的变化幅度、开发量及其变化幅度、开发商和购房者如何看待和对待当前的房地产市场，其目的是在房地产投资过热时制定并出台行之有效的调控政策和措施，在房地产市场低迷时制定并出台恰当的政策和措施刺激房地产市场。

为了实现政府投资利益最大化的房地产市场分析服务需求，主要是需要通过房地产市场分析确定政府投资的规模、地点、布局、时机及投资的经济效益、公共利益（社会效益和生态效益），例如，为了进行大型基础设施或公共服务设施投资的房地产市场分析、为了进行旧城改造的房地产市场分析。当然，也有地方政府为了争取中央政府对当地基础设施和公共服务设施投资支持而委托的房地产市场分析服务。

除了上述两种目的的房地产市场分析服务需求之外，地方政府及其有关的行政主管部门为了制定城市发展战略规划、片区控制性详细规划、房地产业发展规划和撰写一年一度的房地产市场运行总结报告而委托的房地产市场分析服务。

三、金融证券机构及投资者的需求

如上所述，房地产具有投资巨大的特点，所以金融机构在房地产业中起着至关重要的作用。在房地产市场中，金融机构基于对利润的追求为投资者提供了大量的融资，但同时房地产市场又存在风险，金融机构为了保证金融资产的安全，确保贷款本息能够收回，迫切需要房地产市场分析服务为其提供房地产市场发展趋势、各类物业的供求状况及在未来能够实现的价格、各片区房地产的供求状况及发展前景，以及各个房地产开发贷款项目是否具有经济上的可行性。

证券机构为了发行房地产债券或股票，特别是上市的房地产信托基金需要通过房地产市场分析服务向债券或股票的购买者说明所发行的债券或股票具有经济上的可行性。房地产信托基金在进行某项房地产投资时，也需要通过房地产市场分析来说服投资者进行该项房地产投资，说明该项目投资的可行性。

广大的投资者，无论是机构投资者还是个人投资者，需要通过房地产市场分析来论证某个房地产项目投资能否实现预期的回报，能实现多高的投资回报，存在多大的投资风险；而且还需要通过房地产市场分析来确定哪个城市的房地产、哪一类房地产、哪个片区的房地产最具有投资价值。对于以自用为目的的房地产投资，也需要通过房地产市场分析来选择合适的购买时机、购买区域和购买价格。

四、其他机构或人员的需求

除了上述机构人员外，还有各类房地产市场的参与者在不同程度上需要房地产市场分析服务，如建筑设计人员需要通过市场分析来确定建筑风格、户型和设施设备及其他产品要素；房地产营销人员需要通过市场分析来锁定目标客户和把握目标客户的各种偏好，以制定恰当的营销策略；房地产的出租人和承租人需要通过市场分析来确定物业合理的租赁价格等。

第五节　我国房地产市场分析的发展

一、中国的房地产行业的专业分工细化

（一）从建设到开发

中国的房地产行业在发展初期，房地产开发商都是从建筑公司和其他甲方单位发展演化过来的，开发商从建房到销售都独立完成，因为当时的开发任务主要以自建联建的形式为主。住房供给市场化改革以后，开发商才开始以独立法人的身份在市场上开发商品房，自己组织销售部门出卖。随着房地产市场的发展，特别是住宅产业市场化程度越来越高，1993 年国民经济宏观调整，房地产开发建设的盲目性日益减少，人们开始对房地产市场进行冷静的分析和思考。政府也加强了对房地产市场的管理，

开始进行房地产统计，对房地产信息的原始数据进行收集，建立定期的房地产信息发布制度，系统地发布一些权威的房地产数据，但是目前的研究成果基本上还是从不同角度去认识房地产市场，还没有一个系统的、完善的方法去全面地把握房地产市场。

也正是由于没有一个系统的研究房地产市场的方法，使我们的理论研究受到了极大的限制。中国对于房地产市场的研究，基本上处于从相关领域向房地产领域渗透的阶段，各个学科从自己的学科出发，探讨认识房地产市场的理论与方法。如运用供求理论分析房地产市场；运用市场细分的思想指导房地产市场细分；运用模糊数学方法来分析房地产价格等。理论研究中的这种状况，就好似盲人摸象，市场研究的细部搞得非常精致，然而始终没有一个全面完整的研究思路，帮助人们系统地、全面地把握房地产市场的整体面貌，特别是缺少一种运用实际经济指标进行房地产市场研究的分析方法。

（二）从中介到代理商

房地产业中介这一职业在中国古代就有了，属于比较传统的行业。随着房地产市场的发展，大规模房地产的开发使中介发生了适应现代经济需要的新变化，中介从纯粹的中间联络，发展到整盘销售，逐渐转化为代理商。代理商是从传统的中介业中发展起来的，又与传统的中介业不同。首先，服务的市场不同。代理商销售的一般是一手楼盘，中介业销售的是二手楼盘。代理商一般是整盘销售，中介业是零散销盘。其次，公司内部结构不同。现代的房地产代理商是以市场研究、营销策划为基础的。代理商可以根据自己的判断，主动选择楼盘代理，而且发挥其专业优势，对开发商施加影响，代理销售的参与性强，从产品定位到销售策略都参与意见。而传统的中介则是卖现房、卖旧房，比较被动。它不能选择产品，更不能改动产品。

（三）从代理商到策划

代理商赖以生存的手段是广告宣传、提供精致的样板间、楼书、销售培训及人力资源等。代理商提供的服务中所包含的科技含量和文化含量都显得过于单薄，很容易被复制和模仿。在市场竞争激烈的情况下，代理商之间的竞争也越来越激烈。由于代理商与开发商的关系是委托和被委托的关系，这就意味着代理商往往要看开发商的眼色行事，开发商拖欠代理商的佣金也是常有的事。即使在这种情况下，不少代理商依然不能与开发商对簿公堂，原因是担心被其他开发商知道，再也接不到项目。还有的开发商把初期的楼盘交给代理商向市场推广，一旦楼盘好卖了，就收回来自己卖，不让代理商分一杯羹。在这种情况下，代理商的生存与发展空间越来越小，不得不接受各种问题楼盘。在市场不景气的情况下，这样的楼盘很多，代理商不得不靠广告策划出奇出新，以推出楼盘。于是，一时间又出现了很多所谓策划精英，1995年前后，有不少点石成金的策划救活了楼盘。

（四）从策划到投资顾问

策划人大行其道的同时，人们也开始发现，"点子"不是万能的，更非战无不胜，策划人一个点子救活的楼盘比起烂尾楼的数量来说还是比较稀有，于是大多数代理商和策划走上了专业化的投资顾问道路。

（五）投资顾问业的产生

房地产市场发展，特别是住房消费已进入市场化阶段，市场对开发商的要求越来越高。房地产本身是一个综合性的行业，新技术、新材料、新造型和新时尚等涉及文化、科技、政治与经济等方方面面。要把各方面的变数都考虑到，把方方面面的资源都很好地整合起来，不是开发商一方面能完成的。所以需要一个专门的机构把各方面的人才组织起来，做开发商的投资顾问。这样的机构中要有建筑设计、经济分析、财务测算及市场营销等方面的专业人士共同工作。在开发前期就介入到项目的策划中，理性分析市场，寻找和研究目标客户，开发适合他们消费口味的产品，这样策划才是有依据的。投资顾问业的产生，使策划人和代理商的工作更加有效，服务质量更高，从而也保证了他们的经济效益。

一般建筑师是唯美主义的，开发商是比较唯利是图的。要使二者配合，提供消费者接受的产品，就要了解市场。投资顾问业恰恰是连接开发商、建筑师、消费者的桥梁。开发商和建筑师需要投资顾问，是因为消费者的消费偏好、市场容量是变化的，所以需要有专人跟踪研究，投资顾问业正是建筑师和开发商的千里眼、顺风耳。消费者也要了解市场供给状况，所以也要求代理商和中介公司尽可能多地提供市场信息服务。

以上材料可以说明，营销策划与代理商、投资顾问业是分不开的，在业务上互为条件，相互连接，在利益关系上也紧密地联系在一起。策划是顾问的一部分，策划和顾问又都是为开发商和代理商服务的。按照国际惯例，人们把从事市场研究的专业分析策划人员叫作Consultants或Consulting，其中文译为顾问或顾问业。

二、中国房地产市场发展史

（一）房地产市场的萌芽期（1949年以前）

我国的房地产市场在1949年以前就已经存在，当时是外资和华资房地产公司并存，并集中于上海、广州、厦门等沿海城市，进行土地和房屋的经营活动。这时的房地产市场总体来说波动幅度和频率大，投机性强，但是表明房地产市场已具雏形。

（二）房地产市场的休眠期（1949—1978 年）

严格来讲这不算是一个时期，但由于它影响到后来房地产市场的最终形成，因而有必要进行简单的说明。1949 年以后，由于我国实行了国有土地无偿划拨和房屋非商品化的政策，使得房地产市场逐步萎缩。在实践中，需要土地或房屋者不是到市场上去购买而是向政府申请，得到批准后，政府就无偿划拨土地给申请者，于是形成了政府无偿、无限期划拨土地；甚至无偿划拨款项给申请者自行组织建设业务住房和职工住宅，建成住房后以行政手段分配给职工，收取的租金只是象征性的，仅占工资总额的 1%。于是，在我国就形成了政府投资、实物福利分配的住房体制。这种体制，从 1949—1978 年持续了 30 年的时间，其中每年都有相当规模的房地产市场在开发建设之中，30 年共积累了近 8 万亿元的存量房地产，但由于土地不能出让、转让，房屋不能买卖，作为房地产市场就不存在交易的客体和对象，因此可以说这一段时间房地产市场处于休眠时期。

（三）房地产市场的形成期（1979—1996 年）

经过 30 年的休眠期，我国的房地产市场获得了迅速恢复与发展的契机，并形成不可阻隔的必然趋势，在这一时期，房地产市场的发展主要体现在以下几个时期。

1979—1985 年的复苏期。1978 年底，改革开放的政策取向为房地产市场的复苏创造了条件；1980 年，开始推行住房商品化改革；1982 年，深圳、广州、抚顺等城市成为收取城市土地使用费的试点；1984 年 5 月，国家有关部门将房地产业列为独立行业的《国民经济行业分类与代码》的颁布等构成了中国房地产市场复苏的大背景。土地、房屋作为商品，作为资产具有收益的观念开始引入。在复苏期，房地产交易规模还相当小，交易价格也不规范，总的来说，这一时期处于探索阶段。

1986—1991 年的成长期。1986 年后的住房体制改革、土地使用制度向纵深发展的结果必然带来房地产市场的成长和发展。1988 年修改《宪法修正案》《土地管理法》，允许土地使用权依法转让等构成了我国房地产市场成长的环境。成长期房地产市场的主要特征有五个：第一，开发投资交易规模比复苏时期有所增加，但还没有达到一个成熟的阶段；第二，市场运作方式单一，不规范行为大量存在；第三，企业数量少，规模不经济；第四，地区发展很不平衡，重在东南和东部沿海；第五，房地产法规很不健全。

1992—1993 年 6 月的快速膨胀期。1992 年，邓小平南方谈话成为中国房地产市场迅速发展的一个转折点。在这一时期，国家把培育房地产市场提上议事日程，决定把房地产业作为发展第三产业的重点，这些都构成了中国房地产市场快速发展的政策背景。但在实践中很多体制都不完善，法制不健全，市场行为不规范。在急进冒进的行动中，我国房地产市场大发展的时机反而演变为不切实际的快速飙升，造成了过分膨胀的不良局面。其主要表现在房地产开发规模严重失控，房地产投资结构失调，房地产市场行为极不规范。

1994—1996 年的平稳运行期。房地产市场的快速膨胀，在一定程度上推动了房地产的发展，但同时发展过程中的一些深层次的矛盾引起了决策层及社会各界的关注。1993 年 7 月以后，宏观调控政策的实施及《中华人民共和国城市房地产管理法》等法规的颁布，标志着房地产市场进入了理性发展的平稳运行期。

（四）房地产市场的发展期（1996 年至今）

1996 年以后，我国的房地产真正进入发展阶段，房地产业进一步步入理性、规范成熟的操作经营阶段。房地产业已经成为国民经济的支柱产业之一，带动着几十个基础产业的发展。它既联系整个行业的生产，又维系着城市居民生活消费的住宅建设，作为新的经济增长点被提上议事日程。各级政府为了启动住宅消费市场采取了理顺商品房价格、清理税费、发展住宅金融、银行介入购房贷款、实行货币分房等一系列促进房地产业健康成长、稳步发展的政策措施。为了迎合住宅发展趋势，改善城市功能，加快了房地产产业结构的调整步伐，一批经济适用住房、廉租房推向市场。同时，开发商通过市场调研，拓展开发经营思路，一批以人为本、智能化、生态型、精品型的住宅小区，以先进的、贴近市场的设计理念和高效优质的物业管理服务吸引潜在的消费市场并拓展了市场营销渠道。

三、我国房地产市场分析的现状

由于我国的房地产市场经济起步较晚，目前我国的房地产市场分析行业总体上还比较落后，具体表现在以下几个方面。

（一）缺乏专业人员

目前，中国内陆做房地产市场分析的人员大部分都是一些房地产策划和房地产市场调研人员，缺乏专业的房地产市场分析工作人员。这些非专业人员也不是从事房地产市场分析的专门工作，大多数只是作为房地产市场的一个附加部分，或是作为房地产全程策划和前期策划的一个基础性的准备工作。

专业人员缺乏的同时，我国还很少有专门从事房地产市场分析的机构和部门，大部分都是房地产策划与代理机构和公司的兼营业务或分部工作，更不用说专门做房地产市场分析的机构和部门，虽然服务的机构从商业层面上完成了它的任务，也可能会取得较为可观的收入，但是其房地产市场分析的质量和需求客户的满意度可想而知，前面的章节也点出了房地产市场分析的重要性了，所以这最终会导致房地产市场分析行业多年来没有突破性的进展。

专业性缺乏的另一个表现是房地产市场分析人员缺乏自己对房地产市场的独到见解，大多的情况还是围绕需求客户的最初预测和需求进行的论证，用生硬的文字报告强化需求方的判断，报告最终也没有很好地起到市场分析的主要作用。

专业性缺乏的最后一个表现是分析结构、层次不清及论证缺乏逻辑、前后参差不齐甚至产生矛盾。房地产市场分析的文字报告正常来说都不简单，堆叠的文字也会比较厚，但在报告内容的组织设计上缺乏层次和逻辑；读者和使用者不能比较直接地推导出其最终的结果。另外，报告中数据大多数还是罗列出来，与需要解决的房地产问题没有实际并联起来，所以经常会有这样的情况：房地产市场分析人员提供了人口、住宅开工面积、零售额等详细数据，但在房地产分析中并不需要这些无用的数据。

（二）服务范围较小

目前对房地产开发商的房地产市场分析服务还是局限于个别的项目供求分析及为其产品定位的服务上，缺乏全面的对房地产市场进行分析。它的对象范围还是局限于房地产开发商和一些地方政府，金融机构和投资者及其他机构与人员对房地产的房地产市场分析需求不能得到较好的满足。

（三）商业模式较单一

目前的房地产市场分析服务基本上是作为代理和中介机构的一个基础部分，大多需要通过房地产开发商的销售来回收房地产市场分析服务的成本，单独委托进行房地产市场分析服务的客户还比较少。这种现象一方面反映了目前我国房地产市场分析的水平还不能使大多数客户信服，另一方面也反映了我们对房地产市场分析服务的功能和作用理解不够透彻。

（四）理论构建需完善

进行房地产市场分析用到的理论及用到的定性分析方法和定量分析方法、房地产市场分析的核心理论和方法，即使是一个房地产市场分析人员或调研专业人士，对他们来说都很可能是一个模棱两可的概念，房地产市场分析的理论构建尚不完善，还有很多需要补充和完成的部分，也需要在实践中进行反复验证。

（五）技术手段和基础比较落后

目前的房地产市场分析，大多数还是用简单的数据分析软件和数据统计软件，但是这些相对简单的软件，也有不少房地产市场分析人员不会或者用不好，与此同时，房地产市场分析所需要的数据存在着数量少、准确性差、可靠性弱、无标准等比较普遍的问题，大量的数据存在于各级地方政府的各个部门，由于获取难度大、资源浪费现象严重，难以得到有效的获取和使用。

（六）偏重供给轻需求，偏重当下轻发展

目前多数房地产市场分析采用的是类比的分析思路，房地产市场分析人员重视对房地产供给的分析，忽视了对消费者需求量、需求偏好、需求心理特征、需求等行为的把握；在供给的分析中，更多的也是偏重当前供给量的分析，对目标房地产项目未来上市时的竞争性供给量缺乏比较科学的分析，导致无论是房地产市场的当下还是对于房地产市场的未来发展都没有比较科学的供求对比分析。

（七）房地产市场分析职业道德尚未构建

当房地产市场分析需求方是非投资者时，其可能为了个人和公司利益要求不可行、不科学甚至违背现实的结论论证为可行，从而使房地产开发商或其他投资人的利益受损。房地产市场分析人员也需要形成完整的房地产市场分析行业的职业良心、职业责任感、职业理念、职业荣誉感、职业成就感、职业心理习惯、职业行为习惯等方面的清晰和统一的认识，职业道德对分析人员的行为要起到约束作用。

本章小结

在我国，房地产业已经成为国民经济的支柱产业，房地产市场的健康发展受到了政府、开发商、投资者及广大消费者的普遍重视。房地产市场分析是了解房地产市场和发现机会的工具，掌握房地产市场分析的理论知识和方法技巧有助于使我们真正系统地了解复杂多变的房地产市场，从而把握房地产市场变化的规律性，进而进行正确的决策。无论从房地产市场分析实践发展的需要，还是房地产学科体系建设，以及房地产市场分析人才培养的需求来看，撰写一本相对来说比较系统的、理论与实践紧密结合的房地产市场分析的论著非常有必要，也是摆在我们面前的一项重要任务。

复习思考题

1. 如何利用项目现有条件，在定位层面最大化地发挥土地的价值？

2. 一般而言，高端品牌商家如何选择城市及商圈？

3. 与大众品牌相比，如何从硬件上提供高端品牌商家更为心动的店铺？

4. 面对品牌受限的情况，如何缩短高端品牌的招商周期？

附后案例

北京新光天地购物广场（现已更名为"北京SKP"）作为国内高端商业项目的典范，一直被业界作为标杆学习，甚至膜拜。2013年，尽管奢侈品营销有下滑趋势，但它仍凭借75亿元的营业额连续三年蝉联国内单体百货及购物中心销售额榜首。如今，大家还是更习惯称呼它为"新光天地"，这种难以改变的背后，是它在人们心中已经根深蒂固的高端商业项目的典范形象。

然而，一个不被周知的事实是，新光天地险些被打造成一个与百姓生活配套的商业项目。如果那样，它很可能出现的模样就是，一个大型的连锁超市加上一个中端百货，背后则更多的是住宅和公寓。这中间，操盘者如何转变？定位如何确定？高端品牌如何吸引？显然，新光天地的成功不是偶然的，它更不是一出生就拥有着高端商业项目的体质。各类细节和点滴，都值得房地产业界借鉴。

案例分析

1. 房地产市场及项目背景

新光天地项目所在的综合体——华贸中心，是伴随着城市扩容及更新所产生的大体量项目。2003年，北京老的热电厂搬迁，搬迁后留下了面积15 hm²的地块，交由电厂的置业公司国华置业有限公司（以下简称"国华置业"）开发。或许现在看来，这块位于东长安街起点、横跨长安街南北两侧的地块，地理位置十分优越。然而，在当时，因为原处为电厂，地块属于城乡接合部，属于老工业区，交通也不是很好；没有经过改造，基本上是处在城市发展的边缘。而且，业界对CBD及CBD东扩并没有明确的概念，对北京市向东部区域的发展也是雾里看花。

面对这样的处境，国华置业找了多家顾问公司，为项目整体发展提供建议。西有CBD标志性的启动项目——国贸中心，南有一开发便迅速售罄的SOHO现代城，在这一市场背景下，众多咨询机构的建议都倾向于将此地块开发成类似SOHO的住宅，迎合当时市场背景的定位与产品，听起来貌似合乎情理。

但是，国华置业及开发团队结合项目的所在位置进行了整体评估，最终认定："如果不把这个项目定位和规划成一个高档的建筑综合体，长安街东部将失去历史性的机会。"他们认为，这块土地的开发价值，要放在一个十年、二十年，甚至更长的时间内考察。涵盖众多物业的高端综合体所带来的回报，要比把它建成一个住宅小区高出数倍。在此思路下，命名为"华贸中心"的综合体项目被定位为"世界级商圈"。依照计划，高端公寓华贸公寓最先动工，5A级写字楼相继开工，两座高端五星级酒店入驻一事也陆续落定。2004年，其中的商业项目部分迎来了细化定位的时刻。

项目启动的 2004 年，国内高端品牌消费需求增长迅猛，但是，可供奢侈品开店的场所极少。世界奢侈品协会公布的数据显示，自 2001 年中国加入 WTO 之后的 7 年，奢侈品的销售额增长率每年都保持在两位数以上；北京当时最高端的商场——国贸商城，已经确认将开设一间面积达 1 700 m² 的 LV 旗舰店，而国华置业的这个项目与国贸商城相隔仅有一站地铁站的距离。机会的另外一面，则是挑战。虽然高端品牌是时正在苦寻适合的开店场所，但这并不意味着该项目具有十足的把握吸引到高端品牌。

首先，高端品牌的选址要求较为苛刻，对于店铺的要求超出其他业态，如层高、展示面、建筑风格等，往往还会提出较为苛刻的入驻优惠条件；其次，它们对于整个项目的气场，也就是同处项目的其他品牌也有很多超出其他业态的要求。往往还会要求项目签订同场协议——某些品牌入场的前提是另外一个高端品牌也要入场，否则就要提供赔偿。项目所处的区域位于北京 CBD 向东发展的核心区域，所处的大望路已确认需要改造，而在 CBD 区域，大望路是除了东三环之外最宽的道路，三环属于快车道，不适合展示商业项目，大望路则具有适合展示的优势。

一般而言，众多奢侈品在某些城市选择入驻的第一个场所，往往都是当地最高端的酒店。比如，在北京就是王府井商圈的王府半岛饭店。当时，华贸中心项目本身的高端公寓已经推出，两座高端的五星级酒店入驻也基本确认，已具备高端项目的人气和氛围。此外，我们针对高端品牌还做过一轮试招商商户访谈，带他们去现场。他们的反馈较为积极，认为此区域还是有机会的。其中，部分高端龙头品牌也有入驻意向，对于整个项目定位的确定，则具有较为明显的促进意义。

2. 市场分析：后端需求决定前端定位

华贸中心整体的高端定位，其中的商业也提出了高端的方向。虽然项目开工建设已经两年多了，但是项目所在周边环境氛围依然显得荒凉。期间，多家顾问公司为项目提供了"普通百姓生活配套的商业项目"的定位策略。

正是此时，市场定位工作开始。首先要解决的问题就是，这一关乎项目档次的方向是否可行。项目定位是项目运作成功的基础环节，是项目聚焦顾客利益目标的经营方向的选择，是项目开发时的首要战略选择。商业地产开发是"戴着枷锁的舞蹈"，商业产品后端客户的需求对项目的选择影响深远，而高端需求的零售商业更是如此，需要想尽办法在有限的空间内发挥。在高端品牌的每一个档次定位下，"领头羊"品牌屈指可数。如果吸引不了这些品牌，定位自然无法落地；而且商业地产开发不同于住宅开发，其外部资源十分有限。面对有限的商户，商业地产开发所能利用的资源并不多，因此可控性较差。商业地产开发是B2B，在招商落地的过程中要与品牌商家逐个进行沟通，每一个品牌商家都是专业且经验丰富的商家，各家的要求都不一样。相比之下，住宅开发则是B2C的范畴，"高空轰炸"就可以解决诸多问题。为了了解商户与消费者的后端需求，即在定位工作启动之前，尝试对后端需求进行分析与探讨，不再拘泥于凭空想象，则会对项目定位提供具有可操作性的指导与建议，高端定位的项目更应如此。

3. 房地产市场分析中的项目营销点

第一，地缘优势。CBD商圈是北京最为繁华的区域，华贸中心又位居其心脏地带；长安街优越的联外交通优势，项目地下一层与地铁一号线大望路站直接连通，将其与使馆区、燕莎商圈、国贸商城彼此呼应。

第二，客源优势。项目周边有3座5A级智能写字楼、10栋高端公寓住宅楼及2座超豪华五星级酒店，吸引了众多世界级财团和集团公司进驻，直接面向数十万成熟的高消费群体。

第三，企业优势。国华置业的经济实力雄厚，可以提供有力的支持。为了推动项目的发展，国华置业当时计划开展很多工作，包括投资紧挨项目的大望路地铁站，以有效引入人流；另外，修建一条道路，即项目东侧的华贸东路，解决东部人流和车流流入的交通拥堵问题。

同时，除了上述优势，项目还具有如下发挥空间：

第一，区域高端购物型商业中心与消费力形成错位，缺少在商场体量、产品种类和层次、管理、配套水平、市场推广等多方面均能满足消费需求的大型、高端购物场所。前面提到的国贸商城硬件受限就是一例。

第二，区域内真正高端的项目数量稀少，部分是向高端转型的，有的尚未完成转型，有的改良并不成功。从政府规划及目前已知状况看，区域内能直接对本项目产生正面威胁的并不多见。

第三，鉴于项目区域内商业氛围成熟、浓郁，竞争对手可以利用各自的一家之长构建竞合型伙伴关系，优势集群，形成更大、更完备的商业圈层，从而加强对高端消费群的吸引力和凝聚力。

4. 房地产市场分析得出最终项目定位

最终，国华置业确定了项目的定位，即根据项目本身具备的素质、合作方拥有的资源及市场供求错位的现状和对未来市场的预期，将项目定位于世界级精品百货商场，构筑一座一站式的全客层购物休闲商场，从经营规模、商品档次、市场定位都采取时尚高档的策略。以国际精品及中高档商品、服饰、家居用品为主要经营对象，并配有超市、餐饮、美容、休闲等附属配套。

所以，回顾该项目的定位、硬件优化及招商工作，所提供的借鉴也绝对不局限于高端商业项目，普通的商业项目和房地产住宅项目也是同等受益。

5. 点评

商业地产项目的定位属于战略性问题，应关注项目所在地块长期的发展态势，而不要将问题落在策略层面，只图眼前之利。

商业地产开发是"戴着枷锁的舞蹈"。因此，后端客户的需求对项目定位具有决定意义。任何业态在每一个档次下，"领头羊"的品牌数量不多，如果吸引不了这些品牌，这个定位自然无法落地。

品牌商家希望追求可以承载其特征的空间与硬件，品牌的档次越高，其对于硬件的要求也越苛刻、越细致。

所谓项目招商，就是给品牌商家不断建立信心的过程。因为不到开业时，品牌商家对一个新的开店场所一直都是有所保留的。在招商的过程中，需要通过确定合理的定位、塑造物业硬件优势、把握好招商节奏、进行有针对性的市场推广、配备稳定专业团队等策略吸引拟招商品牌商家，避免"求商"。

房地产市场分析不管是对于商业项目还是住宅项目来说，都是不可或缺的，市场的细分、客群的选定、项目的定位、设计等都与前期的市场分析有很大的关联，也是保障开发商和投资者目标实现的前提保障，所以在房地产开发中是十分关键的一部分工作。

第二章　房地产经济环境分析

研究房地产市场不能仅仅局限在房地产领域之内，房地产行业的发展变化与外界的经济环境及其他产业之间有着牢不可破的联系。这些联系是认识房地产市场变化的线索。只有密切关注宏观经济背景的变化，并深入理解房地产与宏观经济环境的相互联系，才能对房地产市场有敏锐的洞察力，理解和分析房地产市场的变化时才会有更多的思路，才能有更强的预见性。

经济环境因素是影响房地产开发商投资决策最为直接且重要的基本因素，对投资的效率及投资的安全性影响极大。任何一个房地产项目的启动都离不开对经济环境的研究探讨，这在住宅地产方面更为突出。通常情况下，房地产开发公司通过对各级统计局和城调队定期公布的数据进行持续三至五年的分析，基本可以看出一个城市经济发展的总体水平。经济环境因素所涵盖的内容繁多，主要有宏观经济环境、市场环境、财务环境及资源环境四个方面。

那么，宏观经济环境与房地产市场有什么关系呢？是基于房地产行业的发展带动国民经济的发展，抑或是由于宏观经济环境的发展带动房地产行业的发展呢？房地产从业者又该如何观察经济环境的基本走势呢？

第一节　宏观经济环境

地产业的产品从本质上来说属于"不动产"，这种不动产是无数社会资源整合的大集合，来自经济环境中的任何一个因素变动都会让地产行业陷入无限的被动。那么，影响地产行业的经济环境因素到底来自哪些方面呢？房地产开发从业者需要在纷繁复杂的条件中抽丝剥茧，对经济环境的形势做出相对合理、准确的预测。

一、是否需要进行宏观经济分析

大型房地产公司及专业投资顾问公司，无不认为宏观经济分析是必不可少的。因为它们都感知到宏观经济环境事关一个企业的发展前途，并且对一个项目的影响也是不容忽视的。但是，由于日常业务的催逼，使得很多企业无暇分心于业务之外，这就使得他们对于宏观经济的看法只停留在直觉层面，与其说是预测，不如说是预感。对于非企业的领导者来说，他们往往觉得完全没有必要亲自去参与宏观分析，而是去指望有专业人员来做出现成的研究分析成果报告来直接借鉴。更常见的情况是，一旦忙起来，就连现成的研究分析成果报告也将被无暇顾及。

目前，我国的房地产市场还未达到成熟的房地产市场的标准，其表现在开发商重视营销策划而轻视经济预测，人们宁愿相信关键人物的"力挽狂澜"，也不愿相信经济预测在选地选时之中的作用。每一年的岁末年初之际，都是各类经济观测的热季。企业一般也会在此时间段进行回顾与展望，并发出各种各样的预测。但是种种预测如大潮般涌来，仁者见仁，智者见智，难以服众。于是人们寄希望于现代的计算方法，进行大胆的假设，小心求证。种种现代化的计算方法和定量分析，一方面给予人权威感，但另一方面也让人产生"杀鸡焉用牛刀"的疑惑。

确实，宏观经济分析是一个需要长期研究但又很难直接收到经济效益的工作。所以如何进行有效的宏观经济分析，在此基础上又能够尽可能少地投入资源就成了企业常常面临的难题。

需不需要做宏观经济分析？使用多大的力量做宏观经济分析？要不要去相信定量分析及预测，这是企业首先要面对的问题。

随着市场竞争的激烈程度日益加剧，公司的发展将走向两个方向，一方面日益精细化、专业化，另一方面越来越综合化、规模化。无论朝着哪个方向发展，企业如果想要有较长的生命力，在行业内处于领导地位，都需要有驾驭及适应宏观环境的能力。花不花力量研究宏观经济环境，在短时间内并不会表现出明显的差异。但从长远角度来看，它关系到企业有没有足够长远的发展战略，能不能抓住未来的机会，有没有足够持久的竞争力。

作为一个房地产企业，要建筑各种房屋，并将其出售给消费者，就必须要去了解消费的各种变化。房地产市场上消费的各种变化都是以宏观经济因素的变化作为基础的。例如，开发外销公寓项目，就不得不去了解我国的外资企业发展的状况，甚至加入 WTO 之后的外资企业发展的状况。

任何一个房地产项目开发都是一个较为长期的过程，少则一年，多则好几年，置业投资，一定要去考察一个项目的发展潜力和增值前景。这就要求了投资者及开发商和投资顾问对于项目所在地的经济状况具有一定的预测能力。置业投资的过程中，有了经济预测并不代表一劳永逸、万无一失，但是在现代的市场经济中，没有经济预测一定是万万不行的。

二、进行宏观经济分析的过程

宏观经济环境是瞬息万变的，宏观经济分析的方法自然也是不断发展的，所以进行宏观经济分析只是一个不断向宏观市场环境的实际状况趋近的过程，也是一个企业适应市场环境的必要过程。不能指望有一种万年不变的分析程序，也不能指望每一次的研究成果一定有百分之百的准确率。所以对于房地产企业来说，进行宏观经济分析既不能做专业的宏观研究工作，但也不能完全不做，而是要在尽可能好的研究效果与尽可能少的投入之间，找到一个必要的平衡点。较为明智的做法应该是把常规研究与专题研究相结合，进行定期分析及不定期分析。

定期分析是要求企业把对各种宏观经济及地区经济分析成果收集归纳，进行研究并把它作为定期进行的程序化工作。房地产投资顾问需要善于利用吸收专业机构的研究成果中对自己有用处的结论。市场上有一些专业的研究机构，会定期发布研究成果，而房地产公司则可以配合这些定期公布的研究成果，进行与自己业务有关的定期分析。从专业分析的角度来看，和房地产业相关的宏观经济分析一般涵盖以下两个方面：一是总体走势预测，二是政策分析。基本趋势分析一般是定期的，在每年的岁末年初会有权威的走势分析报告。政策分析一般是从货币、财政、价格、收入、外汇这五大方面来进行的。所以定期地、阶段性地跟踪并不会消耗太多的资源。一般来说，全国性宏观经济可每半年进行一次，而所在城市的地区经济观测则可每个月进行一次。

宏观经济生活中时常会有许多无法解析的重要事件发生，例如，中美贸易摩擦等等。这一类时间的分析，无论是哪一家房地产企业都没有现成的研究成果和经验能够直接借用，都需要进行重新学习与摸索。并且这类事件的分析仅仅依靠某个领域内的专家是远远不够的，而是需要及时进行不定期的、多方面合作的、非程序化的研究。

程序化的定期研究成果，是房地产投资顾问从事宏观经济分析及房地产市场分析所必需的资源。常见的这类资源有无偿的，也有有偿的。同时也可以借鉴这些成果的表现形式，这些形式无疑增加了研究成果的权威度和可信度，也增加了研究成果的表现力与价值。

三、宏观经济分析中应关注的内容

宏观经济分析与地区经济分析并非开发商与房地产投资顾问的专业，但是有许多种专业研究机构的预测、分析报告可供借鉴。

宏观经济分析一般由两个视角展开，一是从时间的连续性上进行分析，从历史的波动来推测未来的走势。二是从时间的横断面上来进行分析，分析某一时间点或某一时期中各种影响因素的作用方向、部位、结果等。

经济趋势属于房地产市场的一个背景，因此我们可以把某一个时间点上的房地产市场放在一个历史的波动轨迹上来判断它的发展态势。作为开发商或房地产投资顾问应对以下内容给予高度关注。

首先，应当关注整个国民经济和地区经济的发展速度及发展走势。房地产行业是国家和地区经济的构成部分之一，经济形势总体的速度与走势和房地产行业的发展速度与走势是高度关联的。

其次，应当关注国家及地区经济政策的整体方向与动态，虽然国家的宏观经济政策不会直接影响房地产行业，但是可以指明宏观经济环境的状态。国家宏观经济政策主要有：金融货币、财政、收入、价格、对外经济五个方面。国家会根据市场运行的状态来制定施政的部位及方向。例如，进行结构性调整，还是进行总量性平衡；是针对消费市场抑或是针对资金市场、生产资料市场。通过政策的动向可以判断出房地产所在的总体市场环境是过热还是过冷；该通货紧缩还是该通货膨胀；未来的发展方向是趋于抑制还是趋于活跃。当然，我们要有一种意识，政策的制定者从发现问题到出台政策之间存在一个时滞，所以时时跟踪政策动态，有利于把握好整体脉络，有利于预测经济波动对于房地产行业的影响。尤其是估计房地产行业波动的方向、波型及拐点的时候，需要进行适当的修正。

专家们的政策建议对于房地产业内人士来说，也是值得去注意的。例如，凡是影响个人收入的政策，都会影响到房地产行业，失业保险、医疗改革无一不对房地产行业具有重大影响。

最后，应当关注的是重大事件的发生、发展及其影响。某些事件的发生是无法预料的，房地产行业不得不去跟踪并且关注事态的发展，同时利用"外脑"来进行分析。

四、可借鉴的宏观经济及地区经济分析的成果

（一）专家分析成果

经由国务院研究司公交司、国家发展改革委员会宏观调控体制司、国务院发展研究中心联合组织并实施的中国经济宏观景气专家调查问卷系统，自1991年建立以来，每半年进行一次调查。每一次调查在问卷的设计上基本保持基本内容、结构性的稳定。并借由此对当前的宏观经济形势的评价、未来时期经济状况的预测、今后体制改革与宏观调控政策措施的建议共三个部分来组成整份问卷的框架。此种做法的益处为，由于专家队伍具有基本的稳定性，所以能够有效地确保整份问卷与历次调查在逻辑上的一致，以便及时对答卷质量进行检验及对国民经济运行进行连续的追踪与观察。

（二）景气分析预测

除政府机构之外，我国的一些专业性机构也会定期公布景气报告，在这之中最具有权威性的机构当属国家信息中心的"中经宏观景气动向"，它对于国民经济运行的先行与同步经济主标进行动态性的跟踪，并根据经济周期波动理论，发布与编制"中经"景气动向指数宏观经济预警信号，并借由数据分析图表形式来提供各种重要的月度经济指标序列，这就使得用户能够更为直观地来把握住当前经济景气变动的方向与幅度，并定量地对景气局面进行测度与判断。

目前我国的各大城市也拥有各自的景气报告系统，例如，北京市统计局每个月度会定期发布各项经济指标的统计数据，并同时发布北京市的宏观预警监控图。经由对各项经济指标的分析，就可以较为直观地说明北京市经济的走向及其背后的原因。就以2019年初的宏观经济预测作为例子，我们不难发现北京市的经济总体水平及所有的重要经济指标增速均有明显回落。如果我们预测下一年的房地产市场会表现得比往年更好，显然不是一个明智之举。

（三）企业调查报告

企业调查意指经济的现行状况及未来的趋势对于企业或者公民个人所进行的一种意向调查。

企业调查主要是通过问卷的形式进行抽样调查。市场经济体制的国家早在20世纪中期就已经着手开始进行企业调查，例如，德国与法国。截至目前，在全球范围内已经有超过50多个国家的100多个专业机构定期（月度、季度）进行企业调查。

我国的企业景气调查也有一定的历史，例如，央行调查统计司企业与居民调查处

早在 1994 年之前就开始对 5000 户工业企业进行景气调查。每一次的调查都包括对于当前宏观经济总体运行态势的预测与评价，并在每一季度的《经济研究资料》定期发布。此外，国家统计局综合司也会组织定期的中国企业景气报告。

通过对企业景气状况的调查及动态比较，我们可以了解到企业的经营情况、生产状况、应收账款、库存情况、税后利润情况、负债情况、用工情况和下一阶段的走势。它不仅仅能够分析出宏观景气的基本态势，也能够分析出景气变动的基本原因与下一个时期在政策上的选择。

五、宏观经济变化对地产开发成本的影响

通货膨胀、物价上涨、人力成本提高等因素，会诱发建材价格水涨船高，紧接着促使工程造价跟着上涨，房屋售价随之借由一系列成本因素的影响一路上扬。在一系列的多米诺骨牌效应后，有可能导致房屋售价超过客户心理预期价格底线而产生滞销现象。

反之，通货紧缩、物价下跌、人力成本降低等因素，将会诱发建材价格、工程造价急转直下，房屋售价受其影响也将顺势而下，有可能导致房屋售价低于客户心理预期价格而产生脱销现象。

第二节　房地产产品供求形势和政策变化对房地产业的影响

房地产与其他商品或市场所不同的最为重要的一个特质，就在于它的地域性。房地产商品不是同质的，它是异质的。小到一个房地产单位，大到整个市场，没有两个房子是完全相同的，没有两个市场是完全相同的。但是如何判断房地产产品供求形势的变化，可以从供求关系指标中一探究竟。

一、房地产产品供求形势的影响

第一个方面，从短期来看，库存的消化周期是一个必须关注的指标；第二个方面，从中期来看，实际上是土地的供求关系、新开工情况和整个市场的结构，这些是决定整个市场中期发展的重要指标；第三个方面，从长期来看，城市人口增速和年龄结构是非常重要的指标。以上这些关键指标实际上所反映出的是这个城市的房地产市场所呈现出的一种供求关系，而供求关系最终又是通过价格进行体现的。

若房地产产品供过于求，房价自然就要下跌。房价下跌所带来的后果如下：房地产产品销售难度增加，促销成本加大，期房（图纸房）的销售几乎成为不可能。这无形中提高了地产业的准入门槛，让诸多小型房地产开发商面临倒闭危机。

若房地产产品供不应求，房价则自然上涨，使得房地产产品销售难度降低，促销成本减少，期房销售受到追捧。无形中降低了地产业的准入门槛，让更多的小型房地产开发商得到发展机会。

二、政策变动对房地产开发环境的影响

国家的政治、经济因素的变动，引起房地产需求及价格的涨跌而造成的风险。当国家政治形势稳定、经济发展处于高潮时期时，房地产价格上涨；当各种政治风险出现和经济处于衰退期时，房地产需求下降和房地产价格下跌。

如当前银行对房地产业的支持重点从"开发"变为"购买"，而政策也出台各种各样针对地产行业的"限制令"。这重重的困难，让地产开发在当今变成了不敢出门的孩子，不敢前行也不敢后退。

第三节　经济周期与房地产业市场的关系

一、经济周期是市场行情的本质

经济条件上的变动，影响着房地产市场供求变化的作用方向，也影响着房地产价格的走势、价格呈周期性的循环波动。供求是决定价格的因素之一，我们仅仅去分析研究供求状况是远远不够的，而是要去说明价格的长期的趋势。鉴于此，人们希望经由对经济周期的研究，来认识房地产市场行情波动的规律。

经济周期就是指经济活动水平的波动。这是一种有规律的波动，经济扩张（Expansion）后紧接而来的就是经济收缩（Contraction）。

每当经济处于扩张的阶段，市场行情的发展主流就将上升；反之，每当经济处于收缩的阶段，市场行情的发展主流就会下降。

所以，从某种意义上来说，周期性的规律是市场行情的本质，而市场行情又是周期性规律的现象。市场行情的周期性由经济的周期性所决定，市场行情周期的长度由经济周期的长度所决定。但是，市场行情作为经济现象中的一种，它就比经济周期

要复杂得多，所谓的经济周期及其长度，只是趋势的一种。去认识这种趋势，对于把握市场行情总体的变动方向是十分必要的。但是，我们必须把市场行情变动的一般趋势与纷繁复杂的影响市场的多种因素相结合并进行分析，才能够做出切实、科学的判断。

二、房地产经济周期和地区宏观经济周期的关系

许多宏观经济学家在不断地探索研究经济起伏波动的原因及其规律。马克思的经济理论曾深刻地剖析了经济周期性的根本原因。以马克思的观点来看，它认为生产的社会化及生产资料占有的私人性的矛盾是经济周期性的根本原因。生产的社会化在一个方面必然会导致生产力的提高，必然会导致人们对于资本品的大规模的投入与占有（涵盖技术创新、固定资产投资、公共基础设施投资，在这之中一个最重要的资本品就是房地产），但在另一个方面也必然会引起投机者的加入。如果长期占有资本，就很有可能会超过资本的流动性、变现性所要求的最低时限，这就将导致消费品生产衰退，以及购买力降低、市场萎缩、通货膨胀、失业增加。其中，由于生产资料的占有的私人性，这就使超过最低资本占用时期及有支付能力的需求的支撑限度，成为一个无法避免的事实。于是乎，无论是以哪一种契机作为导因，经济波动的周期性就成为规律性的现象了。

经济经由繁荣走向衰退是因为大规模的资本投入及长期的资本占用、过剩的商品超过了市场上的需求。因为科学技术在生产中的应用，提高劳动生产率的技术不断创新，使得资本重组、产业升级，并培育出新的经济增长点与增长产业，逐渐形成新的市场空间又将会带动经济重新走向繁荣。

不管是大规模的投入（包含房地产的投入）把经济推向繁荣再必然地引向衰退，抑或是借由技术创新把经济从衰退引向繁荣之后，再引发下一轮的大规模的资本投入（包含房地产的投入），房地产的投入的高峰和经济周期是紧密相连的，这是经济周期波动不可分割的一部分，既是经济波动的结果，也是经济周期波动的原因。

此外，根据一些西方经济学的研究表明，房地产行业的波动是宏观经济波动的导因。在 Fred·E·Foldvary 的研究报告中，他具有回顾性地研究了美国历史上的历次经济危机的全过程，这说明了每一次的经济危机中房地产业在其中的作用，并详细解释了房地产行业在经济繁荣的阶段转向经济危机的阶段中的传导与放大经济的不确定性和超实物性的具体过程。

经参考目前国内的研究资料，研究结果表明：在不同的国家或是地区中，房地产

33

行业的波动周期长度大多都是不同的。从 1870 年至今，美国的房地产一般 18～20 年为一个周期，日本的房地产市场大约 10 年为一个周期。中国香港的房地产市场大约 7～8 年为一个周期，中国台湾的房地产市场大约 5～6 年为一个周期。而我国内地的房地产市场的周期波动由于市场化的时间较短，所以尚未显现出明显的规律性。

我国内地对于房地产周期最早的研究见于 1996 年的《经济研究》第 12 期的《中国房地产周期研究》一文。该文作者选择了商品房面积、城镇新建住宅面积、城镇住宅竣工面积、实有房屋建筑面积、实有住宅建筑面积、城镇住宅投资、房地产行业从业人员、房地产买卖成交面积这八大指标，来阐述我国房地产行业的发展轨迹。利用扩散指数的计算方法，制出我国的房地产周期图。作者在其中发现从 1984 年我国房地产行业发展进入了第一个高潮，在此后房地产行业却逐渐衰退，至 1987 年坠入低谷；1988 年又迅速达到房地产行业发展的第二个高潮，而在 1989 年又再次跌入低谷；之后在 1992 年达到了第三次高潮，至 1993 年下半年又开始走向低谷。作者认为，影响我国房地产周期波动的最主要因素是投资及政策因素，在这之中政策因素的作用尤为突出，所以可以说明我国的房地产周期是一个政策的周期。

时至今日，西方的经济学家对于经济周期的种种解释，可以帮助我们去认识房地产经济周期与房地产市场行情之间的深层联系。

三、房地产市场周期与经济周期的理论

（一）外生变量周期理论

外生变量周期理论又被称为外部因素周期理论。意指为使用外部力量的周期性变化来解释为什么经济的运行会发生周期性的波动。比如粮食产量的变化在很大程度上是受天气变化的影响，这时很自然地用天气的周期性变化来解释贸易好坏的周期性变化。一些学者通过数据及研究发现，农产品产出的变化与经济周期有很大的相关性。一些研究学者认为各种主要的周期，特别是人口变化周期，究其原因都可归为战争所带来的影响。

（二）心理因素周期理论

世界各地的经济学家都在不同程度上关注着心理因素的作用。非心理因素的周期理论一般只对已经发生的心理变化在经济中所起的作用进行分析。但心理因素周期理论则特别强调情绪对商业决策的影响。这一派经济学家认为，尽管客观事件的影响很重要，它们能够引起市场行情的波动，但若缺少了心理因素的作用，它们是不能引起市场行情发生周期性的变化的。例如经济学家 A·C·庇古找出了五个引起经济变

动的主导因素：农产品产出的变化、投资率的变化、新矿藏的发现、劳资纠纷、消费者偏好的变化。以上所提到的前三个因素的作用方式和效果都很相似，它们在劳动力投入不变的情况下可以引起供给的增加或者减少，抑或至少是改变单位劳动投入的产出。然而，这些变化能引起经济行为的波动，如果没有心理因素的作用，它们还是不能形成一个完整的经济周期。

心理因素周期理论认为，任何实际的变化的发生都具有双重作用。其中之一是由这种变化直接引起的，并已经发生了的作用。另一个是受变化的影响，商人们的心理因素发生改变而产生的作用。商人对变化做出的反应并非总是正确的，有时它们对情势的评估难免会发生失误。失误的大小和影响的范围主要由两个因素决定：一个是商情预测能力的高低，另一个是获取信息状况的好坏。

如果失误的方向是杂乱无章的，那么乐观失误的作用将与悲观失误的作用相抵消，其共同作用的结果将趋于中和，只有当商人的失误方向显著一致时，失误才能引起经济发生周期性的变化。但因为商人中存在着一种采取相同行动的倾向，这会导致商人共同悲观或是共同乐观的失误。在这之中，主要原因有：商界人士的观念相互影响，通过贸易及其他的商业交流，他们便把一种乐观或是悲观的情绪广泛传播开来；依照错误预测采取的行动所带来的结果也会印证这种预测；借贷关系也是失误的传播途径，一个对前景保持乐观态度的商人会很容易地把资金贷给其客户，或者放宽贷款条件，其他商人为了避免竞争上的不利，也会纷纷仿效这种做法。

（三）消费不足周期理论

消费不足周期理论的发展历史非常久远，其形式也是纷繁复杂。但许多观点并不能成为一个一个完整的理论周期，因为它们大多只能解释为什么周期会发生向下的转折，而对于经济从萧条到繁荣的转折却无法解释。在众多的消费不足理论中，"消费不足"的具体含义也是五花八门。有的意指经济体系中缺少用于购买全部产品的足够资金，另有的意指货币周期性聚集或是货币流通速度减缓的现象，还有的是针对收入中储蓄部分相对于消费部分过高而言的。

1. 人均购买力不足

英国的 C·H·道格拉斯使用支付手段的不足用来说明经济周期，其观点可以概括为 A+B 理论。A 意指用来支付给个人的款项，如工资、红利等。B 是用来支付经济组织（例如公司、企业、银行等）的款项，如购买原材料、机器设备的款项及用于支付银行贷款利息的款项等。A 部分自然直接转化为消费者的购买力，但 B 部分却不能直接转化为消费者的购买力。因为收到 B 经济组织并不会马上用 B 购买已经生产出来的产品，换句话说，现在社会生产出的价值与目前已分配的收入之间存在一个差额，这个差额就构成了购买力不足的部分。因为 A 与 B 都是成本，都打入了价格，据此，购买力不足的部分（即 B 部分）必须补足，这可以暂时通过银行提供的信贷服务来解决。但问题出现在经济组织收到款项 B 之后，必须先偿还银行先前所提供的贷款，所以这不能真正地注入到国民收入循环流中去，除非当旧的贷款收回之后又会有等额的新贷款的产生。

然而在美国以往的周期中并没有发生银行信贷连续小于社会需求的现象，而是恰恰相反，常常发生信贷超过社会需求的现象。所以，这个理论并不是很充分。而且这种解释本身并未解释周期的过程，因为其仅仅是建立在生产与货币供给之间长期的不均衡的基础上的，只有当货币供给的变化也是以周期方式变化时，才会产生一个由货币因素所引起的周期。当然，这也只是属于纯货币理论对周期的解释的一家之言。

2. 储蓄量过大所引起的消费不足

在历史上，有很多的经济学家都曾试图使用消费不足的观点来解释经济周期，最早有马尔萨斯，后来有凯恩斯，在他们之间有位来自英国的经济学家 J·A·霍布森。他不但使用消费不足的观点解释了萧条的原因，并且还用消费不足的理论建立了如今的周期理论。

霍布森认为，社会中存在着一种叫"文化滞后"的现象。今天生产力的增长速度很快，对于提高产量的新型工艺、新型技术的采用，几乎没有什么重大的障碍。资本世界中的激烈竞争，也不断迫使生产者尽快采用提高产量的新型工艺、新型技术。但是依照霍布森的观点，消费却是非常保守的，它受文化、习俗及环境的影响。大多数的消费属于私人消费的范畴，当收入上升的时候，消费增加的压力是相对温和的。因此，整个社会就会面对这样一个难题，一方面是生产的高速发展，另一方面消费需求的增长却远远滞后。基于上述种种情况，如果产出和收入的增长速度快于消费的增长，那么储蓄将会增加。如若有足够的投资需求能够吸收多余的产出，经济似乎也没有问题。但实际上，当增长的储蓄通过投资转化为生产力后，问题会变得更为尖锐。除非这些资本品只是用来源源不断地生产更多的资本品，否则必然会发生需求不足的情况。

霍布森的观点要义为，储蓄应等于为满足对商品或服务的消费需求上升而增加的资本品投资的开支。如果储蓄率过大，衰退则不可避免。那么，衰退要持续到何时才能够停止呢？答案是当过剩的生产力被折旧抑或是资本消费所抵消，并且消费者的消费开支占收入的比重上升后才停止。

此外，霍布森还认为，高收入的人群的平均储蓄水平要高于低收入的人群。这就意味着将收入由高储蓄、高收入的人群转移到低储蓄、低收入的人群，并将减少储蓄与开支的比例。由此需要一种再分配机制使储蓄率与生产力的合适增长率保持一致。鉴于此，霍布森也认识到收入再分配也不能走得太远，否则，虽然能达到"公平"的效果，但储蓄率会太低，这会阻碍经济的发展。

但是，这里存在一个问题，储蓄和收入之间的关系并不完全像消费不足理论所描述的那样直接。一些表面看来非常有道理的东西，实际上是混淆了边际倾向与平均倾向的异同。霍布森的理论是以收入增加，平均储蓄倾向上升为基础的。但我们已得知，即使平均倾向上升了，边际倾向也可能保持不变，而在收入再分配的方案当中，起到作用的是边际消费倾向或是边际储蓄倾向，并非平均储蓄倾向。

3.工资的升降与利润的升降关系

消费不足周期理论认为，在经济扩张的阶段，当收入上升时，工资的上升要落后于其他收入的上升，特别是落后于利润的上升。由于工资收入阶层的花费占其收入比例要高于利润收入阶层，因此，在经济上升阶段储蓄上升速度不断加快。当储蓄上升率达到了这样一个点，即当储蓄额超过了目前的消费水平所能够支持的投资水平时，危机在这时便开始了。在紧接下来的收缩期中，收入不断下降，但此时的利润下降速度要快于工资的下降。因为利润收入者的储蓄占其收入的比率要相对高于工资收入阶层，因此社会总储蓄的下降要快于消费和收入的下降。在衰退的最初阶段时，资本的存量要超过消费需求所需要的规模，因此投资会大幅度减少，直到资本的存量由于折旧而降至跟目前的消费需求保持一致的水平，随着消费由于收入从低消费的食利阶层转向高消费的工薪阶层而停止下降后，衰退也逐渐停止。而当消费的上升引起投资重新上升后，新的周期又开始了。

（四）货币学派周期理论

奥地利学派强调的是经济扩张所形成的生产结构的失衡或失调在经济周期性中的作用，而这种经济扩张是由货币因素引起的，其代表人物有 F·A·哈耶克。

无论处于任何时候，社会存在的生产结构都不是偶然的或是非理性的，它是企业家们根据消费者的需求，通过对厂房、设备的投资从而建立起来的。所使用的设备种类和数量都部分地依赖于当时的科技状况。同样，资本与劳动力的相对成本也是尤为重要，企业追求的是成本最小化的生产要素的组合。要使经济处于均衡的状态，则生产模式要与消费模式相适应。而消费模式取决于人们的收入在支出与储蓄间的分配，以及支出在各种不同商品上的分配状况。随着生产的逐渐增长，如果同人们的支出与储蓄不相协调，相联系的资本品生产与消费品生产发展之间不相协调，那么，将会发生所谓的"纵向的不平衡和失调"。如若与消费者的支出在各类消费品间的分配不协调，同属于同一行列的各工业部门之间的发展不相适应，那么将会发生"横向的不平衡或失调"。

所谓的"横向"或是"纵向"的失调是针对不同部门间关系的性质而言的。哈耶克把原材料经中间产品到最终消费看成依次由前到后、由高到低的生产过程。生产消费品的部门被认为属于一个"较后的较低的行列"，而生产资本品的部门则被认为是属于一个"较前"或是"较高"的行列。

货币过度投资理论用来解释周期的另一个基本的概念为"自然利息率"，它意指对借贷资本的需求恰恰与储蓄的供给相等时的利率，这个利率与货币利率或是市场利率不等。如若市场利率低于自然利率，相对应的对信贷的需求会上升，超过储蓄的供给，而供给不足的部分可以由银行信贷的创造来弥补，这就会引起通货膨胀；如若市场利率高于自然利率，则对信贷的需求会下降，结果部分储蓄供给将会闲置，从而引发通货紧缩。

1. 高涨的产生

货币过度投资理论强调一种重要的经济现象，即所谓的"非自愿储蓄"抑或是"强制储蓄"的现象，并认为这是扩张进程中的关键环节，要解释非自愿储蓄，首先要阐明在自愿储蓄的情况下，投资是如何增加的。

假设由于社会上发生了重大的革新，引起了对资本品需求的上升，也就是讲，经济单位需要增加投资开支，并且愿意对其支付更高的利息费用。此时，他们以提高利率、对储蓄支付更高报酬的方式来吸引储户增加储蓄，减少消费开支。同时，家庭还是自愿地减少他们的消费资源的使用，以满足投资者的需求，并使投资者的实际投资额比当利率没有提高时预期的要少一些。直到此时还没有发生失衡的情况，经济的总收入和总产出仍旧保持不变，因为货币供应量与货币流通速度没有发生改变。只不过是产出的构成发生了变化——生产出来的资本品增多了，但生产出来的消费品减少了，资本品增加的数额恰恰等于消费品减少的数额。所以对于产出的这种变化，奥地利学派认为是不会发生周期的扩张过程的。

如若由于某些事件致使银行系统具有很多超额储备，此时为了使这些闲置资金能够贷出去，银行就会降低利率，这时市场利率就自然低于自然利率，投资者能够获得价值中有一部分是由自愿储蓄所提供的，有一部分是由非自愿储蓄所提供的。只要市场利率低于自然利率，经济便保持高涨的势头。然而，可贷资金的供给终究要受目前的储蓄水平的制约，当投资上升到一定水平时，自愿的储蓄实际上却下降了，也就是指当投资的需求增加时，消费的需求也增加了。市场利率最终将上升到与自然利率相等的水平，这就是奥地利学派所指的资本供给不足的现象。而在高市场利率水平下，投资的项目无法实现其在低市场利率下的预期利润。

2.衰退阶段

依据货币学派投资周期理论，货币的扩张和过度的投资将必然导致衰退的发生。当扩张时利率被人为的降低，这就会引起企业对资本设备的投资规模超过消费需求所能支持的水平。在用来生产消费品的资本品投资增加的同时，对消费品的有效需求却下降了。换句话说，生产结构发生了纵向的不平衡，在较高的生产阶段——资本品生产阶段所集中的设备过多，这就与消费的生产不协调。这种状况很快会发生改变。由于生产资本品的工人工资上升及对消费的需求增加，使得消费品的生产变得更加有利可图。这样，生产要素由较高的生产行列流回消费的生产行列。而各部门对生产要素的需求将引起对银行信贷需求的增加和通货膨胀的加深。

繁荣的中断是由于银行体系无法或不愿意继续进行信贷的扩张造成的，当然这要归于货币方面的原因，即信贷扩张要受到银行储备需求或金融政策的限制。

随着银行储备金的减少和银行信贷的紧缩，生产资本品的部门缺少足够的资金来支付更高的工资报酬和原材料价格，因此无法再从消费生产部门吸引劳动力和原材料。同时，由于成本的上升，资本品生产部门不得不提高其产品的价格。资本品价格的上升，减少了设备投资的未来收益，再加上银行利率的提高，使银行投资的现值不断下降，这导致了资本品投资的下降。随着工人的失业，总收入的下降，衰退开始。衰退的实际原因不仅仅在于投资资金的缺乏，还在于低生产阶段的部门缺少足够的投资，以保证他们的生产规模与较高生产阶段的部门的新增投资保持一致。

3.萧条阶段

在萧条阶段，生产结构又重新恢复了平衡，当然调整过程是漫长而痛苦的，较高生产阶段的部门产生的大量失业工人，最终将被低行列的生产部门所吸收。由于货币在家庭和企业部门的集聚，造成货币流通速度的下降，从而引起通货紧缩的现象，进一步加深了经济的萧条。由于货币的集聚，以及价格水平的下降和投资的下降，消费将会上升，这将发生"非自愿的消费"现象。当然这只是哈耶克的假定，较实际的看法是由于失业的上升，产出下降，以及引起货币集聚的悲观心理消散，当银行系统觉得创造更多的货币又有利可图时，新一轮的扩张便又重新开始。

（五）非货币学派周期理论

投资理论中有一派强调投资过多是周期的基本原因，但认为货币因素只是起从属的作用,因此,这派理论被称为非货币投资过多论。非货币投资理论认为,投资会自发变动。这种变动引起整个经济的周期波动。这些学者将货币体系看成周期中的一个被动要素,它在经济高涨时扩张,在衰退时收缩。换句话说,货币供给不是发起因素,而只是被动要素,货币供给的变化是周期的必要条件,而非充分条件。

早期非货币投资过多论的学者杜冈－巴拉诺夫斯基认为,周期的最重要特征是:扩张时,自由资本转化为固定资本或实际资本;收缩时,固定资本转化为自由资本。自由资本也即现在所指的可贷资金,它通过投资行为转化为固定资本,即现在所指的资本品;而固定资本转化为自由资本是通过提取折旧基金,但并不是马上用于购买新设备来实现的。另外,在衰退时,固定收入者的收入由于缺少合适的用途,储蓄会不断上升,这也会引起自由资本的上升。当自由资本积累得足够多,人们感到必须为这些资金寻找使用出路,并且衰退初期的大量固定资本也通过折旧而大量被消耗时,衰退便停止了,经济开始了复苏。这时候的低利率进一步刺激投资行为的增加,而高潮的转折点可以解释为可得到的自由资本被实际资本所吸收,投资由于缺少购买厂房及设备的自由资本的支持而不得不停止。

亚瑟·斯比索夫教授对于杜冈－巴拉诺夫斯基的系列解释,特别是有关转折处的解释做出了一些改进,斯比索夫教授认为,在经济处于低谷时,除了自由的资本对转折的推动作用外,更为重要的是固定资本的作用。技术革新所固有的投资可能性的丧失势必也会导致扩张的停止。如此,除了杜冈－巴拉诺夫斯基提出的自由的资本的推动外,斯比索夫也新加入了投资需求抑或说是固定资本需求的拉起对转折的作用。

1.高涨品

非货币投资过多学派是这样描述扩张进程的,在经历了一段时期的萧条后,利润出现了上升的可能性,于是投资行为开始上升。投资带来的收入和购买力的上升,会引起对资本品的需求和对消费品的需求的上升,而对消费需求的上升又会进一步刺激投资的增加。另外,由于交易规模扩大带来的利润增加,以及不断上升的价格水平,为持续扩张提供了心理刺激。这样,累积性的扩张进程带来了经济繁荣。

为描述扩张过程中产生失调,该学派将商品划分为四类,即非耐用消费品、耐用和半耐用消费品、耐用资本品,以及用于生产耐用品的原材料。在经济高涨的过程中,这四类商品的比例关系会发生失衡,实际情况是短缺的现象。这是因为新型的、能够降低生产成本的耐用资本品的不断出现,会吸引更多的生产要素、原材料流向耐用资本品的生产部门,结果造成消费品生产部门资源缺乏。

从工厂开始筹建到投产，存在很长的时间间隔，这也是失衡产生的重要原因，它使得对需求的预测工作变得更为困难。由于生产资本品的工人或资本所有者的收入上升，这会引起对消费品的更大需求，而增加的消费需求只有在生产新的资本品并投入生产之后才能得到满足。因此，在此之前，过度的需求将导致价格上升。而对于单个厂商来说，决定生产规模要扩大多少是困难的，并且他们也无法保证生产扩大后这种有利的价格是否依然还会存在。一些扩张项目是以高价格水平下的预期利润为基础而制定的，因此当消费供给上升，价格会回复到低水平时，原来的预期就不正确了。另外，新的耐用消费品的发展也会吸引资源由生产非耐用消费品和半耐用消费品转向生产耐用消费品。当所有的资源全被投入使用，不再存在额外的闲置劳动力和满足这些劳动力需求的额外消费品时，各种商品生产间的比例失调便到了无法解决的地步。

2. 衰退

由于可贷资金的短缺，或者是有利可图的投资机会的消失，投资开始下降，这将引起资本品生产部门的紧缩，此时，萧条就开始了。新建的工厂准备生产更多的消费品，而资本品的生产部门工人的收入与购买力却开始下降，所谓的投资过多的现象便发生了。在一方面是大量资源集中到生产消费品的部门，而另一方面却是人们缺少足够的收入来购买生产出来的消费品。据此，消费品的价格便已是不可避免的，经济开始了累积性的收缩。

但是，经济的衰退为新的转折创造了条件。资本被不断消耗，由于没有更新，资本存量就减少了。而资本品价格下降、工资水平下降、原材料价格下降，以及利率下降等因素导致了生产成本下降。这一系列条件将会刺激投资的增加，从而带动经济摆脱萧条。此外，一些技术的创新也同样会引起投资开支的上升。

此种投资过多理论指出了资本品生产与消费品生产之间，以及不同的消费品生产间会发生比例的失衡，这些是对周期理论的重大贡献，但是此种投资过多理论依然存在许多缺陷。首先，它忽视了货币因素的作用。此外，它对引起经济萧条到复苏发生转折的因素的解释也远远不够充分。例如，它没有具体解释为何技术创新恰恰发生在能使得经济周期性波动的时期。

而具体解释为何技术创新会周期性的发生，并形成经济周期的，还要归功于熊彼特的技术创新理论。

（六）技术创新周期理论

熊彼特透彻地分析了创新活动的作用及其产生经济波动的进程。经济行为的变化可以是由外部因素引起的，如关税的变化、战争、地震及农产品产出的变化。这种外部影响会扰乱经济的均衡，但其本身并不会引起经济行为周期性的变化。这个波动也可能是由于经济体系内部变化引起的，如消费者偏好的变化，生产要素的质量和数量的变化，以及生产中的技术创新等。经济运行的周期性是由于发生了累积性的进程，如同高涨时产生的非均衡必然会导致萧条一样，萧条也会使得有利于投资复苏的条件产生，这样周期便有规律地发生了。投资的高潮会保证以后的更新的高潮形成，因为大多数的设备都会在未来的几乎同一时间之内进行更新。

如果要了解熊彼特的理论，首先就必须要去了解发明或发现与创新的区别。新科技的发明，新消费品、新资本设备的发明，以及新市场或原材料新来源的发现等，都属于发明的范畴。这些发明通常在任何时候都有可能发生，并毫无规律性可循。而创新是经济学的范畴，意指将发明、发现引入经济系统中并形成一种新的生产能力，从而在经济周期进程中有效地发挥作用。企业家具有敏锐的洞察力，能预见到潜在的利益。最初引入创新需要去克服极大的阻力。经过一段时间，其他人也看到利润的前景后会纷纷加入创新的行列。如果阻碍创新的大多数障碍已被克服，证明创新是成功的，利润会上升，其他企业就会纷纷效仿，从而形成创新的浪潮。投资的扩张伴随着信贷和货币供给的扩张，同时也要求储蓄增加满足投资的需要。由于扩张是从充分就业的状态开始的，因此总产出不会马上增长。结果，当部分劳动力和资本转向生产资本品时，消费品的产出将会下降，同时，由于银行信用的扩张，人们收入上升从而引起消费品需求的上升，这更增加了价格上涨的压力，当资本品生产出来并投入使用时，新的消费品的供给量要超过创新前的水平。老企业要么进行技术改造，要么被竞争所淘汰。当创新活动渐渐停止时，经济便开始发生转折。投资的下降在经济中产生了不确定因素，导致很长时间不会出现新项目，但这个过程还不是我们所指的经济周期。它仅仅描述了由均衡到扩张，再由扩张到均衡的过程。均衡的恢复期是经济在创新后的调整阶段。一些老企业由于竞争不过新企业，纷纷关门大吉了；再者则不得不缩小生产规模或调整生产方式；而另一些为创新提供互补产品的老企业会以扩大生产等方式适应新的需求。

对于周期的形成，熊彼特认为这与第二次投机浪潮有关。在创新的引入过程当中，人们认为经济中出现的高涨，特别是资本品部门的繁荣，会永久性持续下去。于是，已经建成的企业会借款扩大生产，消费者也会进行借贷用来增加消费。由于对价格上升的预期，存货也将不断增加。投机造成的过度债务带来了危机的隐患。当用新设备生产出来的消费品投入市场后，价格将逐渐下降。扩张期中那些过分乐观而过度扩张债务的企业和消费者陷入困境，许多企业无力归还所欠的债务。在收缩期，过分悲观的心理占主导地位，存货的处理和债务的清偿也仍在持续，这很容易导致危机的产生。

由此可见，第二次投机浪潮是第一次创新浪潮的反应。第二次投机浪潮与第一次创新浪潮的重要区别在于：第二次投机浪潮中有许多投资机会与创新无关，这时信用的扩张也同创新无关，而只是为一般企业的投机提供资金。这样第二次浪潮中不仅包含一次浪潮中所共存的失误和过度的投资行为，而且它不可能具有自行调整走向新的均衡的能力，只有再出现一轮新的创新浪潮，才能将经济从第二次浪潮所引起的萧条中摆脱出来。可见，经济是在创新的第一次浪潮和第二次浪潮的共同作用下发生周期性运动的。

第四节　如何去撰写一份市场分析报告

一、市场分析报告的基本内容

一份完整的宏观报告至少应该涵盖宏观经济和地区经济分析、房地产市场总体分析这两大部分。其中的主要内容为介绍和论述各方专家以及权威机构所做出的相关预测。在宏观经济和地区经济分析之中，又可以将其分为三大部分：宏观经济运行的总体状况及景气状况；中央与地方政府的政策法规动向及其影响；重大事件所产生的影响。

在房地产市场总体分析的部分中，也分为房地产市场基本走势与房地产政策法规的动向和影响的分析这两个部分。房地产市场基本走势，一般是指使用房地产行业的主要经济指标的变动来体现。相较于其他产业，不同点在于房地产行业的主要经济指标不仅仅要用总量指标来表示，而且还需要用结构指标来表示。这所谓的结构指标中又包含有物业分类结构指标及地区分类指标这两大类。有些时候指标会更加被业内所重视，这类指标包含了物业分类、按聚集区、地区分类的物业价格指数等。

房地产市场的各项政策无论针对哪一部分市场，都会造成关联影响，因此房地产市场分析主要关注土地市场、商品房市场、二手房市场、经济适用房市场的相关政策，并分析其关联性可能带来的影响。

二、基本数据的取得

进行宏观分析及地区经济分析所需要的基本数据，一般应涵盖以下几个方面。

（一）全国社会经济统计指标

包含GDP、人口、进出口等总量指标。

1.结构指标

包含GDP、第一产业、第二产业、第三产业等结构指标。

2.水平指标

包含人均居住面积、职工平均工资等水平指标。

3.动态指标

涵盖零售价格指数、固定资产投资、贷款利率、价格指数、通货膨胀率等。

一般的数据来源：统计年鉴、经济统计年鉴。

（二）地方经济统计指标

1.宏观年度经济指标

包含GDP[①]、GNP[②]、人均GDP、社会消费品零售总额、固定资产投资需求、商品零售价格总额及进出口总额等。

一般的数据来源：各地方县市的统计年鉴。

2.宏观月度经济指标

第一、第二、第三产业的GDP。

工业：工业综合效益指数等。

商业：社会商品购售存总值、社会消费品零售额等。

投资：固定资产投资、开复工的面积、竣工的面积、商品房屋销售建筑面积、商品房的销售额等。

---

① 国内生产总值（GDP）是指按市场价格计算的一个国家（或地区）所有常驻单位在一定时期内生产活动的最终成果，常被公认为衡量国家经济状况的最佳指标。国内生产总值 GDP 是核算体系中一个重要的综合性统计指标，也是我国新国民经济核算体系中的核心指标，它反映了一国（或地区）的经济实力和市场规模。

② 国民生产总值（GNP）是一个国家（或地区）所有常住单位在一定时期（通常为一年）内收入初次分配的最终结果。是一定时期内本国的生产要素所有者所占有的最终产品和服务的总价值。等于国内生产总值加上来自国内外的净要素收入。计算公式为：国民生产总值＝国内生产总值＋来自国外的净要素收入＝国内生产总值＋生产税和进口税扣除生产、进口补贴（来自国外的净额）＋雇员报酬（来自国外的净额）＋财产收入（来自国外的净额）。

对外经济、对外贸易及旅游：进出口总值、新批三资企业人数、接待出入境旅游人数等。

财政：财政收入、支出。

金融：银行存款余额、银行贷款余额、金融机构现金收入、金融机构现金支出、居民储蓄存款余额等。

物价：商品零售价格指数、居民消费品价格指数等。

收入：职工数量、职工平均工资。

人口：人口总数、家庭规模、出生率、死亡率等、

一般的数据来源：地方经济发展月刊。

（三）房地产行业统计指标

投资：全国性总计、国有单位投资、商品房建设投资、土地开发投资、计划总投资等。

资金：上年年末结余资金、本年度的资金来源、各类应付款合计、国家预算内资金、国内贷款、各类债券、利用外资、自筹资金、定金及应收款项等。

开发量：本年度购置土地面积、已完成开发的土地面积、施工面积、竣工面积、销售建筑面积等。

销售：商品房销售额、商品房销售面积、商品房销售价格。

（四）地方性房地产统计指标

土地开发：土地的开发投资、土地使用权的出让金、土地的开发面积。

开发投资：开发投资额等。

开发量：商品房施工面积、新开工、竣工面积等。

销售：商品房销售额、商品房销售面积、商品房销售价格。

资金：上年年末结余资金、本年度的资金来源、各类应付款合计、国家预算内资金、国内贷款、各类债券、利用外资、自筹资金、定金及应收款项等。

一般的数据来源：中房指数、国房指数、房地产开发投资月度统计快报摘要、中经网、各地方的经济信息网及地区政府网站。

案例

以下是对近20年间房地产市场的经济环境分析，仅供参考。

GDP

2007年，中国名义GDP增长率上升至14％。从那时起，次级抵押贷款引发的全球金融危机使GDP增长从上升趋势放缓至下降趋势。 2008年11月，中国国务院

常务会议决定实施积极的财政和货币宽松政策，以避免全球金融危机引发的经济衰退的影响。具体而言，自 2009 年起，两年内制定了 4 万亿元的基础设施发展规划，以保持经济的可持续增长。因此，2009 年名义 GDP 增长率维持在 9％的水平。然而，自 2012 年以来，由于工作年龄人口下降和海外需求低迷等因素，名义 GDP 增长率自 1995 年以来首次降至 7％。2016 年上半年，国内生产总值同比增长 6.7％。由于英国决定退出欧盟并且全球经济增长缓慢，国际货币基金组织预测 2016 年和 2017 年中国的名义 GDP 增长率将分别下降至 6.6％和 6.2％。（中国 15％，美国 24％，日本 6％，欧盟 16％，其他 39％）此外，可以证实中国的工业化在此期间取得了进展。在 20 世纪 90 年代中期，第二产业对 GDP 增长的贡献大约是第三产业的两倍。然而，在此之后，第三产业的贡献不断扩大，2014 年，第三产业对 GDP 增长率的贡献与第二产业相同。虽然 2014 年中国国内需求和海外需求低迷，但通货膨胀率下降，通货紧缩风险增加，投资、出口和消费减少，经济增长放缓迹象有人看到了。资本投资从 1 月的 17.7％下降到 11 月的 9.4％，房地产投资也从年初的 19.8％下降到年底的 11.9％。CPI 和 PPI 也在低水位波动，显示了房地产增加值与 GDP 的比率及房地产增加值的增长率。房地产增加值与 GDP 的比率从 1996 年的 3.6％上升到 2013 年的 6％的峰值。可以看出，过去 20 年房地产业增加值的增长速度快于 GDP 的增长速度。可以证实，房地产业是支持 GDP 增长的重要产业。

人口

1995 年至 2014 年的 20 年代表中国人口构成的年龄。截至 2014 年底，中国总人口约为 13.7 亿，比上年增长 0.5％。自 1995 年以来，65 岁以上人口增加，2014 年达到约 1.4 亿，占总人口的 10.05％。另一方面，截至 2011 年，15 岁以下人口逐年减少，2014 年减少至 2.3 亿人，占总人口的 16.5％。虽然 15 至 64 岁的人数继续增加，但 2014 年首次下降至约 10 亿人。

总人口比率在 2010 年持续下降，但随后开始增加，并在 2014 年增加到 36％。在此期间，子女抚养比率继续下降。因此，在今天的中国，针对出生率下降和老龄化问题的措施是重要问题。当人口增长结束时，将出现诸如经济负担和劳动力短缺等问题。作为对策，"独生子女政策"自 2013 年 12 月起已经放宽。

收入水平

2001 年至 2014 年中国的工资趋势，全国平均工资逐年上升。此外，增长率从 10％到 15％不等。但是，工资增长已经赶上了房地产价格的增长速度。

消费水准

根据国家统计局的全国社会经济调查，根据家庭收入水平划分方式如下。

超高收入家庭：城市家庭的 10％。高收入家庭：城市家庭的 10％。

中高收入家庭：城市家庭的 20％。中等收入家庭：城市家庭的 20％。

中低收入家庭：城市家庭的 20％。低收入家庭：城市家庭的 10％。

最低收入家庭：城市家庭的 10％。

思考：请收集并归纳所在地区该季度的经济环境分析。

本章小结

从 1996 年以来，随着国民经济的快速发展和住房体制改革的不断深化，中国的房地产业日趋成熟和完善，房地产业已成为中国国民经济的支柱产业和新的经济增长点。与此同时，部分城市的房地产市场出现了过热的现象，表现为价格的不合理持续上涨，房地产商品的有效供给不足与无效供给过剩并存，市场运作不规范，房地产的投机性需求日益增长等，这些问题不仅威胁着房地产以及金融系统的安全，也深刻影响了广大人民的生活以及国家经济的健康运行。在中央反复强调的"房住不炒"精神指导下，地方政府逐步摆脱依赖的土地财政，我国房地产市场开始逐步走向稳健发展之路。

复习思考题：

1.什么是宏观经济环境？房地产开发为什么需要进行宏观经济环境分析？

2.宏观经济环境分析中应关注的内容有哪些？请收集并归纳所在地区上一个年度的经济环境分析。

3.房地产产品供求形势对房价造成什么样的影响？结合本地区近五年的房价波动曲线，从市场供求角度进行分析说明。

4.经济周期对房地产市场有何影响？请选择本章中列举的其中一种经济周期理论代入某地区的房地产行业，并探究二者之间的关联性。

5.经济增长、货币政策、人口增减、城镇化率等因素对房地产市场造成哪些影响？为什么？请以本地区的房地产市场发展加以说明。

6.尝试获取 2-3 份本地区该季度或上年度的房地产调查报告，并对比两份报告中的数据，思考为何不同的报告之间存在有差异。

第三章　房地产政策和规划环境分析

第一节　房地产政策分析

房地产市场受政策影响极大，这不仅因为政府是它的管理者，有管理房地产市场的责任，而且因为政府代表国家作为土地的所有者，它有权利要求土地的收益，这一点是房地产市场的特殊之处，这一点使房地产业必须重视政策的力量。关注和分析政策是房地产市场分析的重要工作，然而政策分析很难归纳出一套方法或操作程序，可以说，它不是一种技术，而更像是一种艺术。

一、政策对房地产业的作用

（一）政府对房地产市场进行干预的依据

首先，我国实行土地公有制，国家作为土地所有者，拥有土地所有权。对于其他行业，政府是公共资源的管理者和政策制定者，而对于土地市场及房地产业，政府的角色就发生了变化，政府既是公共政策的制定者、公共资源的管理者，同时也代表国家成为土地的所有者。这样政府在制定政策时，在协调各集团的利益要求时，必然要体现和照顾自己的利益，即使土地的价值得到保值和增值。政府参与市场，目的不仅在于获得"最多选票"，还在于获得"最高的租金"。所以在地产市场上政府既是局外人，也是局内人。

其次，地产市场的特殊性质也使政府干预更加深入，更多地代替市场机制的作用。从严格意义上讲，土地市场不是真正的市场。在土地市场上，只有一个所有者和若干个使用者，或者若干垄断经营者，土地所有权及其划分出的其他权能是不均等的，所得的租金回报也不等，租金的资本化的土地收益分配也是不均衡的。土地市场是不完全竞争的市场，或更接近于垄断市场，这就为政府干预提供了依据。因为政府的职能之一就是反对垄断，以保证市场的正常运转。

（二）土地产品的生产消费特点

土地产品（包括各类建筑物、附着物等）的生产周期长，投资回收期长，生产者和消费者之间存在着严重的信息不对称的现象，这就要求政府采取措施，改变这种情况。因此，可以说，房地产市场对于政府的干预有着内在的要求。

土地及土地产品具有公共资源或公共消费品的性质，公共消费品的不可分割性制约了市场机制的作用。政府有责任在保证公共消费品不被垄断的同时，也不出现"搭便车"的现象。这一点在廉租房的管理和经济适用房的管理上表现得最为经典，政府要防止有钱人进入经济适用房市场，也要保证廉租房真正用来解决特困户的住房困难。这时政府的职能不是纯经济职能，而是社会职能。

房地产市场并不能提供社会所需要的所有相关服务，如法律和秩序、环境保护等。甚至可能产生一种对整个社会生产不利的影响，这就要求政府加以引导。

二、政府在房地产业的基本职能

政府在房地产业中还会体现出更为广泛的职能。

政府要保证土地价值增值，负责土地的出让并收取土地出让金；制定土地利用规划和土地出让计划，以保证土地利用取得最大的价值；查处违反土地出让政策的行为；对于已划拨土地的再转让要进行核查，要求补缴土地出让金。要求补交出让金的还有公房买卖和经济适用房的买卖。

政府有责任为所有的社会成员提供安身立命的基本居住条件。房地产市场运作有时会产生某些残酷的或社会难以接受的结果，如一方面房价奇高，而另一方面很多人连基本的生存空间都没有，所以政府有责任给贫困者以扶持。比如解决无房户和特困户的问题，解决无基本卫生配套设施的问题。

政府有责任维护市场的秩序，为保证房地产市场的正常运行，要制定各种法规、规则，规定企业哪些行为可行，哪些行为不可行，同时在市场内推行规范的市场行为。对于垄断、欺行霸市等不法行为进行处罚，维护一个正常的市场环境。对于不成熟的房地产市场，政府还有培育和建立市场秩序的职能。在我国，房地产市场是在近10年中才发展起来的，政府在其中担当了重要的责任。

政府有责任为保证整个社会经济的持续发展而对自然资源和文物进行保护。在自然环境保护方面，市场的力量是靠不住的。房地产开发对环境的破坏作用也很大，所以要靠政府的力量防止资源浪费和环境的破坏。

政府有责任为保证城市的持续发展，而控制城市的规模、城市扩张的速度、城市功能的分区、城市土地开发的程度等。

政府有责任进行公共基础设施的投入。以增加城市的聚集效应，提高房地产的价值。公共基础设施如公路、交通管理系统、上下水系统等，由于它们的不可分割性及非排他性而被界定为公共消费品或半公共消费品，政府一方面可以直接提供这样的产品，另一方面要靠政府设计一套行政体系来征收费用，以维护其运转。

保证房地产业的稳定发展。房地产业巨大的商业利益使之成为活力十足的产业，同时由于它与其他产业的相关性强，对经济总体运行具有较强的影响，一旦出现发展过热，就会影响整个国民经济的发展。为了防止房地产业的暴涨和暴跌，政府有责任制定各种政策对房地产业的发展加以调控。

协调与解决纠纷。在房地产市场不规范的条件下，各种纠纷是难免的，特别是消费者在房地产市场上明显地处于劣势，这时需要政府来解决各种纠纷，维护正义。

房地产业提供的利益有些是有形的，但很多情况下是无形的，也就是法律上讲的无体利益，比如用益权、地役劝、房地产增值的未来权益等。这就要求政府为房地产市场提供必需的制度、规则和安排。包括对财产权的确认和保护，合同的执行，为度量、专利、交易程序制定标准。可见房地产业中，政府担当着所有人、管理人、投资人、厂商和消费者等多重角色。它的作用可以概括为：保障功能、分配功能、收益功能和调节功能等。

三、房地产政策的实质和类型

（一）房地产市场政策的实质

所谓房地产政策就是国家凭借政权制定的房地产市场主体都必须执行的行为准则。它是连结房地产市场和政府的纽带，是政府在房地产市场中的重要行为内容。房地产政策的作用是由政府在房地产市场的干预作用和特殊地位决定的。政府通过房地产政策把房地产市场的服务和利益分配给社会，把公共基础投资分布在不同的地点，把收益从一部分利益集团手中取出转给另一部分利益集团。

政府对于房地产市场的参与是全方位、多角度的，所以要理解它对于房地产市场的影响，首先体现在对房地产市场政策进行分类方面。

（二）房地产市场政策分类

从以上对政府在房地产业的基本职能的分析来看，房地产政策可以分为两大类，一类是直接服务于市场的，可称之为市场性的政策；另一类是服务于社会的，是对市场起间接影响作用的，可称之为社会性政策。前者针对企业法人与消费者间的利益关系，调整对象是平等的经济利益关系，多数情况下是以经济手段为主。政府对他们的管理和调节也必须遵守市场原则，如土地出让与转让等。后一类政策多数发生在管理者和被管理者之间，多采取行政手段，要求企业和消费者服从，如产权登记、房地产税费的制定、关于军队房地产、宗教房地产的政策性规定等。还有一种介于两类政策之间的政策，如安居工程的政策、房改房政策、经济适用房政策，它既体现了政府的社会性职能，也体现了一定的市场性职能。

房地产的社会性政策可以分为三类：一是保护性政策，如保护耕地的政策；二是政治性政策，如关于处理原去台人员房产问题的政策、关于落实华侨私房政策等；三是边缘性政策，如关于军队房地产、宗教房地产的政策性规定等。

房地产市场性政策按其作用，可以归结为四类：一是房地产市场进出管理政策；二是房地产市场交易管理政策；三是房地产市场竞争管理政策；四是房地产市场收益分配政策。

房地产市场是一个完整的体系，它由多个部分构成，每个组成部分可以有不同的进出资格标准。每个组成部分有各不相同的交易规则，不同的市场又是由不同的市场主体组成交易的双方，多元的交易主体在纷繁复杂的生产交易活动中形成无数种收益分配方案。例如，针对不同的市场部分有公房政策、二手房政策、商品房政策、经济适用房政策；针对不同的市场主体可以有对中介组织的管理规定、对开发商的管理规定；针对市场客体的政策有关于商品房面积测量的规定、房屋质量的标准规定；针对不同的市场行为，有物业管理的管理方法、商品房销售管理方法、房地产开发程序的各种规定；针对房地产市场的不同收益分配问题，有公房出售的收益分配方法、物业管理的收费方法、各种房地产税费的管理方法。目前在整个房地产市场规则体系中，欠缺的是购房者权益保护的政策法规。

从政策发展的渊源来看，由于房地产业是近十年来发展起来的，其立法是从无到有逐步发展的，最初，房地产政策就起到法律、法规的作用。当政策的作用稳定以后，政策就转化为法律。在法律不断建立和完善的过程中，又不断有政策、法规、规章、办法、条例等作为法律的初级形式或补充解释。所以房地产政策也和其他各种产业的政策相同，可以分为：法律、法规、规章、制度、办法等。

从政策指向的部位来分析，房地产政策和法律体系又可以分两类：一类是房地产专门性的政策和法律规范，如现在已出台的《中华人民共和国城市房地产管理法》《中华人民共和国城镇国有土地使用权出让和转让暂行条例》《协议出让国有土地使用权最低价确定方法》《国有土地使用权有偿使用若干财政问题的暂行规定》《外商投资开发成片土地管理暂行方法》；另一类为相关的规范，如《经济法》《民法》《合同法》《消费者权益保护法》《社会保障法》等。

房地产政策的体系是由全部房地产政策、法规共同组成的有机整体，它反映了一个国家或地区房地产经济的发展水平、房地产业及其利益结构的性质、立法者的意志取向。由于关于房地产政策、法律体系的构想不同，所以对于政策进行分类的方法也不同。

第二节　房地产政策对房地产市场供求的影响

房地产市场受政策的影响十分明显，所以，所有的房地产商和投资顾问都明白房地产政策分析的重要性。但是对于房地产政策的日常跟踪，以及对于政策的学习和分析却显得比较被动，不够及时和深入。

房地产政策的影响是普遍的，对于所辖区域内的所有地块、所有种类的物业和所有的楼盘都有影响，它不仅会影响价格，甚至会影响施工进度和产品形式。

一、房地产政策对房地产开发的影响

（一）房地产政策对房地产价格的影响

尽管地产价格的波动有其固有的周期性，但是政策的影响也起到不小的作用。从1996 年所颁布的政策内容看，这一年可以说是规范房地产市场的一年，出台了土地增值税、加强房地产价格工作、房地产贷款管理办法、房地产交易手续费适用范围等方面的政策。这一年做了从投资贷款到土地使用权转让，再到交易价格与手续等各方面的规范，为下一年的房地产市场价格上升打下基础。

1997 年住宅价格一路上升，这一年出台了城市房地产抵押管理办法、个人住房担保贷款管理办法及商品房预售管理若干问题的规定，政府顺应市场发展的需要，在政策上给商品房市场开发、个人抵押贷款以支持。这一年的政策基本上形成了房地产市场资金运营的基础。

1998 年是政府大力推行经济适用房政策的一年，出台了影响巨大的经济适用房建设减免行政事业性收费和出售公有住宅的有关政策。政策的作用是有利的，但由于亚洲金融风暴的影响，整个 1998 年的价格都是下降的。

1999 年是房地产政策出台比较集中的一年，这一年出台的关键政策有：《在京中央和国家机关进一步深化住房制度改革实施方案》，即一次性发放住房补贴的政策。还有《关于调整个人住房公积金存贷期限和利率的通知》，个人住房公积金委托贷款最长期限从 20 年延长到 30 年，最高单笔贷款限额上调至 39 万。这几项政策推动市场价格的上升。到 1999 年上半年，价格达到几年来的最高点。

从 1999 年的下半年，住宅价格开始下跌，整个 2000 年都是在价格的谷底徘徊。这种形式应当看作是 1999 年政策效应发挥的结果，因为 2000 年并没有出台什么对市场有实质性影响的政策，相反，由于 1999 年出现的地产高峰，引起全国地产商进京竞争，供给量一下子增加了，使 2000 年全年的价格都抬不起头来。

从 2000 年到 2020 年，中国房地产市场走过了二十年的发展黄金期，20 年期间一线城市的房价暴涨了 10 ~ 20 倍，中央政府也多次出台控制、限制政策，房价涨跌牵动人心。自 2020 年起，在"房住不炒"精神的引导下，暴涨的黄金时代悄然结束，房地产市场进入了平稳健康发展的新时代。

（二）房地产政策对开发热点分布的影响

房地产政策影响开发热点的分布，全国各地都有不少这样的例子，较典型的例子是北京的中关村和 CBD 两大热点开发区的形成。1999 年 6 月，国务院下发了《关于实施科教兴国战略加快建设中关村科技园区的指示》的批复。从此，中关村成了北京一大房地产开发的热点区域。批复之后，立刻启动拓宽白颐路、拉直城府路的工程，中关村的住宅立即成为抢手货，出现了许多著名的楼盘和大规模的社区。

（三）房地产政策对开发产品形式的影响

因为城市发展规划或航空限高等因素影响，地方政府会出台一些房地产政策，例如限高、绿化、综合配套，等等，对开发商的产品形式造成较大的影响。例如不少城市的古城保护、景观保护，等等，对一定范围内的高层建筑进行限高，靠近机场的范围内也有限高规定。再以北京为例，其四环路以外的项目多采用多层或连体别墅形式，就与绿化带政策有关。因为这一政策规定，绿化带内的项目限高 9 米。

（四）房地产政策对施工进度的影响

房地产政策中常常包含金融、货币类调控政策，具体表现为金融业务的限制，限制房地产贷款的使用或金融杠杆的运用，例如，房地产开发商的贷款金额在金融机构的贷款总数的占比有明确限制，个人购房贷款不同规模的金融机构限制比例也有所不同。

2001年6月26日，中国人民银行发出了《关于规范住房金融业务的通知》（以下简称《通知》）。

对于开发商贷款，《通知》做了严格限定。首先，开发企业贷款应主要投向适销对路的住宅开发项目；其次，企业自有资金应不低于开发项目总投资的30%，同时开发项目必须具备"四证"（《国有土地使用证》《建设用地规划许可证》《建设工程规划许可证》和《建设工程施工许可证》）。期房预售的多层住宅主体结构封顶、高层住宅完成总投资的三分之二，银行才准予对买家发放个人住房贷款。

这一政策使很多楼盘的施工进度受到了影响，很多已经预售的楼盘因为这一政策的出台，只能拿到消费者的首期付款，而得不到银行的贷款，所以不得不放缓开发的进度。

二、政府干预与房地产市场

由于房地产市场与政府的特殊关系，政府对房地产界的干预是必然的，因此政府以土地收益的保有和增长为政策的核心，开发商、消费者、投资人只有在这个基础上发展自己的利益。

还应看到市场失灵是政府干预的起点和根据，但并不等于政府干预就一定比市场的作用好。由此可以推断，房地产的价值并不一定随着土地政策、房地产政策的发展而增值。

政府制定房地产政策，不是每时每刻代表大多数人的利益，特别是不可能总是代表低收入人群的利益，因此，带着市场经济自由主义的态度，或者抱着政府弥补市场失灵的美好期望，或者把公平的希望和责任寄托给政府的想法显然是不恰当的，以这样的观点去理解、评价、分析政策是会引起错误的结论的。

第三节　房地产规划影响分析

消费者在某一处楼盘购买房产，其实是在投资购买该城市、该地段的"股票"，看重的是城市的未来发展前景，可见城市的发展规划就显得特别重要。房地产开发商进行专业化房地产市场分析和研究，不一定需要懂得具体的城市规划设计操作，但一定要懂得城市规划的基本原则和各种发展规划的理念和意义。必须掌握如何判断一个城市规划好坏的基本方法，因为美好的、有效率的城市可以大大提升房地产的附加价值。城市规划原则和理念是人类生存经验和智慧的总结，好的规划能使城市更有条理、更有效率、更有活力、更接近人性，所以，关注城市规划的动态，评价规划对房地产的影响，判断规划后的地块价值升降，应该是房地产市场研究人员的基本功课。

一、城市性能与功能结构的分析

（一）城市性能判断的复杂性

好的城市规划、好的城市形态能够吸引更多的开发投资，也能够增加房地产价值。怎样的城市规划才是好的规划？怎样的城市才是好的城市呢？这是一个非常难回答的问题。不同的人群会得到不同的结论，有时甚至是相反的；不同的时代也会得出不同的结论，旧时代的人认为是好的布局，对于现代人来说可能就是不好的；从不同的角度同样会得出不同的结论，如从审美角度看，均匀分布的布局可能是美的，过度密集则是杂乱无章的、不美的、不堪耐受的，而从经济的角度也许就是合理的、经济的、必然的，是人们乐于接受的。所以应该说，没有绝对好的、美的城市，也没有任何人都适合的模式，只有对于某些人来说比较好的模式，或者大多数人能够接受的、经济上还可行的模式，而没有一个所有人都接受的目标模式。城市的形态只是在各种力量的相互较量、相互妥协的过程中发展变化，不断地接近那个本身就模糊的、不断变化的目标。

那么，是否没有必要探讨什么是好的城市形态呢？当然不是，虽然说关于城市形态的好坏没有绝对的标准，但是我们要尽可能地在特定人群对城市形态的理想中，找出共同的、更容易被大多数人接受的东西，尽可能把特定条件和特定场合下有智慧的设计用于解决各方面的问题。在这方面，前人留下的城市和规划理念，成为后人的财富。它不仅是规划设计和管理者们必修的功课，也是房地产市场研究人员和开发商必备的素养。一个聪明的开发商不仅要看得出一个区位或城市是否好用，是否适合于某类人群，是否有开发的潜力，还应能以自己的开发弥补当地的不足，并能成功地借势，最大限度地利用地利，并在聚集效益减少时，开始另觅投资目标。

评价某地块的好坏，远比读懂一个城市的纹理和脉络容易得多，城市相对于地块来说是大尺度的空间，它包括了不同的功能和多层的子空间，既是容纳各种活动的场所，也是连接各种场所的通道；它既是人类行为的载体，也是人类思想、精神、意志的投影；它是天然造化的结果，更是人类教化的产物；它既是人类活动的工具，也是制约人类活动的框架。解读城市，就要把握人的行为，还要能理解人的欲望和情感，要理解人的生活、历史和文化。

不论城市结构有多复杂，有多深邃的人文内涵，不论是站在哪一种人群的立场上，城市都是人类的活动载体，它首先应具备对人类行为的适应性和可读性，也就是说，任何好坏美丑的标准，都应以此为基础。

（二）城市性能判断的标准

判断城市性能应有一些基本指标，美国城市规划专家凯文·林奇曾提出过七项指标。

1. 活力

活力就是一个城市对于生命机能、生态的要求和对人类能力的支持程度。如果一个城市环境能很好地保证群体、个体的健康，维持生物种类的生存，那么，它就是一个好的城市环境。一个支持活力和健康的城市环境应该具有三方面的特征：

（1）延续性。应该有足够的食物、能源、水和空气的供给，有适当的方法处理垃圾。

（2）安全。一个好的环境是一个没有任何危险、毒害和疾病，或者是能够控制这些危害的地方。

（3）和谐。空间环境应该与人的基本生理结构相吻合，应该配合自然的韵律。

2. 感知性

感知性就是指一个城市对于人们来说的可感知的程度，这种感知应包括对时间、空间、方向、观念、文化特点的感知。一个空间如果是感性的，它就会与人产生交流和互动，从而使人在其中有方向感、归属感和安全感。

3. 适宜性

适宜性是指环境与人的行为习惯相协调、相适应的程度。适宜性还意味着对未来变化的适应，一个有适宜性的环境应是留有余地的、可改变的、可复原的、有弹性的空间。

4. 可及性

一个环境的可及性指它的居民接触其他的人、活动、资源、服务、信息或其他地方的能力，包括能够接触到的数量和多样化的程度。现代城市中交通和通信是使城市可及性提高的重要条件，给水、排水、供电、供热、供气和道路等隐蔽流动的基础设施也是不可忽视的。衡量可及性的指标不仅是可及的距离，还包括可及性资源的种类和工具的多样化，以及多种选择的可比性与可识别性。

5. 管理

管理是指对于当地的各种场所和设施进行使用、创造、整理和修改的控制能力。人类经常通过空间的控制来控制资源，对空间的控制产生不同的心理结果，例如满足感、屈从感、光荣感、优越感等。土地所有权的各项权利是人与人之间分配控制权的一种约定。因此有关土地、房屋产权的立法状况就成了判断一个区位环境质量的重要方面。一个好的城市，其管理权限应是界限分明的，责权利相结合的，所有人、使用人、管理人之间是协调的。管理和控制应是动态的、发展的，各种管理意图、指意是明确的。

6. 效率

尽量以少的代价创造和维护尽可能多的上述指标所提供的性能。

7. 公平

把上述指标所带来的益处和所付出的代价在人与人之间分配的方式。比如公平地为居民提供基本的、必要的设施和服务，在控制权的分配中注重平等和民主，关注少数或弱势的群体（如低收入者、少数民族、老人和儿童等）。

城市是人类活动发展变化的历史写照，人们对于城市形态和功能的研究由来已久，一是希望知其所以然，二是为预测城市发展的方向。作为房地产商，了解城市形态发展的理论，更能把握城市规划者的规划理念及各方人群对城市的影响，更重要的是发现各种规划及在这种规划指导下进行的建设对各类人群行为的影响，考察它是如何增加人们的可及性、适宜性、感知性等。这些对于开发商判断所在空间的品质、社会含义，把握未来房地产投资价值的来源及其变化趋势尤为重要。

（三）城市功能的发展

1. 城市是生产和分配物质产品的地点

城市最初的功能来源于宗教，之后才有了政治、经济、军事等方面的功能。当城市发展到一定程度时，其经济功能便占有主要地位。城市是一定空间行为的投影和模型。该空间为生产、分配、消费物质产品提供了便利条件。城市具有集聚效应，城市经济学所研究的就是聚集效益，吸引着各种厂商和居民聚集到市中心进行按机制交换，并支付高租金和交通成本，同时成本因素又推动厂商和居民向市中心以外扩散，这两者之间的动态平衡过程，对城市空间结构的演变造成重要影响。

按照城市经济学的理论，城市的基本形态是同心圆结构，工业城市以资源所在地为中心，商业城市以市场为中心。在同心圆内部，城市中从事各行业的人们愿意按照到市中心的距离远近来负担城市土地不同的单位面积价格。对每一个社会阶层来说，可承受的单位面积地价与该地到市中心的距离之间的关系都可以用曲线来表示，这就是价格曲线。按付租能力的大小从市中心向外排列着：大型购物中心、写字楼、工业用房和居民住宅。

2.城市是人流、物流、信息流连结的网络

城市的物质形式有两类：人类活动和便于人类活动的设施。而且还可以再划分为永久地区、反复占用的节点性空间和连接两个节点空间的交流动线。人或物在各点间的流动路径就构成了一个庞大的网络。其间有规律的、重复的活动及动线紧凑地组合起来，就形成了一个纹理清晰的城市。人类行为的多样性决定着这种组合方式的模糊性和多样性。人们可以运用频率和密度的信息来描述城市的结构。

3.城市是一首诗、一种语言

为了提高城市的使用效率，不但要设法分清活动与设施及动线，还要在每个特定的空间设置适宜人活动的标志、符号及信息。用各种方法表达与活动相符的视觉、声音与景观等，从而使人们在活动中尽可能地体会环境中所表达的各种感受，或者如诗如画，或人与环境交流互动，提高城市空间的品质和价值。

（四）城市整体结构的演变

随着城市的发展、功能的完善，使城市空间不断演化出各种不同的模式。探讨这些模式，可以了解规划者的设计理念和动机及其产生的影响。

1.放射式城市

这种模式的城市有一个人口密集的多功能的核心区，由此核心向外发散着若干条运输干道和公路，干道上间隔分布着次中心。繁华地带围绕次中心形成，或沿着干道向外辐射。这种模式发展的城市，其中心成为活跃、繁华的大都市，次中心和其他地区伴随发展。

2.卫星城

在距中心城市一定距离之处分布着多个小城镇，像围绕着行星的卫星一样，与放射式相同，城市中心仍然保留，但是并不是沿着放射形干线辐射发展，而是离开中心的地点建设新的定居点。卫星城与中心城市被田野或绿色植物带分隔开。

3.线式城市

这种模式是建立在一条运输干线的基础上的，生产、生活、商业、服务设施分布于主干线两侧。次要或者不便显露的设施建在主干线外侧的平行地带。线式城市的居民可以最大限度地享受便利，平等地享受服务和使用活动场地，缺少核心是线式城市的一个缺陷。

4.棋盘式城市

这种模式中，街道把城市分割成许多相同的长方形街区，可以向任何方向扩展。但是，当城市中心出现时，势必对平均发展的道路造成压力，加上缺少对角线式的斜向道路，长途旅行要大费周折了。长方形街区经过细微的变形就可以形成六边形网络。但是这些几何思想上变形出的不规则格局造成了许多的交叉路口和混乱的建筑布局，因此极少应用于实际城市建设之中。

城市总体结构的类型不是纯粹的，常会在某种类型的基础上变形，镶嵌上其他的形式，如棋盘式城市外围是放射式或线式城市。还有其他多种形式，如花边式城市、内敛式城市、巢状城市等。很多规划者还提出了各种各样的城市形态设想。

随着未来5G、6G通信设施和高速交通设施的逐步升级、普及，互联网、物联网、智能化和超高速快捷交通的进一步发展，城市所具有的传统聚集效应和交换价值功能，会遇到更大的挑战和变化，城市的形态结构也会有相应的变化和转型。

（五）城市规划中的矛盾和房地产开发的得失

在城市规划中，常常遇到城市的发展跟不上人类活动的变化的问题，还会遇到人类活动中本身存在的各种矛盾。在具体规划中处理好这些问题与矛盾，人们就有可能得到一个高品质的生活环境。

1.大城市的发展规模和发展速度问题

居民和企业向城市中心聚集，使城市的基础设施得以充分利用，企业和居民由此得到了巨大的收益，城市规模不断扩大。势必有一天城市聚集带来的负面影响会超过它给人们带来的收益。于是人们开始设法离开城市中心，把空心地带留给贫民，成为城市病发生的根源，这个过程是人们出于经济上的权衡，合乎理性的选择结果。那么如何找到最佳的城市规模，控制大城市和中心城市的不断扩张，一直是一个巨大的难题。

城市的扩张过程，也是人们进行空间定位的调整过程。如果能及时改善城市的基础设施，改善环境，同时鼓励一些人们向次中心城市扩展和迁移。如果有较充裕的时间安排这个过程，而且这个过程安排得较有秩序，中心城市的扩展可以解决单中心聚集所导致的经济问题。所以就要求控制城市发展速度，而不仅仅是控制城市发展的规模。城市发展也是一种空间的游戏，各方从中各得其所，而形成多赢的局面是需要发挥规划者的超人智慧的。

2.中心与次中心的关系

建立次中心的初衷，需要建立一个一劳永逸的格局，把未来要迁走的人们先调整到次中心去，再建立一个集就业、居住于一体的小社会，减少调整引起的混乱和盲目，使城市成为一个有序的空间。然而建立次中心要有一个适当的时机，要在中心城市发展到提出调整的需要的时期建立次中心，否则就不经济了，次中心的利用率不高，人们还要在两个中心之间大费周折。何况人们不会按设计自愿把自己定位在次中心上，有很多住在次中心的居民仍旧向往到中心城市发展。尽管以后竞争的结果还会使很多人迁出，但到那时人们是自愿的，在不恰当的时期，由政府出面安排，效果不佳。

3. 社区规模和公共设施的关系问题

社区中心是一种易于接受的模式。把居民每天或至少是每周都用的商业和服务设施，如学校、幼儿园、食品店、药店、服装店、邮局、休闲聚会的场所等在小区集中设置。这种模式是城市中心或地区中心的复制和缩小。尽管人们认为方便服务靠近居民住处是合情合理的，特别是对于出行能力差的人群，如老人、儿童。但这种模式的运营要求一定的社区规模，而且地区中心和自动化的大型购物中心、超市出现以后，会对社区公共设施形成更大的竞争威胁。支持社区的规模到底应多大，是否能让不同背景、不同阶层的人安居在一个大社区内，这些都成为城市建设和房地产业面临的问题。

4. 城市设施设计如何解决分离与融合问题

城市是由各种设施组成的，这种设施的设计要考虑其用途和类型，也要考虑人们行为的分类。否则在设施的利用上就会引起冲突和混乱，从而降低了它的价值。适当的隔离将会减少冲突和提高社会交流的频率，而严格的隔离则会导致大规模的不平等，中断阶层间的交流。所以需要详细地分析各类人群的行为、频率、数量、密度、留下余地作为过渡性地带。对关系到不同类型的行为的分离与融合的入口、中转、出口等地方更要谨慎对待。例如在道路的设计中，要考个人交通和公共交通的不同，让人车分流、机非分流、公私分流。同时，又能让各类车辆能够在需要的时候融合起来。又如，在商业设施、运动设施、公共空间的设计中要留有非购买人群的活动空间。

5. 开放空间的保护

开放空间对于城市未来的调整是十分重要的，对于居民来说更是不可缺少的。然而现实中的开发经常会占领这些空地，在规划和开发之间的矛盾十分尖锐。不仅小区内的楼房排得很满，间距留到最低限，就是在高速路边、高架桥下的绿地也很少。在环线与扩散线间构成的角形地带，也建上楼房，使行人和车流出入不便，使整个城市没有一个喘息之地。

6.文物保护与重建

在城市改造的过程中，常会遇到拆迁难的问题，困难之一是保护古建筑与新建开发的矛盾。北京的老城区内就留有大量的对于普通人来说并不熟悉的古建筑，如火神庙、帝王庙、梅兰芳故居、马连良故居等。故宫作为文物无可非议，但像那些有名但名气不大，有研究价值但懂得欣赏的人又不多，有实用价值但修缮起来又需大量资金的建筑如何处理呢？有的人认为没有古建筑的城市没有历史感，而有的人则认为是有使用价值的就保留，没有使用价值的就不保留。

二、规划对房地产市场的影响分析

一般来说，城市规划的好坏影响城市房地产投资的回报，影响厂商和居民的定址决策。

城市规划设计对房地产市场的影响不是直接的，它要通过人的行为来实现。人类的行为往往是利己的、短视的，受市场力量的影响大于受规划设计的影响。所有城市形态的变化，受到人们行为的影响更大。

规划者一般是通过政府在公共基础设施投资行为对城市形态起到实质的影响，只有通过基础设施投资和政策法律的制定等政府行为才能改变城市和地区的实体状况。所以研究规划对房地产市场的影响，必须结合政府基础设施投资来分析，规划的影响实际上也就是基础设施投资对房地产的影响。

规划实施与规划理念、规划设计不同，它是具体的、改变空间实体形态的。对于一个城市来说，规划理念和规划设计是成体系的、全面的，而规划实施则表现为一种渐进的过程，因此规划实施的每一步对于城市的影响是局部的、渐进的、分时段的。因此如果说政策、法规、规划设计是市场环境中起普遍作用的影响因素，那么规划实施即基础设施投资的影响就是个别的，因地点不同而不同，基础设施投资改变项目所在地的硬件环境。在城市发展战略、方针、城市功能确定的情况下，改变具体的房地产项目周边环境的力量是城市基础设施的投资，所以房地产开发商或投资顾问们无不十分注意这一重要因素的影响。只有了解基础设施投资的动向，才能准确把握时机选择增值潜力大的地点、区域。因此，这里的规划影响分析主要是分析基础设施投资的影响。

（一）基础设施对城市布局变化的影响

城市是人类定居地之一，人们在这里不断地在工作、居住、娱乐、交通及购物等活动状态中变换，在不同的地点间运动游移。这些活动是维持城市机能运转及推动城市发展的基本活动。人们的居住和生产活动受社会的、文化的、经济的各种因素的制约，其中经济因素是最主要的影响因素。

城市土地一般划分为商业用地、工业用地、政府用地、住宅用地、休憩用地、绿化用地、交通用地、农业用地和水面。人们在这些用地上的活动受到租金支付能力的限制，因此，趋向于把付租能力强的活动集中到租金最高的地点上，这也是西方城市地理学中同心环模式理论的主要主张。它认为由于城市中心的租金最高，于是由城市中心向外延展，各功能区将依经济付租能力的递增而依次排开形成以下土地利用序列，即城市中心为零售业、专业性服务业、工业及批发业，高密度住宅也排列在中心区，向外是低密度住宅，最外围是农业。

那么，是什么力量使城市的同心环不断向外扩展呢？当城市基础设施资源的规模没有达到自己的最佳经济效益时，城市人口是向中心聚集的，这时人们的活动平均成本因人口密度提高而下降。但当人口密度达到一定程度后，人们的生活、生产活动的成本会转而提高，如交通拥挤、租金上升，于是人们开始改变基础设施状况，把收入支付在交通条件上，试图向城市边缘移居。租金支出和交通费支出之间的比较和权衡，将会使人们选择在边缘地区定居，于是同心环的范围就越来越大。当租金少于交通费时，城市中心的聚集效应大于扩散效应，当租金超过交通费时，城市中心的聚集效应小于扩散效应，同时基础设施的密度和质量不断提高，交通道路越延越长。城市就是在人们对于租金费用和交通费用的权衡中不断地长高、扩展，再长高、再扩展的。

（二）基础设施变化对房地产市场的影响方式

基础设施主要由交通系统、通信网络、园林绿化和大型公共设施构成，它的建设开发有点（如大型公共建筑的建设）、线（如道路的建设或水路的开通）、面（如开发区的建设）三种形式，所以它对房地产市场的影响也可以从三个方面来认识（以北京为例）。

1.点状基础设施建设对房地产市场的影响

一座立交桥的修建、一个交叉路口的改建都可以称为点状交通设施的建设。下文以立交桥的兴建为例，着重分析在立交桥建设的整个时期内，对其周边物业价格的影响。

位于北京市西直门地区的西直门立交桥是车流进入内城的交通要道之一。长期以来，由于原设计已不能适应当前交通量大幅上升的压力，西直门立交桥已成为此地交通道路系统的最大瓶颈。因而，在1999年3月至1999年10月，北京市政府斥巨资对此地交通状况进行改造。这对于周边物业价格的影响如何呢？

表 3-1 列出了位于西直门桥影响范围内（以西直门为圆心，半径为 2 公里）的 12 个商品住宅在 1998 年 3 季度至 1999 年 4 季度各时间段的销售价格。由于各项目的开盘时间、工程进度、项目形象等个性存在一定的差异，所以选取 12 个项目的均价作为分析的样本加以比较。可以发现，1998 年 3 季度至 1999 年 4 季度均价一路下降。

表 3-1　北京西直门地区商品住宅 1998 年 3 季度～ 1999 年 4 季度均价

	1998 年		1999 年			
	第 3 季度	第 4 季度	第 1 季度	第 2 季度	第 3 季度	第 4 季度
均价	8341.00	8247.50	8063.00	8040.00	8000.00	7957.00
均价变化	–	−93.50	−184.50	−23.00	−25.00	−58.00

从整个过程可以看出，均价的降低幅度是一个由大变小的过程。1998 年 4 季度至 1999 年 1 季度均价下降幅度增大，而从 1999 年 1 季度至 1999 年 2 季度售价下降的幅度猛然变小，其后均价变化基本保持不变。在西直门桥建设的初期抑制了价格继续大幅下跌。但由于点状基础设施建设规模小、影响范围小，未能使房价止跌回升。考虑到 1998 年市场整体价格呈下降趋势，可以认为，点状基础设施的建设对周边商品住宅价格无大影响。点状基础设施的建设起初造成环境的破坏，致使房价大幅下跌，但工程完工以后负面影响逐步消失。

2. 线状基础设施建设对房地产市场的影响

一条轨道的兴建、一条公路的改扩建都可称作交通设施的线状建设形式。下文以北京市东四环路周边（以东四环路为对称轴，1.5 公里左右为对称半径）商品住宅的均价为例，加以分析。

位于北京市东部地区的东四环路经过 1998 年 9 月至 1999 年 9 月的建设，成为城市四环路中最先通车的一段。它的建成通车缓解了东部南北向交通的紧张状况。表 3-2 中列出了东四环路影响范围内的 13 个商品住宅项目在东四环路工程的筹备期（1997 年 4 季度至 1998 年 2 季度）、建设期（1998 年 3 季度至 1999 年 2 季度）、竣工期（1999 年 3 季度至 4 季度）的销售均价。

表 3-2　东四环路影响范围内的 13 个商品住宅项目的销售均价

	1997 年				1998 年				1999 年			
	1 季度	2 季度	3 季度	4 季度	1 季度	2 季度	3 季度	4 季度	1 季度	2 季度	3 季度	4 季度
均价	6000	5000	5300	5522	5655	5874	5964	5858	5858	5943	5771	5663
均价变化	–	–1000	300	222	133	219	90	–106	0	85	–172	–108

从表 3-2 中不难发现，在东四环路建设的 9 个季度内，前 4 个季度销售均价持续上涨且涨幅较大，后 2 个季度销售均价出现了下降。各个时段的特点也很明显，均价随着东四环路的新建而出现较大提升，在筹备期和建设初期出现了明显的涨幅，在建设的中后期均价较稳定。竣工期项目的售价出现了一定的下滑，结合北京市整体房地产市场的因素加以考虑，在 1997 年 4 季度至 1999 年 2 季度，北京市商品住宅价格指数呈下降趋势，东四环路周边商品住宅项目依然呈上升趋势，这与东四环路的修建有直接的联系，竣工期后，利好影响消失，价格出现回落。可见，公路的修建对周边商品住宅价格确实能起到一定的影响，在其筹备期和建设期这种利好影响尤为显著，其潜力会充分显现出来，但在竣工期，这种利好消息对周边物业价格的影响潜力大大减弱。

3. 面状基础设施建设对房地产市场的影响

对某个区域进行大规模的市政改造或重新建设，都可称为面状开发。在北京典型的面状开发有城市危改、新区的建设开发等，下文北京望京新区市政基础设施开发对周边商品住宅的影响为例加以分析。

望京地区的开发最早始于 1989 年，延续至 20 世纪 90 年代中后期，望京地区已开发为一个行政基础设施较为完善的新兴住宅区。伴随着基础设施的不断建设，望京地区的商品住宅项目逐步增多。

面状基础设施的建设规模较大，持续时间较长，影响范围和时间也就较大，这种影响带动了整个区域的发展，提升了区域内的房价。

本章小结

在过去房地产发展的黄金期，随着房价的不断上涨，不少城市的房地产市场也呈现出竞争激烈的状态，国家为了控制房价的上涨，会发布一系列措施进行楼市调控，开发商和消费者对于房地产政策的解读就尤为重要。购房者在进行购房之前，应当深入了解当地的房地产政策，以及政策之下的房地产市场环境，再对所购房区域的规划设计进行解读，了解当前区域未来的规划发展是否有利居住或有利投资。房地产开发商更加需要时刻掌握政府有关房地产政策的动向和趋势。随着"房住不炒"的基本政策导向，房地产市场将逐步走向稳健的道路。

复习思考题

1. 中国房地产市场的政策影响具体体现在哪些方面？从政策角度看，与国外相比中国房地产市场有哪些中国特色？

2. 政府为何能够对房地产市场进行干预？政府在房地产业有哪些基本职能？

3. 政策对于房地产市场供求有什么影响？为什么？

4. 房地产政策有哪些类型？对房地产市场造成哪些影响？请举例说明。

5. 判断城市性能有哪些标准？城市功能的具体含义是什么？

6. 城市规划中的矛盾与房地产开发的得失之间有什么联系？

7. 以本区域城市规划为例，阐述城市规划对房地产市场的具体影响。

第四章　房地产市场总体趋势的分析

　　房地产企业需要及时跟踪房地产市场的动态，了解房地产市场的行情，把握总体趋势，就能把握住市场变化的大方向。

　　房地产市场是一个结构性的市场，因此在进行房地产市场分析时，极为重要的是区域市场和各类型物业市场的结构性研究。对于委托人（开发商、银行、投资者等）来说，更看重的是项目的市场，而对于项目来说，区域市场和各专业物业市场就是大环境，就是引发变动的外在力量，所以进行市场研究就要由宏观进入产业层次和各专业物业层次，再到项目层次。

第一节　房地产市场供求关系变动的机制与房地产价格

　　房地产市场的价格是受供求关系决定的，供求关系周期性的变化，会使房地产市场价格呈现出时而上升、时而下降的波动周期性。正因如此，使我们有可能通过分析市场的供求关系，来预测市场价格的趋势，以及通过分析价格波动的周期来预测市场价格波动的转折点。

一、供求关系决定价格

　　任何市场都必须有两方参与者，才能构成交易的双方。因此只有当市场中某一类产品被某一特定种类的消费者群接受时，它们方能构成交易的双方，当交易双方在市场上进行交易时，便形成了供求关系。

　　从需求的角度来看，价格不同，需求者表现的兴趣也不同，这种关系可以用图 4-1 的曲线表示。当价格为 PM 时，需求者认为价格太高，丝毫没有购买的兴趣；当价格为 PO 时，需求者愿意购买的数量为 QMO 需求者不会考虑供给者的意愿，只会根据自己的意愿，在某个价格上购进某个数量的商品。这里起决定性作用的因素是需求者的收入。

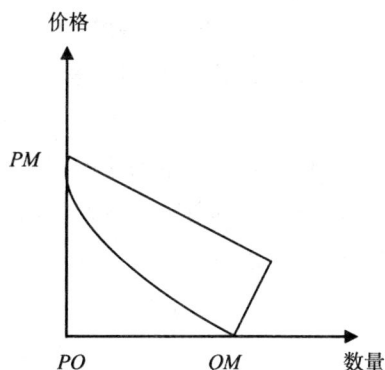

图 4-1　需求者购买商品的意愿

再看供给方面，图 4-2 的曲线可以表达供给者的供给能力和意愿。以 PR 的价格出售，供给者愿意并能够提供的产品量是 QR；当以 PN 的价格出售时，供给者愿意并能够提供的产品量是 QN，供给者只是根据自己的意愿和能力提供产品，这里起决定性作用的因素是资源及目标利润。

只有当某一价位上，商品量即是需求者愿意购买和有能力支付的，也是供给者愿意提供并有能力提供时，双方才能达成交易。

当供给者愿意提供的数量超过需求者在这个价位上的需求数量时，双方便会开始买卖的竞争，或在新的低于原价格的价位上成交，或不成交。

在供给与需求双方力量的相互作用下，一定数量的产品在某一个价位上成交，如图 4-2 所示。

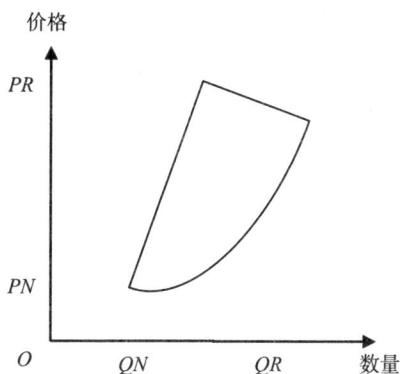

图 4-2　供给者购买商品的意愿

二、供求关系的变化影响价格的变动

价格受供求关系的支配，这一点在房地产市场也不例外。因此市场分析者的主要工作便是分析市场上某一价格的房屋需求与供给的力量对比，从中分析出市场的供求关系状况，并推断价格走势。

在图 4-3 中可以看出市场上供给和需求双方都同时接受的价格和数量，只有在 H 一点上。如果是在房地产市场的某个子市场，比如住宅市场，这时房屋的价格是 PH，目前的数量为 QH。市场分析所要做的是对下一阶段的销售价格和数量进行预测，也就是说，假定目前的市场平衡点是 H 点的话，那么，市场分析者要通过分析影响供求关系的因素，来预测下一个平衡点的位置。如果以 H 点为中心，划分为四个象限，供求关系作用的所有结果都会落在四个象限中的某一个位置上。

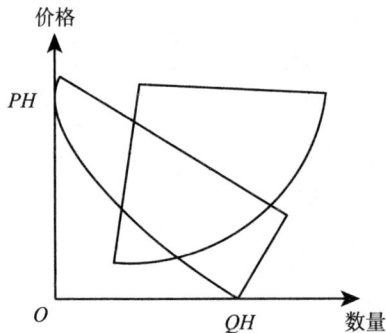

图 4-3　交易双方共同接受的价格

图 4-4、图 4-5、图 4-6、图 4-7 表示供求关系对价格影响结果的几种状态。

在图 4-4 中各点分别代表下一个平衡点可能的位置，每个位置均由不同的供求变化引起。通过分析影响供求的因素，可确定供求的变化是哪种类型，从而得出下一个平衡点的位置。

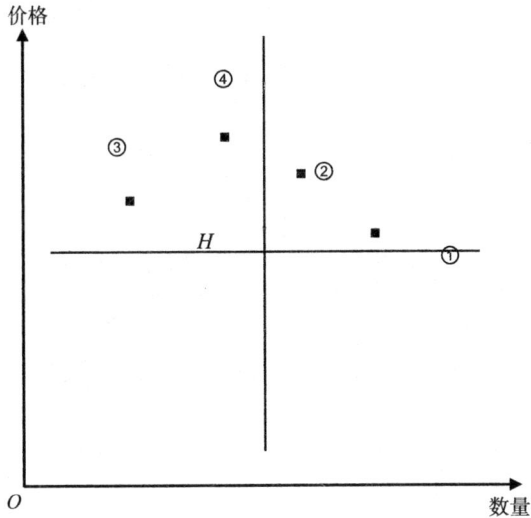

图 4-4　供求变动后新平衡点的可能分布

图 4-5 表示的是如果需求量不变的话，供给量的增加或减少，可以使平衡点 H 移向虚线以上（如 G 点）或虚线以下（如 I 点）。

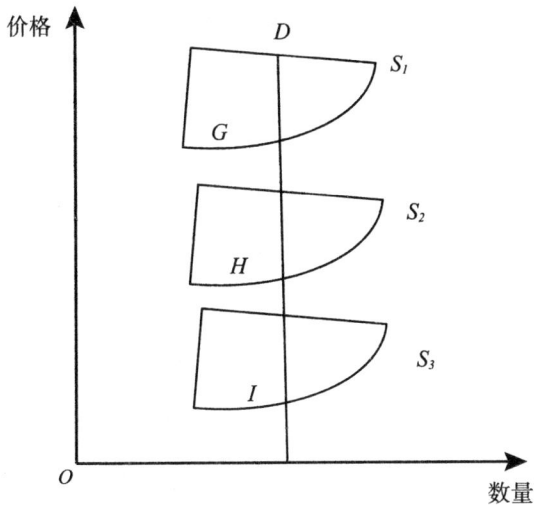

图 4-5　当需求量不变，供给量变动时，新平衡点的可能分布

如果供给量不变时，需求量的增加或减少，可使平衡点 H 移向虚线以上（加 J 点）或移向虚线以下（如 K 点），如图 4-6 所示。而当供给与需求不同向变动时，无法形成平衡点，如图 4-7 所示。

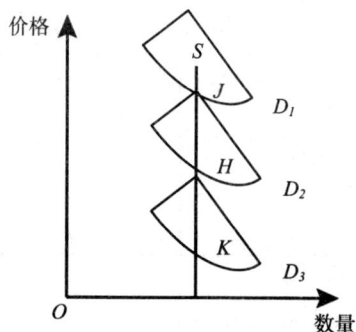

图 4-6 当供给量不变，需求量变动时，新平衡点的可能分布

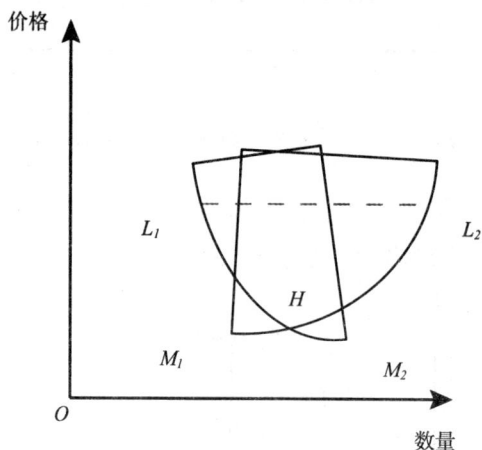

图 4-7 供给与需求不同向变动时，无法形成平衡点

我们可以用表 4-1 来说明图 4-4、图 4-5、图 4-6、图 4-7 中各点表示的供求变动的几种类型及其作用结果。

表 4-1 供求变化与价格变动的影响关系

点	供求变化类型	供求变化的可能性	价格变动方向
①	同增	需求增加小于供给增加	上涨
②	同增	需求增加小于供给增加	上涨
③	同减	需求增加小于供给增加	上涨
④	同减	需求增加大于供给增加	上涨

点	供求变化类型	供求变化的可能性	价格变动方向
I	需求不变	需求不变，供给增加	下降
G	需求不变	需求不变，供给减少	上涨
J	供给不变	供给不变，需求增加	上涨
K	供给不变	供给不变，需求减少	下降
L	需求减少，供给增加	需求减少，供给增加	无法成交
M	需求增加，供给减少	需求增加，供给减少	无法成交

　　当供给和需求向相反的方向运动时，即提供增加的同时，需求却下降，或供给减少的同时，需求却增加，根据供求决定价格的规律，买卖双方是难以达到交易的，因此无法确定平衡价格的位置。如图 4-7 中的 L、M 点。只有当供求双方经过竞争，相互妥协，才能达到交易。所形成的新平衡点的价格，一定是落在图 4—4 中① - ④点中的某一个点所代表的区域内。

　　从上述分析可以看出，供给和需求之间的相互作用，结果会使价格定位在以原均衡价格为原点的坐标系的某个象限上。在第一象限，表示价格和成交数量均上升；在第二象限，表示为价格下降，但成交数量上升；在第三象限，价格和成交量均下降；在第四象限，表示价格上升，数量下降。在横坐标上的点表示价格不变，成交量增大（在原点右边）或缩小（在原点左边）。一般地，人们所说的活跃的市场状态是指第一、二象限所表示的情况；若预计价格发展的趋势将进入第三象限，就意味着房地产市场有出现危机的可能；若进入第四象限，表明房地产市场有价无市，真正出现了市场的危机，或将进入下一个生产周期开始阶段。

第二节　市场行情波动的分析方法

　　市场行情是以市场价格和事件表现出来的市场运行及经济环境状况。一个完整的行情波动包括两大阶段，第一阶段是以行情变动的谷底到行情变动的峰顶，称为上升期或扩张期；第二阶段是从行情变动的峰顶到另一个行情变动的谷底，称为下降期或收缩期，如图4-8所示。还可以把上升期进一步划分为复苏期和扩张期，把下降期进一步划分为收缩期和萧条期。

理解了价格波动的机理，并不等于能够准确预测市场价格的波动，要准确把握市场价格波动，还必须跟踪房地产市场的行情。因此，描述市场行情的方法对于房地产市场研究便成了必不可少的工具。

一、指数分析法

观察市场行情的变动，最简单而常用的方法是观察其发展变动的速度，通过计算其发展速度不仅可以了解市场行情的变动方向，而且可以知道其变动幅度。连续观察这种变动，就可以描述市场行情的波动。指数分析法正是基于此而产生的。

指数分析法是指由每年各月市场行情指数直接与上年同月市场行情指数相比，得到周期性波动及不规则变动的相对数，以此来反映市场行情周期性变化的一种测定方法。

其计算公式为：

$$CI_{t,i} = Y_{t,i} / Y_{t-1,i} \quad (i=1, 2, \cdots, 12)$$

式中 $CI_{t,i}$ 为第 t 年第 i 月的周期性行情波动及不规则变动的相对数；$Y_{t,i}$ 为第 t 年第 i 月的市场行情指数；$Y_{t-1,i}$ 为第 $t-1$ 年第 i 月的市场行情指数。

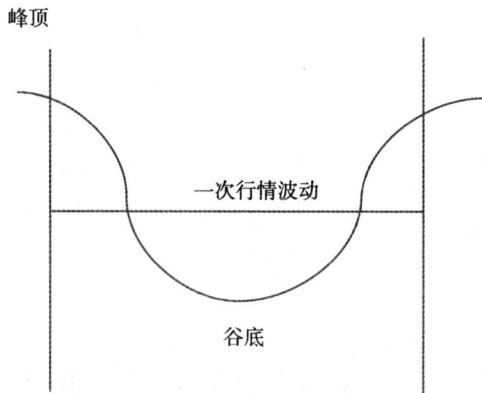

图 4-8　市场行情的波动

二、景气分析方法

（一）全国及地区经济景气监测指标体系设置

景气循环又叫经济波动，是指企业在完成其经济活动的过程中，从生产流通、分配消费各方面表现出来的规模与数量不断上升和下降的循环往复运动。这种循环变动，不仅反映在微观企业行为的各种市场行情的波动过程中，也反映在整个国民经济市场总体行情的各种波动变化中。

地区经济活动的水平一般用经济景气来描述。地区经济活跃，发展迅速，我们说地区经济景气；如果地区经济停滞，增长速度放慢，我们则说它不景气。

目前人们越来越关注对地区宏观经济的景气及房地产业本身的景气分析，试图通过景气分析，更直观地发现经济周期波动，以及房地产业波动的周期和转折点。在这种景气的分析中，景气指标的设置极为关键。

为了监测市场行情景气波动情况，选择一批反映市场运行态势的重要经济指标，然后按其在历次经济景气波动的变化规律性划分为先行指标、同行指标和滞后指标。反映比较迅速经常超前于经济运行总态势而变动的，即为先行指标；与经济运行波动大致相同的为同步指标；与经济运行波动相比滞后的为滞后指标。当经济开始趋向景气或不景气时，先行指标的综合指数提前呈现上升或下降趋势，因此景气指标对于预测市场行情的高峰或低谷何时到来具有重要意义。由于同步指标指数的变化与景气循环过程中的转折点同时发生，因此这种指数对于判断过去历次循环的起点时间起决定性作用，也是判断当前处于循环的哪个阶段的主要依据。对于滞后指标综合指数的观察和分析，有助于研究对市场行情波动的影响程度，分析经济复苏的形势。

景气指标应能在不同的方面反映经济行情总体的发展规模、发展水平、发展速度和基本平衡关系。

我国有多家机构进行了经济周期波动的景气研究，许多大中城市也定期发布景气报告。

吉林大学商学院国家自然科学基金项目组，利用名元统计分析方法分析了我国的经济周期波动。在选取构成我国景气指数的经济指标之前，首先使用聚类分析方法对我国的近 50 个经济指标进行分类。在这种分类的基础上，对这些指标进一步分析，选定了先行、一致、迟行三类指标，如表 4-2 所示，然后用于经济周期的预测。

表4-2 我国经济景气的先行、一致、迟行指标

先行指标	一致指标	迟行指标
十种有色金属	工业总产值	铁路货运量
外贸出口总额	轻工业总值	铁路货物周转量
基建新增固定资产	基本建设投资额	铁路货物量合计
银行各项存款余额	工资性现金支出	居民生活费用价格指数
企业存款	社会消费品零售总额	全社会零售物价总指数
	货币流通量	

　　以上是国家的经济景气指标，在进行地区经济分析时，则需要观测地区经济景气指标。

　　由于地区经济类型和结构不同，因此反映地区经济景气的主成分指标的选取上存在很大差异，如表4-3所示。

表4-3 我国部分地区经济景气主成分指标

省市	方法	指标个数	主成分指标名称
广东	合成	3	工业总产值，轻工业总产值，社会商品零售额
北京	合成	5	工业总产值，全民工业总产值，市工业品零售额，社会商品零售额，银行现金流入
天津	合成加权	4	工业总产值，内贸纯购进，内贸纯销售，现金收入
四川	合成	5	工业总产值，重工业总产值，银行商品销售收入，银行现金支出，社会商品零售总额
上海	合成	6	工业总产值，预算内全民工业总产值，预算内全民产品销售收入，预算内全民实现利税总额，全面基建投资，社会商品零售总额
陕西	合成	6	现金收入，银行工资性支出，工业总产值，社会商品零售总额，重工业总产值，全民工业总产值

（二）景气动向指数及景气观测

市场行情波动是通过一系列经济变量的活动来传递和扩散的，要综合考虑宏观市场行情波动就要用扩散指数（DI）来描述。

扩散指数又叫扩张率，它是在对各个经济指标循环波动进行测定的基础上，所得到扩张变量在一定时点上的加权百分比。将每一个时点上的扩张百分比都计算出来，就得到一个扩散指数的动态序列，其公式为：

$$DIt= 在 t 时刻扩张的变量个数 / 变量总数 \times 100\%$$

根据扩散指数的计算方法可知 0<DIt<100，它的循环波动的长度为一次波动的谷底到相邻的另一次波动的谷底。

（1）当 0<DIt<50 时，上升的指标数小于下降的指标数，但是扩张的因素在不断增长，收缩的因素在逐渐消失，市场行情向扩张方向运动。这时，市场行情运行处于景气空间的起步期。

（2）当 50<DIt<100 时，市场行情波动发生了重大转折，上升的指标数大于下降的指标数，市场行情处于景气空间前期，随着 DIt 向 100（或峰值）的不断趋近，市场行情运行的热度越来越高。

（3）100>DIt>50 时，上升的指标数仍然大于下降的指标数，但是扩张率在不断下降，这时市场行情处于景气后期，由于在运行中有些变量已经达到了空间的极限，正在走下坡路，所以整个市场行情状态正处于降温阶段。

（4）当 50>DIt>0 时，市场行情运行中的力量对比又一次发生重大转折。上升指标数小于下降指标数，市场行情正面临全面收缩阶段，市场行情状态进入了不景气空间。

三、区位商方法

地区经济增长是房地产市场扩展的推动力，确定经济增长对房地产市场的影响是房地产市场分析的重要内容，而确定经济增长首先要确定带动经济增长的产业。

在一个地区经济中，企业可以分为两类，一类是向本地出售产品，另一类是在满足本地区需要的基础上，还向外地出售产品。一般说来，向外地出售产品才能给本地带来经济增长，这类产业可以称为基础产业或出口产业。基础产业能够带动经济增长，原因在于：第一，基础产业需要更多地雇佣人员以去满足需求的增长；第二，基础产业的新增劳动力提供产品和服务，带动了为本地生产消费品的公司的生产规模扩大；第三，地方经济规模扩大的同时带来就业人口增加，购买力增强，各种房屋需求增加。

对地区经济具有深远影响的基础产业可以用区位商的分析方法进行确定。区位商是区域产业结构理论中的一个重要概念。区位商的计算公式为：

$$LQ_i = (E_i/E) / (N_i/N)$$

式中 LQi 为研究区域第 i 种经济活动的区位商；Ei 为研究区域第 i 种经济活动水平，如就业人口或收入、人均产值等；E 为研究区域全部经济活动水平；N_i 为整个国家或区域体系第 i 种经济活动水平，N 为整个国家或区域体系总的经济活动水平。

当 $LQ_i > 1$，说明研究区域第 i 种经济活动区位商大于 1，则该产业为基础产业，反之如果 $LQ_i \leqslant 1$，则不是基础产业。$LQ_i > 1$，表明所研究的产业在该地区专业化程度超过全国，其产品自给有余，属于区域专业化部门。

四、投入产出方法

在基础产业就业或投入方面一个单位的变化，可能引起整个地区就业或其他产业投入的变化，要对两个基础产业的变化的联动影响进行分析，就必须借助投入产出分析。投入产出模型描述的是部门间的内在联系，是全面反映经济活动的信息汇编格式。其功能决定了它可以反映基础产业投入的变化对房地产业的影响，从而发现一个地区或国家的房地产业的发展趋势。它还可以用来估计房地产业在投入方面的条件制约，以及这些条件给房地产业的发展空间带来的限制。当然，不得不指出的是，目前我国的实际情况与运用投入产出分析方法所要求的条件相比，差距还很大。我国尚无完整的房地产业的统计，更无法把房地产业作为一个独立的行业纳入国民经济核算体系中。

（一）房地产业投入产出信息的获得与投入产出表的编制

房地产业管理者可以根据企业的投入产出表或会计资料，设置房地产行业的投入产出表，在此基础上，经过汇总和整理，可以把房地产业纳入到整个国民经济的投入产出表中。在会计资料中，可以找到企业所有项目的直接开发成本、间接开发成本和期间费用资料，后两者经分类处理后可归入中间投入和固定投入两大类投入之中，即按会计制度规定的分配方法分配到各项目中去，从而为把房地产业纳入国民经济投入产出表和核算体系做好准备。

（二）运用投入产出分析确定房地产业发展的适度规模与空间

房地产业的发展空间预测无疑对房地产业是非常重要的。在我国，土地的一级市场是由政府垄断的，所以政府的土地供应计划是房地产业首要的信息来源。政府的土地供应计划又是在对上年度各行业的发展需要进行平衡，对房地产业的发展及其对其他行业的影响进行测算之后才做出的。因此，对于房地产业的管理来说，国民经济整体的投入产出表是预测房地产行业发展空间的重要信息来源和数据库。

利用投入产出表进行经济分析，需要计算投入产出表的消耗系数。消耗系数分直接消耗系数和间接消耗系数。完全消耗系数是直接消耗系数与间接消耗系数之和。完全消耗是指在生产中第 j 部门的单位产出所直接消耗和第 i 部门的数量（j 在投入产出表中是表示列的下标，i 是表示行的下标），假设 Aij 是土地的消耗系数，i 表示向土地投入的各部门，j 表示土地部门，则 Aij 表示单位面积土地消耗 i 部门资金或实物的数量（消耗系数可以以实物单位计量，如吨／平方米或台／平方米，也可以用货币单位计量，即元／平方米）。那么，

$$Aij=Xij/Xj \quad (i=1, 2, 3, \cdots, n, j=1, 2, 3, \cdots, m)$$

同样的方法可以计算出资金的消耗系数，建筑材料的消耗系数。

因为在下一个开发周期，房地产业发展空间是受土地、资金、建材这三大要素中最短缺的一项的数量的制约。于是用这一"瓶颈"要素的预计投入数乘以另外两项对它的消耗系数，便可得到另外两项要素预测期应投入的数量，即假设已知预测期资金供应量为 Xij，则

土地供应量 = 预计资金供应量 × 土地对资金的消耗系数

同理，土地供应量 = 预计瓶颈建材可供量 × 土地对该建材的消耗系数

第三节　价格指数在房地产市场行情分析中的应用

运用价格指数进行房地产市场总体分析，在我国已有多年经验，这种研究在实际经济活动中起到了极其重要的作用。除了国家统计局研制的国房景气指数中包括有房地产价格指数系列以外，中房指数系统也在我国房地产业发展中发挥了巨大的作用。中房指数系统是由国务院发展研究中心、中国房地产协会、中国房地产开发集团在 1994 年联合发起创立的，包括我国大多数城市的房地产价格指数。它是以某一城市不同区域若干个具有代表性的住宅项目为样本，对其成交情况、价格、营销措施等进行全面监控，以此来反映该区域的房地产市场状况。除了这两个具有权威性、综合性的指数外，还有一些实用性强的价格指数系统活跃在北京的房地产市场上。北京伟业指数就是这样一种实用指数。相对于国房景气指数的权威，中房指数的宏观，伟业顾问公司推出的伟业指数则比较注重微观，比如它按北京市场物业类型细分为普通住

宅、公寓、别墅、写字楼；按区域细分为二环、三环、四环、中关村地区或 CBD 地区等。

在城市房地产行业发展状况的分析中，最需要的是对整个城市房地产价格的有效描述。研究城市及城市内分区域、分类物业、分类集区等详细的价格指数，是最受开发商及各种委托人重视的。

房地产价格指数与房地产景气指数不同，它仅仅就在价格这一个经济变量进行跟踪记录，而没有加入开发的企业数量、开发面积等多种相关因素，因此它对于市场行情的波动就价格这一个经济变量进行跟踪即可具有更直接、更及时的表现力。当然价格波动背后的原因还要进步分析才能看清，所以房地产价格指数的解释性不如房地产景气指数。因此要深入研究市场的波动原因进行市场预测还必然依靠房地产景气指数进行综合分析，而要及时地了解房地产市场的动态，则直接运用房地产价格指数更有效。

一、价格指数在房地产市场总体分析中的应用

运用房地产价格指数可以回答哪些问题呢？在进行某一项目的决策之前，开发商都会就房地产市场总体状况及走势进行研究和判断，除了探讨房地产总体趋势外，还会关心不同区位、不同类型物业、不同档次物业、不同聚集区的物业等的价格走势。我们不可能就每一种研究课题进行景气指数的综合分析，最好是运用价格指数来反映市场状况。

具体来看，运用房地产价格指数可以帮助我们得到以下方面的研究和判断。

（一）判断总体价格走势

由于开发商受信息的限制，很多凭借经验的判断往往是不正确的。经常会有这样的情况，经验告诉某开发商近期的房子颇为好卖，但实际上他看到的只是某个区位、某个项目、某种物业。如果看看全市的房地产综合价格的走势，情形可能就完全不同了，甚至有时是与他的经验完全相反的。如图 4-11 所示价格指数是连续性的，可以让开发商清楚看到价格发展的历史过程，并了解目前的价格水平还有没有上升或下降的可能。

（二）分析不同物业的价格走势

在大多数情况下，开发商在咨询市场行情而寻找投资顾问时，对土地和项目的用途是已经有了设想的，但是也有一些项目在购置土地阶段还没有决定开发项目的物业类型，在经济处于复苏阶段或大规模土地购置与开发完成以后，开发项目的物业类型

和土地用途的确定是非常关键的。所以投资顾问必须对物业类型进行分类研究，报告不同物业类型的价格状况，让人们了解各时段中哪一类物业价格上涨或下跌得更快。这种长期跟踪的必要性还在于不同物业的价格波动周期不同步，在经济波动的周期性变化时，各种物业的反应速度不同。比如经济复苏初期，别墅价格的启动要比普通住宅早一些，写字楼市场价格受国家对外经济影响比较快。因此不同物业市场的价格趋势必须作为房地产市场总体研究的一部分，才能反映市场的完整状态。

（三）分析不同区位物业的价格走势

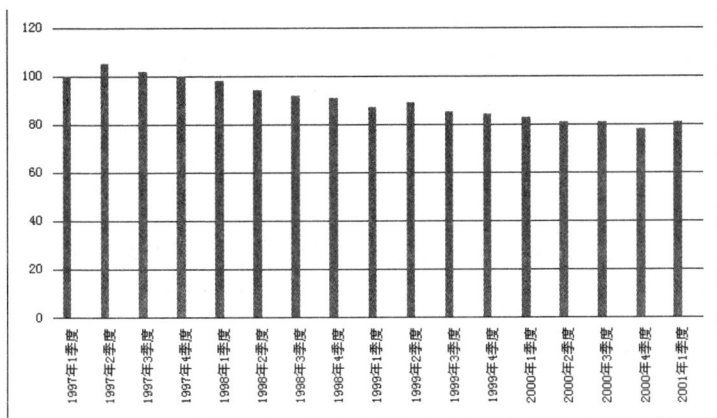

图 4-11 1997 年—2001 年北京市房地产综合价格指数

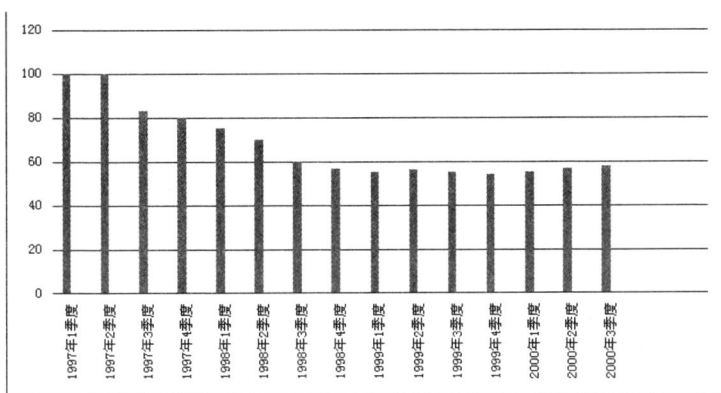

图 4-12 1997 年 1 季度—2000 年 3 季度北京市写字楼租金指数

房地产市场具有明显的地域性，即使完全相同的物业在不同地点，其价格也可能相差甚远。随着城市建设的发展，不同区域在整个城市中的功能定位也影响着不同物业的分布。

一个房地产项目的研究，一定要综合考虑它周边的环境和所在区域物业市场的价格状况及其走势。因此，利用价格指数描述不同区位的物业市场是必不可少的。

此类描述可根据不同的需要对市场进行不同的划分。

（1）按城市方位或距离市中心的位置划分。例如城市可以分为东部、西部、南部、北部，以及东南、西南、东北和西北部。

（2）按物业用途划分，可以把物业分为住宅、商铺、写字楼、别墅等。

（3）按相对中心区的位置划分，例如北京市可以把物业分为二环路以内、二环路到三环路、三环路到四环路、四环路到五环路等。

（4）按开发热点区位划分，例如北京市可以分为中关村、亚运村、CBD 地区等聚集区。

（5）按城市的行政区划分。按城市行政区分类的北京市城八区内销住宅价格指数，可以分析每个季度的价格变化幅度，画出一段时期内的价格变化曲线。

（四）价格指数数据库

建立一个及时反映物业市场价格的数据库，需要随时收集项目的信息资料，进行市场调查，定期更新信息内容。市场调查常采用电话采访和实际调查两种方法。针对不同项目所做的市场调查的内容也有所不同，基础性市场调查的内容一般有：项目名称、项目地点、开发商及其联系方式、证照状况（是否具备五证两书）、价格（包括起价、均价、折扣等）、户型比、入住时间、开工时间、建筑面积等。根据市场调查的结果及时录入和更新数据库。表 4-4 是一个市场调查数据汇报总表，可制作成包括主要信息的 Excel 工作表，并可计算出价格指数，绘制出价格指数走势图。

表4-4　市场调查数据汇总表

项目名称	类型	位置	起价	均价	总建筑面积	物业管理费（元 / 月·平方米）

由于市场调查的内容非常详细，不但可以明了市场的价格走势，还可以对各个物

业的性能价格比进行评价，比如通过比较地点、户型、设备、规模等，可以发现哪个楼盘性能价格比最好。通过市场调查还可以发现市场上的最新动态，对市场价格的变动更具体的解释，说明价格波动背后的原因，进而对下一步的价格变动可以做出切实的预测。

对于市场的总体趋势分析要依靠多种价格指数工具，通过国房景气指数来判断整个房地产经济的景气状况，从而判断投资是否能够搭上高速发展的快车。通过中房价格指数和伟业综合物业价格指数，可以了解总的价格走势，以及所在城市的房地产总体走势。此外还必须通过对各区域价格指数的分析和解释，了解所在地点周边市场的特点。总之，可以通过宏观的总量指标了解入市时机是不是最好，通过地区的、区位的结构性指数指标来定位投资地点和物业档次等。

可见价格指数在房地产市场研究中的作用是极为重要的，也是多方面的。

二、价格指数在房地产相关行业中的运用

这些市场调查的数据构成了价格指数，这些数据都是来自于不同的楼盘，并且每时每刻都记录着市场行情的波动痕迹，因此一幅观测市场行情万千气象的云图便构成了价格指数。

价格指数不仅是投资顾问分析房地产的重要数据，并且还是开发商、银行、估价师等用来作相关行业决策的重要手段。

现在越来越多的开发商走上了职业化、专业化的发展道路，"打一枪换一个地方"的开发形式越来越不能适应现代化、规模化的房地产业竞争的需要。因此，专业的开发商要长期从事某一城市的房地产开发投资，就不得不对这个城市的房地产市场行情了然于心。在对具体项目决策时，必须进行投入产出的核算，不能凭感觉选择项目，只有大胆假设加上小心求证才能保证项目成功。有理性决策的专业开发商一定会越来越重视对市场行情的观测，用以印证自己的设想，同时开发商要把自己的设想表达出来，与相关各方进行沟通，比如写投资可行性研究报告给政府部门、投资人、银行或其他合伙人等。这时价格指数是最有力的表现工具。

对于银行来说，给任何项目发放贷款（包括开发贷款和个人消费贷款）都必须了解项目的市场前景如何，把钱贷给空置房是任意一个银行都不愿意做的。即使是个人消费贷款，也不是完全没有风险的。烂尾楼的个人贷款一旦出现问题，连处置抵押品都困难。随着房地产抵押贷款证券化的发展，银行会经常面临房地产抵押品的评价和收益评估的问题，抵押品的价格是公允价格，即使是个人消费烂尾楼的个人贷款一旦

出现问题，连处置抵押品都困难。发放贷款（包括开发贷款和个人消费贷款）都必须了解是随着市场行情的波动而变化的，所以在把房地产抵押品进行证券化处理时，要使证券交易的收益承诺与实体交易的收益相符，以保证投资人的利益，就必须正确地评估抵押品的价格。不了解市场行情，要正确评估抵押品是不可能的。

对抵押品进行正确的评估，这点与房地产估价机构的联系极其紧密。传统的估价仅限于时点估价，它帮助二手房零星交易的完成。随着市场的发展，对于抵押品的评价，特别是在帮助金融机构的抵押品进行评估时，要求估价师的评估是连续性的，有预测性的。

对于个人投资者来说，通过了解价格指数来了解行情，与股民看盘进行交易的道理是一样的。购买哪一支地产股，购买哪个企业的债券，购买哪个房地产抵押证券，不仅看券商的承诺，也要加入自己的判断，因为所有的债券都不是永久持有而不转让的。

目前我国的市场还没有发达到竞争有序、决策理性的程度。各行各业对房地产价格指数的认识还很不够，就连开发商都只把它当作立项时不得不走的手续或理解为"做秀"。这就限制了房地产价格指数在各行业决策中的作用，但这种状况会随着市场的发展大为改观。

案例分析

地区房地产市场总体趋势分析报告是市场研究报告的主要部分。它要求研究者运用各种方法对地区房地产市场形势进行总体概括和描述，包括景气状况、房地产市场行情、市场动态、政策法规的分析及规划的变化等。

以下是一份较典型的北京地区房地产市场总体趋势分析报告，不同时期的市场数据变化很大，仅供读者参考。

1.全国房地产业景气指数稳步回升

国家统计局最新测算的全国房地产开发业景气指数结果表明：20××年3月份，"国房景气指数"值达到101.82点，高于去年12月份101.46点的景气值。但与去年同期相比减少2.57点，也比今年2月份小幅回落0.75点。

上一年1季度，"国房景气指数"总体景气水平保持了上一年年底以来稳步回升的势头，特别是前两个月"国房景气指数"回升较快，使全国房地产开发业继续处于××年以来形成的景气空间。表明国家继续实行积极的财政政策，加大经济适用房的建设力度，深化住房制度改革，把住宅建设作为重要产业的大政方针取得了积极的成效。20××年3月份"国房景气指数"小幅回落，主要原因是"两高"：一是去年同期构成"国房景气指数"的各分类指标增长幅度高，特别是完成土地开发面积、新开工面积和竣工面积分类指标；二是前两个月"国房景气指数"受季节因素影响，起点较高。

表4-5　部分国房指数变化情况

年、月	国房景气指数	商品房销售价格	土地开发面积	空置面积	竣工面积	本年资金来源	房地产开发投资
前年3月	104.39	90.98	130.11	101.26		94.70	105.41
上一年2月	101.07	93.62	111.03	99.10	105.53	100.71	102.28
20××年3月	101.82	97.45	107.45	99.25	100.29	96.15	104.04

与前两个月相比，三月份"国防景气指数"所属的八个分类指数值呈现"2升6降"的格局。其中，带动"国房景气指数"上升的2个分类指数是：商品房销售价格和房地产开发投资分类指数。影响"国房景气指数"下降的6个分类指数是：本年资金来源、土地开发面积、房屋竣工面积、新开工面积、土地使用权转让收入和商品房空置面积（指数值表现为上升）分类指数。

2.北京市房地产总体市场状况分析

总体市场主要指一个国家、地区或者具体城市房地产市场的整体特征。它主要受整个国家的经济形势、产业政策，以及近期出台的各种具体政策、措施、法规等影响。总体市场是项目生存发展的大背景，它不能完全决定项目的成败，但总的来说，一个项目在一个好环境中成功的可能性更大。

北京房地产业与全国房地产业的大形势基本相符，而且也有自身的特点：市场容量大，吸纳能力强，价格波动小。伟业指数显示市场好转：前年的住宅市场热闹非凡，可以用"火爆"形容，出现了天通苑、今日家园等项目排队购房的少见现象。高档物业也有回暖的迹象。

（1）北京房地产市场发展回顾

●总体发展阶段

中国房地产自20世纪90年代初起步，大致经历了以下几个发展阶段：1990—1992年的起步期，1993—1994年的过热期，1995—1997年的消化盘整期，1998年房地产业开始出现回升势态，进入黄金发展期，自2020年起随着"房住不炒"的基本政策导向，开始步入稳定健康发展期。这样，中国房地产业大约在7～8年内完成了一个周期。北京作为中国的首都，其房地产业的发展虽有其自身的特点，但基本符合全国整体走势，目前正处于房地产业的温和上升期。

●不同阶段，侧重点不同

北京房地产市场，在不同发展阶段，具有不同的特点，物业发展的侧重点也不同。在发展的初期阶段，即所谓的起步期和过热期，市场以高档外销物业为主，随着房地产市场的景气下降，高档物业逐渐衰落，取而代之的是内销住宅的快速增长。目前的房地产市场仍以内销住宅为主，但品质细化成为市场的主导方向。同时，随着房地产市场总体形势的不断好转，外销房也逐渐得到调整，市场回暖。

●居住类物业

北京市居住类物业的发展，一方面体现了总体发展阶段的特点，另一方面深受需求主体变化的影响，各个时期的居住物业是否迎合了需求特点，成为物业成败的决定因素。

在以外销为主的时期，一些高档的公寓和别墅成绩显著；之后，北京的集团消费异军突起，一些危改小区取得了成功；而1998年来，随着房改的不断深化，集体购买逐渐退出了历史舞台，个人购房方兴未艾，目前市场畅销的居住类物业基本都是迎合个人不同需求，品质好，有特色的优秀物业。普通住宅受欢迎的较多，例如望京AS区、现代城、万科城市花园、华腾园等。外销公寓和别墅市场在经历了很长时间的低迷后，近年来也有所好转。

●办公物业

写字楼受宏观经济形势和总体市场的影响最大，市场需求因素起决定作用。自1995年以来，写字楼市场一直处在激烈的竞争中，租金大幅度下降，空置率上升。由于近年来国家一直在控制供给，2000年北京写字楼市场，特别是高档写字楼市场出现明显转机，甚至出现了租金飙升的情况。

（2）北京住宅市场的供给与需求

●住宅投资和市场需求全面看好

20××年一季度，北京市完成住宅投资34.6亿元，增长16.9%，其中商品住宅投资28.3亿元，增长31.7%。月末，住宅竣工面积38.9万平方米，增长27.2%。住宅持续旺销。一季度全市商品房屋销售面积70万平方米，同比增长1.7倍，其中住宅销售面积62.2万平方米，增长2.2倍，82.3%的住宅为个人购买，对个人销售住宅实现的销售额为21.1亿元，增长4.1倍。

●供求形势长期有利

根据近几年的统计数据显示，北京市商品房的施工面积有着明显的上升期，而商品房的实际销售面积却一直比较稳定，呈现一路增长的势态。可以说，北京商品房的供过于求导致大量空置的原因主要是前五年的开发过热拉开了供求距离，而经过后续多年的控制，供求的差距已比较稳定。而且近几年以来的新开工面积还有降势，近几年的竣工面积上升还是以前开发的成果。因此，从长期来看，竣工面积升幅将下降，而需求面积将持续上升，供求形势将比较乐观。

●供求结构性差距加大，有效需求和有效供给不足

北京房地产市场发展到今天，经历了高档物业畅销、中档项目持续热销，以及后来经济适用房的火热。似乎高中低档价格已形成了一个相对完整的体系，不同收入、不同需求的消费者尽可以在其中各取所需。

北京有 4% 的家庭属于无房户，有 7% 的家庭需要改善住房条件，似乎需求也很大。但实际上北京市场的供需存在很多结构性缺口，导致北京住宅市场的有效需求不足，同时有效供给也不足。最根本的原因是开发商提供的性能价格比需求者的期望值有很大的差距。

一方面是对于那些并不缺乏经济能力且执意要寻找一个理想家园的购房者来说，关键不在于价格，而是在于一定价格标准之下，能否实现购房者想要的品质。目前的情况是大多数的所谓高品质房距离极品的概念还有很大差距，极品的概念就是充分满足了人对居住舒适度的空间需求。

另一方面是对于那些处于需求金字塔底的市场需求主体来说，他们不仅要求住宅的品质要达到一定的要求，而且价格在他们的承受范围，也就是说，他们更加注重性能价格比，而目前的情况是他们的理想品质与价位之间至少有 1000 ~ 2000 元 / 平方米的差距。如果同样的品质，加上土地出让金，商品房的价格就会让大多数购买者难以认可，这也是经济适用住房畅销的原因。

据统计，目前国内人均居住面积 9.3 平方米，北京人均住房使用面积 21 平方米（2001 年的数据），这一指标已大大超过全国的标准。建设部权威人士称，人均达到 40 平方米就算得上较为宽敞、舒服的标准。目前，我国城市家庭人口平均为 3.12 人，按照 40 平方米的标准，三口之家的居住空间应不小于 120 平方米。因此，北京的住房需求中，有很大一部分是属于改善条件的需求，而这部分需求的弹性很大。（注：2017 年全国城镇居民人均住房建筑面积达到了 36.6 平方米）

（3）北京居住物业的区域特点

根据伟业顾问公司长期以来对北京市住宅市场的跟踪研究，最受欢迎的购房区域是东部、北部及西北部的三、四环路之间。

东部商品房热销得益于其比较成熟的商贸氛围和外销物业的传统优势。北部居住物业受欢迎则得益于四个方面：一是机场所在位置，使得外销公寓和别墅大部分集中在朝阳区的东北三、四环路之间及顺义区；二是亚运村生活大社区，已具相当的现代生活气息；三是中关村蒸蒸日上的走势；四是注重上风上水的自然优势的习惯，北部商品房持续热销。

从住宅距城区的远近看，大多数购房者倾向选择三环至四环之间。老城区不太受欢迎的原因，一是发展空间有限，开发成本高，房价自然也高。二是城区交通拥挤和空气污染降低了生活质量。相反，三环路之外交通较好，房价较低，低污染，低密度，整体配套在不断改善，综合优势大。

南部四环路以外和北部五环路以外短期内仍不会为多数买家接受。住宅郊区化这种经济发达国家走过的道路，是以强大的市政设施建设为基础的。在经济发达国家选择郊区住宅并不意味着生活上的不方便，相反，经济发达国家的大型超市往往都设置在租金比较便宜的城郊接合部的过渡地带，而且经济发达国家汽车人口较高，郊区生活不会有不便感。在我国即使在北京，住宅走向郊区化，还有待于市政设施的快速跟进和生活水平的进一步提高。

（4）北京房地产价格

●总体价格

从 20×× 年 1 季度伟业指数结果显示，全市物业市场的综合价格为 8317 元 / 平方米，指数较上季度微降 1 个点。这与近几年以来北京物业综合指数一路以较大幅度下降的情况已有所不同。北京楼市在历经几年的调整之后转好的迹象明显。

本章小结

房地产市场的价格是受市场供求关系决定的，供求关系的周期性变化，继而影响到房地产价格的周期性变动。针对房地产市场行情的波动进行分析需要选择适宜的分析方法，需要分清不同分析方法的用途和前提条件。区别房地产价格指数与房地产景气指数概念，是不仅仅在价格这一个经济变量进行跟踪记录，而且还加入了开发企业数量、开发面积等多种相关因素，因此房地产景气指数对于市场行情的波动比价格指数更具有表现力、更直接、更及时，能够看清价格波动背后的真正原因 。因此要深入研究市场的波动原因，进行市场预测，还必须依靠房地产景气指数进行综合分析，如果需要及时地了解房地产市场的变化动态，则直接运用房地产价格指数会更有效。

复习思考题

1. 分析我国目前的房地产发展趋势，分析房地产市场供求关系变动的机制。

2. 房地产市场供求关系是怎么影响房地产价格变动的？

3. 房地产市场行情波动的分析方法有哪些？有何区别之处？

4. 举实例说明，分别应用价格指数法和景气分析法进行本地区的房地产市场行情进行综合分析，并给出相应的分析结论。

5. 请运用区位商法和投入产出法对本地区房地产市场进行分析。

6. 请绘制本区域城市近 10 年的房地产价格指数曲线，并对其价格波动阶段的背后原因进行综合分析，并预测和推断未来 10 年的价格走势变化。

第五章　房地产项目市场分析

　　本章要围绕房地产项目进行以下分析：第一，分析确定目标子市场中自身情况、面向群体及其基本特征。第二，对目标房地产（或项目房地产）的分析，即对目标房地产（或项目房地产）的物质的和非物质的特征进行评价。从而初步判断项目地块是否适合进行预计目标的开发，初步判断出它的基本优势或劣势所在。第三，对产品进行研究规划和业态新形势的判断和修正才能保证项目的吸引力和竞争力。第四，竞争对手的分析，即对竞争性物业进行更加详细的考察，发现其各自的竞争特点及市场占有率。

第一节　房地产项目的特性分析

一、房地产项目一般特性的分析

　　认识相似物业、评价竞争对手是市场分析的重要内容，只有知己知彼才能在有限的市场容量空间中占有一席之地。分析者要对房地产项目的每一个有可能影响其性能的特征进行分析和评价。评价应从项目的通达性、关联性、可视性、项目所在地区及地点的自然条件，以及项目的经济、法律特性等几个方面入手。

（一）法律特性的分析

　　分析者通过分析项目或竞争对手的法律特性，可以知道所有者所拥有物业的产权状况，例如，获得土地的渠道是划拨出让，还是协议、拍卖、招标出让；出让年限是多少；出让合同中还有哪些规定；项目的规划条件，即开发的限制条件，相关的标准及要求；详细规划条件，即确定项目的种类设计，对土地开发及基础设施的要求；建筑标准，如设计风格等；环境及污染限制的条件等。只有搞清这些法律限制之后，才能准确评价房地产项目的价值，及其在产权方面的优势和劣势。

（二）经济特性的分析

竞争对手的经济特性包括的内容很多。例如，销售价格和租金水平、各种价格折扣促销手段中的技巧；付款方式上的某种特殊设计；采用怎样的定价策略。这些因素对于营销能力的影响是极大的，因此分析人员应重视这些方面信息的分析。

（三）项目所在地点自然条件的分析

房地产项目的分析，离不开对项目所在地点自然条件的分析。项目地点的自然条件有时形成对项目开发的限制，有时也会给项目带来独有的优势。项目地点的自然条件包括以下几个方面。

1.地点物理条件

（1）地块的面积。

（2）地块的形状。

（3）地块的高度、深度、角度。

2.地表的自然状况

（1）地貌（坡度和地形）。

（2）地表土质和景观。

（3）地基状况。

（4）水文地质状况。

（5）植被状况。

3.配套设施的物理特性

（1）建筑物的布置。

（2）建筑物的质量。

（3）配套设施空间布局。

（4）构筑物的设计。如遮蔽式的通道、道口……

（5）构筑物内的通行模式。如平面布局、通道、朝向……

4.便利配套

（1）停车场的特色（如空场的大小停车场与建筑物的相对位置、入口、通道等）。

（2）安全性设施。

（四）项目的关联性分析

关联性属于项目地点的非自然条件，是指项目在社会交流网络中所处的相对位置。与社会交流越方便，占用的交通、交流网络的数量越多，关联性就越好。人流、物流、资金流及信息流都要通过各种网络流通，这个网络由一些有形或无形的设施构成。不同用途的物业与不同的使用者对关联性的需求不同，不同物业应确定不同的使用者所要求的关联性。

关联性可分为以下两个方面：

1. 通达性

通达性即来往项目地点和目的地点的方便程度。比如职场工作者上下班会选择更方便、快捷的交通方式。所谓方便程度不仅指行程的长度，还包括是否拥挤、是否安全（特别是对孩子来说）、是否有特别的交通限制等。

2. 可视性

可视性也是关联性的一个重要方面，表明某项目同周围环境相比，吸引力的大小。通过视觉的传播也是一种交流，这一点对于商业物业和一些写字楼物业来说是很重要的。

二、对不同用途物业特性的分析

物业服务比重逐年增大，在对于房地产项目市场分析的影响也不断扩大。不同物业对关联性、环境、功能方面的要求不同，应分别考察不同物业的特性及关联性方面的需求，特别是对其竞争能力和市场前景有较大影响的因素，以确保房地产项目的吸引力。

（一）住宅物业特性的基本要素

1. 财务特性

（1）每月的租金水平或价格水平。

（2）存、停车空间的额外租金。

（3）所有者与租赁者之间在使用数量上的分配比例。

（4）空间和单位的吸纳率。

（5）付款方式及折扣。

（6）物业管理费。

（7）其他相关的税费。

2. 建筑特性

（1）建筑物的使用年期。

（2）建筑物的条件。

（3）单位的面积。

（4）房间的数量。

（5）房间的种类。

（6）特殊设计：平层、错层、复式、天井、阳台、落地窗、飘窗、内在设施。

3.环境特性

（1）与就业中心的接近程度及沿途的环境。

（2）与商业中心的接近程度及沿途的环境。

（3）与娱乐设施、文化设施的接近程度及沿途的环境。

（4）与各种交通枢纽的接近程度及沿途的环境。

（5）与停车场和空旷地的接近程度及沿途的环境。

（6）与主要干道的接近程度及沿途的环境。

（7）与学校的接近程度、沿途的环境及学校的质量。

（8）与医院、消防、公安部门的接近程度及沿途的环境。

4.地点特性

（1）娱乐性设施：游泳池、网球场、健身房、俱乐部。

（2）景观质量。

（3）停车场的设施。

（二）零售物业特性的基本要素

1.财务特性

（1）每平方米租金及租赁安排。

（2）租金折扣方案及其他租赁安排。

（3）可用于零售或出租的面积。

（4）可用的期限。

（5）可用的其他条件。

（6）进一步的租赁改进方案。

2.地点特性

（1）停车位的数量和质量。

（2）停车区的照明数量和质量。

（3）现有的保安措施。

（4）从停车区到零售区的环形走廊及遮蔽走廊。

（5）进入道路系统的通道。

（6）是否有足够的装运设备、防火通道等。

3. 环境特征

（1）与主干道的关系。

（2）与行人密集区的接近程度。

（3）商业区或附近其他店铺的类型和数量。

（4）周边各商业区的年期和租金条件。

第二节　房地产项目客户群分析

一、房地产项目的客户圈层分析

马太效应（Matthew Effect）指强者愈强、弱者愈弱的现象，是社会学家和经济学家们常用的术语，反映的社会现象是两极分化的情况。有句话说得好，你是谁并不重要，重要的是你和谁在一起。"千金买屋、万金买邻"，就足以说明和谁在一起的确很重要。现代社会，个体的生活质量和人生价值，很大程度上取决于"朋友圈"。这种择居观念正为购房者和房地产开发商共同看重，这就是渐渐兴起的社区"圈层生活"。"圈层"是对于特定社会群体的概括，即物以类聚，人以群分。在房地产领域，圈层的必要性不言而喻。故依据大数据范围从宏观角度对客户群体划分为四类客户圈层：核心客户群、重点客户群、游离客户群和偶得客户群。

二、房地产项目九类客户细分指标

根据房地产购房客户细分可以使用以下九个指标区分。

指标1：置业周期

不同置业周期客户对房屋需求差异明显。以置业周期为指标，客户购房次数可分为首置、首改、再改、老年购房。或者首置、二房、三房。

指标2：支付力

将"支付能力"进一步分解为"土地属性决定的地价"和"产品面积和类型"两方面，直接指向产品。

指标3：家庭生命周期

住房需求的最佳方式是由"一步到位"变为"逐步到位"，用梯级消费理念来代替过度负债消费观念。在生命周期的每个阶段上，客户的需求和住房类型不同。家庭结构是决定购房关注对象的基本社会属性。

指标 4：社会阶层

所谓社会阶层是指依据社会成员的经济、政治、教育、文化等种种社会因素所划分的社会集团。每个人都处在一定的社会阶层，这由职业、所拥有的财富及所受的文化教育等决定。客户所处的社会阶层主要以家庭年收入、职业和学历来确定。

指标 5：圈层

圈层细分的原理以车程时间和地理属性为导向。判断客户导入方向，将直接影响项目的整体定位和产品设计，以及日后营销的重点方向。

指标 6：价值观

建立房地产客户价值观体系，主要以心理学和社会学的理论为依据，结合中国房地产发展的特征，从理性／感性、促进／抑制消费、依存性／独立性等角度确定中国房地产客户价值观分类。

指标 7：购房动机

不同的房屋需求产生不同的购房动机，从而产生不同的购房行为：区域选择不同、物业类型需求不一、产品需求特征存在差异、对单价和总价承受力不同等。

指标 8：行业

根据二十大国民经济行业分类，将客户所属行业重新归类后，按照购买力和规模重新聚类分析，根据企业战略定位行业客户。

指标 9：空间地图和时间阶段

空间地图和时间阶段细分原理是将客户导入方向界定成二维的：空间距离，涉及其地理位置、交通工具、车程等；时间阶段，以时间为横轴，分阶段判断分批可以导入的客户。

三、八大客户群体特征描述

根据以上九大指标，可以将房地产客户群体划分成以下八种常见类型的客户群体：单身贵族人群、拆迁家庭人群、新婚夫妇人群、成熟家庭人群、老年购房者人群、投资客人群、SOHO 一族人群、心灵富豪人群。

（一）单身贵族人群

单身人士多为刚毕业参加工作不久的青年人。他们积蓄不多，但又盼房心切，开始为买车买房攒钱奋斗。常采取阶梯式消费模式，随个人收入的增长、工作岗位的变化及今后结婚生子，而考虑用房需求，适时地调换住房。单身购房者在购买住宅时，一般会考虑现在居住及未来转手，通常来说，单身购房者主要参考以下两方面。

1.住宅的地理位置

单身人士恰好处于立业之初，每天早出晚归，两点一线。因而成熟的地段和位置对他们而言十分重要。社区周边的交通应十分便利，距工作单位最好在半小时车程之内，同时商业、文化、生活氛围浓郁，能够满足青年人衣、食、行、乐的业余生活需求。今后，若工作岗位或区域位置变动，由于原住房处于成熟的区域，出租或出售都将十分容易，考虑二房的压力相对也会减轻。

2.户型面积

单身人士如首次置业便独立购买大户型，会令自己背上沉重的经济负担。所以现在市场上的小户型总价低、功能全，尤其是经济刚需房最受单身人士的青睐。对刚刚踏入社会的年轻人来说，较低的总房价可以使贷款压力相对小些。同时，他们会对比每家银行贷款条件，在贷款时会尽量选取较长的还款年限，这样在近期内还款压力较小，日后事业有了发展时还可以提前还款，相对来说比较轻松。

（二）拆迁家庭人群

拆迁家庭一般在原有住房区域居住时间较长，在那里生活便利程度要高于其他陌生区域，在考虑置业时通常会有多方顾虑。拆迁户虽然会因为旧房拆迁而得到一部分经济补偿，但旧房一般面积较小，所得到经济补偿并不足以购买一套理想的住宅。拆迁家庭在新宅购买时主要考虑新居对原有生活的影响及新宅价格，主要需关注以下方面的问题。

1.与原有生活区域重叠性

拆迁户一般生活在相对老、旧的社区内，而且生活时间较长，对老宅已经形成了强烈的生活依赖性，所以新居一般不要距离原住地太远，以尽量不破坏原有的生活习惯为宜。

2.对于户型面积需求

拆迁户一般比较重视住宅的总价，虽然旧宅往往位于城市的中心区域或即将开发地段，但面积较小，拆迁款总额难以满足置业需求，一般考虑购买原住地的二手房或相对偏远一些的商品房，或者在好的地段会考虑经济刚需型楼房。

（三）新婚夫妇人群

新婚夫妇工作时间有限，积蓄不多，对房屋总价较为关注。故新婚夫妇在考虑新婚婚房时对功能性的关注会更有预见性；对社区内及周边的环境、配套要求相对较高。通常情况下最注意的就是以下3点。

1. 住宅的功能性

新婚夫妇虽然购买新居时家庭人口较少，但会考虑未来家庭结构的变化，一般来说会尽量选择三室或四室，亦或者"3+1"形式的住宅。同等楼盘类型对比下，相对会更倾向于学区房。

2. 住宅面积及价格控制

由于支付能力有限，同时婚后生活支出也呈上升趋势，所以新婚夫妇对于住宅的面积及总价要求较严格，部分人群还会着重对比精装部分的价格。

3. 社区及周边功能性配套项目

周边最好配备完善的生活服务设施，包括交通设施、运动设施、商业设施、医疗、教育等配套设施。社区内部环境和人文氛围都比较成熟。

（四）成熟家庭人群

成熟家庭通常结构稳定，经济条件较好，购买一般以改善居住条件为目的。此类购房者生活规律性较强，购房主要目的是改变现有居住条件中不理想的部分或者进行投资出租，所以成熟家庭人群购房会主要考虑住宅的功能性或升值潜力。通常情况下最需要注意的就是以下3点。

1. 住宅的地理位置

成熟家庭对于地理位置的挑剔程度较低，对于项目所处地点，一般要求并不繁多，相对来讲，交通便利、噪声粉尘较少的地段即可。

2. 房屋功能成熟

如家庭购房多为改善居住条件，则新宅的设计细节和精装是他们最关注的。他们喜欢更好的环境和更优质的条件。如作为投资事业更多会关注社区配套设施。

3. 注重项目品质

因为大多人购房主要是为了改善居住环境，因此购房者对项目的品质最为重视。此外还会对较好的物业服务有所需求。

（五）老年购房者人群

老年购房者一般对单套住宅的总价不太关注，住宅所处的位置、社区环境、医院及物业服务情况最受这部分消费者看重。老年购房者对于住宅本身居住便利和对物业、医疗、购物等周边配套要求相对较高。

1. 社区及住宅位置

老年人居住的社区通常位于发达城区中的偏僻处，一方面可以享受市区内全面的配套设施，因为老年人身体虚弱，社区周边最好具备生活、购物、休闲及医疗功能；另一方面老年购房者习惯安静的生活环境，闹市区的噪声及大量的人流会影响老年人的健康。

2. 社区环境

老年人体力不足，一般喜欢在社区内进行小运动量的健身活动，如散步、跳舞、遛狗等。社区内不光要有一些健身设施的配置、比较宽敞的空地，还应该有一个比较优美的自然环境来满足老人对景观的要求，通常绿化率较高、园林景观、水景俱备的社区比较受他们欢迎。

3. 物业服务问题

老年社区内最受关注的问题就是物业服务问题，在这里物业服务不只是对公共部分进行维护和保养，更要深入住户中针对每一家的情况进行一对一点式服务，老人由于自身生理条件限制，许多家务无法完成，这些问题都要物业公司解决。

（六）投资客人群

投资客分为短期投资与长期投资两类，通常前者投资住宅，靠短期住宅价格波动赚取差价；后者多投资商业或写字楼，以出租形式获利。

1. 住宅投资客户

投资住宅的客户通常在项目启动期内介入，以获得较低的成交价格，最理想的投资物业是中心景观区内、户型适中、楼层位于建筑物三分之一与二分之一之间的部分。对项目本身应考察的因素就比较多，最主要的是位置，一个相对有发展的位置会使物业价值实现大幅提升，通常位置选择在市区边界或风景区内，未来有大规模建设的规划。

2. 商铺写字楼投资客户

商铺与写字楼都是长期投资较好的项目，虽然住宅也可以先用于出租再抛售赚取利润，但出租获利远不如商铺与写字楼划算。商铺和写字楼都是成熟区域的比较有市场，最好是传统的商业聚集区，商业或商务气氛浓厚。目前许多开发商都遵从采取包租、回购的政策手段，可以说，商铺和写字楼是目前比较轻松的一种投资方式。

（七）SOHO 一族人群

此类客户人群的特点是创办了公司但公司规模不大、资金有限或处于个人创业期，通常对房产采用办公和居住两用，既节省资金又方便工作。SOHO 产品的一大特点是既拥有办公室通透大方的设计，又拥有住宅的功能，既拥有比写字楼实惠的价格，又拥有与住宅一样的使用年限。故 SOHO 产品自问世以来一直颇受小型公司及创业者的青睐。

1.地理位置

SOHO 产品很少单纯用于居住，通常都是以办公为主，产品所处的位置就是 SOHO 产品的优势，位于成熟商务区内，交通发达便利是 SOHO 产品的最大卖点。成熟商务区带来的是大概率的业务成交机会，交通发达便利带来的是高效与快捷。

2.项目配套

虽然最初的 SOHO 只是写字楼与住宅的中间型产品，但一经面市就备受追捧，现在的成熟 SOHO 产品不仅可以与住宅比舒适性，还可以与真正的写字楼比拼配套设施。

(八)心灵富豪人群

心灵富豪们最关注项目的品质及产品体现出的生活品位，圈层社交比例所占比重较大。他们购买能力极强，对生活品位有极高的追求。对这类购买人群，项目位置及其他户型等细节问题都不重要。他们喜欢项目地段、设计、选用材料都用最好的，但他们更关心项目品位和特色是否和他们的品位相符。他们更关注社区人文环境的营建、居住人群素质的整体水平等。从根本上讲，心灵富豪们最需要的也许是居住在那里、贴近自然而又不远离文明的高端生活方式，以及一群和他们身份相符、品位接近甚至更高一层的邻居们。

第三节 房地产专业市场项目的自身情况分析

专业市场分析是指对住宅类、商业类、写字楼进行市场分类，或者是高端豪宅、别墅等定位层次分类，如商业类的专业市场有城市综合体、步行街、批发市场等。专业市场分析是指对住宅类、商业类、写字楼进行分类，或者是高端豪宅、别墅等。对于专业市场来说，由于其除了主体建筑外，还需要大型停车场等配套，因此对其自身情况进行分析除了要分析主体建筑的规划设计外，还要分析其他辅助配套的规划设计。

一、项目一期工程内容

案例一：如某专业市场项目的自身情况分析。

主体建筑（8万平方米），框架结构，主体建筑初步设计为地下一层，地上五层，其样式为椭圆形，长半径为80米，短半径为60米。负一层和一层每层建筑面积为15072平方米，二层到五层每层为12000平方米，按多层现浇框架结构设计。

表 5-1 不同楼层的面积与经营业态

楼层	总面积 /m²	经营业态
负一楼	15072	二手车市场
一楼	15072	新车交易、金融服务
二楼	12000	新车交易
三楼	12000	新车交易
四楼	12000	汽车装饰
五楼	12000	汽车书亭、相关产业、餐饮等

负一楼做二手车市场，其中暖气管道等设施占地3000平方米，另外5000平方米做专卖店的二手车市场（10家左右），余下7000平方米做大型的综合二手车市场。一楼，顶级客户8家（包括他们的金融公司）约占地9000平方米，保险公司（2家左右）、银行（5家左右）、政府业务部门共占地3000平方米，其余3000平方米为展厅。二楼，部分顶级客户8家占地9000平方米，重点客户（4S店）10家占地3000平方米。三楼，重点客户。四楼，汽车装饰。五楼，汽车书亭，汽车相关产业（包括餐饮娱乐）。

辅助建筑（6000平方米）网架结构，主要为5家专门维修店，一个大型综合维修厂。另外，室外停车场9000平方米，绿化、景观及道路8000平方米，试乘试驾区车道一条，4200平方米。

整个一期工程实际占地63.4亩地（42272平方米），建筑面积86000平方米，容积率为2.03。

二、项目二期工程内容

高层商住房；汽车培训，包括销售培训和驾驶培训；其他汽车相关产业。

对于商业街来说，由于商家比较注重商铺的开间、进深和铺内有没有柱等，所以在市场调查时应注重对商铺的格局进行分析。

案例二：如惠安某商业街项目的自身情况分析：

店面层高在 3.3 米 ~ 4.5 米。

进深：合作路有 6.6 米、6.7 米和 4 间 11.5 米，其他路为 11.5 米或 12 米。

店面没阁楼（只有 15#A 楼有二层 46 平方米的空间可做小夹层）。

店面内卫生间地板已做好，但本项目地势西北高、东南低，因此同一店面通道与店面的高度差不多。

未租出店面大致集中在 9#B、2#、5#、15#，最大超过 400 平方米。

上述所讲到的自身情况分析都是针对建筑物这种硬件来说的。除了分析硬件外，还可以分析项目的软件，也就是项目为商家或消费者所提供的服务。

第四节　房地产项目自身分析

对房地产项目的自身情况进行分析，可以科学、客观地了解本项目，从而为以后的 SWOT 分析做准备。如果盲目面向市场随心所欲或者一味模仿他人不仅会造成这个项目的损失，也会对房地产开发的品牌造成冲击。房地产项目的自身基本情况分析，主要是分析项目的名称、所在的地理位置、四至、地块特征、规模、用途、权属和经济技术指标等方面进行描述。

一、房地产项目地理位置分析

分析房地产项目所在的地理位置，可以直接描述项目在哪些道路之间，通过这些道路来锁定项目的具体位置。

案例——某房地产项目的地理位置分析如下：

本项目位于某市金水区，某一国道以西与农业路以南的交汇处，属于老的中心城区的边缘区城，与新规划的新开发规划区仅一路之隔。

此外，策划人员还通过描述本项目到一些地标性建筑物成重要交通枢纽的时间距离，来反映项目的相对位置。

北京某房地产项目的地理位置分析如下：

本项目位于朝阳区东三环桥畔，属 CBD 商圈辐射区，由东三环、南磨坊路、广渠路、劲松路等几条主干线围绕项目四周，交通方便快捷。由此驱车 5 分钟可至国贸，3 分钟进入京津塘高速公路，20 分钟直抵首都国际机场。

二、房地产项目四至分析

四至是指地块的四面到达什么道路。在分析房地产项目的四至时，建议采用象形图的形式，做到图文并茂，条件许可的，建议加上四至分析的图片。在分析房地产项目的四至时，可以顺便说明地块四面的道路可到达什么地方。

案例一——北京某房地产项目的四至分析如下：

东侧：×× 西路，可抵达西苑、北四环至万泉河。

南侧：规划中的 ×× 河西路。

西侧：京密引水渠、×× 扈路，可抵达北宫门。

北侧：×× 北路，可抵达上地信息产业基地至京昌高速路。

对于商业房地产项目来说，在分析地块的四至时，除了分析地块所达到的道路外，还要分析地块四面的商业价值。

案例二——四川某房地产项目的四至分析如下：

东面：× 号大街。

南面：×× 风景二期的待建用地。

西面：× 分花园。

北面：× 号大街。

从项目四周的分析可见，由于 × 号路上邻里中心的建成，加上物美、肯德基及两岸咖啡等的开业，× 号路商业氛围将最早形成。从目前的情况来看，未来人流主要从 × 号路进入，因此本项目北面为价值最高的商业。另外，东边 × 号路为城市主干道，对面为市政公园，没有人流，行人亦难以穿过，所以判断此面商业氛围将较难建业，需要借助外界带动或与其他商业联动方能产生效应。南面为待建项目，短期内没有人流，加上施工期间对商业经营将构成极大干扰，价值将大受影响。西面已有部分商业投入使用，如果能将西、北两面的人气延续，本项目西面的发展存在一定机会。

三、房地产项目地块特征分析

房地产项目地块特征的分析，主要是分析地块的形状、地形地貌，地质条件、修整状况等。

案例——重庆某房地产的地块特征分析如下：

整个用地呈条形，东西长约 110 米，南北宽约 40 米，总面积约为 4673.0 平方米。地势南高北低，临江面最低标高 182 米，南面最高处为 200 米。目前，场地已基本平整，路面标高西端为 208.09 米，东端为 203.60 米，路面坡度约为 5%。

本项目地块朝主干路北侧，嘉陵江南岸，地块内河谷岸坡地貌，经人工改造后现状为斜坡。地块地层结构较为简单，基岩为侏罗纪中统上沙溪组（J2SZ），斜坡顶路为一巨厚层状长石石英砂岩，其下以紫红色粉砂质混岩、泥质粉砂岩为主，冲洪积土层位于人工填土层下部，基层之上，其厚度为 2 米～11 米。

地块地质构造位于江北向斜的南东翼，岩层单斜产出，产状平缓，倾向为220°。构造裂隙主要见于边坡顶部的厚层砂岩中，但间隙规模小，与边斜坡相交，对岩质边坡的稳定性构不成重大影响。地块之内未发现边坡失稳等不良地质现象，岩土富水性差，含水极微，地下水对混凝土无侵蚀性。

在分析地块特征时，除了主要描述地块的形状、四至、表面平整情况及成熟程度，以根据实际情况分析其对地块开发的有利及限制影响，特别是临街与临主干道对商业的积极影响。如某房地产项目的地块特征分析如下：

1. 地块形状描述

（1）项目地块表面平整，无其他相关建筑物。

（2）呈西大东小的梯形结构，临街面较长而纵深相对不足。

（3）一面临城市主干道，另外三面直接与其他地块接壤。

2. 地块形状分析

（1）较长的临街面为商业带来理想的展示空间，也有利于建筑形象的展示。

（2）一面临城市主干道，在带来较高商业价值的同时，也面临较大的噪声干扰。

（3）三面直接与其他地块接域，没有车辆出入的天然缓冲区。

（4）地块纵深不足，无法同时满足大进深要求的建筑和大进深广场的需要。

四、房地产项目经济技术指标分析

有些经济技术指标是指取得地块时已经被相关政府部门规定了的，如地块的总面积、建筑面积、绿化率、容积率等。而有些指标是取得地块后才人为去规划的，如户数、住宅人口、停车位数等。策划人员应对这两种指标进行分析，在分析时，可以用文字表述的格式。

案例——长沙某房地产项目的经济技术指标分析如下：

本项目总占地面积为 3877.5 平方米，总建筑面积为 97877.9 平方米。其中，计入容积率面积为 84742.9 平方米；商业建筑面积为 3855.1 平方米；住宅建筑面积为

49487.9 平方米。不计入容积率面积为 13135.0 平方米。容积率为 2.43。建筑密度为 30.3%。绿化率为 24.3%。

在分析房地产项目的经济技术指标时，有 3 个指标比较重要，即占地面积、容积率和绿化率。其中，占地面积和容积率共同决定了项目的规模。容积率对于开发商来说，决定了地价成本。在房屋中所占的比例对于住户来说，容积率直接涉及居住的舒适度。一个良好的居住小区，高层住宅容积率应不超过 4，多层住宅应不超过 3。绿化率对于住户来说，与容积率一样，直接涉及居住的舒适度。绿化率较高，容积率较低，建筑密度一般也就较低，开发商可用于回收资金的面积就越少，而住户就越舒服。一个良好的居住小区，绿化率应不低于 40%。

五、房地产项目周边公共配套分析

房地产项目周边的环境如何，将直接影响目标客户群是否选择本项目。所以，对房地产项目周边的环境进行分析是了解自身条件的重要环节。

（一）周边配套概念

周边环境是指房地产开发过程中，能够影响到该房地产业主居住质量的软件、硬件环境，主要包括环境质量，如空气、噪声、水、辐射等质量问题，自然生态环境质量，如绿化、景观等社会环境及保障措施，如教育、医疗、交通等公共服务设施，人文环境如人文历史等。

配套设施是指房地产开发过程中，能够为住户提供可利用资源的设施。小区配套设施主要是指小区内的水、电、煤气、热力、电视、电话等网络，学校、邮局、派出所、商店、银行、餐饮、娱乐、休闲等设备设施的配套情况。

（二）项目周边配套

房地产的配套设施，又称为软件设施，包括供电、电信、邮政、消防等，还包括物业管理。我们可以看出物业管理实际上就是要通过一系列的管理与服务，保证房屋正常、方便而舒适地使用，保证配套的设施设备安全、高效而持续地运转，最终达到房地产本身保值增值的目的。如果想让房子更吸引消费者的眼球，获得更多的卖点，除了地理位置、房子的价格、房子的外部结构等这些因素以外，人们更看重的是小区的配套设施，比如运动场所、图书馆、棋牌社等休闲运动场所。除此之外，小区的绿化也很重要，居住环境的质量已经成为人们购房时考虑的重要因素。房地产项目周边的配套，可以分为道路交通配套、购物场所配套、餐饮娱乐配套、文化教育配套、医疗卫生配套和金融服务配套等。策划人员应分别对每种配套进行分析。若项目周边各种配套完善，必定有利于项目的销售。

下面是河南某商业广场的项目周边配套分析：项目东临××通往省会郑州的主要交通要道×南路，南隔××大厦与××大道相望，西与市委、市政府毗邻，北靠××电信综合大楼。

1.交通配套

（1）××客运总站位于×南路南端，距本广场600余米，是××通往省内各市县的主要车站。

（2）公交路线。

共有9条公交车通过本广场，分别是：7路，万方电厂至长途总站；13路，影视城至车管所；16路，闫河至龙源建材；18路，人民广场至焦作大学新校区；20路，市旅游客运站至蒙牛集团；21路，李封新村至长途总站；23路，马村西至焦作西关建材；27路，公交汽校至车管所；37路，缝山公园至高新区。

2.周边商业配套情况

本广场东面是正在筹建的××商业街，南面是已经形成商业氛围的××商厦，东南角是正在筹建的××大卖场，西面是正在筹建的五星级酒店。

（1）银行紧靠本广场的×南路邮电储蓄所、×南路与×大道东北角的几家银行距本案仅30米。

（2）邮局、电信。

紧临本广场北面的电信大楼、邮电网点、联通网点，位于××商厦内的移动网点，距本案50余米。

（三）周边交通配套分析（包括周边的主干道和公交线路）

交通基础设施是物质流通和人员流动的基本条件，是固定资产投资的重要板块。纵观各个城市，持续不断的交通基础设施投入缔造了多个"城市新区"，为城市区位再造和空间延伸做出了巨大贡献。事实上，交通基础设施与房地产开发投资密切相关，由于交通基础设施在时间和空间的不均衡分布影响着城市的空间分布、区域结构，从而进一步影响着房地产开发投资的总量、结构、区位等。因此，交通基础设施的发展为房地产投资的快速增长提供了有效支撑，促进了房地产区域空间分布和城市内部布局的优化。

道路交通配套完善，可方便人们的出行。在分析项目周边的道路交通配套时，可以分析项目周边有哪些主干道和哪些公交线路经过。

案例——某房地产项目的周边道路交通配套分析如下:

位于项目地块东面的某一国道（未来的东环路）南通京珠高速,北通连霍高速,北面××路直通市区。其交通较为畅通,但是从现状来看,项目地块周边的公交线路较少,路过该项目的公交车只有312路。交通虽通畅但不便利。

为了更好地显示项目周边道路网络的完善情况,可以指出项目到达一些交通要点的路程距离或车程时间。

案例——长沙某房地产项目的周边道路交通配套分析如下:

本项目地处长沙市老城区,目前有××路和××路与主城区相连接,属于长沙市的主要干道,与市中心的交通连接相当便利。

表5-2 本项目与各重要道路和市中心的路程距离及往来车程时间表

目的地	距离／车程时间
火车站	约5km
市中心	约3km
高速公路出入口	约15分钟车程
飞机场	约25分钟车程

在分析项目周边的公交线路时,除了分析项目周边有哪些公交线路外,还要分析这些公交线路要经过哪些地方。合肥某房地产项目周边道路交通分析如下:

××交通分校、科技大学、安医附院、稻香楼、三孝口、城隍庙,最后到双岗。

本项目片区西侧××交通分校设有134、137路公交站。其中,134路途经芜湖路、马鞍山路、胜利路,直达新火车站:137路途经铜陵南路、芜湖路、马鞍山路、遥津、百花井、白水坝、刨花板厂。

146路公交车从三十二中至长江批发市场,途经卫岗、××交通分校、文昌新村国产纺机厂、影院、东七里站、玻璃厂,从项目片区前通过在分析项目周边道路交通配套时,如果近期或规划中有地铁、轻轨等对交通状况影响的工程,还应着重分析其对本项目带来的便捷效应。如某房地产项目的周边道通配套分析如下:

区域内交通道路完善,近200条道路呈典型的网格状布局,总长度230余公里。公交司路密集,可通往市中心各繁华地段。内环高架路、中环路、逸仙高架路把杨浦与市区各处紧密联系在一起,翔殷路隧道、杨浦大桥、军工路隧道（建设中）、大连路隧道,大大缩短了与浦东之间的空间距离,出行和处理公务更便捷。区域内目前通车的轨道交通有 4、8、10、12 号线，而远期规划的轨道 17 号、18 号线也均在区内设有站点。本地块周边交通线路主要集中在平凉路、长阳路和杨树浦上，有公交 22 路、25 路、2 路、135 路等。而内江路上有 60 路公交车途经且站点距离项目近在咫尺。

轨道交通方面，目前距离本地块最近的已经投入运营的地铁站点是轨道交通 4 号线杨树浦路站，路程约 2 公里~3 公里，地块周边有多辆公交可方便转乘轨道交通。而对于地块有利的轨道交通 12 号线目前正在加紧建设中，预计 2012 年将基本建成，届时可能与本项目的入市时间相吻合，为本项目营造便捷的交通环境。

项目道路交通可及性分析如下：

本项目位于杨浦区的东南侧，距离黄浦江较近；

与本地块相邻的 ×× 路可以与内环高架 / 杨浦大桥、大连路实行连接；

项目周边的 ×× 路和 ×× 路则分别与人民广场、外滩和五角场实行连接；

通过以上道路，本项目可连接内环高架及大连路，通过杨浦大桥和大连路隧道亦可连接浦东及市内各个主要区域；

离项目最近的轨道交通 12 号线，步行约 15 分钟，建成后均能与上海大部分轨道交通之间实现换乘。

同时，区域内拥有多条轮渡线路，虽然项目与市路方便了浦东和浦西市民的出行需要，交通基本可行。中心和区域传统商业中心存在距离，但综合交通基础设施条件来看，项目基本可行。

（四）周边商业氛围分析

房地产项目周边商业氛围分析是针对于商业房地产项目来说的。通过对周边的商业集团进行分析可以预测项目未来的经营状况。不管是居住物业还是办公物业，都要求项目周边有一定的购物场所作为配套。

案例一

重庆某房地产项目的周边购物配套分析如下：

本项目周边有家乐福超市，万鞋服等大型购物场所。虽然本项目与渝中区解放碑商业中心相隔不远，但业主到解放碑还有一段路程。

案例二

杭州某房地产项目的周边商业氛围分析如下：

地块周边的商业由于物美超市（项目北侧）的开张营业，已经形成一定的规模效益。以其中心逐步向周边发展成熟，邻其最近的康莱特公寓的社区底商及北银公寓的社区由于是下沙较早建成的社区，商铺入住率都达到了 100%。北银公寓楼下的商铺以餐饮店主，康莱特公寓楼下则以房产中介公司居多，还有超市、水果店、小吃店。项目西侧是香榭里公寓和下沙文汇苑，这两个小区的底商随着物美超市的开张，也成了贵客及商家关注的热点。目前，招商情况良好，已经有众多商家入驻营业，业态比较繁多，有美发店、文具店、洗衣店、餐饮店、茶楼、药店、烟酒店、联通营业厅、家电卖场等与居民生活息息相关的商家。下沙文汇苑与3号大街相邻，3号大街的商业繁荣度与4号大街相比稍逊一筹。目前。在3号大街位于4号大街与6号大街之间的一段，主要以银行业态为主，中国建设银行、中国农业银行都在此设有分行。同时，延续此种业态布局，在6号大街与3号大街相接处，更有多家银行门店。沿着6号大街大北四季风景（项目南侧）的底商，目前入住率较高，以通信营业厅、售楼处为主，而与本项目相连的部位是它的二期待建地块。

（五）周边餐饮娱乐配套分析

若项目周边餐饮娱乐配套众多，则说明项目所在地段比较繁华，必定能为项目加分。

案例——北京某房地产项目的周边餐饮娱乐配套分析如下：

餐饮娱乐：来名山庄、颐泉山庄宾馆、百望山公园、文庆酒楼、阳坊大都涮肉、天赐缘酒店、拳击俱乐部、虹山口游泳场。

（六）周边文化教育配套分析

教育对住宅地产的拉动是明显的，若房地产项目周边的文化教育配套不足，必须通过自身的配套来弥补。最显而易见的就是对学区房的追捧，需求极其迫切且庞大。

案例——某房地产项目周边的文化教育配套分析如下：

该项目与二十九中、实验小学、大同路小学、新华路小学、八一路小学等教育配套设施相对较近。若能利用专车把与皇冠东和实验中学及本项目业主子女就读互动起来，对项目的推广将有极大的促进作用。

（七）周边卫生状况分析

若房地产项目周边的卫生条件差，必定会影响房地产项目的形象。在分析房地产项目周边的卫生状况时，可以从空气污染、噪声污染、光污染、水污染、固体废弃物污染等方面去分析。此外，除了要分析目前的卫生状况外，还要分析未来一段时间内的环境卫生状况。

案例——海口某房地产项目的周边卫生状况分析如下：

本项目地块周边为林带及未开发的地块，离滨海大道还隔有一处住宅用地地块，滨海大道的汽车噪声对本项目影响较小。但项目周边堆放大量的建筑垃圾，将对项目近距高环境造成一定的污染。另外，周边的建筑用地如果开发将会带来施工噪声污染，但本项目前暂时没有噪声污染，总体污染状况较轻。

若房地产项目周边的卫生状况较差，就要分析导致卫生状况差的原因，从而寻求解决的方法。郑州某房地产项目的周边卫生状况分析如下。

项目地块周边的总体卫生状况较差的原因有以下 4 个方面：

项目地块周边的汽车修理业比较繁荣，严重污染周边的环境；

项目地块西部的 × × 村住宅档次较低；

周边的道路车流量大，容易扬起尘土；

位于项目地块南部的果菜批发市场，卫生状况极差。

因此，对于项目地块来说，卫生状况将是一个较为严重的问题。

（八）周边医疗配套分析

对于住宅项目来说，医疗卫生配套是必需的。它为业主提供了健康保障。

案例：

表 5-3　某房地产项目周边的医疗卫生配套分析

	新华医院
杨浦内环	江浦地段医院
	鞍山地段医院
五角场	长海医院
	东方肝胆医院
东外滩	杨浦区中心医院
黄兴路	延吉地段医院
	长白医院
	安图医院
中原板块	市东医院

杨浦区作为上海中心城区中地域最大、人口最多的大区，区域内现有三级医疗机构 5 所，区属二级综合性医院 5 所，二级专科医院 4 所，社区卫生服务中心 12 所（卫生站点 58 个），民营医疗机构 67 所。近 6 年来通过政府实施工程，实现了每个街道

（镇）有一个社区卫生服务中心，每1万～2万人口设立一个卫生服务站（点）的目标，完全达到了上海市委、市政府要求的"1560"医疗卫生服务圈，即居民步行15分钟就能抵达一家医疗卫生机构，60分钟内就能达到一家三级卫生医院。

（九）周边治安状况分析

治安环境是影响房地产项目销售的一个重要因素，策划人员应重视对项目周边治安状况的分析。

案例——郑州某房地产项目的周边治安状况分析如下：

本项目位于郑州市的城市边缘，靠近107国道（未来的东环路），来往车辆较多。地块南面是果菜市场，西面是××村的特殊位置，形成特殊的综合环境，从而导致项目周边比较复杂的社会治安环境。

（十）周边金融服务配套分析

金融服务配套主要包括银行、证券、邮政3个方面。完善的金融服务配套有利于方便人们的生活。

案例——某房地产项目周边的金融服务配套分析如下：

周边的银行较多，如中国光大银行、中国农业银行等大中型银行，距离本项目500米以内。

（十一）周边环境人文配套服务分析

环境因素通过购买者的效用选择与可支配收入，直接或间接作用于房地产需求。环境因素通过人们的效用选择直接作用于房地产需求，影响的程度取决于需求环境弹性的大小。需求环境缺乏弹性，环境因素对需求的影响程度很小；需求环境弹性变大，环境因素对需求的影响明显增大。环境容量直接作用于开发供给成本，对房地产的供给量产生直接影响。环境因素通过影响房地产价格间接影响房地产的供给。环境因素引起房地产开发成本的上涨，造成房地产价格上升；同时，由于人们需求的扩大化及收入的增加，使人对环境因素日益重视，人们对于高品质住宅较高的价格的接受程度也随之上升。因此，在这两种作用力的影响下，高价格、高品质住宅的供给应与环境质量成正相关的关系。

社会文化环境是房地产企业周边配套服务中面临的又一重要环境因素，它不像其他环境因素那样易见与易于理解，但又深刻影响着企业的市场活动。

影响房地产的文化有以下几种：

1.地域文化

它要求项目地块及周边区域有深厚的文化底蕴。地域文化也有大小之分，大的地域文化如北京的历史传统文化，该文化对当地的习俗、建筑的影响均较大。小的地域文化主要指房地产项目具有人文价值的历史古迹、景观等的地源优势。这些稀缺性的历史文化资源和得天独厚的地理位置，使项目具有了与众不同的特色和卖点。

2.社区文化

社区文化包括社区空间的人居生活、社会交往等活动中所蕴含的文化品位、生活方式等人居文化。社区文化建设日益为开发商所重视，房地产行业竞争已从卖房子、卖景观到卖文化、卖生活方式。

案例——北京某房地产项目的周边景观分析如下：

本项目所在地块周边有五大生态公园，共计面积450万平方米，分别为北京CBD高尔夫球会、古塔公园、皇家农林公园、类森林原生公园、京城花圃基地。五大生态公园环绕的绿意纯净生活。花圃满翠又弥漫香气，一片生态盎然。

第五节　房地产项目 SWOT 分析

一、SWOT 分析概念

SWOT 分析是一种对企业或项目的优势、劣势、机会和威胁的分析，在分析时，应把所有的内部因素（包括项目的优势和劣势）都集中在一起，然后用外部的力量来对这些因素进行评估。它是由旧金山大学的管理学教授于 20 世纪 80 年代初提出来的。

二、SWOT 分析含义

所谓 SWOT 分析，即态势分析，就是将与研究对象密切相关的各种主要内部优势、劣势、机会和威胁等，通过调查列举出来，并依照矩阵形式排列，然后用系统分析的思想，把各种因素相互匹配起来加以分析，从中得出一系列相应的结论，而结论通常带有一定的决策性。一般用以在制定企业的发展战略前对企业进行深入全面的分析及竞争优势的定位。狭义上说，它是市场营销的一种基础分析方法。广义上说，它适用于很多工作领域，甚至是平日生活当中，有利于认清问题，发挥优势。SWOT 四个英文字母分别代表：优势（Strength）、劣势（Weakness）、机会（Opportunity）、威胁（Threat）。其中，S、W 是内部因素，O、T 是外部因素。

按照企业竞争战略的完整概念，战略应是一个企业"能够做的"（即组织的强项和弱项）和"可能做的"（即环境的机会和威胁）之间的有机组合。

三、房地产项目的 SWOT 应用

在房地产项目的应用，基础应用是项目 SWOT 分析，精细化还包括地块 SWOT 分析、产品 SWOT 分析、营销推广 SWOT 分析等。

房地产项目的 SWOT 应用，就是将与项目密切相关的各种主要优势、劣势、机会和威胁等，通过调查列举出来，并依照矩阵形式排列，然后用系统分析的思想，把各种因素相互匹配起来加以分析，从中得出一系列相应的结论，这些结论通常会影响并指导最终的决策。

（一）SWOT 分析的步骤

1. 罗列项目的优势和劣势，可能的机会与威胁。将列出的各种因素根据轻重缓急或影响程度等排序方式。

2. 优势、劣势与机会、威胁相组合，形成 SO、ST、WO、WT 策略。

3. 对 SO、ST、WO、WT 策略进行甄别和选择，确定项目目前应该采取的具体战略与策略。

（二）住宅项目内部因素关注点（优势、劣势）

竞争优势（S）：指一个项目超越其竞争对手的方面，或者指所特有的能提高项目竞争力的条件。

竞争劣势（W）：指某种项目缺少或做得不好的东西，或指某种会使项目处于劣势的条件。

1. 地理交通优劣势分析

（1）公交系统情况，包括主要线路、行车区间等。

（2）出行主要依靠的交通方式，是否需要发展商自己解决。

2. 配套设施优劣势分析

（1）教育：大中小学及教育质量情况。

（2）医院等级和医疗水平。

（3）大型购物中心、主要商业和菜市场。

（4）文化、体育、娱乐设施。

（5）公园。

（6）银行。

（7）邮局。

（8）其他。

3.开发商优劣势分析

（1）开发商实力。

（2）政府对开发商的支持。

4.产品优劣势分析

（1）景观规划。

（2）外立面。

（3）户型设计。

（4）自身配套。

（三）住宅项目外部因素关注点（机会、威胁）：

机会（O）：公司面临的潜在机遇，未来可转变为提高项目竞争力的条件。

威胁（T）：危及公司的外部因素，未来可转变为使项目处于劣势的条件。

机会通常指近期或规划中是否有地铁、轻轨等对交通状况有重大影响的工程、政府的税收优惠政策、土地审批政策所带来的机会、政府市政规划带来的机会等方面分析。威胁通常主要从市场竞争的激烈程度、客户群购买力水平的高低和土地获取难度的高低等方面分析。

（四）商业项目内部因素关注点（优势、劣势）

1.地理交通优劣势分析

（1）公交系统情况，包括主要线路、行车区间等。

（2）出行主要依靠的交通方式，是否需要发班车。

2.区域优劣势分析

（1）是否已有成熟商圈。

（2）周边政府机关办公、星级酒店、餐饮、娱乐等配套。

3.开发商优劣势分析

（1）开发商实力。

（2）政府对开发商的支持。

（3）规划管理、运营能力。

4.产品优劣势分析

（1）临街性、展示性。

（2）层高、进深、开间等。

（五）商业项目外部因素关注点（优势、劣势）

机会通常指近期或规划中是否有地铁、轻轨等对交通状况有重大影响的工程、区域发展潜力、政府的税收优惠政策、土地审批政策所带来的机会、政府市政规划带来的机会等方面分析。威胁通常主要从市场竞争的激烈程度、客户群购买力水平的高低和土地获取难度的高低等方面分析。

下面结合×××项目来分析：

×××项目优势分析：（包括机会和威胁）

位于交通枢纽与黄金地段。（机会）

商业、居住、健身、休闲、娱乐于一体。弥补了本地区中高档商娱的空缺。（机会）

最高档的住宅小区，满足本地区精英阶层生活。（威胁）

周边政府部门、商业、金融、医疗、教育等配套齐全。（机会）

道路的修建加强了与市区的连接，会对本项目有正面的影响。（机会）

上海建筑设计的结晶，独有的小高层电梯楼及复式楼。（威胁）

专业的物业管理。（机会）

公平交易，没有内部操作。（机会）

市场供小于求，居民有强烈的购房需求。（机会）

最快今年底可交房。（机会）

本地区新建楼较少，原有居民人均居住面积较小。（机会）

商业部分门面会随着以后本地小区建设及规划而升值。（机会）

×××项目劣势分析：

价格较周边其他小区要高。（威胁）

本地区收入及购买力不高。（威胁）

居民对电梯楼及复式接受能力有限，而电梯户型占比较高。（威胁）

后面有一个同期开发的楼盘形成了强烈的对比及竞争。（机会）

开发商不专业，配合度不高。（威胁）

三室户型偏多，而市场对两室需求比三室要大。（威胁）

本地商业品牌简单，档次不高。（机会）

整个市场房价在逐步上涨，而居民的收入没有明显看涨。（威胁）

土地增值税清算会对开发商施压，可能影响价格决策。（威胁）

案例分析总结：

从上述可以看出，优势机会、劣势机会及优势威胁，如果策略处理得当，完全可以转化为对本项目有利的因素。而劣势威胁中，除了一些不可抗拒的原因，如收入增长赶不上房价增长，受增值税的影响，这已经不是轻易能改变的。所以这些影响还不至于成为本项目的硬伤。从理论上来看，只要方法做到位，本项目是完全可行的。

第六节　房地产项目产品规划分析

一、房地产项目产品规划修改建议

招商时的产品规划建议与策划时的产品规划建议不同。由于在开始招商时项目一般已经动工建设，在规划设计方面可修改的空间有限，所以招商人员更多的是对业态规划进行建议，但招商人员也可以在有限的范围内对产品的规划设计提出修改建议。虽然在招商时商业房地产项目一般已经动工建设，但招商人员可以对一些还没有实施的工程提出有利于招商的修改建议。

下面是深圳某商业房地产项目的产品规划修改建议。

（一）外立面装修

项目以餐饮、休闲、娱乐为立题定位，这类型的消费多数集中在晚上，建议项目规划好夜间照明，在外立面装修上建议多采用瓷砖、铝塑板、外墙涂料等类型的材料，这些外墙材料在灯光下能产生良好的视觉效果。同时也要兼顾商家对室外景观的需要（特别是西餐、健身会所），能让顾客眺望室外的美景。此外，可适当地增加垂直于外墙的立柱，增强立体效果。另外，在外墙装修的风格上建议融入欧式建筑风格元素，如古罗马风格、古埃及风格。建议在建筑外墙上加入不同文化风格的立柱、浮雕、壁画，做到现代与古典相结合，这将会大大提高项目的档次，使项目从周边的建筑中脱颖而出，迅速建立项目的知名度，使项目租金在实际操作中有更大的提升空间。

（二）电梯改造

在物业招商过程中，电梯作为进入商场的第一步，其形象十分重要。本项目现有电梯比较陈旧，电梯内灯光昏暗，建议对电梯进行适当改造：可考虑改造西侧电梯为观光电梯；在现有电梯门上喷漆，遮盖被磨花的不锈钢表面；更换轿厢内天花及灯光，使其整洁明亮；用木板和玻璃镜对轿厢内墙壁进行装饰；更换电梯内外按键。此外，招商人员还可以根据商家的要求，对项目的装修提出建议。如某商业房地产项目的装修建议：根据商户的反馈信息，绝大部分商户均希望本项目能有基本装修。为此我们建议商铺的装修标准如下：

地面：一层地面为防滑地砖，二层以上地面为水泥砂浆抹平。

墙面：高级乳胶漆刷白。

天花板：高级乳胶漆刷白，配日光灯管。

卫生间：通上下水。

楼梯：现浇楼梯，水泥砂浆抹平。

大门：高级铝合金卷帘门。

另外，部分商户希望本项目除步行街以外的商铺之间能够有顶棚，不影响雨天和太阳暴晒天的经营。

二、房地产项目产品业态规划建议

对于一个大型的商业地产项目，其经营业态包含的内容非常广泛，既包括大型超市、综合百货，还包括餐饮、娱乐等服务性设施，并且后者的比重在商业地产中一直呈上升趋势。目前商业地产中业态经营主体的内容有以下一些：

（一）超市类大型综合超市

如沃尔玛、家乐福、易初莲花、好又多等。大型专业超市，如英国百安居、德国欧倍德等以家居建材为主的连锁超市，灿坤3C等专业概念店。

（二）百货类大型综合百货商店

如来雅百货、大洋百货、铜锣湾百货等。

（三）流行服饰专卖

女装店、男装店、青少年服装店、童装店、婴儿装店、童鞋店、休闲服店、沙滩装店、布店等。

（四）文化娱乐设施

大型娱乐城、星级影城、酒吧街、儿童乐园、大型书城、健身中心、美容美体中心、电玩网吧、数码摄影馆、音响音像制品店、乐器专卖店等。

（五）家具和装饰类

家具店、古玩店、现代艺术品店、室内装修店等。

（六）餐饮类

大型酒楼、主题餐饮、咖啡店、特色美食等。

（七）服务类

干洗店、眼镜和验光店、旅行社、加油站、机票代售点等。

（八）机构类

银行、邮局、信贷处、医疗机构、保险公司、公共展厅等。

（九）其他补充类

旅游特色精品、园艺用品、农产品等。

三、业态规划

业态规划是招商的基础，只有把业态规划确定下来，招商人员才可以根据业态规划去招商。招商人员在进行业态规划之前，应先对周边具有可比性的物业的业态进行调查分析。在调查分析时，除了要分析各种业态所占的比例外，还要分析各种业态对地段、装修、经营面积和人流量等方面的要求。

第七节　评价房地产项目及竞争对手的方法

对房地产项目及竞争对手的评价是对项目和竞争对手的实际资料进行分析，分别对它们的法律的、经济的、地点的、区位的特性进行评价，目的是发现项目与竞争对手比较的优势与劣势，从而发现并确定自己的竞争特色。在各种特性的分析中，经济、法律方面的特性相对简单，租金的高低和折扣的多少是明显的。困难的是如何评价一个楼盘的优势和劣势。用哪些指标来衡量这种优劣？用什么尺度来刻画这些指标？因此有必要设计一种对于地点区位进行评价的指标体系和评价方法。这样才能使分析不过于主观，并使评价可以量化。

一、项目及竞争对手的评价方法

要对项目及其竞争对手进行评价，首先要把主要特性分解成一个个可测量的因素，并用一些指标进行描述，用一个从小到大的排序或权数来确定这个因素的作用与重要程度。总结评分的结果，分析项目地点的最佳用途，得出竞争对手的竞争特色。

（一）对项目特性进行分解

首先要把所要研究的特性及其要素确定下来（如表5-4所列），制定一些表征并能计量的指标，例如，首先确定研究特性是可视性或通达性，然后制定一些衡量指标，进行打分，评价出该项的作用。

表5-4　项目特性、要素与衡量标准

研究对象	构成因素	衡量的内容	衡量标准
即影响项目的竞争性能及市场前景的主要特性	构成项目特性的各个因素	衡量构成各项因素质量的各项指标	各构成因素正常质量水平的标准测量值

（二）地点区位评价

表5-5　地点区位评价的主要因素、评价的目的和主要信息来源

地点区位评价的主要因素	评价的目的	主要信息来源
1. 地区的通达性 （1）主要干道 A. 数量和位置（方向）按道路的类型、面积 B. 规划改进和新建扩建道路 （2）主要干道的设计特征 A. 行车道的数量、宽度、速度、设计通行能力 B. 交通管制 C. 主要转弯运动 （3）主要干道的运行特征 A. 车流量和每日高峰的时间 B. 阻塞的程度和地点 C. 发生事故的频率 （4）道路的物质性条件 A. 路表状况 B. 车道的宽度 （5）大型交通设施 A. 线路、频率和按类型划分的使用成本	从标的物周围地区各个部分的详细评价来判定通达能力的质量和数量	1. 原始资料 （1）实地勘察及官方提供的资料 （2）交通记录及官方提供的资料 （3）交通规划研究 2. 第二手资料 （1）交通工程资料和标准 （2）主要干道规划文件和支持性研究 （3）地方交流研究和支持资料 （4）地方交通记录和研究 （5）交通设备设计和研究 （6）环境影响研究

地点区位评价的主要因素	评价的目的	主要信息来源
B. 位置与附近总站的距离 C. 利用水平：天 / 每周、小时 / 每日		
2. 一般区位特征 （1）关联性的模式 A. 关系的类型和数量 B. 关系按重要性排序 C. 关系发生的频率 （2）接近性：时间、距离和线路 A. 市场或交易区的中心点 B. 市场交易区的边界 C. 竞争者和竞争地点 D. 互补性活动 E. 活动中心 F. 其他联接点	决定项目所在地理位置的特定要素及这个区位中对该地点上的活动及其与周围地区的关系有影响的因素	
3. 地点的通达性 （1）出入口的数量、位置和功能 （2）出入口的规模、容量及堵塞水平，如出入时的转弯运动 （3）标的物及其基本活动地点的距离和路线 （4）与停车场地的距离和路线 （5）内部流通网络的距离和线路 （6）出入口的外部交通条件	评价影响车辆和行人的自由流动，进入该地点的特殊条件，与周围地区的接近程度及地点本身的通达性	1. 原始资料 （1）实地勘察 （2）当地交通记录和研究 2. 第二手资料 （1）地点图和节点规划 （2）交通工程和地点设计图 （3）标准和参考资料 （4）临街的交通记录及研究
4. 可视性 （1）近地点的可视水平 A. 从观察点对条件的评价 B. 街面和混乱状态水平	评价影响地点可视性的要素和附近视觉接触的特殊条件，确定可改进的地方，从而增加可视性，更充分地发挥地点上的功能	1. 原始资料 （1）实地考察

地点区位评价的主要因素	评价的目的	主要信息来源
a. 桥上的障碍和其他附设障碍 b. 与附近建筑的距离 c. 与标的物的距离 d. 竞争性标志的位置、数量、面积 e. 车流密度和通往主干道的禁停限制等 （2）观察点的可视水平 A. 第一眼的起点和方向 B. 通向地点的起视点 C. 从人行道的起视点 （3）地点的可视水平 A. 主要建筑或活动 B. 全部地点活动 C. 要素的标志 5. 主要特征和设计要素 （1）地点布局 A. 地点的形状和边界 B. 面积、街道、开向 C. 建筑及其特征 a. 位置 b. 面积和布局 c. 建筑特征 d. 物理条件 （2）自然特征 A. 地貌 B. 地理条件 C. 土壤条件 D. 水文条件 E. 植被条件 F. 生态条件 （3）内部循环 A. 行车能力 B. 方便步行的设施种类、位置	评价地点上的特定条件，这些条件将影响房地产的设计能力的发挥，确定所需改善的部分以实现其开发潜能	2. 第二手资料 （1）地点图和节点规划 （2）主干道和土地利用图 1. 原始资料 （1）实地勘察 （2）地点工程研究 （3）规划、设计和成本研究 2. 第二手资料 （1）地点图和节点图 （2）地点规划和工程资料 （3）建筑和空间规划标准及资料

地点区位评价的主要因素	评价的目的	主要信息来源
（4）停车设施 A. 主要活动地点到停车设施的距离 B. 停车位的数量 C. 停车设施 a. 转弯与边道的宽度 b. 空场的长和宽 c. 阻塞区的数量和位置 d. 特殊的设置，如大小汽车的界线 D. 带有经营性的特殊项目 E. 停车设施的物质条件 F. 特殊设施和设备 G. 控制和停车装置的设计条件 （5）建筑状况 A. 建筑风格和协调性 B. 入口的吸引力 a. 入口通道的设计 b. 采光条件 c. 展示窗和展示区 d. 标识设计 C. 行人交通模式 a. 主要的活动 b. 主要的设施 D. 物质条件和维修 6. 其他地点品质 （1）建筑的用途和种类 （2）主要和支持性活动的种类 （3）物质条件与维修 （4）建筑及构筑物的缩进深度 （5）进入和出口的位置和条件 7. 地点的特殊服务和设施的可用性、种类、成本、承受力 （1）动力 （2）天然气 （3）通信 （4）水	评价支持地点的影响，地点的公共基础设施设计功能和周边物业的特征 确认有哪些特别的要求和活动步骤，才能够达到地点和活动所要求的设计水平	1. 原始资料影响 （1）实地勘察 （2）特定连接建筑物的各种公共记录 2. 第二手资料 （1）周边物业的分布图 （2）公共设施和成本信息 （3）通信设施 （4）公共规定文件 （5）公共房地产记录

地点区位评价的主要因素	评价的目的	主要信息来源
（5）排污 （6）排水设施 （7）固体废物处理 （8）保安 （9）防火 8.控制条件：限制、要求、步骤 （1）分区 （2）详细的规划 （3）建造和入住成本 （4）其他环境规定 （5）执照 （6）其他 9.其他政府规定 （1）行政区划和税率 （2）特别的区划规定和辅助性运作 （3）通行、进入、滞留权 （4）其他设计规定 10.法律和各项条件 （1）集合行为的条件 （2）其他建筑的条件和合约 （3）命名条件 （4）租约限制		

（三）对作用因素的重要性程度进行评价

使用评分和确定权数并相乘得出总评分的方法，可以确定作用因素的重要程度。

第一种评价方法：按重要的程度打分。

+2= 作用远远超过平均水平

+1= 作用超过平均水平

0= 正常水平

−1= 低于正常水平

−2= 远远低于正常水平

第二种评价方法：同等重要程度的因素，按作用水平确定其权数。

1= 不重要

2= 有些重要

3= 正常和平均

4= 非常重要

5= 极为重要

用重要性权数与作用程度的档次数相乘，就可以刻画某一个因素对于项目来说的作用。

（四）对项目及竞争对手的评价

对项目特性进行综合分析，判断各自的特点、优势，然后根据这些特性，判断项目的最佳用途，从而为所研究的项目的竞争特点提出建议。竞争对手分析的主要内容有竞争对手目标分析、优势与劣势分析、现行战略分析、假设分析四个方面，还应该了解竞争对手对企业行为的反应模式。只有进行深入细致的竞争对手分析，才能制定出行之有效的市场营销战略方案。

二、评价方法的应用——确定最适合的用途

项目及竞争对手的每个要素都影响项目的发展潜力，因此，要对项目及竞争对手的通达性、可视性、法律特性、经济特性等逐一比较评价，这种评价和分析对下一步分析市场占有率极为重要。

（一）分析项目的通达性

与项目相连的有两条主干道，A 路、B 路，这两条路在未来不会有太大改变。

表 5-6　项目的 A 路通达性衡量

衡量的内容	设计标准水平	衡量的结果
车流量	2000 辆 / 每小时	5000 辆 / 每小时
道路荷载	2500 辆 / 每小时	很拥挤，过多耽搁
拥挤水平	轻微、没有或小量耽搁	在内部有三处瓶颈
瓶颈及障碍	交汇处无耽搁	

评价得分：总得分为 -2 分，因为车流量过多和严重超载，有多处瓶颈，运行速度慢，因此分数为 -2 分。

权数：5，因为这是通向项目地点唯一的南北向通路，作为主干道非常必要。

总评分：（-2）×5=-10 分。

表 5-7　项目的 B 路通达性衡量

衡量的内容	设计标准水平	衡量的结果
车流量	2000 辆 / 每小时	4100 辆 / 每小时
道路荷载	2500 辆 / 每小时	不太拥挤
拥挤水平	低或少量耽搁	无瓶颈
瓶颈及障碍	交汇处无耽搁	

评价得分：1 分，因为车流较大且有若干条公交车由此通过。

权数：2，这是通向项目地点主要的东西向道路之一，是重要的支干。

总评分：2 分。

（二）可视性分析

项目地点基本上处于 ×× 小区南部、前门面对 B 路。

表 5-8　项目的可视性衡量

衡量的内容	理想水平	衡量的结果
地点的高度	地点应略高于道路	项目基本上与道路持平
主要障碍和附近建筑物的遮蔽	没有遮蔽和广告牌	项目前门有两座旧楼遮挡，但没有广告牌
有无树木遮挡	现有树木，但遮挡不多	没有遮挡
从入口处的视点	从所有主要入口都有较好的可视性	三个入口

障碍得分：2 分，所有入口都有遮蔽，但没有广告牌。

视觉得分：-1 分，基本上不能一眼看到，对一个商业物业是缺陷，无法起到宣传的作用。

权数：5，对于商业物业来说，可视性是极为重要的。

总评分：（2-1）×5=5分。

（三）配套设施分析

表5-9　项目的配套设施衡量

衡量的内容	理想水平	衡量的结果
附近有一个活动广场	1分钟	1分钟
饭馆	5分钟	14个快餐厅
打印服务	5分钟	3个
订票旅行社	5分钟	2个
银行	5分钟	5个
计算机商务服务	10分钟	3个

评价得分：3分，当天性的服务便利，关于衣、食、住、行玩都有基本的设施场地。

权数：5，对于写字楼来说，这些配套设施非常重要。

总评分：3×5=15分。

表5-10　项目的主要性能分析的结论

	重要性	得分
可达性	5	-7
可视性	5	+5
配套设施	5	+15

结论：由于项目的可视性和通达性较差，作为商业物业经营潜力将受到限制，宣传效果不明显，交通不够便利，不能给客户舒心方便的感觉。

项目的竞争优势在于周围环境配套设施齐全，公交系统比较完善，树木绿化中等，环境较安静，作为写字楼还有一定优势。

三、评价方法的应用——估计市场占有率

通过对项目地点特性的评价，可以进一步考察和分析竞争对手，还可以对这个项目的潜在市场获利能力的各方面做出评价，所得结果可以汇总编成表。从中可以得到每个项目各自的得分，它们总体分数的百分比也可以理解为可能的市场占有率。因为这里所列出的是影响这个项目市场获利能力的主要影响因素，也是项目的特性所在，所以如果这些项目的特性能够较好地满足使用者的需要时，它们就会提高其在市场上的竞争力。同时，根据消费者、使用者的满足程度来判断为各项目的特性打分，满足程度高者得分高，得分高者自然市场竞争力强。从而就可以看出各项目在市场中占有率的代表和相应的市场占有量。

本章小结

房地产企业首先通过对房地产项目的特性分析和客户群分析的初步了解，从而明确项目的针对性和着力点。在进行区域市场分析时，既需要把周边市场和相似项目楼盘进行相关研究的同时，也需要对项目本身进行一番深入分析，以及对周边配套服务进行分析，找到地块和项目的亮点，通常是使用SWOT方法进行分析从而得出战略及决策，对产品有效规划。房地产项目分析必须有对竞品楼盘的分析评价，才能有效避免市场风险并取得最大收益和市场占有率。

复习思考题

1. 房地产项目的特性分类有哪些？针对项目自身分析的内容有哪些？

2. 以某楼盘为例，进行房地产项目的一般特性分析和客户圈层分析，并依据客户细分指标进行分析，对其目标客群进行特征描述。

3. 以某房地产项目为例，进行SWOT分析，并形成项目开发策略和建议。

4. 以某未开发的真实地块项目为例，进行该开发项目地块的价值分析，挖掘该地块的独特价值，形成开发建议。

5. 以某楼盘为例，运用2～3个方法评价该房地产项目的竞争对手，并做出评价结论和相关开发建议。

第六章 房地产竞争产品分析

第一节 竞争产品分析内容及流程

竞争分析是一项需要耐心的工作，需要定期进行，从企业品牌、项目进展、营销方式，到销售价格、成交状况等环节，竞争分析每个环节都应该要涉及，从而提高数据的准确性，从而实现对房地产行业一个持续的积累和判断，而不是突然想到要做竞争分析才去做。

竞争产品分析就是从竞争对手或市场相关产品中获取一些需要考察的内容得出真实情况。比如在开发项目之前，根据事实列出现有的或潜在的竞争产品或者自己产品的优势与不足以做详细分析。

竞争产品分析的过程主要分为主观和客观两个方面：

主观层面分析：主要先通过对客户心理的了解，然后发现自身优点和不足等进行的分析。

客观层面分析：主要围绕竞争产品的硬件、客观环境和条件，以及产品的功能性进行分析。

一、竞争产品分析作用

每天都有新的房地产企业成立，新的开发商拿到开发资格后开始做项目开发，这类开发商在进行新项目开发之前，至少需要确定四件事：值得向竞争对手学习和借鉴的地方、自己需要改正的地方、开发项目中有潜在风险的地方及容易发生冲突的地方等。

竞争产品分析的作用体现在 5 个方面：经常了解竞争对手的产品和市场动态；为企业制定产品战略规划、产品布局、市场占有率提供一种相对客观的参考依据；可掌握竞争对手资本背景、市场用户细分群体的需求满足和空缺市场，包括产品运营策略；自我快速调整、以保持自身产品在市场的定性或快速提升市场占有率；新立项产品缺乏行业沉淀，或所决定开发的产品没有形成较为有效完整的系统化思维和客观准确方向，可以借助竞争产品分析促进开发企业内部系统化。

二、竞争产品分析的内容和工作重点

（一）分析步骤

竞争产品分析大体上应该有如下步骤：

设定分析目标，也就是竞争对手 / 同类产品；

将同类产品进行多个角度信息分析；

根据比较数据做进一步对比分析。

（二）分析范围

在对竞争产品分析之前，首先应需要确定竞争产品的范围，确定竞争产品分析范围时，值得注意的是，不是所有大众能接受的优秀产品都适合用于项目对比，在数量上可以选择较为优秀的项目进行分析，但不需要求大求全地选择所有产品。

收集竞争产品及竞争对手的信息是非常耗费时间的，利用"二八法则"进行筛选能大大缩短时间。在竞争环境激烈的市场中，通常 80% 的市场总税收被 20% 的竞争者占有，因此只需要密切关注那 20% 的竞争产品即可。

（三）界定竞争产品

在房地产行业里，开发商可以通过分析客户购房的三个关键关注点来选所要的竞争产品。

1. 产品因素

项目竞争产品要具备三个前提：跟本项目同类型；能与本项目形成对比；有直接竞争关系。这样更容易明确项目的竞争力。

2. 区位因素

项目竞争产品在地缘、交通、项目位置、资源、配套等外部环境角度上要跟开发项目相类似。可以是全国知名大项目，也可以是区域竞争力较强、销售情况比较合理的区域性项目。

3. 价格因素

竞争产品项目要与本项目销售单价或总价相类似，通过对竞争产品的销售情况、客户来源、客户群体等方面分析，能产生帮助本项目制定有效的推广营销策略、尽快打响知名度、抢占市场份额的作用。

在选择好竞争产品后，根据项目的竞争难度，可以把确定的竞争产品进行层级划分，按照与本项目的竞争关联强度排序，可分为"核心竞争产品""可变竞争产品"和"干扰竞争产品"。其中，能跟本项目产生最直接竞争关系的是核心竞争产品，各方面条件都十分接近；跟本项目相差较大的竞争产品则是干扰竞争产品，对本项目未来的客户分流力度最弱。

（四）分析维度

分析完竞争产品后，我们需要对竞争产品的内容进行详细且全面的研究、分析。

核心竞争产品对即将推广的项目影响力和竞争力都比较大，必须要进行深入剖析，在深入研究的基础上为决策、推广和销售提供借鉴和参考。

地产行业的竞争产品分析，一般围绕四个维度进行分析：概况、产品、客户、营销。这四个维度之下又可以分出更为具体的内容做对比，如销售价格、客户来源、营销方式、成交状况等。

竞争产品分析是开发商进行项目开发前需要做的一项基本工作，不同类型物业开发分析的侧重点会有所不同。

住宅物业开发需要对地理位置、周边环境及配套、交通是否方便、户型、容积率等方面进行分析。

旅游地产开发：更注重自然环境、旅游市场和酒店、高尔夫球场、温泉等度假体系。

商业写字楼开发：更注重商业圈、物业服务、风景和软环境。

这些分析维度可以相互联系、交叉，如今项目开发趋向多元化，一个项目往往涉及多种物业开发，比如写字楼和住宅开发或旅游城和度假别墅开发。

（五）分析的详细"度"

竞争产品分析一般会做得比较详细，但无论如何都要从分析目的及需求出发，拿捏好分析的详细度，在进行分析时根据所需要的详细度开展工作。做到了详细分析却也要花费很多时间，因此让企业自身能充分了解产品优缺点及竞争产品优缺点就足够了，还可以根据开发项目的大小适当缩小分析的范围和深度。

第二节　房地产项目竞争对手分析

房地产项目的开发，实际上是项目本身、目标客户群和竞争对手三者之间的博弈，接下来对竞争对手进行分析。本节将介绍竞争对手分析的内容和思路。

房地产项目竞争对手分析所包含的内容：在分析房地产竞争对手项目时，最基本的分析内容有项目的位置、开发商的名称、项目规模、容积率、绿化率、销售状况、经营业态等。但除了这些内容外，还需要对以下内容进行分析。

一、房地产项目竞争对手单体建筑设计分析

通过了解竞争对手设计的单体建筑，既可以了解当地的建筑流行风格，也可以使本项目通过单体建筑设计的差异避免与竞争对手的正面竞争。

案例——某房地产项目的竞争对手单体建筑设计分析如下：

早期住宅区以山庄为代表，为典型的皖南民居派，以质朴典雅著称，重视过渡地区的气候特征、朝向、通风、节能和传统文化，大部分坐北朝南排列。单体设计上口用"道士帽"造型，并从建筑中提炼出"马头墙"符号用于建筑物山墙。窗户做窗楣，屋面挑出檐口处做艺术处理。色彩力求和谐，以色调为主，并用色彩区分不同组团。

近年来，新建小区热衷于把风格定于欧陆风情，以梦园小区和银杏苑为典型，醒目的尖屋顶和宽阔的罗马廊柱使立面显得非常清爽和气派，显示出另外一种审美观。

用材方面，新建住宅逐渐摒弃了低档的马赛克和水磨石外墙，普遍采用强度大、不易褪色和防潮的优质涂料，另用灰色砖或石料勒脚，木质门窗被塑钢门窗所代替。

二、房地产项目竞争对手户型分析

各户型比例的大小是通过竞争对手对客户群进行详细的调查分析后才得出的，因此竞争对手的户型比例有一定的参考借鉴的作用。但参考不等于完全照搬，不能完全按照竞争对手的户型比例进行设计，因为这样就不能突出本项目的竞争优势。

案例——某房地产项目的竞争对手户型分析如下：

某楼盘的户型，如表6-1所示。

表6-1　某楼盘的户型

面积/m²	77～80	127～139	150	162～164	178～223
户型	两室两厅	3室及3室带工人房	3室2厅带工人房	3室2厅带工人房	3室、4室带入户花园
所占比例(%)	13	14	49	7	17

三、房地产项目竞争对手装修标准分析

通过对竞争对手的装修标准进行分析，可以为项目是否带装修、带多少钱的装修等决定提供参考。

案例——某房地产项目的竞争对手装修标准分析如下：

以前的住宅几乎清一色为毛坯房，水泥抹平墙、地面，管线暗埋，所有细部设施都需要住户自行装配。现在，一些中档以上接盘的开发商已经开始对室内进行简单装修或精修，重点在厨卫。厨房搭料理台，砖铺面，有整套橱柜和采暖供热两用炉，卫生间铺防滑地砖，配齐卫浴三件。厅房铺地砖（木地板很少），或装对讲门铃、电子防盗门，别墅则装好楼梯扶手，楼梯扶手一般价钱在100元/平方米，不超过200元/平方米。购房者可根据个人需要进行比较选择，典型的例子是安居。从销售形势来看，合肥市民很喜欢这种方式。

在分析竞争对手的装修标准时，将竞争对手分为高、中、低三个档次，对比度高，容易得出竞争对手的优势与不足之处。

案例——如某房地产项目的竞争对手装修标准分析，如表6-2所示。

表6-2　某房地产项目的竞争对手装修标准分析

档次	高档	中档	低档
外立面	现代、昭示性强、新颖	现代、昭示性好	昭示性弱
会所	2000平方米以上	1000平方米以上	—
商务中心	配套完善	较好	一般
会议中心	齐备同声传译及多媒体会议	无	无
电梯	群控进口高速电梯候梯时间50秒内	群控进口高速电梯候梯时间大于50秒	合资电梯候梯时间大于50秒

档次	高档	中档	低档
空调	可分户计量的中央空调	中央空调	分体式空调
卫生间	分户有卫生间，1 个公共卫生间	分户有卫生间	分户有卫生间
装修标准	高档	中档	中档
智能化管理	5A 级高综合布线	有	无
网	宽频信息点接口多	有	有

四、房地产项目竞争对手配套分析

对竞争对手的配套进行分析，有利于我们在设计本项目时可以优化竞争对手的不足，从而使本项目在竞争上处于优势。

案例——某房地产项目的竞争对手配套分析，如表 6-3 所示。

表 6-3　某房地产项目的竞争对手配套分析

楼盘	会所	配套设备
A 楼盘	游泳池（室内恒温）/ 水力按摩池 / 儿童嬉水池 / 健身房 / 桑拿 / 儿童乐园 / 乒乓球室 / 篮球场 / 多功能集体活动室	线路两条、有线电视、自来水、市电 / 自备供电系统、管道煤气、防火防煤气泄漏系统 / 消防感应器、可视对讲机、紧急呼救按钮、综合宽频布线
B 楼盘	游泳池（室外）/ 健身房 / 老人活动中心 / 儿童乐园 / 台球 / 棋牌 / 咖啡厅 / 酒吧 / 阅读室	有线电视、自来水、市电、管道煤气、小区网络抄表、防火防煤气系统、闭路电视监控 / 可视对讲机家庭自动报警系统 / 家急按钮、宽频网络、楼宇智能自动控制系统
C 楼盘	游泳池（室外）/ 篮球场 / 乒乓球儿童乐园	有线电视、自来水、市电自备供电系统、管道煤气、三表 IC 卡缴费、防火防煤气泄漏系统、闭路电视监控 / 可视对讲机、家庭自动报警系统、紧急按钮 / 紧急联动系统、光纤到小区 / 光纤到户 / DDVISDVADSL 室内综合布线、家电自动控制或远程控制 / 写字楼自动控制系统

在对竞争对手配套设施的分析中，可以标明楼盘与配套设施的具体值，配套设施对住宅项目的影响。

案例——如某房地产项目的竞争对手配套设施分析如下：

1. 金辉淮安半岛

楼盘情况见表6-4。

表6-4 金辉淮安半岛楼盘情况

楼盘位置	中国·福州仓山区·南台岛最北端			
建筑面积	110000m²			
容积率	0.39			
主力户型	550m² ~ 1900m² 独栋，450m² ~ 750m² 类独栋			
建筑类别	独栋，类独栋物业类型		别墅	
价格详情	独栋	2500万 ~ 5000万/套	类独栋	900万 ~ 1600万/套
项目	类别	名称	配套说明	距离
交通出行	公交	中央粮库	33 38m²	790m
	地铁	左海帝景	鼓楼西二环梅峰路56号	4489m
教育配套	幼儿园 小学 中学 高中	闽侯县百益幼儿园 福建农林大学附属小学 福州金山学校	福建省福州市闽侯县 洪山桥上店福建农林大学 福建省福州市仓山区	985m 1790m 1870m
生活配套	超市 公园 其他	兴隆盛超市 得利连锁超市 福建农林大学李常盛图书 商专邮政所	福建省福州市闽侯县梅峰路 福建省福州市闽侯县	1221m 1362m 1592m 2181m
其他配套		闽侯县百益大药房	福建省福州市闽侯县	982m

（1）东、西、南三面环水，北面为包含福建农林大学等多所大中专院校在内的传统学区。

（2）淮安半岛占地约1800亩，前迎石品山，背负仙洞山，四周群峦叠峰。

（3）最长滨江岸线达4.5km，三面环江，江面开阔、水势平稳，上风上水，作为传世大宅昭示着家族世代繁荣。

（4）特色别墅，宜居生态地产。

（5）价格偏高，目前周边配套不全。

2.仁文大儒世家

楼盘情况见表6-5。

表6-5　仁文大儒世家楼盘情况表

楼盘位置	福州市鼓楼区梅亭路北侧				
建筑面积	56673m²				
容积率	1.04				
主力户型	190m² ~ 390m²				
建筑类型	双拼，联排				
价格详情	25000元/m²				
项目	类别	名称	配套说明		距离
交通出行	公交	梅亭部队	53路、66路、70路、16路、86路		200m
	地铁	左海帝景	鼓楼西二环梅峰路56号		2233m
生活配套	超市	万嘉超市	127m		
	公园	游泳馆	100m		
	其他	邮政ATM，工商银行	1273m，1452m		
其他配套	其他	儒勇医药商店	180m		

（1）大儒世家别墅位于鼓楼区梅亭路北侧，是大儒世家700亩大盘中唯一一个别墅地块，占地约81.7亩，由20栋190m² ~ 390m²联排、双拼、叠墅、合院等类别墅组成。

（2）通过东南亚的风情景观打造奢华、浪漫、异域风情。以一条中心水系为纽带，贯穿整个小区，利用小区内的地形高差，形成优美的自然叠瀑景观。

（3）教育配套成熟。小金星国际双语幼儿国、钱塘文博小学、师大文博附中等；距离市中心近；社区配套规划成熟。

（4）处于市中心，周围环境喧闹且价格较高，目标消费群少。

第三节　房地产市场基本竞争战略

房地产开发商在开发房地产项目遇到竞争对手时，为了能在竞争中获得主动权，开发商不仅要识别谁是本企业主要的竞争对手，更要了解它们的竞争战略并据此采取针对性的对策。

1980 年，"竞争战略之父"迈克尔·波特在《竞争战略》一书中是这样描述竞争战略的："竞争战略是企业采取进攻或防御性活动，在行业内建立起进退有据的地位，从而为公司赢得超常的投资收益。"他将竞争战略划分为三种基本类型，即总成本领先战略、差异化战略（又称别具一格战略）和专一化战略（又称集中一点战略），如表 6-6 所示。企业要想获得持续竞争优势，获得成功，必须在这三种竞争战略中做出选择，房地产开发商当然也不能例外。

一、基本竞争战略

表 6-6　竞争战略的类型

—	被顾客察觉的独特性	低成本地位
全产业范围	差异化战略	总成本领先战略
特定细分市场	专一化战略	—

（一）总成本领先战略

总成本领先战略也可以说成低成本战略，是因为企业通过内部加强成本控制，实现研究、开发、生产、销售和服务等领域最大限度地降低成本，从而以成本取得行业中的领先地位。该战略的核心是企业通过降低产品成本使其低于行业内竞争对手的成本，从而获得成本上的优势，这样，尽管存在着激烈竞争，但处在低成本情况下的企业仍然可以获得行业内平均水平以上的利润。

133

从本质来看，总成本领先战略应该是一种价格竞争战略。在当前市场条件下，房地产开发商之间的竞争越来越剧烈，价格战不可避免。因此，开发商要想在竞争中不被淘汰，必须加强产品的成本控制，努力使自身的成本低于竞争对手的成本，从而达到获取竞争优势的目的。目前，总成本领先战略仍然是开发商重要的竞争战略。

实践过程中，房地产开发过程中大部分环节可以适当限制成本，比如可通过扩大开发规模降低成本，还可通过降低设计成本、工艺成本、材料成本、资金运用成本、销售成本等使产品成本降低。

总成本领先战略的实施，虽然可使房地产开发商通过低成本获得一定的价格竞争优势，但削减成本的办法有以下局限性。

第一，建筑材料、人工费等成本的上涨，会使成本优势不复存在。

第二，房地产产品是极易被模仿的产品，本企业的低成本技术很容易被其他企业学习和掌握。

第三，成本无限度地降低容易引发严重的质量问题。

第四，科学技术的进步，消费观念的改变，促使各个房地产开发商不断创新，新产品不断涌现，倘若本企业无视这种变化，只是一味地将注意力集中在降低成本上，那么有可能使开发出的产品因不能满足市场需求而滞销。

由此可知，短时间适当降低成本是房地产开发商的一大竞争优势，但如果长期依靠这种战略是不行的。长期内，企业必须时刻关注市场的变化，在充分发挥低成本优势的同时，还必须善于运用其他竞争战略。

（二）差异化战略

差异化战略是一个比较特殊的战略，它是指企业设法使自己的产品或服务不同于其他企业，在全行业树立起别具一格的特色，从而在竞争中获取有利地位。对房地产开发商而言，这种别具一格的经营特色，可以通过开发出与众不同的产品来实现，即在开发区位、产品性能、设计、质量及服务、良好的品牌形象等内在因素方面与竞争对手形成差异；或者是通过充分利用价格定位、销售策略、促销方式等外在因素方面的不同与竞争对手形成差异化。

差异化战略与总成本领先战略存在不同之处，差异化战略是非价格竞争的一种主要形式，也是房地产开发商保持长期竞争优势的主要竞争战略之一。同样，实施差异化战略也需要承担以下风险。

第一，消费者可能不认可差异化，尤其是当消费者需要的是标准化产品时，低成本领先战略就可能很容易击败差异化战略。

第二，差异化有可能导致市场占有率的丧失。该战略的实施可能使产品的成本加大，这样一来，就要失去部分对价格敏感的消费者，所以推行这一战略有时会与争取更大的市场占有率相矛盾。

第三，差异化很容易被竞争对手迅速模仿。如果是这样，那么首先实施差异化战略的企业就不可避免地要遭受到损失。迅速地被模仿决定着企业无法实施差异化，前期的付出将付诸东流。因此，房地产开发商只有在竞争者难以迅速或廉价模仿的独特性上实施差异化时，采取这种竞争战略才能取得成功。

（三）专一化战略

专一化战略又称聚焦战略或集中战略，是指企业把经营范围设定在某个特殊的消费群体、某个细分市场或某个地区市场。也就是说，优化资源为某一特殊的市场提供服务，结果是通过满足特殊市场的需求实现了差异化，或者在服务过程中实现了低成本，甚至两样都得到，所以专一化战略往往是总成本领先战略与差异化战略在某特殊市场内的体现。在房地产市场上，专一化战略可体现在产品专一化和区域专一化两个方面。在产品专业化方面，万科最为成功地实施了该战略。经过十多年的努力，万科成为一家专做房地产的企业，并被誉为"中国房地产的领跑者"。由于中国的房地产市场规模巨大，预计未来将出现越来越多的专注于特定区域、特定行业（医院、零售）、特定产品（综合开发物业、大众市场项目、区域改造）或特定服务（商场管理、物业管理）的房地产企业，这一趋势可能会日益显著。

二、基本竞争战略的阅读案例

（一）两种战略两种命运

10年前，万科和金田两家公司的股票几乎同时在深圳交易所上市，股票代码分别是0002和0003。当时，这两家深圳公司同样是主营房地产，同样走的是贸易商社多元化战略，同样在上市前两年取得飞速发展，以至于许多人把它们比作兄弟企业。

然而，到了新世纪，万科已经发展成为中国房地产业的一面旗帜，而金田继1998～1999年两年亏损之后，2000年继续亏损，亏损额达60527万元，两家企业呈现出极大的反差，与它们实施不同的经营战略有直接的关系。我们从企业成长的角度，将万科与金田的战略历程进行比较、分析。

1. 相似的基础——综合商贸多元化企业

上市的前两年，万科和金田都取得了飞速的发展，万科1993年实现营业收入 10.84 亿元,税后利润 1.53 亿元,同比分别增长 64% 和 129%;金田也相差无几,1993 年实现主营业务收入 10.54 亿元,税后利润 1.37 亿元,同比增长 33.8% 和 122.8%。当时,全国不少行业都处于卖方市场的情况,大量企业都走多元化发展的道路,万科和金田也不例外,也是什么赚钱就做什么,同样属于以房地产为主的综合商贸多元化企业。截至 1994 年年底,万科拥有的子公司有 24 家,具体包括房地产开发、物业管理、商业贸易、咨询服务、文化、饮料及食品生产、广告经营、印刷品设计、电分制版等若干行业;金田更是在 1993 年 28 个子公司的基础上增加到 1994 年的 33 个子公司,横跨房地产、纺织、磁盘生产、零售、外贸、汽车出租、印刷和酒店等行业。

1994 年,两家企业的战略思想已经出现分化的迹象。由于 1993 年年底国家开始进行宏观调控,实行紧缩银根、控制信贷规模等抑制经济过热的政策,原来能轻易取得高额利润的房地产业受到了剧烈的冲击。为了应对这种情况,金田和万科采取了不同的发展战略。金田提出"继续朝着多元化、集团化、现代化的跨国公司目标迈进",希望利用多元化分散经营风险;万科却以"集团以房地产为核心业务,重点发展城市居民住宅。对发展潜力较小的工业项目将重组或转让,以集中资源"的专业化经营战略。结果,1994 年万科和金田都保持了利润的一定增长,但万科的房地产业务收入占总收入的 56.92%,而金田的房地产收入只占总收入的 31.92%,比纺织和商贸的比例还小。

2. 万科专营与金田多营的两种结果

遵循不同的发展战略,1994 年后,金田和万科走了两条截然不同的道路:在"坚持规模经管,多元化发展,跨地区扩张,专业化协调的经营方针"的指导下,金田不断地拉长战线,追加在房地产主业以外的各项投资,在纺织、磁盘生产、零售业、能源和运输业等多条战线上疲于奔命,在其年报中公布的子公司数量由 1993 年的 28 家、1994 年的 33 家一直增长到 1995 年的 40 家、1996 年的 47 家,每年以 20% 以上的速度涌增,然而子公司的营业收入和利润却以更大的比率下降,并于 1996 年出现亏损。到了 1997 年,金田又进入新的行业,收购了林州火电厂和青海水泥厂,以扭亏为盈,与此相对应的是,金田的主业更进一步萎缩,虽然 1997 年有少量盈利,但 1998 ~ 1999 年却产生巨额亏损,2000 年继续亏损,亏损达到 60527 万元,房地产业务几乎停滞,其他业务如纺织、巴士运输和超市等也都风光不再。同时,金田官司缠身,诉讼达数十起,涉及金额上亿元。成为 ST 股后,2001 年戴上了 PT 的大帽子。

与金田相反的是，万科按照专业化的发展战略对非核心业务进行了调整。开创了万科著名的"减法理论"，也就是对非核心企业关、停、并、转。转就是卖，盘活存量。例如，万科1996年转让深圳怡宝食品饮料有限公司、北京比特实业股份有限公司及汕头宏业殿份有限公司等的股权，1997年转让了深圳万科工业扬声器制造厂及深圳万科供电公司的股权。事实上，万科的战略性调整包括三个方面：一是从多元化经营向专营房地产集中；二是从多品种经营向住宅集中；三是投放的资源由12个城市向北京、深圳、上海和天津集中，也就是说，万科走的不仅是经营领域的专业化，而且还是走地域专业化战略之路、结果万科的业绩和主营房地产业务不断发展，到2000年，万科实现净利润30123万元，同比增长31.46％。

从万科和金田这个例子我们知道，企业走多样化的道路非常难，而走专业化的道路成功的可能性更大一些。上海城开（集团）有限公司总经理倪建达认为，中国企业把多元化和专业化当作是探索的命题，专业化成功案例也很多，多元化的成功案例也不少。李嘉诚先生就是做多元化的，而且做得非常成功；专业化的也有做得好的，如华为就做通信设备。每个企业的文化、企业的基因不同，决定了这个企业做多元化还是专业化。他认为只要有这方面的人才和资源支撑就可以做多元化，没有这方面的支撑就不能做。企业永远是在追求利润最大化，这个企业怪物是贪得无厌的，每个企业都会选择自己合适的，或者让自己觉得有前途的行业进入。

事实上，开发商实施专业化发展战略和多样化发展战略都有一定的风险。开发商实施专业化发展战略，它面临的主要风险来自现有行业市场或技术的变化；而实施多样化发展战略，的确可以降低现有行业市场或技术变化的风险，却要面对进入新行业（这本身就是风险）及新行业中市场和技术变化的"双重"风险。因此，开发商在选择发展战略的时候，不能盲目跟风随大流，而应在充分估计风险、综合评价的基础上选择专业化或者多样化，适合企业的发展道路，同时加强不同风险的防范，这直接决定着企业的发展前途与未来前景，与企业的命运息息相关。

第四节　不同类型房地产开发商的市场竞争战略

在如今的房地产市场上，每个房地产开发商扮演的角色是不同的，这就要求开发商首先定位好自己在市场上所扮演的角色，然后综合运用上述市场发展战略和基本竞争战略，形成独特的市场竞争战略。一般来说，任何开发商的市场角色不外乎四种类型，即市场领先者、市场挑战者、市场跟随者和市场补缺者。角色的不同在市场竞争战略上存在较大的差异。

一、房地产市场领先者对市场竞争战略的选择

房地产市场领先者主要针对的是在市场占有率最高的房地产开发商，它经常在价格变动、新产品引入、营销覆盖率及促销密集度上领先于其他开发商。根据房地产市场发展规律来看，对于大多数地区的房地产市场来说，都有一家房地产开发商被认为是市场领先者，它们是房地产市场的风向标，同时也是其他竞争者想要挑战、模仿或回避的对象。同时，因为房地产市场领先者的地位是在竞争中形成的，这种地位随时都可以改变，随时有被其他竞争者取代的危险，市场领先者为了维护自己的优势，保住自己的领先地位，通常必须采取一些恰当的竞争战略。

（一）扩大市场规模战略

当某类房地产产品的市场需求总量扩大时，受益最大的是处于该类产品领先者地位的开发商。道理显而易见，因为领先者所占的市场占有率最高，所以新增市场需求的相当部分属于该类企业。通常，开发商可以通过实施密集型发展战略来达到这一目的。

（二）保护现有市场占有率战略

领先者在努力扩大市场需求总量的同时，还必须时刻保护好现有业务，防止竞争对手对自己的挑战、攻击和对本企业市场占有率的侵蚀。保护市场占有率最根本的办法还在于企业不断创新，不断提高产品质量、开发新产品、降低产品成本、开辟新的销售渠道、树立起良好的品牌形象，从而使自己真正处于领先者地位。同时，要抓住其他竞争者的弱点主动出击，所谓"进攻"是最好的"防御"。市场领导者即使不发动进攻，至少也应保护其所有战线，不能有任何疏漏。军事上的防御战略也可运用到这里。领先者常采用以下六种防御策略。

1.阵地防御

这是一种最基本的防御战略。也就是企业在现有市场范围内，利用企业现有实力，构筑起一个坚固的防御工事，防止竞争者入侵。这种战略被认为是一种消极的、被动的防御战略，在短期内和特定市场范围内是有效的。例如，当竞争者以各种各样的方式调整价格时，处于领先者地位的可以凭借品牌、信誉、服务、质量等方面的强大优势，仍以不变的价格固守市场。在价格战中，即使是特定的市场中，领先者的这种固守阵地的做法也不可能长期有效，除非它的产品具有某些竞争对手无法模仿的优

势，而在房地产产品中，这种优势是少之又少，所以，如果房地产开发商单纯采用这一战略，将企业所有的资源和精力都投入"防御工事"中，那是相当危险的，最后很可能会毁于其中。开发商更重要的任务是不断创新，主动出击，而不是坐以待毙。

2. 侧翼防御

侧翼，可以理解为企业的薄弱环节或次要业务。侧翼防御，就是企业通过治理弱环节来预防竞争对手乘虚而入，或者建立一些次要业务作为防御的前沿阵地。进攻者在发动进攻时，往往是以被攻击者的薄弱环节作为突破点。每个企业的市场营销活动中都可能存在这样或那样的薄弱环节：或营销策划方案存在缺陷，或产品存在质量缺陷，或销售力量不足，或价格过高过低，或者传不到位等。这些薄弱环节往往决定了营销的成败，加强对薄弱环节的防御，将有效地保护原有市场，这也正是"木桶原理"所揭示的道理。

3. 以攻为守

这是一种"先发制人"的防御战略，就是在竞争对手来攻击之前，找到竞争对方的弱点并主动攻击。以攻为守的战略思想非常明确：进攻是最好的防御，先下手为强。例如，当竞争对手的市场占有率达到一定水平，危及本企业的领先地位时，本企业对它发动的进攻。有时，以攻为守是用心理博弈术阻止竞争者的进入，而实际上并不发动攻击。例如，某大型房地产公司是某地区高档写字楼的领先者，当获悉竞争企业有意进军本细分市场时，它通过广告、公共事件等方式宣传：公司未来五年战略重点依然是高档写字楼市场，并且已在考虑降低产品的价格，希望借此消息在心理上威吓竞争企业，使其不敢贸然进入这个产品领域。不过，这种"虚张声势"的做法犹如"狼来了"，只能偶尔为之。

4. 反击式防御

当竞争对手无视领先者的地位而对其发动进攻时，领先者采取的反击措施。例如，当竞争对手降价促销或者进入领先者的销售领域时，如果领先者不采取有效的措施进行反击，它的市场份额可能很快失去，或者虽然暂时丢失不多，但将来反攻很难，因此现在必须进行反击。反击的方式可以是正面回击，也可以是侧翼反击，还可以是钳形反击。这里，举一个钳形反击的例子。这个例子说的是霍尔布莱茵公司（简称霍公司）对付沃尔夫施密特公司（简称沃公司）进攻所进行的防御。20世纪60年代，沃公司对霍公司的斯米罗夫伏特加酒展开进攻，宣布它的伏特加酒与斯米罗夫酒质量相同而每瓶定价少1美元。公司的反应是将斯米罗夫酒的价格提高1美元，并增加了两个其他品牌，其中一个品牌以同样的价格与公司相对抗，另一个则以较低的价格做侧翼进攻，从而有效地保卫了斯米罗夫酒的市场地位。

5. 运动防御

运动防御是指领先者在积极防守现有市场的同时，还将经营范围扩展到新的领域中去，这样做实际上是未雨绸缪，可以使企业在战略上有较多的回旋余地，同时也为今后的竞争做好前期的铺垫。运动防御可通过市场扩大化和经营多元化两种方式来实现。

6. 收缩防御

它与运动防御的方向相反，收缩防御是指放弃某些本企业实力较弱或与本企业发展目标不一致的市场，将资源集中于实力较强的市场阵地上。但收缩防御也不是单纯地放弃，而是力量的重新合理分配，万科从多元化转为专业化即是成功地运用了收缩战略，需要注意的是，即使是领先者，其各种资源也不是源源不断的，因此它就很可能没有足够的力量保持住市场上所有的阵地，而必须基于把握好哪些市场是值得坚守的，哪些市场是必须放弃的，这样才可有效地进行防御。

（三）提高市场占有率战略

研究表明，在单位产品价格和经营成本不变的情况下，企业的市场占有率越高，它的投资收益率越大，因此许多企业都热衷于提高本企业产品的市场占有率。2014年，青岛市商品房销售实际销售额970亿8984万元，因此某开发商的市场占有率若提高0.1个百分点就意味着增加数几亿元的收益。但是市场占有率的提高，并不意味着企业利润自动增加。有时，企业为了追求市场占有率的提高反而会得不偿失，造成利润率下降。例如，大规模广告促销需要额外支出，减价促销牺牲了短期利润却不一定换来客户对本品牌的忠诚，从专门经营利润率高的高档产品扩展到低档产品市场也可能降低总利润率等。因此，企业在提高市场占有率时应考虑以下三个因素。

1. 经济成本

当市场占有率已达到一定水平时，再提高一步的边际成本非常大，甚至得不偿失。

2. 引起反垄断诉讼的可能性

许多国家为维护市场竞争，制定反垄断法，当企业的市场占有率超过一定限度时，就有可能受到反垄断诉讼和制裁。领先者本来就是同类产品市场上占有率最高的企业，在它进一步提高市场占有率时，可能被指控为垄断，由此所遭受到的损失可能会超出市场占有率增加所带来的盈利。不过，从整体上来看，目前中国房地产行业集中度不高，各地区房地产领先者企业所占份额还处在一个较低的水平，因此，市场占有率进一步提高的空间还是很大的。

3.兼顾利润提高

企业在争夺市场占有率时所采用的营销组合政策有些营销手段对提高市场占有率很有效，但却未必能提高利润。一般来说，市场领导者可以采用增加新产品、提高产品质量、增加开拓市场费用等战略措施来扩大市场占有率。

二、房地产市场挑战者对市场竞争战略的选择

房地产市场挑战者是指在房地产行业中位列第二、第三或名次稍低，有能力对领先者和其他竞争者采取攻击行为的房地产开发商。它们的规模和实力比较大，是领先者不容忽视的竞争对手，在复杂多变的市场环境中，作为领先者的开发商受到竞争对手的挑战是很正常的事，虽然市场挑战者可以随时向领先者或其他竞争者发起进攻，但要想使自己的挑战获得成功，首先必须明确挑战的目标和对象，然后选择合适的进攻策略。

（一）明确挑战对象和目标

明确所要挑战的对象和所要达到的目标，是房地产市场挑战者能否挑战成功的关键，大多数挑战者的目标是增加自己的市场占有率和利润，与所要挑战的对象直接相关。挑战对象基本上有以下三类。

1.房地产市场领先者

旨在夺取市场占有率。挑战者对领先者发出挑战，风险大，而一旦成功，获益也非常大。当领先者在其目标市场的服务效果差，顾客不满或者对较大的细分市场未能给予足够关注时，挑战者的挑战效果更好。

2.实力相当者

这类开发商与本企业规模相当，但经营不佳或者资金不足。挑战者攻击这类开发商实际上是乘人之危，旨在扩展自身市场占有率，以改变市场地位。

3.地方类较小的房地产开发商

这类开发商规模较小、经营不善、资金缺乏。挑战者的目的旨在对这些小的开发商进行蚕食、吞并，将他们赶出市场。

（二）选择进攻战略

房地产挑战者选择进攻战略时，总的原则是集中优势力量，选择恰当的时机、恰当的项目发动有效进攻。可选择的进攻战略如下。

1. 正面进攻

正面进攻是挑战者集中所有的力量直接攻击竞争对手的长处（而不是短处）、产品和市场，为此需要有充足的人力、物力和财力等资源作保障，实施条件是挑战者的实力、持久力要大于竞争对手。

正面进攻战略的其中一种方式就是低价销售。如果能让消费者相信，本开发商提供的产品在价值上与其他竞争者——尤其与领先者的产品相当，但价格要比它们的低，那么这种战略就非常有效。但是要想以低价获得持久竞争优势且不伤自身的元气，就必须大力降低成本。挑战者除了可采用低价销售这种正面进攻战略外，还可以在法律许可的范围内与竞争者的产品进行对比或者采取攻击性广告，借此来达到正面进攻的目的。因为房地产产品具有价值高、位置不能移动的特点，而绝大多数购房者并非购房专家，如果能将自己的产品与竞争对手的产品进行比对，突出自身的优势，并让消费者真真切切地感受到这种优势，就会达到攻击对手的目的。采取攻击性广告的手段也是如此。

值得注意的是，挑战者的正面进攻面临着很大风险，这种风险首先来自领先者的报复，被挑战的小开发商也可能会拼死一搏。当挑战者的实力还不是很强大时，贸然挑战会使自己陷入被动的境地。其次，价格战有可能使整个行业蒙受巨大损失。所以挑战者选择正面进攻战略的前提是首先具有足够的资源，拥有价格、成本、品牌等方面的优势，否则后果不堪设想。

2. 侧翼进攻

与正面进攻相反，侧翼进攻是指挑战者以自己的相对优势去攻击竞争对手的薄弱环节，以己之长，攻人之短。侧翼进攻的关键是找到竞争对手实力薄弱、绩效不佳或尚未覆盖而又有潜力的产品或市场，作为攻击点和突破口。具体来说，分为地理市场侧攻和细分市场侧攻。

（1）地理市场侧攻。

通过分析区域市场，选择被竞争对手忽略或竞争对手绩效较差的区域加以攻击。对跨地区作战的房地产开发商来说，地理区域的选择尤为重要。在中国的房地产市场上，北京、上海、广州、深圳这四个一线城市，有钱人多，购买力强，但进入门槛极高，竞争也最为激烈，一般的房地产开发商望尘莫及；而一些二、三线城市如南京、杭州、西安、济南、青岛等地区，虽然经济总量比一线城市略逊一筹，但也具有明显的经济实力，人们的购买力相对较高，进入门槛相对一线城市要低，市场空白点较多。例如，青岛虽然属于东部沿海开放城市，房地产市场相对发达，但本地开发商的经营理念与一线城市相比仍有较大差距，仅从它们的售楼处设计和售楼人员的服务理念就可以感受到这种差距。细节决定成败，本地开发商显然还没有完全注意到这一点。这也为外地开发商进入青岛市场提供了巨大的商机。

（2）细分市场侧攻。

细分市场侧攻是选择竞争对手尚未满足消费者需求的细分市场作为进攻的目标，这实际上是通过占据某些市场空白点取胜。例如，某市有一个项目叫"空间"，单套面积不大，但价格很贵，配套服务有酒吧、洗浴中心等各种娱乐场所，主要以一些有钱的"逍遥派"人士为目标客户群体，虽然项目定位很大胆，但此项目抢占了市场的一个空白点，对销售起到了很大的推动作用，此项目一经面市，就以鲜明的定位被抢购一空。

侧翼进攻使得各个开发商的业务更加完整地覆盖了房地产市场，也使得挑战者的挑战较易获得成功，并且避免了竞争双方为争夺同一市场而造成两败俱伤的局面。

3. 包围进攻

包围进攻是挑战者在多条战线同时向竞争对手发动进攻，来夺取竞争对手的市场。例如，在不同的区位推出产品种类、面积、户型、景观、服务等方面不同的新产品，致使竞争对手陷入重重包围，此即产品包围。

挑战者除了采用产品包围外，还可采取市场包围作战的方式，即在竞争对手相邻的市场上，设置销售网点，扩大销售，迫使竞争对手沦为被动防守者。

挑战者只有树立起长期作战的营销理念并长期投入，才能使包围进攻坚持下去，也才有可能取得这一战略的最后成功。这显然需要挑战者有充足的实力，既包括物质上的，又包括人力、技术及管理等方面的长久支持。

4. 迂回进攻

迂回进攻是挑战者采取避开竞争对手的现有业务领域和现有市场，转而进攻对手尚未涉足的业务领域和市场，借此壮大自己的实力，所以也被称为绕道战略。该战略的主要意图是避免在现阶段与竞争对手直接发生冲突，绕过过分拥挤的现有竞争市场，重新寻找可开拓发展的新天地。实现这种战略有以下三种迂回方法。

（1）市场迂回。实行多元化经营，从单一行业转向多种新领域。

（2）产品迂回。用新产品打开新市场，而不必在现有产品上进行竞争。

（3）地域迂回。向新的地区扩张。

因为上述三种进攻战略各有特点和适用条件，所以对某一个特定的挑战者来说，房地产开发商只能根据自身的发展目标及状况来选择上面的其中一种战略。

三、房地产市场跟随者对市场竞争战略的选择

房地产市场跟随者既不像领先者那样有着最高的市场占有率，又不像挑战者那样具有进攻性。在市场竞争战略上，它们不以击败或威胁领先者为目标，而是依附于领先者。通过模仿领先者的市场营销组合等因素，来获得稳定的市场份额。在市场竞争中，位居第二的房地产开发商也不是非要充当市场挑战者不可，在没有充分的把握战胜领先者时，当好市场追随者也是不错的选择。

（一）紧密跟随

紧密跟随是指在各个房地产细分市场上和营销组合方面，跟随者尽可能模仿领先者。从表面上看，这种跟随者如同挑战者，但只要他们不采取攻击性手段刺激领先者，就不会发生直接冲突。房地产项目的区位性较强，跟随者可紧跟领先者，在领先者已经形成人气的区域里，进行房地产项目的开发，这样既可节省一些广告宣传费用，同时也可享受到市政大配套的优惠政策。

（二）有距离跟随

有距离跟随是指追随者在房地产市场营销的主要方面，如目标市场、产品创新、价格水平、分销渠道、促销方式等方面都追随着领先者，但仍保持若干差异。在同质性产品行业，有距离跟随得到广泛应用。房地产行业属于产品极易同质化的行业，处于同一地段上的房地产产品，不易实施差异化战略，价格几乎是吸引消费者购买的唯一手段。倘若爆发价格战，首先遭受重创的不是领先者，而是那些追随者。所以，一般情况下，多数追随者愿意效仿领先者的战略，采用与其较为一致的产品、价格、渠道和促销方式，但细微处有些差异，这样可使市场份额保持着高度的相对稳定性。

（三）有选择跟随

有选择跟随是指跟随者在某些方面紧跟领先者，而在另一些方面则自行其是。也就是说，不盲目跟随，而是择优跟随，在跟随的同时还要发挥自己的独创性，但不进行直接竞争。这类竞争者在其实力壮大后有可能成为挑战者。

跟随战略所具有的"后发优势"，为跟随者低成本进入市场、低价格销售创造了条件，为跟随者后来居上创造了可能，这是跟随战略受开发商青睐的根本原因所在。但是，任何一种战略选择都有其内在风险，开发商实施跟随战略也是有风险的。可以这样说，跟随战略固有的风险一点儿也不比创新小。例如，创新者运作成熟，跟随者空间变小；或者生命周期变短，跟随者难以分羹；或者专利保护力度加大，跟随成本

上升等。因此，如果跟随者一味地跟随、单纯地模仿领先者的话，免不了被淘汰出局的危险。战略性跟随只能作为阶段性的选择，长期市场中还应考虑其他战略。

四、房地产市场补缺者对市场竞争战略的选择

　　房地产市场补缺者，是指规模小、实力弱、市场占有率小的中小型房地产开发商。在中国的房地产市场上，这类开发商的数量要占到90％以上。大型开发商的市场占有率总和也不过20％，而另外80％的市场份额还是由中小型开发商所占有，所以中小型开发商还是占有相当大的市场空间。不过，中小型开发商由于受规模、资金和技术力量等方面的限制，如果同行业内的大型开发商直接竞争，难免会处于劣势。因此，作为市场补缺者的中小开发商在选择市场竞争战略时，应尽量避开行业内大型开发商所关注的热点项目，选择那些被它们忽略或不屑一顾而又有一定市场潜力的细分市场（也有人称其为"缝隙"市场），充分发挥自身的灵活性和适应性强的优势，拾遗补缺，在填补市场空白的同时，实现经营目标。实际上，这样的"缝隙"市场是很多的。中小开发商应随时注意和寻找值得进入的"缝隙"，再结合自身的优势和特点，适时进入。这种值得进入的"缝隙"市场的评价标准有：具有一定的市场容量和购买力；具有发展潜力；实力较强的竞争者对该市场不感兴趣或放弃对其经营；自身具备有效地为这一市场服务所必需的技术、资源和能力；已在顾客中建立起良好的信誉，能抵御竞争者的进攻，保护自己的竞争地位。房地产市场补缺者对市场竞争战略的中心择选是在寻找到具有开发价值的"缝隙"市场的条件下，实施专业化经营，提供特殊产品和专门服务，依此获得较高的附加利润。通过差异化进而实现专业化，应该是一个不错的选择。具体包括产品差异化和区域差异化。

　　（一）产品差异化——精品战略之路

　　中国的房地产市场在经过政策的洗礼后，房地产开发的各项成本，尤其是土地成本开始上升。纯粹的地产开发已经在政府和市场的双重博弈下变得利润微薄了，收益的大头只能从房产市场中来挖掘。因此，中小房地产开发商要通过走精品战略之路，来提高自身的竞争力，提高产品的美誉度和知名度，提高产品的附加值。

　　（二）区域差异化——定位上以进入二、三、四级中小城市及发达地区小城镇为主

　　在现阶段，在中国经济最为发达的珠三角、长三角及环渤海湾三大区域，云集了许多大型房地产开发商且市场竞争相当激烈。随着实力的不断增加，这些大型开发商及具有一定实力的外资企业已经携资向中国内地中部及西部省会一级城市挺进，中小

型开发商可以选择转战周边的二、三、四级中小城市及发达地区小城镇。这样做可以避开与大型开发商同城竞争，通过空间的转换来取得竞争优势，二、三、四级中小城市及发达地区的小城镇，为中小开发商提供了广阔的发展空间。2010 年政府工作报告中强调，壮大县域经济，大力加强县城和中心镇基础设施和环境建设，引导非农产业和农村人口有序向小城镇集聚。这也从政策层面上为广大中小开发商进入这些地区发展提供了良机。市场缝隙领域的竞争，实际上就是中小型开发商之间的平等竞争，谁能抢先进入，谁就占领优势，否则就要坐失良机。

五、市场竞争战略的阅读案例

重庆 JB 实业有限公司的市场竞争战略

重庆 JB 实业开发有限公司成立于 1997 年 1 月，属私营有限责任公司，注册资本 1 亿零 168 万元，公司以前是以汽修、餐饮、娱乐业为主的私营企业。2000 年，有机会拿到了现在的"紫荆花园"地块，由于当时没有开发资质，所以才与重庆洪燕物业发展有限公司进行联合开发，从此，JB 公司开始进入了房地产行业。

在 2001 年 8 月被批准从事房地产开发（开发资质为三级）后，公司奉行"团结务实 与时俱进"的企业理念，先后修建了合川区南津街上"联谊大楼"、合川垫片厂住宅楼、南屏路住宅楼、南屏汽修厂厂房等工程，2002—2005 年的三年时间里，又开发了合川世纪大道商业步行街、重庆沙坪坝区劳动路宏浩 C 区、四川省遂宁市大英县美菜综合市场、双凤镇农贸市场改造等工程。2005—2007 年与其他两家开发公司合作开发了 12 万平方米的商品房华彩俊豪，2008 年正在开发建设 9 万平方米的经济适用房 JB·荔枝园，累计总建筑面积约为 40 万平方米（不含联合开发项目），完成投资额达 3.9 亿元（不含联合开发项目）。

属于中小房地产开发商的 JB 公司将自身定位为市场补缺者，产品市场定位于中低档商品房、经济适用房和廉租住房三大类。对 JB 公司来说，这三类产品市场符合值得进入的"缝隙"市场的评价标准。

重庆危旧房改造，小城镇的蓬勃发展、家庭结构的多元化、经济适用住房和廉租住房建设的大规模展开，为广大房地产开发商创造了进入市场的机会，只是经营这些项目的利润通常不高，使许多热衷于追求高利润和"为富人造房子"的大开发商敬而远之，这为 JB 公司留下了一定的市场机会。

虽然在重庆房地产市场上同为三级房地产开发商有 955 家之多，其中私营企业就达 377 家，还未包括暂定私营企业 333 家，这 333 家企业中也有部分会定为三级房地产开发私营企业，这些企业成为 JB 公司强劲的竞争对手。但是 JB 公司是土生土长的重庆本地房地产开发商，对重庆消费者的生活习惯、消费习惯、收入水平、家庭结构，以及地域发展趋势相对比较了解，因此对产品的定位、价格制定都比较熟悉。而且公司经过十几年的发展，积累了较为丰富的经验，在顾客中建立了良好的信誉，可有效地阻挡竞争者的进攻，保护自身的市场地位。

基于以上分析，JB 公司通过产品差异化和区域差异化，得到了市场的信息。在产品差异化方面，JB 公司虽说走的是中低档路线，但 JB 公司还是要实行精品战略之路。由于 JB 公司的市场定位是中低档商品房、经济适用房和廉租房三大产品，规划设计以实用为主房屋内部结构，尽量减少无用空间，建筑外观尽量以色彩取胜，节能设施根据重庆市冬极冷（无暖气）和夏热的气温特点，以房屋保暖为主，降低使用空调电能的消耗。同时，JB 公司在产品文化方面以清新为主，居住文化以方便为主，企业文化以诚恳待人为主，精巧的设计、诚恳的服务，在市场竞争白热化阶段，JB 公司实现了零空置房的神话。

在区域差异化方面，JB 公司在区域定位上以重庆市合川区和沙坪坝区为主，重庆市合川区是 JB 公司的诞生地，而沙坪坝区是 JB 公司的发展重点，这种区域的定位打开了与一二级开发商同城竞争的局面，取得了一定的竞争优势。

JB 公司在住宅市场上扬长避短，恰当地应用了差异化战略，赢得了不少顾客，甚至赢得了房地产行业少见的回头客。目前，公司已经迁入了重庆市沙坪坝区，实现了公司进军重庆的战略目标，下一步还要走得更远，那就是面向全国，JB 公司在"巨头"般的一二级房地产开发商和"地头蛇"般的四级开发企业的夹缝中找到了自身的生存空间。

六、竞争性区域研究

目标物业的竞争性区域就如同目标物业与竞争性物业之间的桥梁，分析人员可以通过竞争性区域对两者进行比较分析。竞争性区域是各种不同物业竞争性经营所处的地理区域。

对居住或零售用途的目标物业来说，定义竞争性交易区域或市场区域的步骤有共同特征。无论居住用途还是零售用途，对分析人员来说，最合理的竞争性区域是那些与目标地块直接接壤且紧密相连的地区。有时候也可根据自然障碍物（如河流、山脊线、山脉或丘陵）或人为设立的障碍物（如铁路、高速公路及类似公园的空地）来定义竞争性区域。不过，在多数情况下，还要考虑对经济指标及消费者行为的分析来判定竞争性区域的范围。

就最基本的层面来说，消费者行为同时受以下两种愿望的影响：无效交通的最小化；从目标物业及其周边地区获得的效用最大化。

要更详细地讨论交通的无效性与交通成本的构成，还得探讨与交通便捷度相关的货币与非货币的交通成本。概括来说，交通便捷度的大小可以根据货币和非货币的交通费用来评价。这一点对评价每个家庭都需要的休闲、娱乐和文化设施等各种"旅行"来说，都是适用的。

（一）典型市郊家庭的考虑条件

每个地块的使用者都希望获得目标物业自身及其周边地区所提供的满足感。典型市郊家庭通常会考虑下列条件。

1. 与相邻住宅间相对宽的空间间隔

宽阔的空间间隔在一定程度上确保了住宅的私密性，因为空间间隔可以衡量住宅的私密性。此外，住宅周围宽的场地可以使家庭有机会享受户外活动。

2. 新建的住宅

典型的居住空间使用者更喜欢选择新建住宅而不是二手住宅。与此相应的是，居住在新住宅的益处很多，如从提升拥有住宅的家庭的自豪感到增加休闲放松的时间，后者是因为新建住宅降低了维护、维修所花费的时间和成本。

3. 高质量的学校和受教育机会

地块内的学校系统如果具有较高的教育水平、较雄厚的师资力量及良好生源，就可以有效地提高孩子们目前和未来受教育的机会。

4. 与学校的临近程度

典型的居住空间使用者通常会试图缩短孩子们从家到学校的距离。于是，住宅离学校越近，住户们就越满意。

5. 视觉吸引力

典型的居住空间使用者更喜欢非常规的、非标准化的细节设计。这种愿望会产生曲线道路设计、结合当地地形和其他自然特征的设计及为产生视觉吸引力而在建筑物上添加辅助构件等设计方法。

6. 与休闲及其他设施的临近程度

典型的居住空间使用者希望其所居住的住宅临近那些他们进行日常生活的主要地点。

每个家庭有其对上述设施的偏好组合。家庭一旦了解了自己的偏好组合，就会试图在降低无效出行的同时获得最大的福利。

（二）零售空间使用者的重要因素

零售空间的使用者也能列出这样的清单。不过，他们更愿意将以下所列的这些设施与经济因素结合起来。在考虑到这一点之后，零售空间的使用者认为重要的因素有以下几个方面。

1. 到达地块的便利程度

零售商希望人们能很便捷到达商店所在地。到达地块的便利程度可以用现有路况良好的高速公路和街道、公共交通设施、人行便道等来衡量。增加的消费交通流量就是零售商获得的效用或效益。

2. 目标物业的可及性或便利性

这里的可及性是指从街道到目标物业的移动性。合理设置道路出入口、转向车道、允许机动车左转、进入目标物业的信号灯及加速机动车离开目标物业的并行车道等类似设施，可以加快这种移动过程。

3. 与适宜的使用者的临近程度

在此种情况下，临近的设施不应有危害性的、喧闹的、难闻的、丑陋的和令人讨厌的用途。剔除了这些不协调的用途，零售商就可以从增加的消费人流中获得益处。

4. 与辅助性用途的临近性

这涉及该地块现有的使用者，他们会帮助目标物业吸引消费者。

5. 视觉吸引力

即目标物业的设计特征及其周边区域的吸引力。

假设居住用地使用者都希望在尽可能降低行程无效性的同时，最大化地享受目标物业所提供的福利，分析住宅市场所需的竞争性区域就可以确定为这样一个范围：该区域内的家庭对主要设施的临近性、邻里特征、住宅类型、占地面积和特征等方面的偏好具有类似性。这些偏好从各家庭在选择区位时对摩擦成本与所获福利比较的决策中反映出来。总的来说，做出上述决策的家庭在经济、人口统计和心理特征等方面具有相似性。因此，住宅市场的分析过程需要对标准化的房地产产品、潜在消费者中的同类人群及其邻近的地理区域进行界定。

（三）零售物业的竞争性区域

零售物业的竞争性区域可理解为零售商圈。从概念上来说，商圈就是指零售物业消费者的来源地（通常为居住地）。分析人员通常要在核心商圈和次级商圈的基础上定义零售商圈，而核心商圈和次级商圈则取决于消费者到目标物业的行车时间或零售店铺消费者的来源地。

以下举例说明核心商圈和次级商圈的定义。

核心商圈是与物业直接接壤，并以一定行车时间对应的距离为半径向外扩展的地理区域。不同类型的零售物业具有不同的最大行车时间所对应的距离半径，因此具有不同的核心商圈。超级市场的核心商圈的辐射半径可能为5分钟行车时间对应的距离，而地区性购物中心核心商圈的辐射半径可能拓延至20分钟的行车距离。

核心商圈也可以定义为与目标物业直接接壤的、销售量占其总销售量60%~70%的地理区域。

次级商圈是与核心商圈直接接壤，并以一定的驾车时间对应的距离为半径向外扩展的地理区域。超级市场的次级商圈是从目标物业驾车5分钟至10分钟所对应距离之间的地理区域。大型购物中心的次级商圈则是从目标物业驾车20分钟至45分钟所对应距离之间的地理区域。次级商圈也可以定义为除核心商圈之外，销售量占零售物业总销售量20%的地理区域。

市场分析人员必须利用所拥有的知识和经验来确定竞争性区域的地理边界。通常，目标物业会处在竞争性区域的中心位置，但该地理区域的形状很少是完美的圆形或椭圆形。实际上，商圈的形状是不规则的，它受到街道格局、自然和人为的障碍物、消费者对出行方式的态度及所出售产品性质的影响。为了便于获取统计数据，分析中使用的竞争性区域可以与统计上的地理区域（如人口统计区和各编号区域）保持一致。

本章小结

对房地产企业要做到详细分析产业的内部结构特征，制定企业的战略发展目标，形成企业内部的竞争优势。对开发企业在市场中需要扮演的角色进行准确定位，并运用市场发展战略来形成自己独特的市场战略。充分研究和分析客户购买需求，制定项目开发思路。完成了企业内部结构分析之后，房地产企业应该逐个对主要竞争对手进行分析，然后制定出自己的竞争营销策划。分析竞争对手的内容主要有：竞争对手目标分析、优势与劣势分析、现行战略分析和假设分析。详细分析竞争对手有利于企业在竞争激烈的环境之下立于不败之地。

复习思考题

1. 竞争产品分析的作用有哪些？关于房地产项目竞争对手的研究，主要从哪些方面进行分析？

2. 房地产竞争产品分析的内容有哪些？分析流程有哪些步骤？

3. 差异化战略与总成本领先战略有哪些不同之处？分别举例说明。

4.房地产市场挑战者中，挑战对象一般有哪几类，它们各自的特点是什么？

5.中小型房地产开发商通常选择走精品战略之路，其内在原因是什么？

6.以本区域的 3～5 个房地产开发商为例，分别采取何种市场竞争战略？请分别对应市场领先者、挑战者、跟随者和补缺者的市场竞争战略。

第七章　房地产客户研究分析

客户研究的工作方法是通过客户分类了解客户的真实需求，寻找对应客户的细分市场，从而更好地为后期项目做定位。本章从四个部分：客户研究目的、客户分类研究、客户分析与应用和客户信息采集与管理，了解置业客户的细分规则、客户的分类、基本特征、置业偏好、生活偏好等方面，掌握客户分析的方法与客户信息的采集方法。进一步学习客户分析与产品定位、营销策略等方面的运用。

第一节　客户分类

一、客户分类的意义和目的

（一）客户分类的意义

房地产的客户研究会始终贯穿于房地产开发的各阶段，是营销工作的关键指导和战略部署的基础。做客户研究，首先要清楚项目所面对的客户范围，即客户在哪儿。找到目标客户群，才能精准锁定客户群开展项目营销工作，同时也是为项目做客户定位前的必须工作。房地产客户研究在房地产开发的两个阶段里工作量比较大，一是前期开发阶段，二是产品营销阶段。对于房地产销售来说，客户研究是一个长期的、不能间断的工作。归纳起来说，客户研究有两个作用：为房地产开发各阶段工作提供数据参考和分析基础，以及掌握客户关注点，促进营销。

万科从拿地开始就重视项目的前期研究，包括锁定目标客户群体及针对他们的需求来开发产品，并且将客户细分融入设计、成本、工程等环节当中。

（二）客户分类的目的

房地产项目定位中的客户细分是指每一种档位、户型结构、设计风格及物业管理的项目都有特定的目标消费群体。通过客户细分，比较容易了解消费者需求，便于制定特殊营销策略，集中人、财、物及资源，去争取局部市场上的优势，然后再占领自己的目标市场。同时，在细分市场上，信息容易了解和反馈，一旦消费者需求发生变化，企业可迅速改变营销策略以适应市场需求的变化，提高企业应变能力和竞争力。所以，客户细分是房地产项目客户定位的前提，也是客户分类、客户接待、客户管理的重要功课。

科学的客户分类方法能够帮助我们更深入地了解客户、分析客户和管理客户。不同客户对于项目而言带来的价值不尽相同，有的客户可以连续不断地为项目创造价值和利益，如多次置业客户、老客户不断介绍新客户等，细分的目的是抓住客户特征投其所好，将产品成功推广出去，精确、完善、稳定、合理的运营流程是成就这些美好愿望的助推器。

客户分类工作的难处是在实际销售过程中，大部分客户并不愿意轻易留下信息。作为销售人员，应采用恰当的方法，促使客户留下资料，越详细越完整越好。过后及时整理客户资料，根据客户的不同需求进行分类归档，建立完整的客户档案，以便日后的客户跟进。

二、客户分类研究

任何一个市场，尤其是一个相对成熟的市场，最终要靠为客户提供差异化的产品和服务来获得成功。客户分类是制定精准营销策略的前提。简单来说，客户分类的作用就是由大众营销向精准营销的过程，对降低营销成本、避免重复建设、提高开发有效性等方面都有非常大的帮助，其作用总结出来可以用三个词概括：精准性、低成本、有效性。

由于消费者的职业、收入、家庭结构、生活方式不同，房地产市场需求存在着很大的差异性。房地产企业应针对市场需求的差异，在细分市场的基础上，综合考虑企业自身的资源、技术条件及竞争对手的状况，合理选择目标市场，科学地进行市场定位。只有这样，才能适应房地产市场的需求结构，解决房地产市场供求的结构性失调问题。同时，合理的目标市场策略有利于企业充分发挥自身优势，有利于企业在市场中建立自己的特色，强化企业的品牌效应，使自己在激烈的市场竞争中立于不败之地，并求得持续、长远的发展。如今的消费者需求已呈现出高度多样化趋势，所有的房屋购买者都希望所购房屋能使自己得到最大限度的满足。因此，房地产开发企业只有充分研究消费者的欲望和需求，并将其贯穿于楼盘开发的全过程，才可能使自己的开发项目成为市场亮点，具有竞争力。

客户类型研究，即按照一定标准，将不同客户划分归类。购房者的购买力与年龄是衡量客户类型的两个重要指标。房地产客户有两种基本分类方法：按购买力划分和按家庭结构划分。

三、按购买力划分客户

不同购买力的群体关注产品总价层次不同。了解购买力客户分类，有助于项目客户定位。依据居民收入水平，可将房地产客户分为五大类：富豪型、富裕型、富贵型、中产型和经济型。

案例——对客户按照购买力进行分类描述。

表 7-1　购买力客户类型描述（以 2010 年某二线城市为例）

类别	家庭年收入水平	职业背景	购房支付特点	置业偏好	生活偏好
富豪型	300 万以上	欧美企业 CEO，大型上市公司董事长，非欧美企业、民营企业董事长，政府机关高级官员，外资金融机构董事等	倾向一次性付款	精神型拥有型奢华型商务型投资性	善于交际，通过社会上层高级会所、高尔夫俱乐部、名人社交聚会进行广泛的社会交往，喜欢奢侈品、房产、股票等的购买和收藏，喜欢豪华消费。拥有名车，喜欢欧美旅游

类别	家庭年收入水平	职业背景	购房支付特点	置业偏好	生活偏好
富裕型	100万～300万	欧美企业高管，上市公司董事，非欧美企业、民营企业总经理，顶级置业人士，政府高级干部，金融企业高管等	一次性付清为主，或短期低额贷款	精神型拥有型奢华型商务型投资型	善于交际，喜欢出入高级的娱乐场所和会所、社交聚会，活动。生活追求高雅、新潮和高品质。喜欢各类投资。拥有名车，经常出国旅游
富贵型	30万～100万	外资企业中高层、国内上市公司高管、民营企业总经理、外资咨询类企业高级咨询顾问、高科技行业高级技术人员、大型制造类行业的高级工程师、医疗卫生机构的高级医师和管理人才、政府高级干部、金融机构经理等	低总价的物业一次性付款，高总价的物业考虑分期付款	拥有型奢华型运动型休闲型赡养型	追逐社会高尚生活的表现形式，愿意花时间和金钱进行休闲娱乐消费和健身。拥有中高档私车，喜欢选择中国周边国家或地区旅游

类别	家庭年收入水平	职业背景	购房支付特点	置业偏好	生活偏好
中产型	10万~30万	欧美企业部门主管、非欧美企业经理、上市公司经理、民营企业高管、私营企业主、咨询类企业高级咨询顾问、高科技行业高级技术人员、制造类行业的中级工程师、政府和事业单位中层干部、医疗卫生机构的中级医师和管理人才、成功的自由职业者、高校副教授和教授、中学高级教师等	首付能力不是很强，但月还能力高、工作前景预期好。贷款年限可以较长。国有事业单位和欧美企业大多有房贴	生活型工作型教育型赡养型休闲型运动型健康型	善于社交，喜欢外出购物、吃饭和游玩，喜欢运动和旅行等休闲活动。休闲和娱乐比较考虑经济承受能力，计划性很强，不太倾向较高的娱乐和购物消费。生活和工作节奏较快，追求快捷和便利
经济型	10万以下	各类企事业单位的普通员工或职工，下岗职工等	月还能力较弱，或靠原有房子的出售、动拆迁等，有一定的首付能力。工作前景预期不高。多采取高首付购房	生活型工作型教育型赡养型健康型	喜欢大众化的娱乐和休闲方式，以经济实惠为标准。经济忧患意识强，储蓄强于消费。不盲目追求时尚和品牌

四、按家庭结构划分客户

住房消费具有家庭性，一个地区家庭的数量与结构直接决定着市场对住宅的需求量和需求结构，进而影响房地产市场。因此，家庭结构及规模是影响和决定住宅规模和结构的直接因素。住宅户型的变化和发展要适应家庭规模、结构的变化和发展，这是住房消费行为的一般规律。

（一）青年之家

1.家庭特征

没小孩、没老人，自由的青年夫妻，教育程度比较高；事业尚处于起步阶段，生活没有其他拖累，收入相对较高，对未来充满希望；经常和朋友往来，休闲开支较多，从事健身、泡吧等时尚、健康活动的比例高，是电子影像的主要消费群体。

2.购房特征

处在人生的独立阶段，购房的动机主要表现是寻找栖息的场所、标志独立的符号；强调房屋的个性、情感寄托功能、社会标签功能以及对工作的帮助；购房的面积尽管不要求太大，但能够承受的单价相对较高，期望购买的房子能够在城市的中心区位，而且周边娱乐健身方便。

3.购房目的

最主要的是新婚或准备结婚、离开父母独立居住或和爱人独立居住的。追求生活独立和温馨的二人世界，期望通过购买房子来构建属于自己的空间，从而能更好地表达爱，并且享受简单而和谐的生活，认为周边生活配套、物业管理和小区整体园林景观设计最能够体现"房子是甜蜜的港湾"和"房子是自由独立的象征"。

4.购房关注要素

购买房子时，该类客群主要考虑交通便利、自然环境和配套设施。比较而言，该客群对于交通便利性、开发企业品牌、房屋建筑类型和升值空间等方面的考虑比其他客群要多。

5.产品类型

主要购买中档楼盘产品，其中以市中心中档产品为主；相对于其他客户群而言，该类客群对于远郊产品的接受度较低。就具体楼房类型来说，多数偏好小高层和中高层，相对于其他客群，该客群对于这两个楼房类型偏好度更高。

（二）小太阳之家

1.家庭特征

青年夫妻带着年龄较小的小孩，小孩一定程度上是家庭的中心；孩子、老人的拖累尚未显现，事业有一定程度的发展，收入相对较高；各种闲暇消费较青年之家大为缩减，外出购物、市内旅游等家庭休闲方式逐渐凸显出来，电子影像、健身等个人休闲方式逐渐淡化。

2.购房特征

有小孩，孩子教育、成长成为他们购房的主要因素；他们打算购买的房屋面积较青年之家要大一些，但能够承受的单价却要低一些；因为孩子小及本身比较年轻的特点，他们期望购买的房子所在的区域在教育资源方面比较丰富，尤其是幼儿、小学教育；在娱乐健身方面也有一定期望。

3.购房目的

该客群认为周边生活配套、物业管理和小区整体园林景观设计最能突出体现生活品质和身份地位。同时，基于"房子是提高自我生活品质保障"的价值观念，该客群认为会所、大堂、楼房外立面材料和外立面风格等方面能很好地凸显生活品位，保障生活品质。

4.购房关注要素

考虑交通便利性、自然环境，同时也会考虑价格和地段。在追求品质时讲求实际，对物业管理、房间的户型格局和开发企业品牌的关注度稍高。该类客群中较大比例的购房者选择购买市中心高密度中档产品和远郊中低密度产品；对比总体而言，该客群更加偏向选择市中心高密度楼盘，近郊和远郊楼盘对其吸引力稍低。

5.产品类型

该人群处于事业和家庭发展的初级阶段，置业经历还不够丰富，对商品房外部配套的要求不高，偏好小户型商品房，要求空间紧凑实用。作为独立或家庭的开始，该客群偏好选购90平方米以下的户型，其中以2室1厅为主；要求配备的空间相对其他客群偏低，关注的房间重点集中在主卧和客厅。

（三）后太阳家庭

1.家庭特征

中青年夫妇带着年龄较大的未成年孩子，孩子读小学或者初高中；家庭主要成员教育程度较小太阳家庭已明显降低，在国营、国有企业就业的比例上升（近1/3），家庭收入有所下降，家庭拥有汽车或打算购买汽车比例低于平均值；各种休闲消费较少。

2.购房特征

对孩子成长的关注同样也体现在他们对房屋价值的认同方面。因为孩子尚在上学，为了孩子更好地成长成为他们购房的一个主要动机；他们能够接受的房屋单价较小太阳家庭低，尽管购房面积方面没有大的变化。相对于小太阳家庭，这个群体在住房的文化教育环境方面尽管要求还很高，但已有所下降；对健身娱乐的需求低于平均水平。

3.购房目的

中年夫妇带着年龄较大的孩子，尽管有的孩子已经成年，但经济方面尚未自立，家庭收入比较低，家庭主要成员又处在中年，对个人事业关注度开始增强，房子是工作和生活的保障。

4.购房关注要素

主要考虑交通便利、自然环境和配套设施，对比其他客群，朝阳型客群对小区内的室外活动配套和商业配套能体现其核心价值的认同感高于其他客群。与其他客群一致，该人群同样偏好"行人入口和行车入口分开"，喜欢地下停车场。

5.产品类型

趋同于整体状况，该客群中的多数客户偏好小高层和中高层。房屋结构与格局面积为100平方米左右的小高层和中高层，90平方米以内的户型偏好2室1厅，90平方米以上则偏好3室2厅2卫格局的人较多；房内的主卧、客厅、厨房及卫生间最能够体现该人群的房产核心价值观，得到的关注最多。

（四）三代之家

1.家庭特征

中青年夫妻带着孩子，还有老人；家里比较在乎孩子的成长、教育，但因为孩子年龄较大，关注度已远不如小太阳家庭和后小太阳家庭；不花钱的、室内的、近距离的闲暇方式（例如看电视、散步）高于平均水平，其他休闲活动特征不明显。

2.购房特征

对房屋的财产特征和基本功能（吃饭、睡觉）比较看重。购房的原因是原来的房屋要拆迁，另外孩子（长大）独立也是一个重要原因；在房屋特征需求方面，他们比较强调生活便利和中心区位，购房资源较少，能够接受的每平方米单价较低。

3.购房目的

给老人、孩子更好的生活环境是他们典型的购房动机。

4.购房关注要素

因为上有老、下有小，他们非常看重房屋"老人、孩子生活空间"的功能，另外也非常看重房屋的财产特征；房屋特征方面，他们非常看重房屋质量等务实特征，强调所在小区生活便利、环境优美等特征。强调房屋对工作的帮助；不太关注房子是否在城市的中心区位。

5.产品类型

打算购买的房子大多在100平方米以上，能够接受单价较高的房子。

（五）成功家庭

1. 家庭特征

家庭结构非常分散，来自各个方面。其突出特点是家庭收入远远高于其他家庭；家庭生活中与相对层次较高的人来往的情况较多（上层交际）；闲暇活动中高消费的时尚、健康活动，高层次的演出观看活动，省际、国际旅游活动的情况都较其他市场群体多；家庭中拥有汽车的比例很高，主要家庭成员自己开公司或者做买卖的比例很高。

2. 购房特征

对房屋的社会标签功能相对其他群体更为看重；购买房屋的动机方面，强调房屋提升（想拥有更大的房屋）的特征非常明显，其次考虑照顾老人的需要；房屋特征方面，比较看重社会标签、中心区位、优美环境和各种健身娱乐设施。打算购买的房子比较大（138 平方米），能够接受的单价很高。

3. 购房目的

该客群购房主要目的是"买一套面积更大的房子来居住"或"买一套自然环境更好的房子来居住"。与其他群不同的是，他们还有"买一套更符合自己身份地位的房子来居住"的目的。该客群认为房子是一种资产和财富，认为房子是事业成功的标志。他们追求成功的生活，期望房子能带给自己被尊重和掌控驾驭一切的感觉；同时他们也渴望工作之余能够在家中做自己爱好的活动。

4. 购房关注要素

成功型客群购买房子时除了考虑交通便利和价格两个因素外，对自然环境和地段也有较多的关注。对比其他客群，成功型客群对房屋建筑质量及房产升值空间的考虑较多。通过高档的建筑设计、大开间的户型格局、高档会所和专业素质高的物业管理团队，增添该客群对被尊重和驾驭一切的心理满足感，并且可以为他们提供更多放松享乐的机会。

5. 产品类型

买房的区域主要集中于市中心和远郊；对比其他客群，该客群对于远郊产品有较高的偏好度，而近郊产品比例较低。房屋类型以小高层和中高层为主。其中，该类客群对远郊中低密度住宅偏向于小高层，对市中心高密度住宅则偏好 12 ~ 18 层的中高层。

第二节　客户分析与产品定位

要开发客户，首先必须搞清楚要把房子卖给谁，也就是要清楚项目所要面对的客户到底有哪些人，这就是我们通常所说的客户定位。准确的定位是成功的基础，任何一个房地产项目在正式开发之前，策划人员都要经过详尽的市场调研分析，发现潜在客户，明确目标客户，确定消费群体，寻找客户来源。

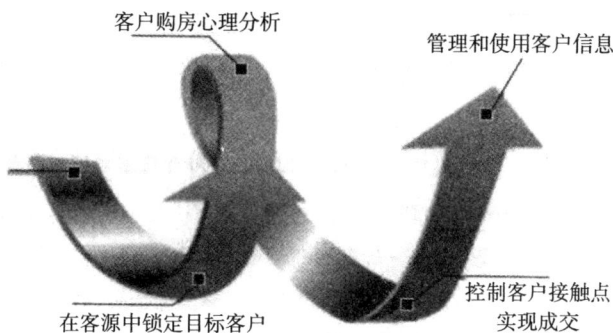

项目定位必须迎合市场与行业发展趋势与机遇。市场定位的适应性原则包含以下四层含义：与当地或区域社会经济发展水平和消费者收入水平相适应；与所在区域房地产市场物业档次、标准、品质相适应；和经市场调查分析确定的目标客户群的消费特点和消费能力相匹配；与企业的技术和管理水平相适应。

案例：广东某房地产开发集团。

这个企业把目标客户分为四类客群，分明定位为"朝阳型""时尚型""成功型"和"望子型"。然后根据这些类型去分析客户的家庭结构、年龄状态、消费偏好、居住需求、购买能力等，在此基础上建立客户需求模型，以此确定企业的产品设计和销售服务策略。该企业的客户分析逻辑思路和客户分析的方法非常具有代表性。

一、朝阳型客群

表 7-2　朝阳型客群背景特征

要素	特征
年龄	这是该集团四类目标客群中最年轻的族群，大多为 35 岁以下的年轻客户，其中以 26 ～ 35 岁的客户为主（74%）

教育程度	四类客群中学历最高的族群，92% 接受过高等教育（大专或以上）
职业	该类客群参加工作时间不长，但有近 60% 的人已经有一定成就；34% 为企事业单位管理人员，其中又以中层管理人员为主（28%）；11% 为自雇人士（私营企业主），10% 为专业人士，其他剩余 40% 左右为普通职员

表 7-3　朝阳型客群对商品房配套的选择

配套类型	需求特征
周边生活配套	楼盘周边的商业、医疗配套与房产核心价值的关联度较高
小区内生活配套	对比其他客群，朝阳型客群对小区内的室外活动配套和商业配套，能体现其核心价值的认同感高于其他客群
小区智能配套	购买市中心高密度产品的朝阳型客群比其他客群更多地认同智能配套，能体现其房产核心价值

（一）针对朝阳型客群的产品模型设计方案

该人群处于事业和家庭发展的初级阶段，置业经历还不够丰富，对商品房外部配套的要求不高，偏好小户型商品房，要求空间紧凑实用。

表 7-4　朝阳型客群对产品的具体需求

产品需求	具体内容
周边生活配套	除了生活必需配套，该人群还注重可以节约时间、便捷生活、开销不算高的配套服务，也愿意选择相对时尚新潮的配套
楼盘整体规划	综合置业经历和开销方面的因素，该人群对楼盘整体规划的要求较低，一般倾向于成本不高的规划设计
小区景观	与其他群体的偏好无太大差异，该人群对中式和欧式园林的接受度比较高，偏好与水景相关的景观小品
小区生活配套和会所	该人群对小区内运动型室外活动配套要求较高，而对其他小区配套没有特别要求；会所不是该类人群关注的重点
物业管理	除了基本的清洁等服务，对能够提高日常生活便捷性的上门服务也有较高需求

产品需求	具体内容
智能配套	需求主要集中在基本的安防配套和宽带入户
楼房设计风格和公共空间	该客群对这方面的关注度不高
装修程度	该客群希望属于自己的空间有个性，故对毛坯房和全屋菜单式精装修的接受度较高
房屋结构与格局	作为独立或家庭的开始，该客群偏好选购 90 平方米以下的户型，其中以 2 室 1 厅为主；要求配备的空间相对其他客群偏低，关注的房间重点集中在主卧和客厅

（二）对住宅的代表性需求

与其他客群类似，该客群认为可以体现健康住宅的特征主要有小区园林景观、节能／环保的建材和配套设施、健身设施、房屋格局。值得注意的是，他们认为小区园林景观最能体现健康住宅的特征。

小区园林景观：小区绿地多、树木多，活水景观等对体现健康住宅的特征都有很大的帮助，驱蚊作用的植物也有一定吸引力。

节能／环保建材和配套设施：该客群对环保建材关注度较高，如防噪声、无辐射、甲醛含量低的建材都能体现健康住宅的特征。

健身设施：完善的户外运动设施和休闲步道都能体现健康住宅的特征。

房屋格局：日照、采光、通风和朝向都能从不同角度体现住宅设计的合理性。

与其他客群相比，由于该客群比较年轻，喜欢结交朋友，所以对社区氛围、业主关系更加重视。

表 7-5　朝阳型客群对健康住宅元素的需求对比

健康住宅元素	基数 = 朝阳型客群被访者（329 人）		指数
	总体占比（％）	T3B*（％）	
小区园林景观	70	61	97
节能／环保的建材和配套设施	50	39	100

163

续　表

健身设施	48	36	96
房屋格局	46	37	108
地段和周边环境	34	25	99
社区氛围/业主关系	32	20	112
健康服务	29	21	89
高科技技术/智能化的配套设施	26	20	92

二、时尚型客群

表 7-6　时尚型客群背景特征

要素	特征
年龄	总体而言，时尚客群是四类客群中较年轻者，平均年龄约为 37 岁；但该客群的年龄分布比较分散，在 26～45 岁间均有分布，其中最主要的是 26～35 岁的客群（42%）
教育程度	该类客群中 77% 的客户接受过高等教育；年轻客户的教育程度较高，而部分年长客户的教育程度偏低，有 23% 的客户为中等学历或以下
职业	该客群中的年轻人工作时间虽然不长，但是在目前的岗位上已经有一席之地；25% 为企事业单位管理人员，15% 为专业人士（教师、律师、医生等），12% 为自雇；而年龄偏大的客户则仍然以一般职员为主（25%）

表 7-7　时尚型客群对商品房配套的选择

配套类型	需求特征
周边生活配套	楼盘周边的商业和医疗配套最能体现时尚型客群的核心价值
楼房设计风格和公共空间	时尚型客群对于外立面材料和风格及大堂设计与房产核心价值关联方面都有明显高于其他客群的认同度，尤其是选择市中心高密度住宅的客群

（一）针对时尚型客群的产品模型设计方案

该人群注重生活品质，对小区内的生活配套、会馆及物业服务等能够体现生活品质的诸多方面都有较多的关注。

表7-8　时尚型客群对产品的具体需求

产品需求	具体内容
周边生活配套	对周边生活配套的需求基本和其他客群趋同，但对于商业配套，除要求能够满足日常生活所需的基本服务，对能够提高自身生活品质的配套服务项目需求也较高
楼盘整体规划	与其他客群一致，该人群同样偏好"行人入口和行车入口分开"，喜欢地下停车场；不同的是，他们对行列式的组团形式和人造微地形关注度更高
小区景观	虽然中国式园林吸引力最高，但该人群对于能体现时尚风格，显示高雅品位的欧式园林也较为偏好；同时对流动水景的关注度较高
小区生活配套和会所	该群体对小区内生活配套的主要需求与其他客群一致，但还会关注一些能在细节上突出生活品质的配套；高品质的生活会馆能增添该人群在心理需求方面的满足感，所以要求会所除了具备齐全的运动设施及配套外，还能提供体现品位、提高生活品质的配套服务
物业管理	物业管理方面仍以基本的清洁和安防要求为主，但对便利又可提高生活品质的服务有一定需求
智能配套	需求集中在安防配套，高端安防配套对其也有吸引力；对宽带入户和卫星电视需求度较高
楼房设计风格和公共空间	公共空间对生活品位的提升有一定的影响，所以，相比整体，该客群对大堂和电梯间的关注度稍高
装修程度	为了达到自己要求的品质，体现品位，该人群更愿意选择毛坯房
房屋结构与格局	面积为100平方米左右的小高层和中高层，90平方米以内的户型偏好2室1厅，90平方米以上则偏好3室2厅2卫格局的人较多；房内的主卧、客厅、厨房及卫生间最能够体现该人群的房产核心价值观，得到的关注最多

（注：由于该客群中别墅客户基数过少，数据没有统计意义，所以在分析房屋结构与格局时，仅分析非别墅客户）

（二）对住宅的代表性需求

与其他客群差异不大，该客群认为能体现健康住宅的元素主要有：小区园林景观、健身设施、节能 / 环保的建材和配套设施、房屋格局等。其中，园林景观被认为和健康住宅的关联度最大。

小区园林景观：注重绿化，且活水景观对健康住宅有很大的提升，有驱蚊作用的植物也有一定吸引力。

健身设施：完善的户外运动设施和休闲步道都能体现健康住宅的特征。

节能 / 环保建材和配套设施：该客群不仅对环保建材关注度较高，如防噪声、无辐射、甲醛含量低的建材，且认为节能设施和环保配套都能从不同角度体现住宅的健康性能。

房屋格局：日照和采光、通风和朝向都能从不同角度体现住宅设计的合理性，景观和楼间距也有较大的吸引力。

该客群认为健康住宅采用高科技技术 / 智能化配套设施非常重要。注重生活品位，提升生活品质，是该类客群的消费特征。

表 7-9　时尚型客群对健康住宅元素的需求对比

健康住宅元素	基数 = 时尚型客群被访者（369 人）		指数
	总体占比（%）	T3B*（%）	
小区园林景观	73	63	101
健身设施	52	38	105
节能 / 环保的建材和配套设施	51	39	102
房屋格局	41	34	97
地段和周边环境	34	21	98
健康服务	33	24	104
高科技技术 / 智能化的配套设施	32	23	111
社区氛围 / 业主关系	30	17	107

三、成功型客群

表7-10 成功型客群背景特征

要素	特征
年龄	在四类客群中平均年龄最高，为41岁，有57%是36岁或以上的客户，但其中也有43%是26～35岁之间较年轻的成功型客户，他们年龄较轻但事业心强，在工作上已有一定成就
教育程度	71%的客户具有高等教育学历，其中部分年龄较高的客户学历相对较低；有23%的客户是中等教育学历
职业	该客群的职位以管理层为主，企业一般职员的比例较低（仅占15%）；有36%是中高层管理人员，15%是专业人士，还有10%是私营企业老板

（一）针对成功型客群的产品模型设计方案

该人群在事业方面比较成功，阅历相对丰富，对商品房的外部配套和服务有较高要求，偏好大户型商品房。

表7-11 成功型客群对产品的具体需求

产品需求	具体内容
周边生活配套	成功型人群偏好周边10分钟车程内设置有银行、大型购物场所或超市、规模较大的医院和初级教育配套，以保障生活方面的基本需要；另外，家政服务、面包房、高尔夫球场或垂钓场所等周边配套对该人群有较大吸引力
楼盘整体规划	对比整体而言，该人群对停车场的整体规划有相对高的关注度；偏好人车分流和地下停车场，保护行人和车辆且不影响小区景观；此外，有档次感的人造微地形，对该人群有一定的吸引力
小区景观	该人群偏好以草坪和树木为主，带局部水景的景观，如草坪式景观和成片树林景观类型，里面有小桥流水、喷泉、亭台楼阁和养鱼的水景等；此外，小区入口处硬地广场有助于提高小区的档次感，从而彰显该人群所处楼盘的档次
小区生活配套和会所	对于小区内的生活配套，该人群关注室外活动配套较多，偏好户外运动和散步方面的设施；对于会所方面，该人群的需求并不太多，一般只需要提供基本的健身设施如游泳池、健身房、羽毛球馆等，但要求高品质的会所服务

产品需求	具体内容
物业管理	社区安防、清洁和维修服务是对物业管理的首要要求，而该人群对管家式服务有一定的需求
智能配套	重点关注安防设施，但偏好于目前技术较成熟和主流的智能设施，对高新的智能设施暂时持观望态度
楼房设计风格和公共空间	偏好现代简约风格的电梯间、以面砖和暖色调为主的外立面材料，而且偏好中式或欧式风格
装修程度	该人群对开发商配装修比较接受，尤其是拥有市中心高档和近郊高档住宅的成功型群体，能节省较多的时间和精力
房屋结构与格局	面积为 102 平方米左右的小高层和中高层；91～119 平方米范围内比较偏好 3 室 1～2 厅的户型；房内的主卧、客厅、卫生间及书房最能体现该人群的房产核心价值观，得到最多的关注

（注：由于该客群中别墅客群基数过少，数据没有统计意义，所以在分析房屋结构与格局时，仅分析非别墅客群）

（二）对住宅的代表性需求

结合定性研究结果发现，成功型客群对健康住宅的元素认知程度较高，相应地，要求体现健康住宅的方面也更多。

小区园林景观、健身设施、节能／环保建材与配套设施及房屋格局是体现健康住宅的主要元素。

小区园林景观：绿地、树木及有活水的景观都是能较好地体现健康住宅的元素。

健身设施：通过室内外相结合的运动设施来满足该类客群对有氧运动和室内健身的双重需求。

节能／环保建材和配套设施：该客群对环保建材和节能设施有较高的关注度，如防噪声、无辐射、甲醛含量低都是能体现健康住宅的建材；太阳能、隔热材料和中水处理则反映了节能的理念。

房屋格局：日照、朝向和通风均反映房屋对身体健康的有利元素；景观和楼间距则关系到主人心理体验到的健康元素。

表 7-12　成功型客群对健康住宅元素的需求对比

健康住宅元素	基数 = 成功型客群被访者（280 人）		指数
	总体占比（%）	T3B*（%）	
小区园林景观	71	62	99
健身设施	53	41	106
节能 / 环保的建材和配套设施	52	41	104
房屋格局	40	31	95
地段和周边环境	38	25	110
健康服务	36	25	111
高科技技术 / 智能化的配套设施	29	21	101
社区氛围 / 业主关系	25	13	90

四、望子型客群

表 7-13　望子型客群背景特征

要素	特征
年龄	四类客群中较为年长的客群，平均年龄 40 岁；其中 36 ~ 45 岁客户占比 40%，明显高于其他三类客群
教育程度	受教育程度较其他三类客群低，仅 70% 的客户受过高等教育，而且 12% 的客户仅受过初等教育
职业	打拼多年，半数已经有一定成绩：23% 为管理人员，17% 为自雇人士（私营企业主），15% 为专业人士；半数依然为普通职员

表 7-14　基于房产价值观念的商品房配套选择

配套类型	需求特征
周边生活配套	楼盘周边的教育配套与核心价值的关联程度明显高于其他三类客群，也最能够体现望子型客群以孩子为出发点的房产核心价值；另外，小区内教育配套的关联度也显著高于其他客群

续　表

配套类型	需求特征
物业管理	物业管理与核心价值的关联度稍低于总体水平，但仍有超过半数（52%）的望子型客户认为，物业管理水平能够满足其核心价值
小区景观	望子型客群以孩子为出发点的核心价值需求还通过小区整体园林景观设计来体现，为孩子提供好的小区环境能使孩子健康快乐地成长

（一）针对望子型客群的产品模型设计方案

总体来说，该客群家庭收入相对较低，生活重心主要在家人和小孩身上；在置业问题上主要综合考虑经济因素和家人的需求；对商品房外部配套的要求不高，较为关注与小孩相关的一些配套设施。对比其他客群，成功型客群对房屋建筑质量（24%）及房产升值空间（18%）的考虑较多。

表7-15　望子型客群对产品的具体需求

产品需求	具体内容
周边生活配套	望子型客群以孩子的生活和成长为重心，为了能使孩子未来接受良好的教育，他们非常关注周边的教育配套设施，而对于个人休闲及商业方面的要求比较低
楼盘整体规划	望子型客群对地形、停车场要求相对较低，他们倾向于选择一个较为舒适宁静且较安全的环境，有利于小孩的成长
小区景观	此人群偏好的园林景观以中式园林风格为主，具有中国传统元素的景观，如小桥流水、亭台阁楼等景观小品深受他们的喜欢
小区生活配套和会所	望子型人群以家庭为重心，对小区生活配套的考虑都是基于家人和小孩的需求展开的，以体现对家人和孩子的关心。双语幼儿园及针对小孩的医疗服务设施很受欢迎，另外，方便日常生活的小型中式饭馆和购物班车也很受欢迎
物业管理	该客群对物业管理总体需求相对较低，社区安防、社区清洁及与小孩相关的物业管理服务是他们关注的重点
智能配套	该客群对小区智能配套方面的需求相对较低，公共区域摄像头监控系统和宽带入户为其相对较为关注的智能配套
楼房设计风格和公共空间	楼房设计风格并非该客群重点关注的需求，该客群对公共空间关注度不高，简单实用就好

产品需求	具体内容
装修程度	望子型客群对装修的参与程度较高,对毛坯房相对较为偏好
房屋结构与格局	偏好房屋面积平均值为 102 平方米,以小高层和中高层为主。除了客厅和主卧,儿童房也能较好地体现房屋的核心价值

(二)对住宅的代表性需求

相对总体,望子型客群对健康住宅元素的认知度较低。小区园林景观、节能环保建材与配套设施、健身设施及房屋格局是体现健康住宅的主要元素。

小区园林景观:绿地、树木及有活水的景观都是能较好地体现健康住宅的元素。

节能/环保建材和配套设施:该客群对环保建材有较高的关注度,如防噪声、无放射性、甲醛含量低、太阳能等都能体现健康住宅的特征。

健身设施:通过室内外相结合的运动设施满足该客群对有氧运动和室内健身的双重需求。

房屋格局:该客群较为关注日照和采光、通风和朝向等房屋格局设计。

表 7-16 望子型客群对健康住宅元素的需求比对

健康住宅元素	基数 = 望子型客群被访者(311 人)		指数
	总体百分比(%)	T3B*(%)	
小区园林景观	74	63	102
节能/环保的建材和配套设施	47	39	95
健身设施	46	37	92
房屋格局(如朝向/采光等)	42	34	100
地段和周边环境	33	23	95
健康服务	32	23	98
高科技技术/智能化的配套设施	27	21	94
社区氛围/业主关系	25	16	88

第三节 客户分析与营销策略

一、寻找潜在客户

潜在客户，是指对某类产品（或服务）存在需求且具备购买能力的待开发客户。这类客户与企业存在着销售合作机会。每一个企业都有一定数量潜在的客户群。如果能对这部分客户进行深度挖掘，则可带来更多的商业机会。客户关系管理过程中产生了大量有用的客户数据，只要加以深入利用，即可发现很多客户的潜在需求。

潜在客户群体中存在多种不同类型的客户。在面对这些差异性的客户时，企业需要采取不同的客户策略，以利于实现客户价值的最大化，并且得到客户对企业的信任。这样才能使得客户与企业建立长久、稳定的合作关系。

寻找潜在客户可遵循以下 5 个步骤：

①调查访问，收集客户信息；

②客户基本信息分析；

③客户群体分类；

④理想客户群体确认；

⑤寻找理想潜在客户群。

随着国家宏观政策的不断调整，住宅类楼盘成交变得越来越不容易，销售人员坐在售楼部等客户上门，然后登记、接待、介绍楼盘的时代已经过去。寻找潜在客户成为销售员开始工作的第一步。从企业内部营销活动日常积累的策略上讲，销售员寻找客源要多注意以下几个方向：

第一，借助公司的宣传活动认识新客户；

第二，及时抓住身边任何可能的信息源；

第三，抓住电话来访客户等机会进行客源管理；

第四，注重老业主客户管理营销；

第五，通过赠送礼品收集意向客户信息；

第六，通过看盘或者房展会、推广会等大型活动现场获得客源；

第七，直接拜访信息清晰的老客户；

第八，注意每一次楼盘组织活动的现场机会。

二、潜在客户细分群体人口背景统计的六个内容

研究潜在客户细分群体的人口背景，可以从以下六个方面去调查统计：年龄特征统计、是否拥有汽车及房款来源统计、受教育程度统计、职业背景统计、家庭年收入统计、职业地位统计。

深入分析成交客户，包括客户基本信息分析、现居住状态分析、置业目的和考虑因素分析、购买过程分析、购买后满意因素分析、生活方式分析等。这个阶段的客户分析目的在于，找到客户之间共同的消费规律，为客户群体的分类做准备，另外就是了解每个客户群体的消费特征和行为偏好，为潜在客户的挖掘提供信息。

第四节　客户信息收集与管理

没有详细的客户信息资料，就不可能完成深度的客户分析，也不可能针对客户特点制订出有效的跟进服务方案。深入分析成交客户，包括客户基本信息分析、现居住状态分析、置业目的和考虑因素分析、购买过程分析、购买后满意因素分析、生活方式分析等。这个阶段的客户分析目的在于找到客户之间共同的消费规律，为客户群体的分类做准备，另外就是了解每个客户群体的消费特征和行为偏好，为潜在客户的挖掘提供信息。

一、公司简报和网络等营销自媒体

房地产公司简报作为渠道信息管理的得力工具，房地产公司应及时将简报送给公司的经销商及重要客户，并将他们的意见反馈给决策层。

房地产行业网站具有制作周期短、成本低、高度扩展性及灵活性的特点，为房地产公司提供全方位的楼盘展示、高效简便的信息管理及各种交易撮合功能。

销售人员通过电子邮件将企业的相关信息传给潜在客户，一方面方便了企业的信息回馈，另一方面使潜在客户向准客户转变的概率大大提高。

在微信平台上，寻找目标客户的方法有些不同。微信是个相对封闭的自媒体平台，要获取陌生人的信息不如微博方便。微信营销是一种圈层营销，首先得从自己的朋友圈，也就是从身边的熟人开始寻找，通过他们的朋友、朋友的朋友，一层一层扩散出去。但是，随着圈层的扩散，联系的紧密性会越来越弱，信任度逐步被削弱。

利用微信平台寻找目标客户还可以通过开通公众账号来进行，这是比较有效的收集客户信息的方法，也是微信营销的惯常做法。一般的思路是为目标客户提供喜闻乐见的消息，吸引更多人的关注。只要赢得客户的信任，营销就是可能的。

总的来讲，靠自媒体寻找目标客户，更多拼的是个人技巧和魅力。

二、建立和管理信息系统

客户管理必须建立动态的客户管理系统。该系统不仅包括已有客户和当前客户的档案，还要挖掘潜在客户的档案资料，包括客户基础资料、客户资信调查资料和客户销售资料的建档。建立起强大的客户网络，获得更多的推荐业务，使业绩得以质的飞跃。

通常情况下，房地产公司的客户信息管理系统主要有六大模块：系统界面、主界面、系统管理模块、客户信息管理模块、房屋信息管理模块及销售信息管理模块。房地产客户信息管理系统构建各个小的模块，能使整个系统更加详尽与系统。在客户信息收集管理方面，Pulte Homes 公司的做法是把每次搜集回来的各种客户信息和竞争对手信息等存放在市场目录里，通过信息系统来管理目录和数据库，便于调用。在大型房地产企业内部，客户服务部门除了处理楼盘与企业的投诉外，还肩负着客户满意度调查、员工满意度调查、各种开盘风险评估、交付风险评估、客户回访、投诉信息收集等工作。在大型房地产企业内部，客户服务部门除了处理楼盘与企业的投诉外，还肩负着客户满意度调查、员工满意度调查、各种开盘风险评估、交付风险评估、客户回访、投诉信息收集等工作。

销售员在找到目标客户之后，更细致、更精准的销售工作要求还要对这些目标客户进行再一次细分。这次客户细分工作的结果意味着对所销售的产品的细分、服务的细分和销售策略的细分。这些都是成功率较高的销售工作的重要前提和核心基础。

三、市场调研法

市场调研法是指运用市场调查，对房地产项目市场环境进行数据收集、归纳和整理，形成项目市场定位可能的方向，然后对数据进行竞争分析，利用普通逻辑排除、类比、补缺等方法确定项目市场定位。

市场调研的六个步骤：第一，明确调查目的，例如明确本调查是针对户型设计调查、小区环境、小区配套设施，还是小区的物业管理；第二，确定调查内容，如城市年开发和竣工量、同区域楼盘情况、消费者需求情况、政府规划、配套收费情况；第三，选择调查方法，主要的调查方法有：外围调查、消费者街访、消费者座谈、经营者座谈、投资者座谈、当地文献资料的研究等；第四，全面调研，按照调查方法，设计合理的市场调查问卷，组织人员进行有序地调查，控制调查质量，在规定时间内拿出调查结果；第五，结果分析，对数据加以整理、分析研究，设计合理的调查统计表；第六，研究报告，经分析研究得出调研结果，然后通过讨论形成成熟材料，撰写成报告并提交。

四、问卷调查法

调研人员根据事先设计好的调查项目以问卷的方法向被访问者发放，要求给予回答填写，由此获取信息资料，据此了解市场情况和客户需求。问卷调查法通常将所要了解的信息以问题的形式列出来，调整好题目顺序发放给被访问者作答。同时也可以按抽样方案的需要，到抽到家庭中或单位中直接与被访问者面对面进行一问一答的调查；另一种是在事先选定的场所内，根据一定的程序组织被选中的调查者进行调查。由调查者将调查问卷表当面交给被调查者，向其说明调查意图和要求，再由被调查者自行填写回答，最后调查者按约定的日期收回问卷的一种方法。它是介于人员访问与邮寄调查法之间的一种方法，既可弥补当面提问时间仓促、被调查者考虑不成熟等缺点，其问卷回收率又比邮寄调查法要高。

五、销售现场问卷调查

即在项目销售现场对来访客户或成交客户展开的问卷调查。

现实中，这样的好时机往往被许多楼盘所忽略。有些楼盘销售现场即使做了问卷调查，但执行这些问卷调查通常是现场销售人员，问卷与促进楼盘销售没有直接挂钩，使现场问卷调查没有受到足够重视，包括许多销售人员对问卷调查的执行只是草率应付，没落到实处，因为这与他们（销售人员）的销售佣金无直接关系。

市场营销的重要环节就是把握目标客户，而楼盘销售现场是接触了解目标潜在客户的最佳场所。一个楼盘通过广告推广、现场包装等途径吸引了许多潜在客户来现场，购房客户由原来的模糊、难以接触而变得清晰、触手可及，此时，通过问卷调查了解潜在客户远比街头随机拦截客户准确得多，而且也易于操作。

销售现场的问卷调查，一定要注意对调查过程的执行进行控制，销售部需要建立相应的制度以确保现场调查问卷得以认真贯彻，同时也让销售人员清楚现场问卷调查对楼盘销售的重要性。问卷调查所针对的客户主要可分为来访客户和成交客户两类。

六、调查问卷模板

房地产市场房地产客户调查问卷

（一）受访客户背景资料

背景资料（以下为甄别部分，我司完全保密，不作任何商业用途！）

01.您的性别：男（　）；女（　）

02.请问您的职业是？

私营企业主（　）；机关事业单位干部（　）；企业管理人员（　）；经理 / 领导（　）；教师（　）；公务员（　）；贸易（　）；证券（　）；高科技（　）；其他（　）

03.请问您的最高学历是？

博士及其以上（　）；硕士（　）；大学本科（　）；大专（　）；大专以下（　）

04.请问您的家庭结构是？

单身（　）；两口之家（　）；二代同堂（　）；三代同堂（　）；三代以上（　）

05.请问您的家庭人口总数是？

1 ～ 2 人（　）；3 人（　）；4 人（　）；5 人（　）；5 人以上（　）

06.您目前的居住条件是？

出租房（　）；自购商品房（　）；经济适用房（　）；单位福利分房（　）

07.您目前的住房房型是？

两房（　）；三房（　）；四房（　）；复式（　）；别墅（　）

08.您目前住房的面积有多大？

60 平方米以下（　）；60 ～ 80 平方米（　）；80 ～ 100 平方米（　）；100 ～ 130 平方米（　）；130 ～ 150 平方米（　）；150 ～ 170 平方米（　）；170 平方米以上（　）

09.您目前的家庭月总收入是？

1000 ～ 2000 元（　）；2001 ～ 3000 元（　）；3001 ～ 4000 元（　）；4001 ～ 5000 元（　）；5001 ～ 10000 元（　）；10000 元以上（　）

10.请问您的日常交通工具是？

私车（　）；单位配车（　）；出租车（　）；公交车（　）；其他（　）

11.您目前居住在 ** 的哪个区？

12.您一般通过什么途径与渠道获得房地产方面的信息？

报纸（　）；户外广告 / 路牌（　）；电视（　）；电台（　）；网络（　）；展览会（　）；朋友 / 亲人传播（　）；杂志（　）；其他（　）

13.您常在哪些媒介中收看房产信息及广告？

（二）购房计划

14.您知道 ** 商圈吗？

了解（　）；较了解（　）；一般（　）；较不了解（　）；不了解（　）

15.提及"** 商圈"，您第一感觉是什么？（限选三项）

发展潜力（　）；亲和（　）；朝气蓬勃（　）；创新（　）；希望（　）；承续文化（　）；精明（　）；权威（　）；值得信赖（　）；未来新市区（　）

16.提及"高品质住宅"，您第一感觉是什么？（限选三项）

高尚体面的物业（　）；舒服的住宅（　）；社区生态景观（　）；人文化物业服务（　）；智能化、信息化（　）；新都市情节（　）；物有所值（　）；其他（　）

17.您打算在什么区域购房？

18.您购房优先考虑的因素是？请排序

区位（　）；价格（　）；户型（　）；交通（　）；楼型（　）；建筑质量（　）；品牌（　）；区内配套（　）；区外配套（　）；区内景观（　）；区外人文及自然环境（　）；物业管理（　）

19.您计划在几年内购房？

半年（　）；1 年（　）；2 年（　）；3 ~ 5 年（　）；5 年（　）

20.您计划购买的住房类型是？

超高层（30 层以上）（　）；高层（15 层以上）（　）；小高层（9 ~ 15 层）（　）；多层（　）；联排别墅（　）；独体别墅（　）；其他（　）

21.您计划购买多大面积的住房？

30 ~ 50 平方米（　）；50 ~ 70 平方米（　）；70 ~ 90 平方米（　）；90 ~ 120 平方米（　）；120 ~ 150 平方米（　）；150 平方米以上（　）

22.您计划购买几室的住房？

1 房 1 厅（　）；2 房（　）；3 房（　）；4 房（　）；复式及其他（　）

23.您能接受的房屋单价是？

3000 元 以 下 / 平 方 米（　）；3001 ~ 4000 元 / 平 方 米（　）；4001 ~ 5000 元 / 平 方 米（　）；5001 ~ 6000 元 / 平 方 米（　）；6001 ~ 7000 元 / 平 方 米（　）；7001 ~ 8000 元以上 / 平方米（　）；8001 ~ 9000 元 / 平方米（　）；9000 元以上 / 平方米（　）

24.您理想的房屋总价是？（单位：万元 / 套）

30 万元以下 / 套（　）；30 ~ 35 万元 / 套（　）；35 ~ 40 万元 / 套（　）；40 ~ 45

万元/套（ ）；45～50万元/套（ ）；50～55万元/套（ ）；55～60万元/套（ ）；60万元以上/套（ ）

25.您购房的总预算是多少？

10万～20万（ ）；20万～30万（ ）；30万～40万（ ）；40万～50万（ ）；50万～60万（ ）；60万～70万（ ）；70万以上（ ）

26.您想选择的付款方式是？

一次付清（ ）；分期付款（ ）；按揭（ ）

27.您能够承担的月供金额是多少？

1000元以下（ ）；1000～1500元（ ）；1500～2000元（ ）；2000～2500元（ ）；2500～3000元（ ）；3000元以上（ ）

28.购买商品房时，哪一位家庭成员的意见对您最重要？

配偶（ ）；父母（ ）；兄弟姐妹（ ）；子女（ ）；其他（ ）

29.购买商品房时，除了家庭成员的意见外，还会征求其他哪些人员的意见？（多选）

同事（ ）；有买房经验的朋友（ ）；在房地产行业工作的朋友（ ）

30.您认为未来两年**市的房价将如何变化？

跌（ ）；不变（ ）；升（ ）

（三）功能设计要求

31.您喜欢哪一种颜色的住宅外墙？

白色（ ）；蓝色（ ）；绿色（ ）；红色（ ）；紫色（ ）；砖红色（ ）；米兰色（ ）；黄色（ ）；金黄色（ ）；其他（ ）

32.您喜欢哪一种外墙装修材料？

马赛克（ ）；玻璃幕墙（ ）；涂料（ ）；面砖（ ）；大理石（ ）；花岗岩（ ）；其他（ ）

33.您喜欢哪一种建筑？

板式（ ）；蝶式（ ）；点式（ ）；其他（ ）

34.在以下建筑风格中，凭您的感觉，请选择一种您较喜欢的风格。

欧陆古典式（ ）；现代简洁式（ ）；现代欧式风格（ ）；其他（ ）

35.您喜欢何种住宅停车位的使用方式？

租用（ ）；购买（ ）；其他（ ）

36.在同等面积下,您认为下列哪一种交房标准比较好?

房间少但面积大,用户可自由间隔 (　);房间数量多,已间隔好 (　);除卫生间及厨房位置固定外,其他均可自由间隔 (　)

37.相对而言,购房时您会考虑以下几种?

先考虑满足住宅客厅的窗户朝向 (　);先考虑满足主卧室的窗户朝向 (　);必须同时满足 (　);其他 (　)

38.您喜欢哪一种房屋结构?

平面 (　);跃式 (　);复式 (　);其他 (　)

39.您认为生活阳台 (主阳台) 连接客厅好还是连接主卧室好?

客厅 (　);主卧室 (　)

40.您认为厨房与工作 (服务) 阳台连接起来有必要吗?

必要 (　);不必要 (　)

41.厅 (包括客厅和餐厅) 和主卧室的面积比较,您较喜欢哪种?

厅大主卧室小 (　);厅小主卧室大 (　);两者面积差不多 (　);无所谓 (　)

42.您喜欢多大面积的客厅?

10 ~ 15 平方米 (　);16 ~ 20 平方米 (　);21 ~ 25 平方米 (　);26 ~ 30 平方米 (　);30 平方米以上 (　)

43.您喜欢多大面积的卧室?

8 ~ 10 平方米 (　);11 ~ 15 平方米 (　);15 ~ 20 平方米 (　);20 平方米以上 (　)

44.您认为工作 (服务) 阳台是否需要封闭起来?

需要 (　);可封可不封 (　);不需要 (　)

45.在面积够用的情况下,您的喜好是?

您喜欢有多少个阳台? 0 个 (　);1 个 (　);2 个 (　);3 个 (　);其他 (　)

您喜欢有多少个洗手间? 0 个 (　);1 个 (　);2 个 (　);3 个 (　);其他 (　)

46.您喜欢何种形式的窗户?

转角窗 (　);外凸窗 (　);落地窗 (　);平推窗 (　);其他 (　)

47.住宅的这些功能对您而言的必要性如何?

玄关:不必要 (　);可有可无 (　);必要 (　);非常必要 (　)

小孩卧室:不必要 (　);可有可无 (　);必要 (　);非常必要 (　)

老人卧室:不必要 (　);可有可无 (　);必要 (　);非常必要 (　)

保姆房:不必要 (　);可有可无 (　);必要 (　);非常必要 (　)

书房：不必要（　）；可有可无（　）；必要（　）；非常必要（　）

储藏室：不必要（　）；可有可无（　）；必要（　）；非常必要（　）

生活阳台：不必要（　）；可有可无（　）；必要（　）；非常必要（　）

工作阳台：不必要（　）；可有可无（　）；必要（　）；非常必要（　）

落地窗：不必要（　）；可有可无（　）；

飘窗台：不必要（　）；可有可无（　）；

暗壁橱：不必要（　）；可有可无（　）；

两个卫生间：不必要（　）；可有可无

娱乐室：不必要（　）；可有可无（　）；

48.您希望物业管理提供哪些服务？

表7-17　物业管理服务

基本服务内容	请打"√"选择三项	特殊服务内容	请打"√"选择三项	其他要求
A.清洁卫生		A.衣服洗熨		
B.家政服务		B.提供学童专车		
C.治安消防		C.代管儿童伙食		
D.公用设施维修保养		D.照看宠物、洗汽车		
E.家电维修		E.临时看护老弱病残		
		F.代聘家教、保姆、钟点工		

49.您对以下景观配置比较感兴趣的有哪些？（限选五项）

活动器械（　）；城市雕塑（　）；装饰街灯（　）；喷泉（　）；瀑布（　）；水池（　）；花坛（　）；坐椅（　）；地面铺装（　）；凉亭（　）；草地（　）；大树（　）；特色路灯（　）；背景音乐（　）；儿童乐园（　）；其他（　）

50.您期望的房屋交付标准？

毛坯房（　）；厨卫装修（　）；全装修（　）

（四）片区认知

51.您知道"*** 板块"这个地方吗？

知道（ ）；不知道（ ）；说不清（ ）

52.您对 *** 这个地方的喜欢程度？

喜欢（ ）；一般（ ）；不喜欢（ ）

53.您希望位于 *** 的住宅小区内应有以下哪些配套设施？

超市（ ）；菜场（ ）；银行（ ）；邮局（ ）；幼儿园（ ）；羽毛球场（ ）；游泳池（ ）；乒乓球室（ ）；网球场（ ）；棋牌室（ ）；阅览室（ ）；商业步行街（ ）；电影院（ ）；美食广场（ ）；业主食堂（ ）；室外健身设施（ ）；室外儿童游乐设施（ ）

（五）休闲活动和生活形态

餐饮消费

54.请问过去的四个星期里面，您有没有去过快餐店吃东西或买外卖？

有（ ）；没有（ ）

55.请问过去的四个星期里面，您有没有到过餐厅／饮馆等地方吃饭？

有（ ）；没有（ ）

信用消费

56.请问您购买了以下哪种保险？（多选）

没有购买（ ）；汽车保险（ ）；人寿保险（ ）；医疗保险（ ）；养老保险（ ）；房屋保险（ ）；其他保险请列出（ ）

57.你在以下哪些银行有银行账户？（多选）

中国银行（ ）；交通银行（ ）；中国工商银行（ ）；中国农业银行（ ）；中国建设银行（ ）；招商银行（ ）；其他请列出（ ）

58.您是否拥有信用卡？（单选）

有（ ）；没有（ ）

59.如果有：你的信用卡属于以下哪一种？（多选）

金穗卡（ ）；龙卡（ ）；长城卡（ ）；牡丹卡（ ）；VISA CARD（ ）；太平洋卡（ ）招行一卡通（ ）；其他请列出（ ）

60.您通常多久会使用一次信用卡，用卡购物或其他服务？（单选）

每周一次或以上（ ）；每月2～3次（ ）；每月一次（ ）；每年2～3次（ ）；很少（ ）
没有（ ）

投资活动

61.在今后一两年，您是否投资？

股票（ ）；债券（ ）；外币（ ）；房地产（ ）；彩票（ ）

体育活动

62.请问您通常会参加或喜欢观看以下哪些运动活动？（多选）

游泳（ ）；骑自行车（ ）；健身/健美操（ ）；溜冰（ ）；篮球（ ）；羽毛球（ ）；
足球（ ）；网球（ ）；乒乓球（ ）；高尔夫球（ ）；台球（ ）；钓鱼（ ）；跑步（ ）；
登山（ ）；保龄球（ ）；其他请列出（ ）

63.通常情况下，您会参加以下哪些休闲活动？（多选）

打球/玩电子游戏（ ）；打麻将（ ）；下棋（ ）；打扑克（ ）；游乐场（ ）；去公园（ ）；
逛街/购物（ ）；看电影（ ）；看歌舞剧/戏剧/话剧（ ）；看电视/看录像/影碟（ ）；
唱K（ ）；听音乐（ ）；玩乐器（ ）；去咖啡厅/酒吧（ ）；走访朋友（ ）；饲养宠物（ ）；
种植花草（ ）；阅读（ ）；集邮/集市/收藏（ ）；其他请列出（ ）

旅行活动

64.最近一两年，您有没有外出旅游呢？（至少在外住宿一晚，包括探亲和
出差）

有（ ）；没有（ ）

65.您最近一次外出旅游是哪里？（单选）

省内（ ）；

省外（ ）：香港/澳门/台湾（ ）；亚洲的其他地方（ ）；美国（ ）；

欧洲（ ）；其他国家请注明（ ）

66.这次您外出旅游的原因是什么？（单选）

探亲/探朋友（ ）；公差/公干（ ）；度假（ ）；专门旅游（ ）；学习（ ）

非常感谢您对我们的大力支持！如若方便，请您留下联系方式，谢谢！

七、电话访问

电话访问是通过电话与被选定的调查人员交谈以获得市场信息的一种方法，它是一种间接的方法。电话访问也需对调查人员进行培训，保证其口齿清楚、语气亲切、语调平和，可以在较短时间内完成调查，同时，考虑到受通话时间和记忆规律的限制，在进行调查前，应将问卷调查表设计好，大多是采用非选择法进行调查。电话调查法的优点有：取得市场信息资料的速度最快；节省调查时间和经费；覆盖面广，可对任何有电话的个人、单位和地区进行调查；没有调查人员在场面对面访问时的那种压力，被调查者可以畅所欲言。但电话调查也有很多缺点，如受访通话时间的限制，询问时间不能过长，内容也不能过于复杂，无法深入了解更多情况；由于无法出示调查说明、照片、图表等背景资料，也没有足够时间逐一解释，因此，被调查者可能因不了解调查的具体意图而无法回答或无法正确回答；无法针对被调查者的特点控制其情绪，对于挂电话的拒答者，难以进行下一步的规劝工作等。

第五节　客户需求分析

客户经济状况会影响其需求层次和购买能力。一类情况是客户经济状况较好，可能购买较高档次的商品房，享受较为高级的消费，购房追求舒适与享受；另一类情况是客户经济状况一般，价格承受能力弱，购房追求的是实用与性价比。

一、刚需客户

国家的相关政策条文中，没有"刚需房"一词，这是房产商在营销过程中产生的一个名词。从字面理解，"刚需"就是刚性需求，以自住为首要条件。目前，业界对刚需房普遍有两种理解：一是紧迫性需求，简单地说就是解决人居住的最基本需求，就像穿衣、吃饭、工作等一样，即这种需求的伸缩性不强，往往具有在一段时间内比较固定的特性，短期内其价值受价格的影响较小，价格变动的余地也不大。对于没有房子的人来说，能拥有一套住房是一种刚性需求。二是包含弹性需求，看似可有可无，具有一定的弹性空间，尤其随着物质基础的改善，人们对居住品质的要求逐渐提高。比如子女长大，原有的房子无法满足两代或者三代人同时居住，换套大房子，改善一下居住环境，这也是属于刚需。

因为购房的刚性需求，因此有了"刚需族"这个群体的出现。"刚需族"是指"有刚性需求的购房群体"，是楼市购买力真实的群体，比如外来务工人员一直租房居住的、子女大了没有婚房、大学生毕业在工作地计划长期定居的、拆迁享受货币补偿且无住房的。"刚需族"囊括了首次置业人群、青年置业人群、婚房主力人群、异地创业人群、保障性住房和改善性住房人群。

（一）刚需族一般有着自己的特点

1.对房子有强烈需要

"刚需族"是对房子有强烈需要的人群。他们认为想要实现自身的城市化，就一定要在城市拥有属于自己的房产。55%想通过拥有不动产而对这个城市产生精神的归属感，这已超越了传统意义上"为结婚而买房"的传统需求。

2.对楼市有一定了解

"刚需族"对该不该买房，什么时候买房，心里非常有主意，不会人云亦云，追涨杀跌；他们不会轻易为开发商的小恩小惠所动，对一切"先涨价后打折"的把戏洞若观火；他们往往对楼市和时下的楼价有着固执而坚定的看法，他们从容而专业，成熟而不容易受外界影响；特别是经历了楼价癫狂时代后，他们已变得很成熟、很理性。

3.会适时出手购房

"刚需族"不是偏执狂，只要开发商把房屋品质做好，价格符合承受能力，他们还是会很欣喜地去排队购房。换句话说，他们不会接受过高的楼价，但当楼价调整到可承受的范围内，他们就会入场。

（二）刚需客户细分

在房市调控之下，住房渐渐从投资、投机回归居住功能，投机、投资性需求受到严重打压，支撑房市的主要力量来自刚需。小户型是市场的基础性需求，对于整个市场需求而言，相对稳定与持久。

以一线城市北京为例，2013年90～160平方米面积段成交占比最大，为44.9%；其次为90平方米以下面积段，占比为25.50%；此二者占到了全部的70.4%，购房主力为刚需。武汉市2013年120平方米以下面积段也是武汉市主力需求面积段，合计占总销量的81%。其中90～100平方米小三房因面积小、功能性强，总价低，深受购房者喜爱。

而"刚需房"既包括第一套房也包括第二套改善型住房，第一套"刚需房"是为了满足结婚、工作、求学、生活、养老等方面的需求，所以"刚需房"就应当将产品性质定位为中小户型为主的婚房、学区房、养老房等；在面积大小方面，应该以70 ~ 90平方米的两居室和105平方米左右的三居室为主；价格方面也应当符合"刚需"的预期和承受力，不宜定得过高。既然是刚性需求，只要产品优质，价格合适，那么成交量就不必担心。第二套改善性住房，是为了满足随着生活水平和家庭收入的提高，因第一套房面积较小，需要更换面积较大的户型，所以改善型住房，在社区环境、户型面积等方面与第一套"刚需房"要有所区别，户型产品应该以110 ~ 125平方米的三居室为主，与第一套"刚需"住房在面积上实行错位，价格上可以略高于首套"刚需"住房。

通过客户细分之后，开发商需要抓住每一类客群的需求特征，形成差异化竞争。比如对于需要婚房的客群，因为他们支付能力有限，产品应以小户型为主，但在一、二线城市受限购影响，今后换房成本会比较高，如果在现有产品开发上能够在有限的面积内实现更多的功能，对于这部分客群来说就有更大的吸引力。另外，如果社区中能够引入比较好的教育资源的话，在当前也会形成市场上比较稀缺的因素，对一部分"刚需"客户形成引导。一、二线城市由于土地成本较高，在进行产品定位时需要更多地考虑成本的问题，三四线城市则需要结合当地客户的消费习惯和接受度来进行产品设计。

（三）刚需房的营销策略原则

一、二线城市的房价水平偏高，所以"刚需"购房者对于价格更敏感，可以将项目定位为经济型楼盘，面积小一些，总价低一些。另外，由于一、二线城市购房者对交通等配套设施要求较高，所以在配套方面要跟上。三、四线城市的"刚需"购房者对于住房的实用性要求较高，比较注重房屋的使用功能，所以在户型设计、小区环境方面要做足功课。另外，在住宅外面增加商业项目也可最大限度吸引投资，增加利润。

"刚需房"强调楼盘地理位置的同时，也强调房屋的内部配套如精装修，以及外部配套如教育资源、商业资源等。对于"刚需房"，在明确其过渡属性的前提下，考虑业主未来的改善需求，也是不错的营销手段。另外，房地产营销，跟市场行情、潜在购买者、周边楼盘的营销手段和本楼盘的特点密切相关，需要营销团队根据具体情况不断调整。传统的营销策略比较粗放，主要是宣传地段、品牌、建筑园林这些硬指标，如今竞争日趋激烈，在做项目之前都有自己的目标客群定位，在细分客户之下进行"一对一"式的营销。像针对购买婚房的群体，就可以利用"丈母娘经济"的说法做些文章；改善型"刚需"则可以重点进行情感营销，如"几代人共享天伦之乐"这种情境烘托。目前像万科、龙湖等房企，在产品本身研发之外，也在做配套服务。比如在对孩子的教育方面，多数开发商在做项目配套的时候，更多地强调了学校教育而忽视了其他教育，万科则通过社区物业这种载体把社会教育引入到自己的项目中，他们创立的"青少年空间"就在加强亲子关系、增强社区的社交功能方面为业主提供了相关的环境，像这种创意性的亮点很容易提升"刚需房"项目的竞争力。

（四）刚需房的选择

1. 进行个人财产评估，确定支付能力

首先要测算家庭可变现用于购买房产的现金，注意计算时一定要先预留好两项资金，分别为家庭的日常开支（建议预留最少6个月的）和医疗保险及预防意外灾害的预备金。确定可用于支付首付的资金有多少。

其次要计算一下家庭的平均月收入和预期年收入，包括利息收入及各种货币补贴。确定贷款方式是公积金贷款还是商业贷款，建议找专业机构或在公积金官网测算一下自己的可贷金额、贷款年限和月供。如是商业贷款，一定要衡量等额本金和等额本息的利弊，每月月供以不超过家庭收入的50%为宜。

2. 税费等其他费用

税费也是购房预算的重要部分，建议购房者计算贷款时，同时也计算相关的税费支出。

买新房需缴纳契税和公共维修金，买二手房应缴纳契税、个人所得税、增值税及附加税等。购房者可以在专业机构了解税费项目种类及缴纳方式。此外，装修费、物业费、生活基础设施的费用也应预留出来，以保证交房后可以正常入住。

3. 确定可支付的房价

资产评估完后，基本可以确定自己能买总价多少钱的房子，对于刚需购房者而言，建议总价控制在家庭年均收入的6倍以内。确定好大概的房屋总价，再根据家庭人口的数量及住房需求，参考各区房价，筛选合适的房子。

二、改善性需求

（一）改善型客户

根据改善型居住需求的不同性质，一般又将改善型需求分为两类：一类是目前的居住条件比较差，迫切需求改善居住环境而购房；另一类是收入颇丰，平时生活品质比较高，对现有住房不满意，在新的高品质楼盘出现后，为了追求更高的生活质量，而去购买新房。

改善型换房的原因可以分为以下几类：

第一，家庭人口的增加，需要一套更大面积的住宅；

第二，收入水平提高，需要一套户型、服务、环境更符合自己品位的房子；

第三，小孩的择校或老人养老等问题，对周边配套提出了更高要求。由于换房原因的不同，这也导致要根据购买需求的不同，去考虑换什么样的房子才适合自己。

改善型住宅的购房者年龄通常在 30 ~ 40 岁之间，这个年龄段的购房者要考虑的因素非常多，比如房子不能离工作单位太远，还得靠近父母的住处和孩子学校等。在买房时，抓住自己的核心需求，慎重选择合适地段。改善型居住需求的家庭结构特征表现：一方面是家庭成员的增加；另一方面是孩子年龄的增加，需要改善居住条件。持续的旧城改造，造成改善型需求。旧城改造及其他城市建设造成的动拆迁，会持续产生新增的住宅需求，一部分人已经不满足于安置房的居住条件。

（二）改善型客户细分

一方面是家庭成员的增加，另一方面是孩子年龄的增加，需要改善居住条件。持续的旧城改造，造成改善型需求。旧城改造及其他城市建设造成的动拆迁，会持续产生新增的住宅需求，一部分人已经不满足于安置房的居住条件，他们在拆迁之后势必存在着强烈的住上高品质住宅的需求，因此数以亿计的变现的拆迁补偿安置资金中，将有大部分进入存量房或商品房市场，直接拉动了高品质住宅消费的增长。

改善型购房需求的年龄主要集中在 30 ~ 50 岁之间，而这个年龄段的人群又可以分为两个阶段：一是 30 ~ 40 岁，这个年龄阶段的客户群体在事业上一般是取得了一定成就，在收入上有一定的积累，开始对生活品质有所要求，因此当前的住房往往满足不了他们现在的居住需求，他们需要提高住宅品质及改善周边配套，以使住房与自己目前的身份相匹配，开始选择一些高档楼盘作为新住房；二是 40 ~ 50 岁，这个年龄段的客户群体一般都事业有成，在房产方面一般有两套以上的房产，当一个高品质的楼盘出现能够满足他们的需求的时候，他们会毫不犹豫地选择购买。

（三）改善房营销策略

一般来讲，改善型购房者对住房区域的选择一定要根据，自己的经济能力和换房的要求进行全面考虑。房子的区域房价水平、生活配套、小区环境、周边交通、学校等情况都应纳入考虑范围。因为改善型住房需要改变的不只是房子的大小，还有房子背后的整个生活体系。

人们购买改善型房屋的较大原因之一是家庭人员的增加，如从单身、到夫妻两人、到三口之间、到三世同堂。不同的人员结构代表着不同的居住形态。因此,要充分考虑每个阶段的需求都得到满足,例如为孩子准备书房,为老人准备可以养花养草的大阳台。

图 7-1　购房人群的需求

与刚需人群不同,改善购房者对舒适度的要求更高。因此在户型选择上,房间的大小、功能划分是否合理、是否有面积浪费、采光、通风等因素都直接关系到居住的舒适度。不同的家庭有不同的生活习惯,选择大小、功能合适的户型非常重要。改善型住房户型相对会选择宽裕一些的。目前很多楼盘都推出了赠送面积,赠送的部分可以在普通户型外再增加一个多功能房,既可以拿来做休闲厅,朋友欢聚的时候多个娱乐场所;也可以做成小书房,有孩子的家庭比较重视这一点。不浪费室内面积的户型设计是家庭主妇的心头好,而留有装修装饰空间的户型,则是追求生活意境的时尚人士的最爱。可以从下面考虑多增加亮点:

1.多功能房

多功能房意为集书房、客房、休闲室、储物间等功能于一体的实用空间,通过改变传统布局,使房间更具立体感和层次感,有效利用有限空间,实现"一室多用"功能,多功能房可广泛应用于单房、多房、复式房、别墅等多种格局。时尚和实用是其备受购房者欢迎的重要原因。

2.错层阳台

使户型变得富有层次感,改善采光,同时美化了住宅楼的整体外观。如果适当增加该阳台面积,种上花草,添置休闲桌椅,即可变成空中花园。

3.储藏空间

目前大多数户型中并没有专门的存储空间,随着人们生活水平的提高、物资储备的丰富,作为储藏日用品、衣物、棉被、箱子、杂物等物品的储藏室必然会被购房者逐渐重视。

4.套房（主卧＋书房＋卫生间）

增加了主卧的私密性，突出了户主在家庭中的尊贵地位，使其虚荣心得到更大满足。

社区也要够大，提供很多公共设施，方便邻里社交互动，可以带给不同年龄层的家庭成员更多的享受。此外，居住的安全感、舒适感、私密性都与物业服务的好坏直接挂钩。改善性购房需重视除了基本居住需求以外的其他因素。

（四）改善房的选择

如果想要换房，手头资金又不充裕需要售房款救急的购房者，可以考虑尽量让买、卖交易同时进行，处理好售房款后可以马上实现自己的换房计划。建议买与卖同步进行的购房者，先做好新房的选择和购房前的准备工作，比如看房、议价等，一旦自己的旧房进入交易程序，马上启动新房购买程序。即使买房程序稍微落后于卖房程序，也可与买家沟通要求延后交房。这样就可以依靠卖房的收入来缴纳买房的首付款，其余房款可以做商业贷款或公积金贷款。

改善型买家除了要考虑家庭当前的经济实力是否能够承担换房费用外，还应考虑日后的生活费用、孩子的教育费用、换房后到工作单位的交通费用的增加等支出，尤其要优先考虑换房后，自己是否有足够的资金来保证未来孩子的教育费用。

第六节　客户身份形象

可以从客户职业与社会地位判断客户身份形象。客户身份形象不同，购房需求与爱好也不同。如从事教育行业的客户，一般会较多选择文化色彩较为浓厚的商品房；而对于从事 IT 行业的客户来说，可能会注重时尚、个性和宽带。如客户社会地位处于新中产阶层，一般都会追求高品质的居住环境，因为他们正处于事业上升期，有一定财富积累，拥有稳定的收入预期。

一、现代欧式

欧式风格按不同的地域文化可分为北欧、简欧和传统欧式。其中的田园风格于17 世纪盛行欧洲，强调线形流动的变化，色彩华丽。它在形式上以浪漫主义为基础，装修材料常用大理石、多彩的织物、精美的地毯，精致的法国壁挂，整个风格豪华、富丽，充满强烈的动感效果。另一种是洛可可风格，其爱用轻快纤细的曲线装饰，效果典雅、亲切，欧洲的王公贵族都偏爱这个风格。

欧式的居室有的不只是豪华大气，更多的是惬意和浪漫。通过完美的典线，精益求精的细节处理，带给家人不尽的舒服触感，实际上和谐是欧式风格的最高境界。同时，欧式装饰风格最适用于大面积房子，若空间太小，不但无法展现其风格气势，反而对生活在其间的人造成一种压迫感。当然，还要具有一定的美学素养，才能善用欧式风格，否则只会弄巧成拙。

（一）北欧风格

北欧风格，这种风格简洁、现代，符合年轻人的口味。但什么是原汁原味的北欧风格，许多人却说不出个所以然。所谓北欧风格，是指欧洲北部五国挪威、丹麦、瑞典、芬兰和冰岛的室内设计风格。由于这五个国家靠近北极，气候寒冷，森林资源丰富，因此形成了独特的室内装饰风格。北欧风格以简洁著称于世，并影响到后来的"极简主义""后现代"等风格。在 20 世纪风起云涌的"工业设计"浪潮中，北欧风格的简洁被推到极致。反映在家庭装修方面，就是室内的顶、墙、地六个面，完全不用纹样和图案装饰，只用线条、色块来区分点缀。

北欧风格，大片的纯色调，黑与白的主题曲，有种清心寡欲、轻松浪漫的风情，简洁的北欧风格卧室如一清新的雨季少女，少了地中海风格的粗犷丰富色调，却多了一分属于自己的简单美。北欧风格卧室常常以黑白色作为主色调，或重要的点缀色使用。北欧风格卧室的顶、墙、地六个面，完全不用纹样和图案装饰，只用线条、色块来区分点缀。这种风格反映在家具上，就产生了完全不使用雕花、纹饰的北欧家具。这也就是北欧风格卧室清新简洁的地方。

为了有利于室内保温，北欧人在进行室内装修时大量使用了隔热性能好的木材。因此，在北欧的室内装饰风格中，木材占有很重要的地位。北欧风格的居室中使用的木材基本上都使用的是未经精细加工的原木。这种木材最大限度地保留了木材的原始色彩和质感，有很独特的装饰效果。除了木材之外，北欧室内装饰风格常用的装饰材料还有石材、玻璃和铁艺等，但都无一例外地保留这些材质的原始质感。

（二）简欧风格

简欧风格，也称为现代欧式，多以象牙白为主色调，以浅色为主，深色为辅。简欧风格强调对称感，整体建筑线条简洁、外观宏伟。相对比拥有浓厚欧洲风味的欧式装修风格，简欧更为清新，也更符合中国人内敛的审美观念。综合来说就是对称性、造型（圆和方）、材料（精细和贵气）。

（三）内饰的选择

家具：硬装修上的欧式细节应该选择暗红色或白色、带有西方复古图案、线条及非常西化的造型，实木边桌及餐桌椅都应该有精细的曲线或图案。

墙纸：可以选择一些比较有特色的墙纸装饰房间，比如画有圣经故事及人物等内容的墙纸就是很典型的欧式风格。北美风格中，条纹和碎花也是很常见的。

灯具：亮闪闪的钢制材料灯具是大败笔，与欧风简直是水火难容，华丽细碎的水晶灯最好也不要。可以是一些外型线条柔和些或者光线柔和的灯，像铁艺枝灯是不错的选择，有一点儿造型、有一点儿朴拙。

装饰画：欧式风格装修的房间应选用线条烦琐，看上去比较厚重的画框，才能与之匹配。而且并不排斥描金、雕花甚至看起来较为隆重的样子，相反，这恰恰是风格所在。

配色：欧式风格的底色大多采用白色、淡色为主，家具则是白色或深色都可以，但是要成系列，风格统一为上。同时，一些布艺的面料和质感很重要，亚麻和帆布的面料是不太合时宜的，丝质面料会显得比较高贵。

地板：如果是复式的房子，一楼大厅的地板可以采用石材进行铺设，这样会显得大气。如果是普通居室，客厅与餐厅最好还是铺设木质地板，若部分用地板，部分用地砖房间反而显得狭小。

地毯：欧式风格装修中地面的主要角色应该由地毯来担当。地毯的舒适感和典雅的独特质地与西式家具的搭配相得益彰。最好选择图案和色彩相对淡雅。

二、房地产与中国元素

文化营销体现的是现代人对于家居精神层面上的追求。随着物质文明的变化，人们对于精神文明的追求日益深入，人们不光满足于居室的物理空间，并且开始寻求生活的质量、品味和格调，追求一种怡情怡意、悦情悦意的诗意栖居空间。再者，文化营销策略相对于价格营销策略都是独一无二的，往往具有很强的独特性，在消费者心中形成"高大上"的形象。它的内在文化因素难以复制，易形成很强的竞争力，在相同的建设成本下，能够获得更多的附加值。而价格营销可能会陷入与竞争对手的降价死胡同中，容易在消费者心中形成"便宜货"的形象，最终不但损害了房地产企业的品牌形象，还损失了一定的经济利益。相对于品牌营销，文化营销策略更多的是历史文化和地方风俗的结合，而品牌营销策略则是依靠房地产企业的价值观。文化营销取材和发挥的空间比品牌营销大得多，它可以在中国 5000 年的文化传承中尽情选择，而品牌营销只是专注于房地产企业的价值观。

案例

（一）广东森岛集团：文化地产先锋

2016 年中国城市"金鼎奖"——年度城市影响力企业。

企业简介：广东森岛集团有限公司（简称"森岛集团"）创立于 1996 年，历经多年的熔铸锤炼，通过不断的调整和优化，森岛集团已成为集房地产、文化创意产业、内外贸易、现代休闲农业为一体的大型现代民营企业集团，旗下拥有东方文德广场、东方文德·森岛湖、万木草堂等众多知名项目品牌。以坚持、专注为信念；以"以文化教育为理念，赋予建筑物灵魂"为宗旨。细节出绩效，实力出品质。森岛集团将一如既往，继续在文化地产领域深耕细作，打造更多精品。森岛集团二十载，取得了让人瞩目的成绩。先是从广州市政府手中接过了万木草堂的运营权，并将之发展成了广州市广府文化研究中心、广州首家孔子学堂，打造成了广州本土的知名文化名片：首个文化地产项目东方文德广场以其全国罕见的出色品质与格局成为广州市的文化地标，与东方文德广场一脉相承的花都森岛湖一经开售就受到市场热烈追捧。

（二）东方文德·森岛湖

2016 年中国城市可持续发展推动力"金筑奖"——年度未来人居典范名盘

项目特色：东方文德·森岛湖在建筑设计、节能生态、人文品质上具有示范意义。新东方建筑风格，结合"水元素"，形成自然流畅，寓意"蓬勃向上、清新活力"。园林设计与建筑设风格协调统一，并重点突出项目时尚东方文化的特点，营造活泼、多功能、现代感强的岭南风格园林，写意而充满文化底蕴。森岛湖依托 3000 亩的湖、岛、花、水，巧妙运用设计让自然景象渗透进每一户人家。在自然山水之中，打造便捷的现代城市生活。

（三）滨江"帝景"系列巅峰之作，改善型住宅绝佳之选

通州北京市住建委发布重磅消息——通州购房限购政策升级，史称"最严苛限购令"。目前通州区的交易量比限购前明显回落，回落到副中心建设消息传出之前的水平，但总体成交均价却有涨幅。而现在通州的住宅类项目屈指可数，区域 70 年住宅产品总体存量不足，正是因为住宅类产品的稀缺，位于运河西大街的合生·滨江帝景成为关注焦点。

滨江帝景作为"帝景"系列的巅峰之作，是 2012 年合生创展集团重点打造的首置首改型住宅产品。项目位于通州区政务及商业核心通州新城。从市场热度来看，合生的"帝景系"品牌在大众心中具有超高信任度、美誉度；更因为合生滨江帝景秉承了合生·霄云路8号的产品理念，成为整个大运河板块独一无二的豪宅级高品质精装楼盘。

合生滨江帝景坐落于通州核心区，北京行政副中心的繁华与运河天然静谧兼得共享，一宅尽揽千年运河美景。坐拥"三横二纵双地铁"，为滨江帝景的居住者提供最便捷的出行方式。多家三甲医院、顶级商超星罗棋布，构成社区的5分钟生活圈。八大公园合围，大面积绿植覆盖，加上京杭大运河河景资源，形成了整个北京稀缺的自然生态优胜地。法式皇家园林，60%超大绿植覆盖，演绎少数人独有的法式浪漫格调。承袭Art-Deco百年经典，百米楼间距，360度观景视野。99~137平米奢雅三居，宽景空间以人为本，最高使用率高达81%。

社区内为业主专属设计国际高端会所及名品商街，满足休闲娱乐及时尚购物需求。5万平米帝景时代商业广场，全方位文化娱乐中心，满足高端品质生活。引进帝景物业服务，保业主全方位优质生活。社区内自建高端商务休闲会所，引入合生旗下的高级餐饮品牌"龙庭酒家"，米其林三星级厨师团队，为城市财富精英提供商务会谈、亲友聚会的优质平台。

合生滨江帝景自2012年面世以来，可谓既叫好又叫座。凭借其出色品质及毗邻通州新城核心区域的独特地理位置，成为京城房市中最为引人瞩目的项目之一。

2012年8月8日，合生滨江帝景首次开盘3小时热销8个亿；2013年5月25日二期开盘2小时热销8个亿，当年销售额30亿；2014年初以来项目以三居大户型产品为主，多次荣获三居销售区域销冠，三居销售占区域70%以上，产品品质受到广泛认可，被客户认可为通州改善型住宅的绝佳之选。合生滨江帝景作为运河核心区内最后一块纯粹高端住宅区，其稀缺价值不言而喻。

你认为通州相比北京其他区域，在自然生态、交通、区域发展上有哪些优势？目前还存在哪些短板？

本章小结

客户分类的意义有两个作用：为房地产开发各阶段工作提供数据参考和分析基础；以及掌握客户关注点，促进营销。客户分类的目的帮助我们更深入地了解客户、分析客户和管理客户。客户分类研究是制定精准营销策略的前提，其作用有三个方面：精准性、低成本、有效性，主要分类方式是购买力和家庭结构。开发企业需要针对潜在客户群体进行人口背景资料的收集、整理和分析，从而进行准确的客户定位。进行有效房地产开发就需要进行客户定位和产品定位，即把房子卖给谁，客户想购买什么样的房子，我们就开发建造客户所需求的房子。客户经济状况会影响其需求层次和购买能力，或追求舒适与享受或追求的是实用与性价比，可分为刚需客户和改善性需求客户。判断客户身份形象可以从客户职业与社会地位入手。客户身份形象不同，购房需求与爱好也不同，欧式风格按不同的地域文化可分为北欧、简欧和传统欧式。随着物质文明的变化，人们对于精神文明的追求日益深入，人们不光满足于居室的物理空间，并且开始寻求生活的质量、品味和格调，产品设计也需要随之而变、与时俱进。

复习思考题

1. 客户分类的意义和目的是什么？客户分类研究具体有哪些工作内容？

2. 以某楼盘项目为例，分析其购买客户结构特征、家庭结构、置业收入等？

3. 潜在客户细分群体的人口背景统计有哪些内容？以某楼盘项目为例。

4. 客户信息收集与管理的方法有哪些？分析某楼盘项目的客户信息管理系统的优劣之处，并提出改善建议。

5. 以本区域楼盘为例，不同客户群体类型定位分别对应着什么样的产品定位（朝阳型、时尚型、成功型、望子型）？

6. 请列出三种不同类型客户群体，他们的需求特点分别是什么？分别想要购买什么样的产品？

7. 刚需族和改善型分别有着哪些的购房需求和特点？设计什么样的产品来满足他们的不同需求？

8. 简述下现代欧式风格和新中式的主要特点，分别针对那些客户群体和重点需求。

第八章 房地产市场调研分析

房地产市场的分析要收集很多信息。没有信息，房地产市场分析就不真实，得出的结果必然不符合市场的实际情况。所以，进行房地产的市场分析，必须进行房地产市场调研并把调研获得的各种信息作为房地产市场分析的基础。

本章首先从房地产市场调研的概念、特点、方法、类型和过程等5个方面对房地产市场调研进行了概要介绍。然后，分别探讨了房地产市场调研的方案设计、问卷设计、试调研、次级资料收集、资料的整理与分析、调研报告撰写等六个问题。

第一节 房地产市场调研概述

一、房地产市场调研的含义

房地产市场调查研究是通过房地产市场信息的收集、分析和加工处理，寻找出其内在的规律和含义，预测市场未来的发展趋势，用以帮助房地产市场的参与者掌握市场动态、把握市场机会或调整其市场行为。随着房地产市场的不断发展，房地产市场调查研究对房地产开发投资、房地产置业投资、房地产市场营销、政府管理部门对房地产业实施宏观管理等的决策起着非常重要的作用。

（一）房地产市场调查研究类型（6种）

按房地产类型的不同以及委托人需求的不同，房地产市场调查研究的主要对象有整体房地产市场、住宅市场、写字楼市场、商业房地产市场、工业房地产市场等。

1. 整体房地产市场调查研究

整体房地产市场调查研究一般就包含各种类型房地产的总体市场供求、价格变化状况及其发展趋势进行分析研究，其分析研究的区域范围变化很大，可以是对一个城市、一个省乃至一个国家的房地产市场进行分析。整体房地产市场调查研究的服务对象以地方政府相关管理部门、房地产开发商及投资商、金融机构为主。对地方政府而言，不论是对市场进行宏观调控，还是房地产开发过程涉及的开发项目立项、土地使用权出让、规划审批、开工许可等环节，都需要整体房地产市场调查研究结果的支持。

2.住宅房地产市场调查研究

住宅市场分析非常普遍，它主要是针对某一城市或城市某一区域住宅市场进行分析，其主要任务是分析和预测住宅整体市场的供给、需求和价格水平及其未来趋势，某种特定类型住宅的需求、供给、价格水平及其消费者特征。住宅市场调查研究一方面可以帮助开发商选择合适的项目位置、确定满足市场需求的产品类型，另一方面可以了解开发项目周围地区住宅的供求状况、价格水平、对现有住宅的满意程度和对未来住房的希望，以确定所开发项目的平面布置、装修标准和室内设备的配置。

3.商业房地产市场调查研究

商业房地产市场调查研究主要是针对城市区域中某大型项目展开，其主要是分析项目所处地区的购买力水平、流动人口和常住人口的数量，该地区对零售业的特殊需求，项目商圈范围，同类型项目的分布、供求及其竞争状况等。商业房地产市场分析的服务对象一般是开发商、投资商及其金融机构。

4.写字楼房地产市场调查研究

写字楼市场调查研究往往是针对特大城市及其某一区域展开，中小城市由于写字楼的建设量很少，因此很少涉及这类市场调查研究。写字楼市场调查研究主要评估市场中写字楼的总供给和总需求、某特定类型写字楼的供求及价格变化，并预测其主要的吸纳特征。写字楼市场调查研究的服务对象一般是开发商、投资商及其金融机构。

5.酒店房地产市场调查研究

酒店房地产市场调查研究一般应用于城市一些大型酒店项目，特别是星级酒店项目的投资分析中，是开发商、投资商及其金融机构是否进行酒店项目投资开发的重要决策依据。酒店房地产市场调查研究一般是就城市环境、旅游资源、酒店物业开发和经营状况、酒店消费群体的构成与特征等方面进行分析。

6.工业房地产市场调查研究

目前专门进行工业房地产市场调查研究还比较少，这与工业房地产市场的发育程度比较低有关。工业房地产市场调查研究主要根据某区域经济发展、工业发展状况及其趋势，分析该区域工业房地产的总需求和总供给，办公、生产和仓储用房的供求比例，以及工业项目开发所必须具备的条件，诸如劳动力、交通运输、原材料和专业人员的来源等问题。

二、房地产市场调研的特点

（一）调研结果的有效性受限

房地产市场调研的是当时的数据情况，它仅仅反映的是近几年调研项目的市场情况，不能体现长久的市场行情，调查和分析影响房地产市场的要素和反映房地产市场情况的要素，然而这两方面的要素都在变化，从而导致房地产市场也在变化，所以房地产市场调研结果具有时效性。

（二）房地产市场调研针对性强

房地产市场调研侧重于对消费者的生活模式、行为模式等的研究分析，针对不同的房地产产品，具体调查的对象和内容不同，不同的营销阶段对应的调查内容也不相同。比如在房地产定位阶段，市场调研主要调查竞争项目的基本数据和消费者的生活模式、消费对象。

（三）调研方法多种多样

因为房地产市场调研的内容很广，不同的内容对应着不同的调研方法，所以房地产市场调研的方法具有多样性。例如，房地产市场调研的方法有现场踩盘、问卷调查、深度访谈等多种方法。

三、房地产市场调研的重要性

（一）制定正确营销策略的需要

我们只有很好地掌握了房地产市场，才能做出一份比较合适的策划方案。或可以帮助营销决策者了解当前营销策略及营销活动的得失，以作适当建议。只有在实际了解市场的情况下才能有针对性地制定市场营销策略和企业经营发展策略。在企业管理部门和有关人员要针对某些问题进行决策时，（如进行产品策略、价格策略、分销策略、促销策略的制定）为了制定正确的策略所需要了解的情况和内容是多方面的，主要有：本企业不同的产品在什么市场上销售比较好，有发展潜力；在哪个具体的市场上预期可销售数量是多少；怎样提高企业产品的销售量；如何制定产品价格才能保证在销售和利润两方面都能上去；所需要的销售费用又是多少等。这些问题都只有通过具体的市场调研，才可以得到比较准确的答案，作为企业决策的依据。否则就会形成盲目、脱离实际的决策。

（二）房地产项目定位的需要

房地产开发企业要在如今竞争如此激烈的市场生存，就需要寻找自己的目标市场，通过房地产开发项目产品的差异化，即通过准确地满足市场需求的产品类型，提供质量好、价格低、有产权保障、物业管理完善、设计新颖、功能齐全的产品，这样才是房地产开发企业所需要的产品。而准确的产品定位需要大量的市场数据和信息作为基础，房地产市场调研恰好是收集和分析数据信息。

（三）企业发现新的市场机会的需要

提供正确的市场信息，可以了解市场可能的变化趋势及消费者潜在的购买动机和需求，有助于推销者抓住最好的市场机会，为企业提供发展新契机，市场竞争的发展变化越来越剧烈，不断地发生变化，而促使市场发生变化的原因很多，有产品、价格、分销广告、推销等市场因素和政治、经济、文化、地理条件等市场环境因素。这两类因素往往又是相互联系和相互影响的，而且两者不断地发生变化。企业为适应这种变化，只有通过广泛的市场调研，才能及时地了解各种市场因素和市场环境因素的变化，才能有针对性地采取办法，通过对市场因素，如价格、产品结构、广告等的调整，去回应市场竞争。对于企业来说，能否及时了解市场变化的情况，并适时适当地采取应变措施，是能否取胜的关键。

（四）企业健全决策机制的需要

随着经济全球化时代的到来。科技的发展能带动产品的更新。技术的进步自然会在商品市场上以产品的形式反映出来。通过市场调研，可以有利于我们及时地了解市场经济动态和科技信息，为企业提供最新的市场情报和技术生产情报，来更好地借鉴同行业的先进经验和最新技术，改变企业本身的生产技术，提高企业的管理水平，从而提高产品的质量，加速产品的更新换代，增强产品和企业的竞争力，保障企业的生存和发展。

四、房地产市场调研的内容

不同类型房地产市场调查研究报告内容不同，以下列举住宅、商业、写字楼、酒店等四种房地产物业的市场调查研究报告的内容构成。

（一）住宅房地产市场调查研究报告内容构成

1. 宏观环境分析

（1）经济环境。首先，要阐明城市的地位，即城市所处经济圈的基本情况，城市在所处经济圈中的地位。其次，要分析城市的经济发展状况。即分析城市 GDP 和人均GDP及其变化情况、产业结构及其演进、城市主导产业及重大产业投资发展状况、固定资产投资和房地产投资情况及房地产开发投资占固定资产投资的比重、城市化进程等。最后，分析城市的社会发展状况。即分析城市人口及其近年的变动情况、城市外来人口状况与人口导入政策、城市在岗职工平均工资水平及其变化趋势、城市居民人均可支配收入及其变动趋势、城市居民储蓄存款余额及其变化趋势、社会消费品零售额。

（2）城市规划。分析城市发展的总体目标，城市总体布局规划；城市区域功能划分，各区域规划发展目标；城市交通建设状况；城市更新和旧村改造。

（3）政策环境。政策环境是指房地产开发所面临的政策和制度环境，主要分析与房地产有关的财政政策、货币政策、产业政策和土地政策等。

2.房地产市场发展现状和趋势分析

（1）城市土地供应。分析城市历年土地成交情况、区域土地价格变动，土地出让政策变化和土地供应特征等。

（2）城市住宅开发状况。分析历年住宅施工面积、新开工面积、竣工面积等。

（3）住宅供给和需求状况。分析历年住宅批准预售面积、政策性住房建设状况、历年住宅销售面积和销售金额、空置面积、市场消化系数、外销面积、平均价格、房价收入比等。

（4）存量住宅交易状况。分析历年存量房成交面积、成交价格、存量房租售价格比等。

3.客户分析（目标人群分析）

（1）产品的需求特征。分析市场上主流的和消费者偏好的住宅类型、建筑风格、户型结构、建筑面积、功能空间的配置、面积分配；小区环境设计；小区配套设施。

（2）产品购买决策过程。分析消费者购房的动因，获取信息的途径，影响消费者决策的因素等。

（3）客户生活形态特征。分析不同生活形态下不同族群的生活观、消费观和传播观，如消费者年龄、家庭生命周期、个人和家庭收入、工作及休闲观念、购物与消费方式等方面。

4.竞争分析

（1）竞争对手分析。主要是针对竞争对手的专业化程度、品牌知名度、资金实力、开发经营方式、楼盘质量、成本状况及成本优势、价格策略、与当地政府部门的关系、历年来的项目开发情况及项目销售情况等方面进行分析研究。

（2）竞争项目分析。主要是分析建成或正在建设中的竞争性项目，具体包括：

项目区位、占地面积、建筑面积、规划与建筑特征、配套设施、绿化率、面积户型、装修标准、建造年代、空置、价格、付款方式、广告策略、销售状况等。

（二）商业房地产市场调查研究报告内容构成

1．宏观环境分析

（1）经济环境分析。参考住宅房地产市场调查研究。

（2）城市规划。参考住宅房地产市场调查研究。

（3）城市商业网点规划。分析城市商业定位及发展目标；商业中心规划布局；各类商业专项市场规划布局；大型零售网点规划。

（4）政策环境。参考住宅房地产市场调查研究。

2．商业房地产发展现状及趋势

（1）城市商业用地的供应。分析历年供应的商业用地，包括土地位置、面积、容积率、土地价格等关键指标，推算未来商业形态分布、商业房地产未来供应等情况，以及根据土地价格变动推断未来几年商业物业的价格走势。

（2）城市商业房地产开发情况。通过分析历年商业房地产施工面积、新开工面积、竣工面积等关键数据，结合商业房地产开发周期，进一步推断未来几年内的商业房地产的供应情况。

（3）商业房地产需求状况分析。分析历年商业房地产销售面积、销售金额、平均价格、商业经营情况、租金走势及商业房地产出租率等。

（4）租售价格比。租售价格比被广泛用于衡量一个城市或地区的商业房地产的投资价值，在国内，评判商业的投资价值时，较多采用的租售价格比为 120 ~ 150 倍之间。通过观察该指标可以判断城市或地区商业物业的价格水平或投资价值及商业成熟度和经商环境。（注：租售价格比是售价与月租金的比值）

3．商圈（区域）分析（特有的分析项目）

（1）商圈环境。商圈环境指商圈内的基本情况，分析内容主要包括：商圈内人口总量及构成，交通条件，各种功能物业总量，市政配套与基础设施。

（2）商圈流量。主要分析商圈的车流量，包括车型、数量及行驶方向；人流量，研究的内容包括数量、性别及步行方向。

（3）商业房地产分布。分析商业房地产所处位置，商业房地产产权及价格，商业房地产形态，包括建筑形式、建筑面积、开间与进深、层高等。

（4）商业经营业态。

（5）典型项目（实例分析）。

4. 消费者消费习惯分析

（1）消费目的。消费的目的不同就会反映出不同的消费需求。

（2）消费时间。主要是消费频率和消费主要时段分析。

（3）消费对象。消费者的消费构成。

（4）消费数量。分析消费商品的数量和支付金额。

（5）消费地点。主要了解消费区域或商家选择及选择原因。

（6）消费者特征。包括个人的社会和经济特征。

5. 客户分析（有购买和租赁能力、意愿的群体）

（1）对所处行业的认识。包括进入该行业的时间、行业的发展现状和发展前景等。

（2）现在的经营情况。包括当前物业的状况、营业额、是否有扩大经营的愿望等。

（3）选择物业的标准。如产业聚集、所处商圈、物业形态、物业管理等。

（4）投资的偏好、投资的标准及投资能力。

（三）写字楼房地产市场调查研究报告内容构成

1. 宏观环境分析

（1）城市经济和社会发展。主要包括城市在区域经济中的地位、城市经济发展状况、城市社会发展状况、城市新增企业数量。

（2）城市规划和城市功能。城市规划的分析主要包括城市发展总体目标、城市总体布局规划、城市分区规划（区域功能划分）、主要商务区规划、城市道路交通规划、城市公共交通规划等。城市功能定位主要分析城市主导产业及发展方向和城市产业结构两个方面。

2. 写字楼房地产市场发展现状和趋势

（1）写字楼用地供应。分析历年写字楼开发用地的供应量，包括土地位置、面积、容积率、土地价格等。

（2）城市写字楼开发状况。主要分析历年写字楼的施工面积、新开工面积、竣工面积，并通过统计方法，判断未来几年的写字楼供应情况，预测未来的合理供应规模。

（3）写字楼供给和需求状况。主要分析批准预售面积、销售面积和销售金额、租金水平等。

3．商务圈（区域）分析

（1）商务区分布。分析商务区的数量、商务区等级界定、商业服务设施完备度。

（2）圈层环境分析。分析商务区的范围、交通条件、各功能物业的分布及市政配套与基础设施状。

4．竞争、典型项目研究

（1）项目的基本情况。包括项目名称、地址、发展商等信息。

（2）项目规模。主要包括占地面积、总建筑面积、主体建筑层数、车位等。

（3）项目等级。从地理位置、规模、建筑文化、硬件设施和软件服务等方面进行写字楼项目等级划分。

（4）规划设计重点。主要从空间结构、产品特征、交通组织等方面进行分析阐述。

（5）入住企业特征。分析入驻企业的行业特征、使用面积、入驻时间等。

（6）运营情况。包括租金、售价、管理费、空置情况等的分析。

（7）写字楼建筑特点。包括规模、构成、等级、标准层面积、单位面积分割区间等。

（8）附属设施情况。包括电梯、消防楼梯、停车位、空调、装修标准等。

5．写字楼客户分析

（1）产品需求及需求特征。首先，分析客户对写字楼的外部形式和功能的需求特征。包括建筑形式，写字楼大堂的规模、风格和装修标准等。其次，分析客户对写字楼的内部形式和功能的需求特征。包括户型结构、建筑面积、功能空间配置和装修标准等。最后，分析客户对配套设施的要求，包括电梯、停车位、商业服务、运动休闲、智能化设备等。

（2）决策过程和影响因素。主要对客户购买或租赁的目的、信息收集的来源、影响决策的因素进行分析。

（3）写字楼客户特征。分析客户所属行业、企业规模、现办公面积、企业改变经营规模的计划等。

（四）酒店房地产市场调查研究报告内容构成

1．宏观环境分析

（1）宏观经济和社会发展状况。分析宏观经济的运行情况及社会发展现状，确定当前的经济和社会发展水平是否能够支持酒店项目的开发，是否能够满足酒店未来盈利的需要。该部分主要包括四个方面的内容：①城市概况，主要分析与酒店业发展紧密相关的方面，主要包括独具特色的历史和文化、城市的交通概况、城市具有的旅游资源和举办的会议、展览、体育赛事等情况；②城市经济地位；③经济发展状况，特别应着眼于第三产业的分析，包括城市每年接待的旅游人口规模及其变动趋势、旅游业的总体收入、购买力等；④社会发展状况。

（2）城市的功能定位和规划。城市功能定位主要包括城市总体功能定位，城市经济、人口发展目标，城市主导产业及发展方向，城市产业结构与组织结构；城市规划主要包括城市总体规划、分区规划、城市的交通规划、其他与酒店业发展相关的规划等。

2．酒店房地产的发展现状和特点

（1）酒店房地产开发状况。主要包括历年酒店用房施工面积、新开工面积、竣工面积。

（2）酒店房地产的供给状况。包括酒店的数量、酒店的构成、酒店的地域分布、酒店提供的客房数等。

（3）酒店房地产的需求状况。包括历年的旅游人口数量、住宿餐饮业零售总额等。

（4）酒店的经营状况。包括酒店的年平均入住率、酒店的平均日房价等。

3．酒店消费者分析

（1）消费者的构成和特征。①人口和经济特征，主要考察消费者的年龄、从事的行业和职位、个人和家庭收入；②消费者来源地，分析酒店的辐射范围，评估城市和区域酒店市场的凝聚力和发展潜力；③住宿时间。

（2）消费模式和需求特征。①客房的选择和消费特征，主要包括客房标准、客房价格、同行者人数和房间数选择、客房内设施和物品的使用及期望等各个方面进行分析；②酒店配套设施的消费，主要包括餐饮宴会消费、商务办公消费、娱乐休闲消费、会议设施消费、便利零售消费、其他配套和服务等。

（3）决策过程及影响因素。①出行的目的，一般包括商务办公、会议、旅游等目的；②酒店的预订方式；③信息收集的来源；④影响决策的因素，主要包括个人的兴趣爱好、区位和交通、酒店内部设施和配套、酒店周边设施和环境、酒店的星级和档次、酒店的服务和价格等；⑤对酒店的选择倾向，包括对当前所住酒店的评价、对希望入住酒店的期望、区域内缺乏的酒店类型和档次、来本项目酒店住宿的可能性等几个方面。

4．酒店市场竞争分析

对竞争市场进行分析的主要目标是通过对各种数据和信息的搜集与分析，充分了解竞争区域内酒店业的现状和发展趋势，获取关于行业领先者或竞争对手的信息，为项目的开发可行性判断、产品设计、开发节奏和营销策略提供参考依据和借鉴，并选择合适的竞争策略。分析内容主要包括以下几个方面。

（1）行业状况分析。主要分析酒店数量和规模、酒店的星级和档次、酒店的地理分布、酒店的价格水平、酒店的经营状况、酒店的客源状况。

（2）竞争酒店研究。该部分分析主要包括八个方面的内容：①酒店基本情况，包括酒店名称、地址、星级、发展商、运营管理单位、开业时间、总建筑面积等；②规划设计，主要包括客房及附属配套的分布，人车分流系统情况等；③建筑设计，包括酒店的建筑风格和装饰装修情况；④客房结构，包括各类客房的数量、面积、比例、在楼层内的分布等；⑤配套设施，包括参与配套、商务配套、会议配套、娱乐休闲配套及其他服务配套等；⑥价格，最重要是了解酒店的真实价格，即针对不同细分市场而制定折扣价格，以及淡旺季的不同折扣价格；⑦营销策略，分析酒店一般采取何种方式和手法来推销酒店客房；⑧经营状况，主要考察客房入住率这个指标。

5. 酒店经营者分析

进行经营者分析的主要目标是通过收集相关信息和基础数据，分析酒店经营者对酒店物业开发的期望，了解他们对酒店物业和产品的需求及特征，为项目的定位、产品的规划设计及未来酒店的招生、运营提供参考依据。

（1）酒店经营者对市场的认知和判断。主要包括市场现状和发展特点、市场前景和发展趋势等方面。

（2）经营状况调查。主要包括客户的构成和来源、客户的消费需求及特点、客房的数量、构成和比例、拥有的设施、设备及其使用情况、经营状况、采取的营销手法等。

（3）产品的需求及决策模式。包括酒店经营者选择酒店物业所考虑的因素、对酒店物业产品的期望等。

（4）项目开发可行性判断及建议。了解酒店经营者对项目酒店物业开发可行性的判断和对项目酒店物业开发的类型、档次、规模、客户群等方面的建议，为项目开发可行性判断和项目定位提供参考。

五、商业地产市场调研与住宅市场调研的不同

同住宅地产的市场调研相比，商业地产市场调研的对象、内容、方式等更为复杂，具体区别主要体现在以下三个方面。

（一）客户群体不同

1.商业地产针对的客户是投资者和经营者，其经营者的最终目的是各种不同业态的终端消费者。

2.住宅地产针对的客户主要是自住型消费者。

（二）调研内容不同

1.商业地产市场调研的内容包括以下几个方面

项目环境：商业发展规划与政策、区域开发计划、街区改造和重点扶持对象、在建拟建大型商用物业、政府相关的政策与管治水平、项目所处的商圈及其范围、文教娱乐设施重点住宅楼群的数量、道路的类别、商业功能定位、档次、客流量、气氛等。

经营行为：业态业种的分类、特点、要求、聚集程度、氛围、构成组合、比例关系、商户总量、商品种类、品质、产地、品牌、重点商户经营概貌、商业竞争趋势。

消费者：客群流量、消费者生活形态、消费欲望与消费水平、市场需求特征及影响因素、购买动机与购买行为。

2.住宅市场调研的内容主要有以下几个方面

消费者购买力水平：收入水平。

购房者的需求与偏好：物业类别、户型、面积、方位、价格、装修、景观、配套、物管。

购房者的共性特征：年龄、文化程度、职业、家庭结构、原居住地等。

（三）分析指标不同

1.商业地产进行市场调研分析的指标

业态比例、业种比例、营业面积比、平均租金等。

2.衡量消费者消费水平的指标

瞬间顾客密度、收银台排队人长度、结伙人数、客单价、提袋率、关联消费宽度、可停留时间等。

3.住宅地产进行市场调研分析的指标

容积率、户型比例、面积配比、户均面积、使用面积、销售均价等。

4.针对购房者的衡量指标

付款方式、最高承受单价、最高承受总价、看楼车满座率、单位时间内洽谈数量等。

六、房地产市场调研的方法

（一）访问法

访问法是调研人员通过提问被询问者一些问题的方式收集调研资料，以被询问者的回答作为调研分析依据的调研方法。按其内容及传递方式不同，访问法可细分为以下五种具体方法。

1. 访谈调研

访谈调研，即调研者面对面地向被调研者询问有关问题，把被调研者的答案作为收集的资料。调研方式可以采用个人访问和小组访问两种形式，进行一次或多次调研。

优点：灵活性高，对被调研者的条件限制很少，访问时可以借助各种仪器或道具；便于沟通，可以避免认知偏差，被调研者对问卷不明白的可以当面询问，调研者对答案不完整或含糊不清的，可以进一步调研，最终得到完整而明确的答案；当面解释，容易消除被调研者的疑虑。

缺点：成本较高，人力、时间和交通成本是访谈法的最大成本负担；面对面访谈，由于时间限制，被调研者可能因没有足够时间思考，只是随意答复，直接影响调研成果的准确性、真实性、客观性；容易被调研者拒绝；容易造成抽样误差，使所询问的对象不能代表整个群体的特征。

注意事项：访谈前做好充分准备，便于交流；在交流中应注意各种礼仪，为公司树立良好的社会形象；认真分析与处理各种调查数据，作为决策主要依据来源。

2. 电话调研

电话调研，即调研人员打电话向被访问人员询问，由调研人员记录答案来获取资料。

优点：加快访问速度，节约调研的时间和交通成本；反馈率高，利于复查；抽样样本多，覆盖率高，容易被接受；不受地域限制。

缺点：号码不齐全，容易出现抽样偏差；受通话时间的限制，问题不宜过多；无法观察到被访者脸部表情的变化；对房地产产品的实体无法直观展示。

注意事项：事先做好充分准备，以便在调研时与被调研者更好地交流，节省时间，降低调查成本；通话时调研者要注意自己的语音、语调；被调研者对问题不理解时，要进行详细解说，尽量避免影响所得信息的准确度；问题不宜过多。电话调研适用于很难与被调研者取得面谈机会，或受地域限制时的房地产市场调研。例如，对较大的房地产公司总裁、企业经理的调研可以采用这种方法。

3. 信函调研

信函调研，即调研人员通过传真、邮寄或电子邮件把调研问卷发送给被调研人员，由被调研人员按要求填写，再返回。

优点：可进行较大范围的调研；被调研者有充分时间思考问卷问题；可以避免受访问者的主观影响。

缺点：无法与被调研者交流，可能出现对问卷内容理解的误差，对调研成果的质量有一定的影响；回收率低，被调研者不一定会按时完成问卷或可能不会回函，这样会造成调查数据来源不足或过于片面；问卷可能由他人代填。

注意事项：信函中的填写说明一定要详细，不能出现含糊不清的语句；对问卷做好编码；问卷要精炼，不宜过长。信函调研可以降低成本，此类方法可以运用于对异地人群的调研，但回收率低。在能够采用其他调研方法时，不宜采用此方法或只能把它作为辅助方法。

4. 留置问卷调研

留置问卷调研，是访谈调研和信函调研二者的综合折中方法，即调研者将设计好的问卷交给被调研者，并说明填写要求，由被调研者自行填写，再由调研人员定期收回。

优点：调研者可以对问卷填写要求进行详细解答；被调研者有充足思考问题的时间。

缺点：调研成果取决于调研问卷设计的好坏；与被调研者缺乏交流；无法保证问卷的质量，被调研者可能按照自己的期望而非现实情况来填写调研问卷。

注意事项：问卷的设计要合理，要能够包含所有需要获得的信息；问卷设计中不宜出现过多的专业术语；调查问卷的发送应尽量全面；调查问卷收回时应舍弃不合格问卷。

5. 因特网调研

因特网调研，即利用因特网，将所需要的资料做成网页形式，上网人群可以根据相关要求进行填写的一种调研方式。

优点：从调研成本的角度来看，因特网上的询问能大大节省印刷、邮寄、数据录入和问卷制作、发放及回收等的过程和费用，甚至可以通过计算机程序在较短的时间里获得简单的研究报告；从调研过程来看，在网络上进行调研的时间也可以大大缩短，可以由几百人、上千人同时回答问卷；从调研深度上来看，调研问卷可以设计得十分详尽，不用担心印刷费用而缩减问题。

缺点：对被调研者的身份无法确定，会造成调研结果的偏差；只能反映部分网民的要求；缺少与被调研者的沟通与交流；无效数据比较。

注意事项：调研问卷设计要求高，要美观，要有娱乐性，能够吸引网民来填写。由于因特网上信息来源较复杂，所以应注意排除无效数据。

（二）现场踩盘法

现场踩盘法指调研人员直接去房地产项目售楼现场，通过向售楼人员询问楼盘的有关信息、索取楼盘资料和现场查看楼盘来了解房地产市场情况的一种方法，它主要用于房地产竞争项目的调研。

优点：对竞争项目的信息收集针对性强且全面、及时、直接。

缺点：售楼人员和购房者所给的信息有时不确切、模糊，调研人员要具有较好的房地产专业知识。

注意事项：调研要做好调研前的准备，调研的时间要选在销售人员不忙的时间，如中午休息的时间，调研对象应选取性格外向、随和的销售人员。不仅要收集所调研楼盘的供给方面的信息，还要了解其需求和营销方面的信息，要仔细去分析所调研的楼盘的优势、劣势及卖点。

（三）二手资料的收集方法

二手资料是公司内部或外部现成的资料。二手资料的来源包括：

1. 内部来源

本人资料库、企业档案（会计记录、销售报告、其他数据资料），企业内部专家。

2. 外部来源

组织机构，包括图书馆、外国使团、国际组织、本国政府机构、商会或贸易促进机构、行业公会、出版社、研究所、银行、消费者组织、其他公司；文献资料，包括文献目录、工商行名录、贸易统计资料、报纸和期刊、综合性工具书；电脑数据库、互联网；企业外部专家；营销调研公司等。

二手资料的收集程序如下：第一步应确定需要什么资料；第二步是从企业内部搜寻二手资料；第三步是从企业外部进行搜寻；第四步是对拟收集或已收集的二手资料进行评估，即评估资料的可用程度；第五步是确定需要收集的原始资料。只有决策所必需的，但又无法从二手资料中获取的信息，才有必要去收集原始资料。

（四）商业资料获取方法

房地产市场上存在专业的市场调研公司，它们作为中间商，具有促进交易行为的作用，在房地产市场上十分活跃。一般而言，它们对于地方市场相当了解，具备专业的市场调研知识，能够提供资料给买卖双方参考，以促进交易成功。因此，企业市场调研人员可以向市场调研公司购买资料，增加市场调研的深度和广度。

七、市场调研的相关问题解答

（一）调研方案设计原则

1.可行性原则

可行性原则是指在拟定调研方案时，要制定在规定的时间、经费及现有的调研力量约束条件下可以达到的调研目标，使设计的调研方案具有可操作性。在调研目标、调研范围、调研方法、进度安排等方面，要考虑到经过努力能够完成或实现。调研方案中，调研目标应尽量运用定量化的指标来描述，调研内容与研究课题相关，调研范围必须是实现调研目标之所需且符合调研经费和调研时间的约束；在时间安排上，需要考虑各种不可控因素，留出机动时间；在研究经费的预算核定上，要按照市场的一般水平来确定。研究方法上要根据实际条件、实际问题来确定。研究人员的安排上，要按照个人的专长进行人员配给，根据具体项目适当调配各类人员。

2.完整性原则

完整性原则要求房地产市场调研方案中的各项内容齐全，缺一不可。调研方案设计时，要对房地产市场调研活动的所有环节进行详细安排，越具体越详细越好。一个完整的调研方案应包含调研背景、调研目的、调研目标、调研范围、调研技术路线、调研内容、调研方法、进度安排、经费安排、具体实施计划等项目。调研方案设计时，要检验是否缺少哪一项。

3.经济性原则

经济性原则是要求调研方案设计要考虑到整个调研成本和收益的对比情况。市场调研虽然要进行不少研究工作，但它不是一项不追求利润的科研活动，而是一种商业活动，任何商业活动均需要考虑利润，市场调研活动也不例外。经济性原则要求调研方案的设计需要考虑调研经费的约束，在能满足要求的前提下，尽量采用所需经费更少的调研方法。例如能够通过收集的调研目标要恰如其分，不要制定过高的调研目标，以实现调研目的为目的。

（二）如何进行商圈调研

1.商圈调研的步骤

第一步：确定资料来源，包括销售记录分析、邮政编码分析、调查等。第二步：确定调查的内容，包括平均购买数量、顾客集中程度等。第三步：对商业圈的三个组成部分进行确定。第四步：确定商圈内居民人口特征的资料来源。第五步：研究商圈内居民的消费特征。第六步：分析竞争对手与市场其他情况。

2. 商圈调研的内容

城市发展情况：GDP 指数、人口数量等。

人口流动的研究：不同城市人口密度不同，消费金额有差异。

项目所在区域的交易情况；人均消费情况和居民收入水平。

商圈服务范围：包括核心商圈和次级商圈辐射范围，商圈范围内的其他项目竞争情况。

3. 商圈调研的考虑因素

人口分布情况：主要包括居住人口数量、工作人口数量，过往人口数量、居民户数和企事业单位数、年龄、性别、职业等。

社会其他因素：地区建设规划、公共配套符合项目地区的发展状况。

建设情况：交通建设、通信网络建设、通电建设等对于百货商店有利的营销手段。

第二节　房地产市场调研的操作流程

房地产市场调研的流程是指从调研准备阶段到调研结束全过程的工作。在房地产市场调研中，建立一套系统的科学程序，有助于提高调研工作的效率和质量。房地产市场调研的流程可以分为 4 个阶段共 13 个方面的内容：准备阶段、调查阶段、分析研究阶段、整理归档阶段。

一、准备阶段

准备阶段主要包括明确调研目的、分析初步情况、设计调研方案、确定资料来源、确定资料收集方法、设计调查表及调查问卷等内容。

1. 明确调研目的

市场调研首先要知道调研是为什么，即调查人员应明确为什么要进行市场调查，通过调查要解决哪些问题，有关调查结果对企业来说有什么作用等。明确了目标是什么之后进而分析问题，才能设计研究计划，获取切合实际的信息。每项目应有一个或多个目标，在这些目标未被明确建立之前，是无法进行下一步研究的。

2.分析初步情况

调研人员对初步提出来需要调查的课题，要收集有关资料作进一步分析研究，必要时还可以组织非正式的探测性调查，以判明问题的症结所在，弄清究竟应当调查什么。初步情况调查的目的是了解产生问题的一些原因，通常有如下三个过程：

（1）研究收集的信息材料，包括研究企业外部材料和分析企业内部材料。

（2）与企业有关领导进行非正式谈话，从领导谈话中寻找市场占有率变化的原因。

（3）了解市场情况，分析消费者对本公司所开发经营的房产的态度等。

3.设计调研方案

根据前面信息资料收集及上面初步调查的结果，可以提出调研的命题，确定调研方法，制订并实施调研计划，房地产市场调研方案是对某项调研本身的设计，目的是调研有秩序、有目的地进行，它是指导调查实施的依据，对于大型的市场调研显得更为重要。调研方案设计的内容如下：

（1）怎样运用数据分析问题。

（2）为了完成调研的课题需要收集哪些信息资料。

（3）明确获得答案及证实答案的做法。

（4）信息资料从哪里取得，用什么方法取得。

（5）评价方案设计的可行性及核算费用的说明。

（6）方案进一步实施的准备工作。

4.确定资料来源

房地产市场调研的资料，分为原始资料和二手资料两大类。原始资料是指需要通过实地调查才能取得的资料。取得这部分资料所花的时间较长，费用较大。二手资料是指企业内部记录或已出版的外部记录。取得这部分资料比较容易，花费较少，有实地调查中，应当根据调查方案提出的内容，尽可能组织人员收集二手资料。同时，为解决问题所需的资料不能完全从二手资料中获得，研究必须以原始资料为基础，原始资料是专门为项目研究而收集的，收集资料必须保证资料的时效性、准确性和可靠性。

5.确定资料收集方法

原始资料的收集方法包括询问法、观察法和实验法等。原始资料的收集过程中，必然进行对调查样本的设计和样本的采集。在房地产市场调研中，广泛不用抽样调查法获得原始资料。研究人员在样本设计过程中必须考须调研总体、样本单位、抽样框、抽样设计和样本规模等。二手资料的收集可以由调查人员从企业内部或外部搜集或购买。

6. 设计调查表及调查问卷

调查表是市场调查的一种常用的调查工具。调查表也称问卷，是根据调查目的所设计的反映具体调查内容的问卷。调查表设计得是否科学、合理，直接关系到调查结果的质量，决定着市场调查的成效。调查表应当主题突出，紧凑关联；形式多样，易读易懂；设计严密，用语标准；编码规范，便于整理。问题是调查表的核心，在设计调查表时，必须对问题作精心的设计。提问和作答方式的设计，关系到调查人员与被调查者之间信息的相互传递是否明确。调查表设计应注意，提问要具体、客观、准确，备选答案要完整并互斥。

二、调查阶段

调查阶段主要包括试调查和调研实施等内容。

（一）试调查

试调查是任何一类实质性研究的一个至关重要的部分，是一个真正调查项目的缩影。试调查常采用小规模问卷调查的形式进行，用来检验问卷设计中始料未及的缺漏，以便修正，并同时与客户讨论再修改后，才可定下正式问卷。有时，为了设计一个适用于大范围调查的问卷，需要好几次试调查。试调查的另一个意义是训练没有经验的调查员，使调查员对实际调查工作有一个初步的准备（包括心理上的），有一个熟悉的过程。

一项研究课题的试调查能回答这样几个问题：研究是否已经涵盖到了所有检验研究假设必需的问题？这些问题能诱导出的答案的种类是否完全预料到了？研究者的目的是否充分传达给了被访者？如果不是，是否应该采取一些调整措施或替之以一些新的问题？问卷的语言是否能被被访者完全理解？问题的表述是否与当地或者被访者所属的亚文化的用法一致？在没有进一步解释或者重述的情况下，问题是否能被清楚地理解和回答？问题有没有其他不妥之处？比如说在一个单独的问题中有歧义，或者暗示了多个主题。最后，访谈的导言，是否有助于激发被访者参与这项研究？

（二）调研实施

实施阶段是将市场调研落实到具体工作，这是市场调研的核心任务。这一阶段的任务是实施调研计划，通过对市场信息的收集和分析，得出调研结论。首先，在进行现场实施工作之前，要在人员、文件、物品上有充分的准备，实施进行是现场实施中最难控制也是最容易出问题的阶段，这就能很好的体现实施人员遇到突发问题时如何解决问题的能力。其次，监控调查活动的整个过程，把项目进度，给予访问员自始至终的指导和鼓励。这一阶段不仅需要项目人员和访问员的精诚合作，还需要项目人员有丰富的实践经验和足够的调控全局的能力。最后，实施后工作，主要包括数据的回收（比如问卷），访问工作的复核及总结，访问员工作记录单、卡片、抽样图、入户情况登记表等各种文件及测试样品的收回，访问员劳务单的制作，项目经验总结，等等。

三、分析研究阶段

分析研究阶段主要包括调研资料的整理与鉴别验证、调研数据的统计与分析、写调研报告，以及修订并提交调研成果等内容。

（一）调研资料的整理与甄别验证

对市场调研的两类资料进行整理分析，有助于了解整个市场的宏观信息。其中一手资料的整理相对更为繁杂。如何将大堆原始数据变成有条理的信息需要经过整理和甄别验证。资料的校验即调查表回收后，可先进行检查，确定是否可接受作为有效的资料，这是第一道程序，具体包括三项内容：检验所有问卷的完整性；检验访问工作的质量；检验有效问卷的份数是否符合调研方案要求达到的比例。对于有遗漏的资料，如果遗漏项太多或关键项太多，可作废卷处理；一般将漏项用空白表示或以其他代号表示；对含义模糊的答复，根据情况，要么作废问卷，要么参考前后几个问题的回答来判断。

（二）调研数据的统计与分析

我们可以使用不同的方法来分析资料，从现有的分析方法来看，数据分布的领域是宽广的，调查研究人员须先选择分析方法，才能对调查结果做出正确的分析和解释，数据分析包括对采用的抽样方法进行统计检验，以及对数据的编辑、编码和制表。编辑就是对问卷进行纵览的过程，以保证问卷的完整、连续；编码就是对问卷加以编号，以使资料更好地发挥分析作用；制表就是根据某种指标对观察得到的数据进行交叉分类。大多数研究过程中，都要涉及编辑、编码和制表程序，而统计检验作为一种独特的抽样过程和数据收集工具，往往仅应用于某些特殊的研究。在可能的情况下，统计检验一般都在数据搜集和分析前就进行了，以保证所得到的数据与意欲研究的问题密切相关。

（三）撰写调研报告

调研报告是整个调查工作，包括计划、实施、收集、整理等一系列过程的总结，是调研人员劳动与智慧的结晶，也是最重要的书面结果之一。它是一种沟通、交流形

213

式，其目的是将调查结果、战略性的建议及其他结果传递给管理人员或其他担任专门职务的人员。因此，认真撰写调研报告、准确分析调研结果、明确给出调研结论，是报告撰写者的责任。调研报告的主要内容包括：调研目的、方法、步骤、时间等说明；调研对象的基本情况；所调研问题的实际材料与分析说明；对调研对象的基本认识，做出结论；提出建设性的意见和建议；统计资料、图表等必要附件。

房地产市场调研报告的结构多样，没有固定格式，一般由导言、主体、建议与附件组成。导言部分介绍调研课题的基本情况，是对调研目的简单而基本的说明；主体部分应概述调研的目的，说明调研所运用的方法及必要性，调研结果进行分析并作细致说明；附件部分用来验证、说明主体部分有关情况的资料。

（四）修订并提交调研成果

调研报告必须要真实反映市场情况和问题，对报告中引用的事例和数据资料要反复核实，必须确凿可信。调研结论不能模糊不清，不着边际，要善于发现问题，敢于提出自己的观点，以供决策参考，结论和建议可归纳为要点。调研报告经过修订和完善后，可以装订整齐、印刷清晰后提交。

四、整理归档阶段

房地产市场调研全过程结束后，应该对调研过程中形成的各种原始资料、二手资料、整理资料和调研报告等成果进行归档，为以后的调研工作总结经验，同时完善同一类型市场的资料库，方便以后的信息查找。

第三节　房地产市场调研数据的分析方法

一、数据分析方法概述

根据研究方向（定性是定量）的不同，分析调研数据的方法也不尽相同。一份设计合理的调查问卷，通常包含着各式各样的问题及答案，这些问题有的适合采用定性分析方法，而有的用定量分析，如何选择科学的数据分析方法，是房地产市场调研人员都会面临的问题。一般来说，数据类型主要有数值型、序号和文字型三种。数值型数据是问题中最常见，也是最适于作量化分析的数据，如价格、数量、使用期限、消费者年龄、性别比例等。这类问题及答案可以直接录入计算机进行处理，而且这类数据是量化数据，可以进行数学运算，如加权平均等，因此，可以采用任何一种数理统计方法进行分析。常用的有描述性统计、估计与假设检验、相关与回归分析、判别与聚类、因子分析等。文字型数据则更多应用定性分析方法进行分析。

二、定性分析方法

（一）德尔菲法

德尔菲法（Delphi Method）系以一系列问卷向各类专家征询意见，依据所有专家对原问卷的答复再拟订下一份问卷，再次向各类专家征询意见，直到大多数专家的意见看法趋于一致才获至结论的方法，此法预测通常较适合作长期预测。其主要步骤如下：

①成立一个团体委员会确定问题及设计研究问卷；

②选择专家匿名质问预测；

③把问题的回答收回做成结果；

④反复再预测，把问题重新修整再做预测，如此反复预测至少两次。

德尔菲法本质上是一种反馈匿名函询法。其做法是，在对所要预测的问题征得专家的意见之后，进行整理、归纳、统计，再匿名反馈给各专家，再次征求意见，再集中，再反馈，直至得到稳定的意见。其过程如下：匿名征求专家意见—归纳、统计—匿名反馈—归纳、统计……若干轮后，停止。总之，它是一种利用函询形式的集体匿名思想交流过程。

在德尔菲法过程中，始终有两方面的人在活动：一是预测的组织者；二是被选出来的专家。

德尔菲法的程序是以轮来说明的，在每一轮中，组织者与专家都有各自不同的任务。

第一轮：首先，由组织者发给专家的第一轮调查表是开放式的，不带任何框框，只提出预测的问题。请专家围绕预测主题提出预测事件，如果限制太多，会漏掉一些重要事件。其次，预测组织者要对专家填好的调查表进行汇总整理，归并同类事件，除次要事件，用准确术语提出一个预测事件一览表，并作为第二轮调查表发给专家。

第二轮：首先，专家对第二轮调查表所列的每个事件做出评价。例如，说明事件发生的时间、叙述争论的问题和事件或迟或早发生的理由。其次，预测组织者收到第二轮专家意见后，对专家意见作统计处理，整理出第三张调查表。第三张调查表包括：事件、事件发生的中位数和上下四分点，以及事件发生时间在四分点外侧的理由。

第三轮：首先，把第三张调查表发下去后，请专家做以下事情：重审争论；对上下四分点外的对立意见作一个评价，给出自己新的评价（尤其是在上下四分点外的专家，应重述自己的理由），如果修正自己的观点，也请叙述为何改变，原来的理由在哪里，或者说明哪里不完善。其次，专家们的新评论和新争论返回到组织者手中后，组织者的工作与第二轮十分类似：统计中位数和上下四分点；总结专家观点，重点在争论双方的意见、形成第四张调查表。

第四轮：首先，请专家对第四张调查表再次评价和权衡，做出新的预测，是否要求做出新的论证与评价，取决于组织者的要求。其次，当第四张调查表返回后，组织者的任务与上一轮的任务相同：计算每个事件的中位数和上下四分点，归纳总结各种意见的理由及争论点。

（二）层次分析法

层次分析法是美国运筹学家塞提教授于 20 世纪 80 年代提出的一种实用的多方案或多目标的决策方法。其主要特征是，能够合理地将定性与定量的决策结合起来，按照思维、心理的规律把决策过程层次化、数量化。该方法以其定性与定量相结合地处理各种决策因素的特点，以及其系统灵活、简捷的优点，迅速地在社会经济各个领域内（如能源系统分析、城市规划、经济管理、科研评价等领域）得到了广泛的重视和应用。层次分析法的基本思路是先分解后综合的系统思想，整理和综合人们的主观判断，使定性分析与定量分析有机结合，实现定量化决策。首先将所要分析的问题层次化，根据问题的性质和要达到的总目标，将问题分解成不同的组成因素，按照因素间的相互关系及隶属关系，将因素按不同层次聚集组合，形成一个多层分析结构模型，最终归结为最底层（方案、措施、指标等）相对于最高层（总目标）相对重要程度的权值或相对优劣次序的问题。

运用层次分析法进行决策时，需要经历以下几个步骤：

①建立系统的递阶层次结构；

②构造两两比较判断矩库（正互反矩阵）；

③针对某一个标准，计算各备选元素的权重；

④计算当前一层元素关于总目标的排序权重；

⑤进行一致性检验。

此外，应用层次分析法应该注意，如果所选的要素不合理，其含义混淆不清，或要素间的关系不正确，都会降低层次分析法的结果质量，甚至导致层次分析法决策失败。为了保证递阶层次结构的合理性，需要把握以下原则：分解简化问题时把握主要因素，不漏不多；注意相比较要素之间的强度关系，相差太悬殊的要素不能在同一层次比较。

（三）其他常用方法

1.归纳分析法

常用的归纳分析法又分为完全归纳法和不完全归纳法。完全归纳法是指根据调查中的每一个对象都有或都不具有的某种属性，归纳出该类事物的全部对象都具有或不具有这种属性。简单列举法是不完全归纳法中的一种常用方法，是指根据所要调查产品中部分对象具有或不具有某种属性且又没发现反例，从而推论出该类事物都具有或不具有某种属性。归纳法是以经验为基础，总体来说比较可信，非常简单，但可能具有偶然性，为了克服这种现象，需要扩大考察对象的范围。

2.演绎分析法

市场调查中的演绎分析法就是把调查资料的整体分解成若干个部分，形成分类资料，并通过对这些资料的研究分别把握特征和本质，然后将这些分类研究得到的认识综合起来，形成对调查资料整体认识的逻辑方法。

3.比较分析法

比较分析法就是把不同事物的调查资料进行对比，从而确定它们之间的相同点和不同点的逻辑方法。比如对市场上的便携式计算机做市场调查，在市场上较为知名的便携式计算机有 IBM、DELL、东芝、联想等几种品牌。把这几种品牌所得的资料逐一比较，然后根据采购的实际情况来判断哪种类型适合用户的需要。

4.结构分析法

任何事物都可以分解成几个部分、方面和因素，不同事物之间往往会有一种紧密联系，称为结构。通过分析某现象的结构和各组成部分的功能，从而进一步认识这一现象的方法叫结构分析法。

三、定量分析方法

定量分析方法是运用现代数学方法，将决策所用到的变量与决策目标之间的联系以数学公式表达出来，然后通过求解得出决策目标所要求的最佳方案。使用 Excel 和 SPSS 等统计软件可以完成很多数据统计、分析工作，比如，直方图、相关系数、协方差、各种概率分布、抽样与动态模拟、总体均值判断、均值推断、线性回归分析、非线性回归分析、多元回归分析、时间序列等。

（一）线性回归分析

线性回归分析的基本步骤如下：

①确定回归中的自变量和因变量；

②从收集到的样本资料出发确定自变量和因变量之间的数学关系，即建立回归方程；

③对回归方程进行各种统计检验；

④利用回归方程进行预测。

线性回归方程从样本资料出发，一般利用最小二乘法，根据回归直线与样本数据点在垂直方向上的偏离程度最低的原则，进行回归方程的参数的求解，线性回归分析考察变量之间的数量关系变化规律，它通过一定的数学表达式——回归方程，来描述这种关系，以确定一个或几个变量的变化对另一个变量的影响程度，为预测提供数学依据。线性回归方程的统计检验包括：回归方程拟合优度检验、回归方程的显著性检验、回归系数显著性检验；回归分析假设条件的检验包括残差分析、多重共线性、误差项的序列相关分析。

（二）判别和聚类分析

1. 判别分析

判别分析法的基本思路是，分析和解释各类指标之间的不同之处，并建立判别函数以第一步的分析结果为依据，对未知分类属性的案例进行判别分类。

判别分析的假设条件是，每一个类别都取自一个多元正态总体的样本，所有正态总体的协方差矩阵或相关矩阵都相等。

判别分析的基本模式包括：先验概率、后验概率、判别系数、结构系数、分组的矩心、判别力指数，残余判别力。

判别分析一般都是通过现成的统计软件进行分析。一般而言，利用统计软件的判别分析具体包括以下步骤：确定研究的目的；获取判别分析的数据；进行判别分析；评价和解释分析结果。

2. 聚类分析

聚类分析（又称数字分类学）是新近发展起来的一种研究分类问题的多元统计分析方法。聚类分析的基本思想是，样品聚类是对事件进行聚类，或是说对观测量进行聚类，是对反映被观测对象特征的变量值进行分类，变量聚类则是当反映事物特点的变量很多时，根据所研究的问题选择部分变量对事物的某一方面进行研究的聚类方法。聚类方法包括层次聚类法和选代类法。

聚类分析的主要步骤是：确定研究的问题、计算相似性、聚类、聚类结果的解释和证实。

（三）其他常用方法

1. 因子分析

因子分析是一项多元统计分析技术，其主要目的就是简化数据。它通过研究众多变量之间的内部依赖关系，探求观测数据中的基本结构，并用少数几个假设变量来表示基本的数据结果。这些假设变量是不可观测的，通常称为因子，它们反映了原来众多的观测变量所代表的主要信息，并能解释这些观测变量之间的相互依存关系。

因子分析的基本步骤是：确定研究变量；计算所有变量的相关矩阵；构造因子变量；因子旋转；计算因子得分。

2. 对应分析

对应分析，又称为相应分析，是在 R 型和 Q 型因子分析基础上发展起来的一种多元相依的变量统计分析技术，它通过分析由定性变量构成的交互汇总表来揭示变量间的关系。当以变量的一系列类别及这些类别的分布图来描述变量之间的联系时，使用这一分析技术可以揭示同一变量的各个类别之间的差异及不同变量各个类别之间的对应关系。

对应分析的基本步骤是：确定研究的内容；获取分析资料；对列表作对应分析；解释结果意义；评价分析结果。

3. 多维偏好分析

多维偏好分析又称为主成分分析，主成分分析法就是将原来众多具有一定相关性的指标，重新组合成一组新的相互无关的综合指标来代替原来的指标。

多维偏好分析的基本步骤是：确定研究的问题；收集资料；主成分分析；绘偏好图并解释结果意义。

4. 联合分析

联合分析方法的基本思想是，通过提供给消费者以不同的属性组合形成的产品，请消费者做出心理判断，按其意愿程度给产品组合打分、排序，然后采用数理分析方法对每个属性水平赋值，使评价结果与消费者的给分尽量保持一致，以此来分析研究消费的选择行为。

联合分析的基本步骤是：确定研究对象；确定属性及水平；实验设计收集资料；计算属性的分值；评价分析的结果；解释结果；模拟市场占有率。

第四节　房地产市场调研报告

一、房地产市场调研报告的内容

（一）报告主要内容

1. 导言

导言主要包括标题和前言部分。一般要说明调研的背景、目的和意义，以及调研的计划和安排，调研的时间、地点，以及主要采用的方式、方法等。

2. 正文

正文是报告的主体部分。一般包括情况概述、重要问题阐述、问题和原因分析、发展形势展望、结论和建议等内容。

3. 结尾

结尾是报告的结束部分。一般是对调研报告主要结论的总结和说明，以强调重要性。

4. 附件

附件主要包括图表和附录部分，是调研报告不可缺少的重要内容。

（二）正文主要内容

1. 基本情况概述

概述部分是对具体调研的简明介绍，这部分应该包括：

（1）说明该项调查的目的和范围。

（2）简要介绍调查对象和调查内容，包括调查时间、地点等。

（3）调查的方法，例如市场调查中，资料收集的方法是用询问法还是观察法或实验法，另外，对在资料分析中使用的方法如回归分析等方法作简要说明，并对选用方法的原因作说明。

2. 房地产市场环境概况

房地产市场环境概况包括调研地区的人口状况、当地经济发展情况、居民生活水平、城市规则及政府相关政策等。这些内容是进行调研结论判断和决策的依据。

3. 房地产市场供给特征

房地产市场供给特征包括房地产市场供给总体状况、区域供给特征、相同产品开发经营企业的特征和竞争力等，是进行房地产项目策略、市场定位分析及制定营销策略的重要依据。

4. 房地产市场需求特征

房地产市场需求特征包括房地产市场需求总体状况、区域需求特征及消费群体特征与购房行为等，它为项目市场定位、产品设计、营销策略提供全面准确的决策信息，是建筑设计和营销策略成功的基石。

5. 房地产市场形势及发展趋势

通过对房地产市场环境和市场供求特征的调查分析，判断房地产市场形势和房地产未来发展趋势，为房地产项目定位提供依据。

6. 结论和建议

提出结论和建议是撰写调查报告的主要目的。调查人员必须花费大量的时间和精力来分析、解释调查资料，并使用结构严谨和有效的方法得出调查结论。结论是调查人员在仔细研究和分析所有资料后得出的判断。

在准备建议时，调查人员应有明确的态度，持实事求是的观点，应以调查结果为基础，不能受感情或预感支配，应尽可能简洁、准确地说明建议，使之易于被决策者理解。

二、房地产市场调研报告撰写的原则

（一）以调研目的为核心的原则

市场调研要明确为什么要进行调研，不同目的的调查其内容不一样，得到的结论也不一样，因此，应以调研目的为核心撰写调研报告。

（二）前后逻辑合理的原则

房地产市场调研是对相关的市场信息进行系统的收集、整理、记录和分析，在面对房地产市场进行研究和预测的过程中，要求调研报告前后应当互相承接，逻辑合理，结论是基于调研基础上的判断和预测，若前后矛盾、资料错误，结论也就不可信，对企业决策没有参考意义。

（三）层次鲜明性原则

房地产调研使用到的信息量巨大，同时也要把所了解到的内容呈现在报告中，如果不经常整理，会使内容混乱，不利于报告使用者抓住重点，这就需要调研报告层次鲜明，让报告使用者对整个调研过程和相关信息一目了然，从而增强调研结论的可信度。

（四）图文并茂的原则

市场调研用到的数据有很多，如果全文都是用文字表达会导致内容表达不清晰，缺乏视觉感，使人感觉乏味。图文并茂强调调研中获得的各种数据信息不仅要以文字的形式表示出来，还应当配合适当的图表，使数据的条理和分析显现得更加清晰。尤其是进行定量分析的信息，更应该通过图表来表现结果。

案例

×× 市房地产市场调查研究报告

一、×× 市房地产市场投资环境调研

（整体房地产市场调研报告，共六个部分）

（一）×× 市经济和社会环境分析

1. ×× 市概况

×× 市位于广东省中南部、珠江口东岸，深港经济走廊中段，北距广州 50 公里，南离深圳 90 公里，水路至香港 47 海里，至澳门 48 海里，位于广佛—深港经济圈双极驱动的中心位置。现辖 32 个镇区，678 个村（居）委会。全市陆地面积 2465 平方公里。

2. ×× 市人口及家庭状况

×× 市户籍人口所占比重较小，总人口约 750 万，外来人口占绝对比重，总人口数每年保持约 5% 的增长率，户籍人口数增长缓慢。由于结婚和离婚数统计数仅针对户籍人口，因此绝对数较小。

×× 市的外来人口比例很高，人口密度仅次于深圳，人口数量一直处于珠三角地区城市的前列，人的生活及工作需求为房地产市场发展提供了最基本的支撑。

此外，×× 市还有大量未进入 ×× 市人口统计范围内的人口，这部分人没有 ×× 市户籍，又没有办理暂住证。

表 8-1　×× 市历年人口和家庭状况表

指标 / 年份	2001	2002	2003	2004	2005
户籍人口（万人）	153.89	156.19	158.96	161.97	165.65
外来人口（万人）	457.82	433.65	440.45	486.95	584.98
户籍户数（万户）	42.12	43.15	44.50	45.46	46.50
新婚夫妇（对）	10681	11800	14919	15814	14293

离婚夫妇（对）	447	475	777	1120	1319

数据来源：根据××市历年统计年鉴整理

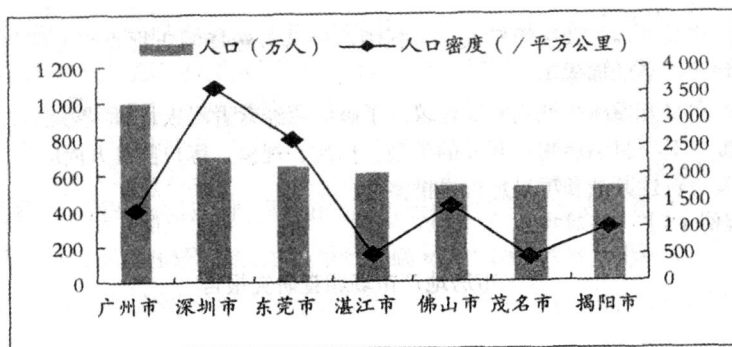

图 8-1　广东主要城市人口及人口密度情况

3.宏观经济运行状况

表 8-2　××市历年主要经济指标表

指标／年份	2001	2002	2003	2004	2005	2006
GDP（亿元）	578.93	672.89	947.97	1806.00	2182.44	2624.63
全社会固定资产投资（亿元）	125.49	191.57	319.31	433.90	597.24	704.95
房地产开发投资（万元）	148544	238350	551184	1144195	1444277	1639398
城镇人均可支配收入（元／人）	16938	16949	18471	20526	22882	25320
人均消费性支出（元／人）	14669	15157	15446	18426	21768	—
城乡居民储蓄存款余额（亿元）	799.17	1001.17	1231.06	1431.68	1728.28	1857.40
城市恩格尔系数（％）	31.68	31.79	31.10	27.36	27.70	—

数据来源：根据历年统计年鉴整理及统计局网站公布数据整理

（1）从地区的宏观经济与当地的房地产业发展状况的关系推算，××市房地产业处于高速发展期。

2001～2006 年××市国民生产总值呈现稳步快速增长，2003～2006 年年增长率保持在 18％ 以上，增长势头强劲。

（2）参照相关理论，××市的人均经济水平已经进入房地产市场的第三阶段，居民在改善需求的目标下，更注重房地产的质量，××市房地产市场进入数量与质量并重的平稳发展阶段。

（3）市民的购买力逐步提高，××市的消费能力逐步提高，居民的消费意愿较强，人民生活水平继续提高。2005年，××市居民人均可支配收入22882元，比上年增长11.5%，扣除价格因素，实际增长8.9%；城市居民人均消费性支出21768元，比上年增长18.1%。

（4）房地产投资占固定资产总投资比例较为合理，促进房地产持续有限发展。根据发达国家房地产发展的经验，房地产投资占全社会固定资产投资的比例在20%～30%之间是比较合理的，能促进房地产持续有效地发展，××市比值为24.18%，房地产市场处于健康发展阶段。

（5）××市城市经济实力排名前列、竞争力较强、城市生活质量较高，对于周边城市人口有一定吸引力。

（6）广州、深圳及其他周边地区良好的经济基础，潜在客户群对××市房地产具有较强的消费能力。

表8-3　2006年珠三角主要城市经济指标及其增长比较表

城市	地区生产总值（亿元）	2005年比2004年增长（%）	单位面积产值（亿元/km²）	地方财政收入（亿元）	2005年比2004年增长（%）
××市	2182.4	19.3	0.89	103.97	25.8
广州市	5115.8	13	0.70	371.26	15.7
深圳市	4926.9	15	2.44	412.38	18.2
珠海市	634.58	13.1	0.38	48.97	21.4
佛山市	2379.8	19.2	0.62	130.85	18.3
惠州市	803.94	15.8	0.08	34.74	20.6
肇庆市	453.55	14.3	0.03	20.43	21.5
江门市	802.16	12.7	0.08	41.63	19.7
中山市	817.56	15.2	0.45	54.26	23.6

数据来源：根据历年统计年鉴整理及统计局网站公布数据整理

表 8-4　宏观经济增长与房地产市场的发展阶段关系

宏观经济增长	房地产市场的发展阶段状况
小于4%	萎缩
4%～5%	停滞
5%～8%	稳定发展
大于8%	高速发展

注：库兹涅茨的著作中论述了宏观经济增长与房地产市场发展阶段之间的关系

表 8-5　一个国家的人均 GDP 与房地产市场的关系

人均 GDP	0～800US$	800～4000US$	4000～8000US$	8000～20000US$
需求阶段	生存需求	生存、改善需求	改善需求为主	
房地产市场特征	超速发展 单纯数量型	快速发展 以数量为主，数量与质量并重	平稳发展 以质量为主，数量与质量并重	缓慢发展 综合发展型

注：世界发展银行的经济理论——一个国家的人均 GDP 与整体社会经济发展之间的对应关系

4. 产业发展

近年××市各次产业之间比例保持稳定，第三产业对 GDP 的贡献约为 40%，第二产业所占比重约为 60%，××市仍然是一个工业城市。高新技术产值占工业总产值的比重较小，增长率略高于工业总产值的增长率。

未来根据《××市国民经济和社会发展第十一个五年规划纲要》：经济增长质量和效益明显提高，产业结构更趋协调，三次产业比例调整为 1∶52∶47。大力发展高新技术产业和装备制造业，巩固提高电子信息、电气机械等优势支柱产业，积极发展数字通讯、电子材料、新型显示器件及消费电子，不断优化 IT 产业结构，推进××市从 IT 大市向 IT 强市转变。

目前××市产业依然以加工制造业为支撑，高新产值所占比重较小，决定了绝大多数从业人员的收入水平较低，购买能力有限。未来三产业之间的比例仍然维持现状，随着××市高新技术产业发展从业人员素质将有所提高，房地产市场的需求将进一步加大。

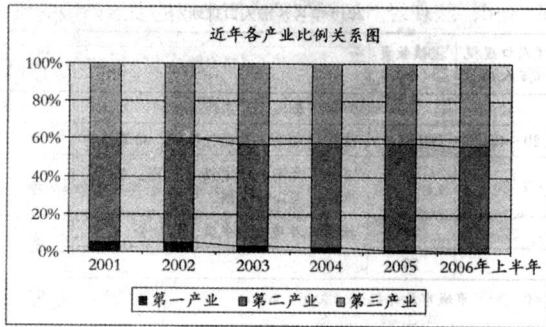

图 8-2　××市产业结构图

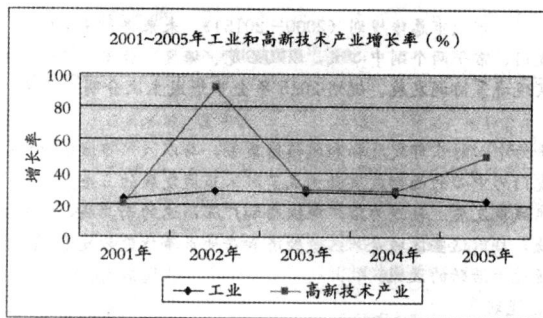

图 8-3　××市高新技术发展情况

5.经济及社会发展目标（略）

（二）城市规划

1.珠江三角洲城市规划（略）

2.××市人口规划

《××市城市总体规划（2000—2015）》规划 2010 年年末总人口控制在 420 万人左右；2015 年年末总人口控制在 400 万人左右，全市城市化水平达到 80%，市域城镇人口规模为 320 万人左右（包括暂住人口）。

表 8-6　2010 年××市人口规划

等级	城镇人口规模（万人）	城镇数量（个）	城镇名称	城镇人口总值（万人）
I	> 40	1	市区（含城区、东城、篁村、万江）	80

续　表

等级	城镇人口规模（万人）	城镇数量（个）	城镇名称	城镇人口总值（万人）
Ⅱ	20～40	5	虎门、常平、长安、厚街、塘厦	130
Ⅲ	7～20	6	石龙、清溪、樟木头、凤岗、寮步、麻涌、茶山、大朗、中堂	110
Ⅳ	＜7	14	横沥、石碣、忘牛墩、东坑等	70
合计		29		320

数据来源：××市城市总体规划（2000—2015）

规划中，2010 年 ×× 市的人口在 320 万，已经低于目前的人口数量，因此该规划中对人口的规划基本没有太多预见性。

3. ×× 市城市规划

根据《×× 市城市总体规划（2000—2015）》，未来将加速发展 ×× 市区（中心城）和虎门、常平两个副中心城，以及石龙、塘厦、长安、厚街、樟木头等重点城镇，实现城乡协调发展。规划 2015 年全市形成主次分明、分工协作的城镇职能结构。

以常平为中心的东部发展轴和城镇密集带，与以 ×× 市城区为中心的中心发展轴、以虎门为中心的西部发展轴构成了 ×× 市域发展的三条主要轴线。

×× 市城市发展主轴线为沿广深铁路和广深高速的南北线，以及主城区和松山湖的中线，目前这些区域是 ×× 市经济和房地产市场最为发达的区域，也是未来房地产市场最为活跃的区域。

4. 交通规划

（1）轨道交通规划

（2）公路交通规划（略）

（三）房地产政策对 ×× 市房地产市场影响分析（略）

二、×× 市土地市场供应情况

（一）近三年土地供应情况分析

1. ×× 市土地市场概述

（1）土地交易方式

2010 年开始，×× 市经营性用地开始全面实行"招拍挂"，其中以挂牌为最主要的交易方式，从形式上保证土地市场的公开、透明。但是××市土地市场依然存在大量的私下交易。

（2）土地出让的条件

土地出让必须符合两个条件：上级政府要有土地出让指标；满足发展规划要求，出让地块的位置和规模的取决于当地政府。

2. 近三年公开出让土地交易价格分析

2014～2020年××市公开出让的商住用地价格大幅度上涨，年均上涨幅度超过20%。城区土地价格始终高于镇区土地价格且差距有扩大的趋势。

表8-7 2014～2020年××市商住用地价格情况 单位：元/m²

年份	2014	2015	2016	2017	2018	2019	2020
地面地价	589	859	1083	1046	1297	1923	1985
增长率		31%	21%	-4%	19%	33%	3%
城区价格	643	743	1107	1101	1513	2204	2671
镇区价格	555	725	1017	908	997	1755	1821

信息来源：××市国土资源局网站

3. 近三年公开出让土地的类型、片区与属性

从商住用地年出让总面积来看，2017及2019年土地出让面积略高于100万平方米，2018年土地出让面积较小，仅为70万平方米。

从商住用地年出让价格来看，2019年土地出让价格比2018年土地出让价格有所上涨（其中城区上涨31.53%，镇区上涨29.04%），2019年土地出让价格比2018年有所下降（其中城区下降13.01%，镇区下降28.29%）。

从商住用地出让的区域来看，2018年及2019年城区的土地出让面积相对2017年下降了近50%，对两年内城区商品房供应面积有所影响。

4. 外地开发商介入××市土地市场情况

2019年以来，×市知名开发商纷纷进入××市土地出让，土地的平均取得成本为2702元/m²，高出2017年××市土地平均价格717元/m²，共计取得土地48.5万平方米，超过2017年××市土地出让总量220万平方米的1/5，外地开发商不断介入××市场将不断提高××市土地价格。最近××的土地出让更是吸引

了大量 A 城市的一线开发商，未来随着 A 城市土地供应的紧缺，将有更多的品牌开发商进入 ×× 市场，将进一步拉高 ×× 市的土地价格。

（二）未来住宅用地供应情况

1.《×× 市城市总体规划（2005—2020）》解读

表 8-8 ×× 市城市现状及规划建设用地统计

序号	用地名称		面积（公顷）	
			现状	规划
1	居住用地		2141.68	2673.53
2	公共设施用地		421.88	1000.74
	其中	行政办公地	74.55	118.25
		商业金融用地	187.17	448.95
		其他	150.16	433.54
3	工业用地		1209.09	1615.66
4	其他		1107.71	22889.2
	合计		5412.21	7047.6

根据规划建设用地统计表，规划期土地供应的类型以居住用途和工业用途为主，商业和办公用地所占比重较小。

2.《×× 市主城区近期建设规划（2015—2020）》解读（略）

3.《×× 市住房建设规划（2015—2020）》解读

未来几年土地供应总量 9.9km²，加上 2006 年计划 3km²，总共为 12.9km²，规划期内住宅供应面积达 1800 万平方米，为现状住房总建筑面积 2400 万平方米的 3/4。同期 A 全市土地出让面积为 11km²，其中有 5km² 的旧改用地；B 全市土地供应总面积为 21.15km²。相对周边城市，×× 市未来几年土地供应充足。

（1）供应面积。

主城区住宅用地面积供应逐年下降，土地供应面积、建筑面积、套数以每年约 20% 的比例下降。

229

规划的居住用地中，万×区为 172 公顷，×城区为 161 公顷，东×区为 300 公顷，南×区为 237 公顷，×园区为 420 公顷。

经济适用住房：共 4 处 32 公顷，其中××等四个区各 8 公顷，均位于户籍人口中低收入阶层工作、居住密集的老城区，并靠近西部工业带和东部工业带，交通便利、生活方便。

根据 2015 年土地公开出让信息统计，整个××市公开出让的商住和住宅用地面积才 2.2km²，远低于该规划中 2015 年主城区 3km² 的出让面积，土地供应计划并未落实。

表 8-9　土地供应面积表

用地类型	2017 年			2018 年			2019 年			2020 年		
	土地面积	建筑面积	套数	土地面积	建筑面积	套数	土地面积	建筑面积	套数	土地面积	建筑面积	套数
住房用地	3.37	470	4.84	2.7	375	3.88	2.1	300	3.12	1.73	235	2.44
普通商品房	2.3	318	3.52	1.83	249	2.76	1.4	197	2.19	1.14	153	1.7
高档商品房	1.01	141	1.18	0.8l	113	0.94	0.63	90	0.75	0.52	70	0.58
经济适用住房	0.06	9	0.11	0.06	10	0.13	0.07	10	0.13	0.07	10	0.12
廉租住房		2.0	0.03		3	0.05		3	0.04		2	0.04

（2）供应区域。（略）

（3）居住容量。（略）

（4）2018 年计划土地出让情况。（略）

4.主城区未来土地供应的重点类型、片区与属性。（略）

（三）××市土地市场小结

1.总体来说，××市土地供应充足。主城区内依然有大量的可开发土地，而各镇区可开发土地量差异较大，相对来说，经济较发达的镇可开发土地较少，而经济欠发达镇可开发土地较多。

2.价格不断上涨，未来随着外地开发商的大举进入，土地价格将进一步被拉高，上涨幅度也将变大。

3.××市土地出让方式虽采取了公开出让的方式，但存在着大量的私下交易，相对周边城市，土地市场依然不规范。

4.区域中央生活区和×产业园区将成为高档住宅用地集中供应区域。

三、××市房地产市场研究（注：主要是针对住宅房地产市场进行研究，是本报告的重点）

（一）××市2004～2006年市场供应研究

1.住宅开发建设情况

2006年新开工面积和施工面积比上年分别上涨了45%和59%，以施工面积代表一年后的供应量，新开工面积代表两年后的供应量，预计未来两年住宅供应量将急剧放大。

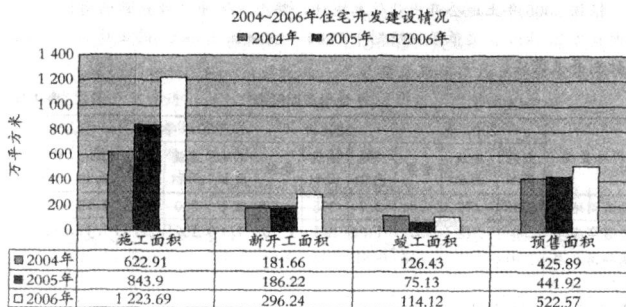

2004~2006年住宅开发建设情况
◨ 2004年 ■ 2005年 □ 2006年

	施工面积	新开工面积	竣工面积	预售面积
◨2004年	622.91	181.66	126.43	425.89
■2005年	843.9	186.22	75.13	441.92
□2006年	1 223.69	296.24	114.12	522.57

图8-4 2004～2006年××市住宅开发建设情况

2.住宅和别墅的供应面积和套数

2006年住宅的供应面积和套数都大幅提高，而别墅的供应面积和套数在逐渐下降，未来随着别墅的禁止开发，别墅的供应将更为稀缺。

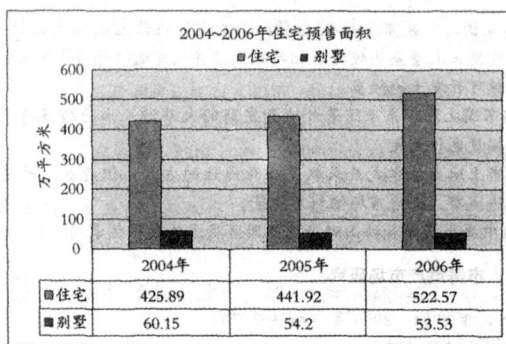

图 8-5　2004 ～ 2006 年 ×× 市住宅开发建设情况

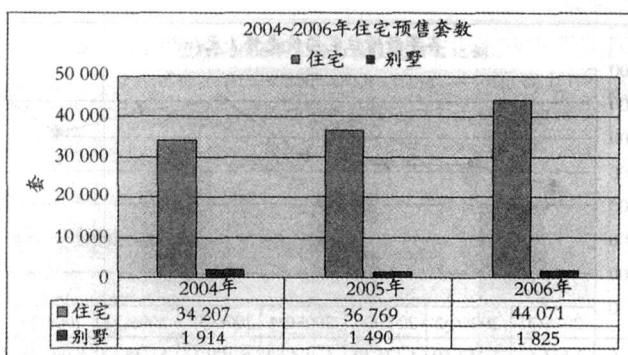

图 8-6　2004 ～ 2006 年 ×× 市住宅开发建设情况

3. 新增供应的户型和面积

2006 年全年新增住宅套数中，3 房单位所占比例最大，共新推货量 16602 套，占 42.79%，与 2005 年相比，小户型单位推货量有较大幅度增长，2006 年 2 房以下单位的推货量增长约六成。根据世联的统计，2006 年和 2007 年两年内入市和即将入市的小户型面积约 60 万平方米，6500 套左右，供应量将急剧放大。

4. 新增供应区域分析

从住宅的供应区域来看，东城区和南城区是主城区供应集中的区域，各区域供应量有所起伏，但总体态势未有太大变化。供应量前五名的区域占总供应量略高于50%，南城区、东城区、常平镇、厚街镇是开发的热点区域。

（二）市场的成交情况分析

1.价格分析

从近六个季度价格的走势来看，虽然季度之间有所波动但基本维持向上的趋势，其中城区的价格两年内上翻了近一番，镇区的价格相对稳定。与周边城市相比，房价依然较低，未来随着交通的改善及城市的融合房价依然有较大的提升空间。

2.各类户型和面积的销售情况

近年销售的户型主要为三房及以下户型，所占比例超过80%，其中三房所占比例最大，不过四房及四房以上所占的比例在逐步提高。从销售面积来看，120m² 以下所占比例逐步下降，120m² 以上所占比例逐步上升，各面积区段的比例区域一致。

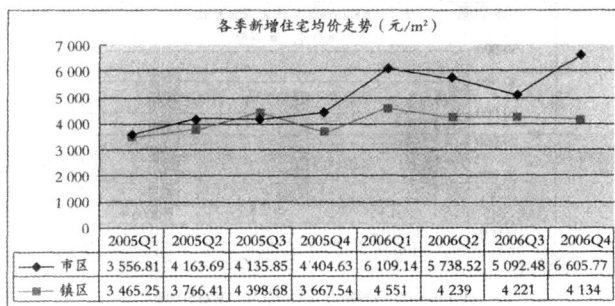

图 8-7   ××市各季新增住宅均价走势

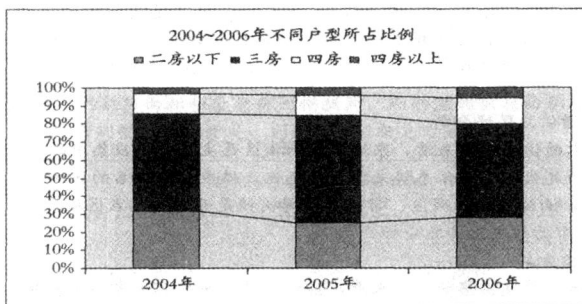

图 8-8   2004～2006 年不同户型分布

3.预售和成交比分析

2004 年以来，××市预售成交比不断上升，空置面积不断下降，市场不断消化空置楼盘。但预售成交比较低，根据政府公布的相关数据显示，2006 年不足 50%，这与××市场很多房子已经出售，但未办理房产证有关。

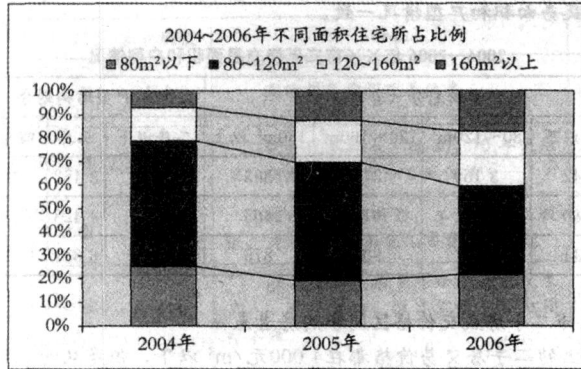

图8-9 2004～2006年不同面积住宅分布

表8-10 2004～2006年××市住房交易情况

指标（年）	预售面积（万平方米）	销售面积（万平方米）	空置面积（万平方米）
2004	425.89	211	91.43
2005	441.92	208	73.82
2006	522.57	288.39	63.28

（三）××市二手房市场分析

1.××市二手房总体交易情况

从近三年交易面积、套数、交易额可以看到，相关指标大幅攀升，每年接近30%涨幅，说明××市二手房交易开始活跃。××市二手房交易均价远低于一手房价交易价格，主要是对价格比较敏感的客户，均价每年涨幅超过10%。

表8-11 2004～2006年××市二手房总体交易情况

年份	销售均价（元/m²）	面积（万平方米）	套数	交易额（万元）
2004	1214	66.6	6441	80843.02
2005	1377	83.12	8085	114497.01
2006	1745	117.17	10982	204405.99

2.××市二手房交易面积和户型情况

交易面积和户型主要是120m²以下、三房以下的二手交易行为活跃。与一手房市场的交易面积和户型情况一致。

表8-12　2004～2006年××市二手房交易面积和户型情况

年份	面积划分（套）				户型结构划分（套）			
	80m²以下	80～120m²	120～160m²	160m²以上	二房以下	三房	四房	四房以上
2004	2542	3159	377	363	2362	3462	363	254
2005	2980	4021	619	465	2770	4428	588	299
2006	3641	5561	904	876	3143	6341	1018	480

3.××市二手房成交价格区间和购房者来源

85%以上的二手房交易价格都在4000元/m²以下，但是从对三级市场调查发现××市本地人很少购买二手房，因此该部分购房客户主要来源为非××市籍其他广东人和外省户籍的人士。

表8-13　2004～2006年××市二手房成交价格区间和购房者来源情况

年份	房价划分（套）				购房者籍贯（套）		
	2000元以下	2000～4000元	4000～7000元	7000元以上	本省户籍	外省户籍	境外户籍
2004	2542	3159	377	363	2362	3462	363
2005	2980	4021	619	465	2770	4428	588
2006	3641	5561	904	876	3143	6341	1018

四、消费者分析

1.消费者类型、规模及特征

表 8-14　××市房地产市场客户情况

客户分类		客户规模	特征	需求
纯投资客		★★★★★	客户属性混杂,本地人、台湾人,企业主、高管、公务员,在××市、其他镇区或深圳,但与项目有一定的地缘或工作缘,这些人是××市房地产市场的发展的获利者,升值是他们关注的重点内容	—
本地人	自住型	★★	本地居民希望改善住房	大3/4房、类别墅
	过渡型	★★	新一代本地人,以80、70年代为主,新婚或分家,小家庭生活	中小3房
私营业主	自住型	★★★	经济实力相对强,工厂离项目较近,为平衡子女和家人多重考虑就近	大3/4房、类别墅
	过渡型	★★★	在××市发展多年小企业主或生意人,前景很好,但目前经济实力相对不强	2房、3房
泛白领(包括公务员、技术人员、企业中管以上等)	自住型	★★★	与项目附近有强烈的地缘关系	3房
	过渡型	★★★	经济实力相对较弱,部分还没有成家或没有孩子,厌倦了租房、宿舍,希望拥有自己的个人天地、二人世界或与亲人相聚的稳定居所	1房、2房
非知识精英	自住型	★	通过自己努力在××市长期发展拥有一定经济基础,希望长期在××市发展,在××市拥有自己的家是他们最大的理想之一	2房、3房
	过渡型	★	用年轻和努力实现梦想,出人头地是他们的梦想,拥有自己的物业是他们可以标榜自己的物质之一	1房、2房

　　×× 市目前房地产市场的客户主要有表 8-14 中的五类客户，其中以投资者所占的比重最大，目前销售点的楼盘中投资者所占比重都在 10%，深圳客户在 ×× 市购房的比例正在逐步加大。而对户型的需求中 2 ~ 3 房所占比重最大。

　　2. 按经济实力分类客户形态

　　根据客户的资产情况，客户分为五类。①顶端客户，②高端客户，③中高端客户，④中端客户，⑤中低端客户。

　　3. 客户关注因素分类

　　目前 ×× 市房地产客户普遍较为关注的因素有环境 / 绿化 / 景观、地段、升值潜力、物业管理等。

　　某楼盘客户购房的关注因素。（略）

　　4. 客户购房特征分析

　　从 ×× 市区购房客户的籍贯来看，75% 为外地人，与市场现状一致。年龄在 25 岁以下所占比重较小，主力购房客户为 25 ~ 40 岁的客户占 79%。

　　家庭年收入 50000 ~ 100000 元的客户比例最大，以目前 ×× 房地产市场现状，年收入 5 ~ 10 万元的家庭买房比较普遍。本地人收入水平高于外地人，家庭年收入在 50 万以上比例最大，收入在 5 万元以下的家庭多为外地家庭。本地家庭购买能力强，外地家庭购买能力弱。

　　调查对象中，24% 没有自有住房、69% 拥有两套以上住房，投资买房的比例较大。从住房面积来看，80 ~ 100m² 住房所占比例较大，户型中三房和二房所占比重较大，而且比重一样。

　　从购房者居住状况看，7% 的外地人无自住房，本地人大多拥有两套以上住房。25 岁以下的被调查者无房率最高，30 ~ 40 岁之间的拥有两套房比例最高，30 ~ 40 岁之间的人口是购房最为活跃的人群。儿女同住面积多集中 200m² 之间，而三代同堂面积多集中在 120 ~ 200m² 之间。随着家庭人口的增加，居住面积也有所增加。

五、竞争分析（略）

六、市场调查研究结论

　　1. 经济的快速增长为 ×× 市房地产市场发展最基本的支撑。

　　2. 房地产政策虽然对房地产市场有所影响，但对于 ×× 市房地产大势的影响较小。

3. 企业主及中高层管理者自住和投资需求是 ×× 市房地产市场的主要需求，这部分消费者既是本地人又是外地人，购房需求强烈，地缘关系决定其购房区域。

4. 从市场供给来看，二房、三房、四房等户型并存，面积 100 ~ 140m² 的产品依然是市场供给和需求的主要产品，小户型在城区供应量放大，市场普遍反映良好。

5. 交通依然是影响房地产市场的最主要因素，决定了各个镇区房地产市场的发展水平，同时也是决定项目成功最关键的因素。

6. 本地知名开发商依然通过良好的政府关系，往往可以低价拿地或者取得资源较好的地块，过去不太注重楼盘开发品质，已竣工楼盘多质素一般，但目前已经进入由追求规模向品质、规模并重发展阶段。

问题：纸质调查问卷和电子调查问卷的优势分别是什么？劣势又分别是什么？

本章小结

营销策划和销售执行阶段的市场调研，首先需要研究宏观经济市场环境，掌握市场供需与竞争对手的动态；需要了解企业本身的产品与服务，产品的优势与劣势，从客户的需求中弥补产品本身的不足，了解产品在市场上的定位，了解产品的市场占有率；进行消费者调研，了解消费者对本企业的产品、服务水平的评价，从而得出消费者对产品的评价意见的调研；还需要进行价格调研，应分析产品的最适宜售价，如何给新产品定价，适当给旧产品调整价格，进行本企业产品价格与竞争企业同类产品价格的差异分析。

复习思考题

1. 房地产市场调研有哪几大特点？有哪些类型？

2. 分析房地产市场调研中访谈调研法有哪些优缺点？

3. 关于房地产市场调研方案的撰写，需要设计哪些基本内容？

4. 线性回归分析的基本步骤是什么？

5. 房地产市场调研报告需要符合什么原则？报告包含的主要内容有哪些？

6. 房地产市场调研的操作流程有哪些步骤？每个步骤阶段最容易出现哪些问题和错误，如何预防和纠正这些问题？

第九章 房地产目标市场分析

在中国房地产业迅速发展的过程中，房地产企业之间的竞争也日趋激烈，房地产企业的成功不只取决于企业现在占有和使用资源的多少，更在于企业识别、创造和有效整合、利用资源的能力。为了进行有效竞争，房地产开发企业必须进行市场细分，选择最有利可图的目标市场，集中企业资源，制定有效的竞争策略，进行准确的定位，以取得和增强竞争优势。

第一节 房地产目标市场概念

一、目标市场含义

所谓目标市场，就是企业决定进入的那个市场。目标市场是企业营销活动所要满足的市场，是企业为实现预期目标而要进入的市场。即企业经过市场细分，以及对细分市场评估以后，决定以相应的商品和服务去满足那种特定需要和服务的顾客群。

二、目标市场选择的意义

第一，能够系统地考察各个细分市场，从而了解全局，更好地把握市场机会。

第二，能够系统地考察一个项目，就其满足特定的细分市场需要进行项目策划。

第三，能够从技术、经济、管理角度，对项目策划方案进行全面的论证与评估。

第四，能够对项目投资及投资方案做出科学的决策。

第二节　房地产市场细分

一、房地产市场细分概念

房地产市场细分是指为了更好地满足消费者的需求、进行目标市场选择和制定营销决策，从房地产市场需求者的差别出发，通过市场调研，依据消费者的需要与欲望、购买行为和购买习惯等方面的差异性，按照一定的标准把整个房地产市场划分为若干个具有相似需要和欲望的消费者群的过程。

二、房地产市场细分的含义

房地产市场细分是指人们在目标市场营销观念的指导下，依据一定的细分参数，将房地产市场总体分为若干具有相似需求和欲望的房地产消费群，其中，每个消费群即为一个细分市场。房地产市场细分是房地产企业选择目标市场及目标客户的前提与基础，其根本功能在于为房地产企业实施有效的目标市场营销战略服务。房地产市场可以从以下角度进行细分：一是心理需求细分。分析消费者的心理需求，其实是分析其在购买住宅时的动机，人们的生活方式和个性不同决定了不同的住宅消费群。二是家庭组成细分。在城市中家庭是一个生活单元，家庭数量及结构对住宅的需求有重大影响。三是地理环境细分，包括自然地理环境、经济地理环境和人文环境方面的内容。

市场细分有它一定的客观基础：首先，在于市场需求的差异性及由此决定的购买者动机和行为的差异性。市场需求的差异性取决于社会生产力发展水平、市场商品供应的丰富程度及消费者的收入水平，除了对某些个别的同质商品外，消费者的需求总是各不相同的，这是由个性、年龄、地理位置、文化背景、职业等方面的差异所决定的，这些差异，在社会经济落后、商品匮乏和人们收入微薄的时候并不明显。

其次，市场细分和目标营销的客观基础还在于市场需求的相似性。从整体上看，人们的消费需要是千差万别的，然而在这种差别之中包含着某种共性。

最后，企业的资源限制和有效的市场竞争是市场细分的外在强制条件。

三、市场细分的目的

市场细分的概念在实际的房地产市场分析中包含两个层次。第一个层次是从经济层面对供求双方进行子市场细分，并进行供求对比，我们称之为市场定位。第二个层次是从非经济的层面对供求双方进行细分，并进行供求对比，我们称之为产品定位。从理论上讲，这是市场细分的两个不同的层次，在实际的市场研究中，市场定位和产品定位是两个不同的工作阶段。无论是对供给方的细分还是对需求方的细分都可以是多层次的，至于实际的市场研究中，细分到哪个层次为止，要看市场研究的目的。如果仅是为了寻找一个有潜力的目标子市场，在多数情况下从经济的角度，如收入、价格等进行分类就可以了。当以价格、收入等主要经济指标进行细分之后，还不足以区隔出有潜力的目标子市场，那就要从非经济的角度，对产品和客户进行分类，比如产品的风格、色彩、性能指标，客户的职业、年龄、性格特征和心理特征等。市场细分不但有多个层次，还有多个维度，细分到什么维度，也要视市场研究的目的而定。市场细分的目的有时是要寻找有潜力的目标子市场，有时要给项目推广提供支持，例如，确定广告诉求、公关活动主题、销售答客问、谈判技巧等。只有了解了消费者各特征，才能使产品设计更有吸引力，沟通方法更有效。

市场细分不仅有多层次、多维度，还需要把不同层次和不同维度的标志、特征组合起来，根据这些特征，勾勒出不同的消费者形象。从理论上说，消费者是多个层次、多个维度，在不同场合下多种特征组合的组群。从不同的角度看有不同的特征和形象，这种多变幻的特点使消费者区隔成为一项困难的工作。市场细分本身不是目的，只是一个方法，它帮助我们认识消费者的特征。或者说，细分的目的是要区别出目标市场、目标客户的特征，从而更好地把握消费者的偏好，包括对产品风格、产品尺度配比、媒体习惯等。当市场空间很大，竞争并不激烈时，只要认出有购买力的人群就可以了，运用经济指标区分客户层也就足够了。但是当产品多样化、个性化、时装化的时代到来时，就不得不从非经济的角度、多维度地细分客户和理解客户了，要理解他们的心理状态，知道他们头脑里的信息储备，了解他们的行为习惯和决策方式。

四、房地产市场细分的标准

房地产市场是个多元市场，其内部有多个相互有机联系的子市场，按不同的标准，可进行多种分类。

按房地产的用途分类可细分为：住宅市场和非居住用房市场。其中非居住用房又可分为：办公用房、购物中心等商业用房、旅馆房地产、工业用房地产和休闲用房地产等。

按房地产的区域分类可细分为：旧市区和新市区；高级住宅区和大众住宅区；商业区、住宅区和准工业区；繁华商业区、衰退商业区及计划再开发区；人口递增区、人口递减区和人口持平区等。

按房地产市场顾客规模可分为：个人或法人，大面积客户和中小面积客户等。

按房地产商品权益让渡形式可分为：买卖市场、租赁市场、抵押市场和典当市场等。

按房地产市场供货方式可分为：现房市场、期房市场。

按房地产市场先后顺序可分为：土地投资市场、房地产开发市场、建筑施工市场、房产市场等。

按房地产市场层次可分为：一级市场、二级市场和三级市场。

对于上述每一种分类，还可进一步细分。

五、细分市场轮廓描述

由于消费者构成极为复杂，不便于市场把控。因此，在这里我们以产品为细分对象，依据总价和单价指标，将市场细分为低端、中低端、中端、中高端及高端市场。

（一）低端市场

1.市场特征

该类产品一般为低总价（15万以内）、低单价或小户型；产品品质较低，大多为满足人们最基本的居住需要。开发技术层面要求不高。

2.目标客户群

● 年龄：主要集中在30周岁以下的未婚人士和其他年龄段的低收入者。

● 收入：年收入大多在3.5万以下。

● 家庭结构：2人及以下，比例为24%。

● 受教育程度：他们大多受过较高的教育。

● 置业情况：大多为第一次置业，现在主要以租房为主。

● 购房目的：成家立业的需要，作为过渡性住房，解决基本的居住问题。

● 购买行为：注重产品的经济实用，对品牌基本没有要求。

（二）中低端市场

1.市场特征

该类产品总价主要集中在 15 万～20 万，单价多为 1500～2000 元；产品品质一般，产品变现速度较快，对开发商市场运作能力要求不高。

2.目标客户群

●年龄：这个阶层的年龄范围较广，界定这个阶层主要以收入和购买能力为标准，年龄主要集中在 40 岁以下。

●收入情况：年收入 3 万～5 万。

●家庭结构：这部分人群大多已经成家，家庭人口以 3 人为主，或 3 人以上。

●职业状况：企事业单位的普通职工、公司员工。

●受教育程度：受教育程度普遍不高。

●置业情况：第一次置业为主，二次置业为辅。

●购房目的：家庭居住需要，迫切需要改变居住环境。

●购买行为：对价格特别敏感，注重产品的实用性和舒适性，对品牌基本没有要求。

（三）中端市场

1.市场特征

该类产品总价大多在 20～30 万，单价在 2000～2500 元，产品品质较好，配套设施比较齐全，环境较好，因此销售速度一般较快。该市场开发商进入的难度较中低端市场大些。

2.目标客户

●年龄：30～40 岁，这部分人群也属于有效消费的主力人群，在中成公司的市场调查中，这个年龄段的人群占到了 14.2%，与华西都市报所做的市场调查的结果大致相同。

●收入：他们的收入在 5 万～8 万之间，有一部分积蓄。

●家庭结构：三口之家为主。

●置业情况：相当大的一部分为二次置业。

●购房目的：改善居住环境，提高居住水平。

●购房行为：比较理智，除实用外，比较注重产品的舒适性，对品牌有一定的要求。

（四）中高端市场

1. 市场特征

该类市场总价在 30 ~ 50 万，单价在 2500 ~ 3000 元，产品品质较高，建筑结构多为框剪，户型设计新颖，配套设施齐全，注重小区环境，运用新型建筑材料或建筑技术，对开发商运作水平要求较高。

2. 目标客户群

● 年龄：30 ~ 40 岁，这部分人群也属于有效消费的主力人群。

● 收入：在 5 万 ~ 8 万之间，有一部分积蓄。

● 家庭结构：三口之家为主。

● 置业情况：相当大的一部分为二次置业。

● 购房目的：改善居住环境，提高居住水平。

● 购房行为：比较理智，注重产品的舒适性，注重产品品质、品牌。

（五）高端市场

1. 市场特征

该类市场总价大多在 50 万以上，单价在 3000 元以上，产品品质高，设施设备档次高，大量运用高新技术产品，多为低层，环境优美，对开发商运作水平要求高。

2. 目标客户群

● 年龄：35 ~ 45 岁之间。

● 收入：高收入阶层，年收入 10 万以上，有相当的存款。

● 家庭结构：3 人或 3 人以上。

● 职业状况：公司或企业的管理人员、行政事业单位的高层干部、私营业主等高收入阶层。

● 受教育程度：大多受过较高的教育。

● 置业情况：为二次置业或多次置业。

● 购房目的：提高生活品质，彰显身份，从一定层面上讲，也可以理解为投资行为。

● 购房行为：理智，往往要等产品变现后才下单，非常看重品质、品牌。

六、评估细分市场

在将市场细分之后通常并不是想要追求所有的细分市场，因此，挑选目标市场是一个关键的决策。所有的细分市场必须符合四个标准：可测量性，即细分市场的购买力和规模大小可以被测量出来；可盈利性，即细分市场的容量能够保证企业获得足够的经济效益，否则，这一市场对企业来说是无意义的；可接近性，即企业有足够的能力接近该细分市场，并占有一定的市场份额；易反应性，如果一个细分市场对营销战略的反应同其他细分市场没有什么分别，则没有必要把它当成一个独立的市场。

细分市场满足了以上四个标准，仅仅是满足了市场选择的基本条件，除此之外，房地产开发企业还要分析评估细分市场，看它是否最适合自己。只有既能发挥企业相对优势，又能提供足够的获利机会的市场，才值得占领。评估的要素主要有三项：细分市场的规模和增长程度、细分市场的结构吸引力及项目所在企业自身的目标和资源。

房地产市场细分的程序：

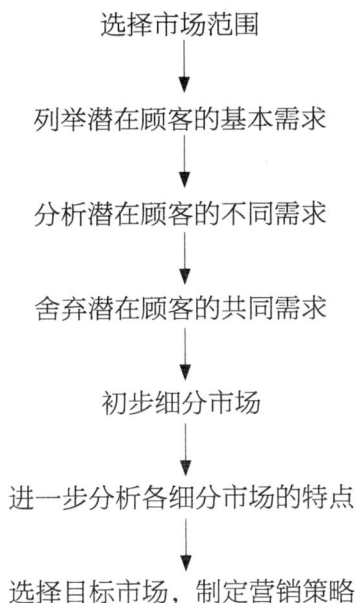

选择市场范围

↓

列举潜在顾客的基本需求

↓

分析潜在顾客的不同需求

↓

舍弃潜在顾客的共同需求

↓

初步细分市场

↓

进一步分析各细分市场的特点

↓

选择目标市场，制定营销策略

七、评估房地产细分市场的规模和增长程度

房地产开发企业首先必须收集、分析各类细分市场的现行销售量、增长率和预期利润。一般来说，企业只对具有适当规模和增长程度的市场感兴趣。但是，适当规模和增长程度是一个相对量。一些企业想把销售量大、增长率和利润额高的细分市场作为目标市场，但是，并不是对每一个房地产开发企业来说，规模最大和增长最快的细分市场就最具有吸引力。企业应力求避免"多数谬误"，即与竞争企业遵循同一思维

逻辑，将规模最大、吸引力最强的市场作为目标市场。大家共同争夺同一顾客群的结果，是造成过度竞争和社会资源的无端浪费；同时，使消费者本应得到满足的需求遭受冷落和忽视。现在，很多房地产开发企业纷纷将大、中城市作为首选市场，而对小城镇市场不屑一顾，就很可能步入"多数谬误"的误区。如果转换一下思维角度，一些目前经营尚不理想的企业，说不定会产生新的局面。

八、评估房地产细分市场的结构吸引力

细分市场可能具备理想的规模和发展特征，然而，从赢利的观点来看，它未必有吸引力。波特认为，有五种力量决定整个市场或其中任何一个细分市场长期的内在吸引力。这五个群体是同行业竞争者、潜在的新参加的竞争者、替代产品、消费者和供应商。在分析房地产细分市场的结构吸引力时，同样必须注意来自这五个方面的威胁。

（一）评估五个方面的威胁：

1.细分市场内部竞争激烈程度的评估

如果某个细分市场已经有了众多的、强大的或者竞争意识强烈的房地产商品的供应商，那么，该细分市场就会失去吸引力。如果该细分市场处于稳定或者衰退阶段，但房地产商品的开发建设能力还在不断扩大，固定成本较高，撤出市场的壁垒就会过高，这样的市场最好不要进入。因为这些情况常常会导致价格战、广告争夺战及新产品的大量推出，企业参与竞争往往需要付出高昂的代价。一个房地产开发项目的持续时间是很长的，需要3～5年甚至更长的时间，通常的做法是将一个项目分成几期来滚动开发。目前我国房地产市场环境的变化是非常快的，在每一个细分市场中都存在潜在的竞争对手转变为现实竞争对手的可能。在一个项目的开发期中，会受到很多现实的和潜在的竞争对手的挑战。要想顺利实现项目的开发目标，项目必须在这个细分市场上拥有持续的竞争优势，这样才能够使项目维持自己在该细分市场中的竞争力，这一点对整个项目的成功至关重要。所以，在确定目标市场的时候，必须提前考虑到项目在该细分市场中的竞争优势的持续性。

2.潜在的新参加竞争者的评价

如果某个细分市场可能吸引新的竞争者，这些新的竞争者在增加新的开发建设能力和大量资源的同时，又争夺市场份额，那么就会降低该细分市场的吸引力。问题的关键是新的竞争者能否轻易进入这个细分市场。如果新的竞争者进入这个细分市场时遇到较高的壁垒，并且遭受到细分市场内原来企业的强烈排挤，那么它们便很难进

人。一般来说，细分市场的保护壁垒或进入壁垒越低，原来占领细分市场的企业的报复心理就越弱，这个细分市场也就越缺乏吸引力。

3. 替代产品的分析

如果某个细分市场存在着替代产品或者有潜在替代产品，那么，该细分市场就会失去吸引力。替代产品会限制细分市场内价格和利润的增长，房地产开发企业应密切注意替代产品的价格变动方向。如果在这些替代产品行业中技术有所发展，或者竞争日趋激烈，那么，这个细分市场的价格和利润就可能会下降。

4. 购买者讨价还价能力的评估

如果某个细分市场中房地产商品购买者的讨价还价能力很强或正在加强，就降低了该细分市场的吸引力。因为购买者或者会设法压低价格，或者对产品质量和服务提出更高的要求，这些都会使竞争程度加剧。如果购买者比较集中或者有组织，或者该类房地产产品无法实行较高程度的差别化，或者顾客的转换成本较低，或者由于购买者的利益较低而对价格敏感，或者顾客能够向后实行联合，这样，购买者的讨价还价能力就会加强。针对这种情况，房地产开发企业为了保护自己，可选择议价能力最弱或者转换能力最弱的购买者。当然，最有力的防卫方法是提供顾客无法拒绝的优质产品供应市场。

5. 供应商讨价还价能力的分析

如果房地产开发企业的供应商——建筑材料及房屋设备的供应商、银行等金融机构及建筑商和设计单位等，能够提价或者降低产品和服务的质量，或者减少供应数量、延迟供应时间等，那么，该企业所在的细分市场就会降低吸引力。在房地产开发建设过程中，所需的有关资源往往存在或者替代产品少，或者供应的产品（如建筑材料和房屋设备）是重要的投入要素，或者转换成本高，或者供应商可以向前实行联合等情况，此时，供应商的讨价还价能力就会比较强大。因此，与供应商建立良好关系和开拓多种供应渠道，在房地产市场营销中也相当重要。

（二）分析房地产开发企业自身的经营目标和所拥有的资源

即使某个细分市场具有合适的规模和增长速度，也具备结构性吸引力，房地产开发企业仍需将自身的发展目标和所拥有的资源与其所在的细分市场情况进行综合考虑。某些细分市场虽然具有较大的吸引力，但不符合企业的长期发展目标，因此必须放弃。因为这些细分市场的进入会分散企业的注意力和精力，使企业无法实现主要目标。

如果某一细分市场适合企业的目标，那么该企业还必须对自身所拥有的资源，即进入并占领该市场所必需的技能和资源进行分析。如果企业缺乏过硬的、在细分市场竞争中获胜所必需的力量，或不能适时地获得这些力量，那么，该企业就无法进入这个细分市场。此外，为了在进入某细分市场后占领该细分市场，房地产开发企业除了必需的力量以外，还要有超过竞争者的技能和资源。只有当企业能够提供优越的价值并取得竞争优势时，该房地产开发企业才能进入所选择的细分市场。

第三节　房地产目标市场选择

一、房地产企业目标市场选择的概念

房地产企业目标市场的选择是房地产开发经营企业制定市场营销策略的基础和前提。企业通过市场细分，可以发现一些良好的市场机会，需要决定选择哪些分市场作为目标市场，也就是决定采取何种目标市场选择策略。也只有准确地选择目标市场，才能将自身的特长与社会需要更好地结合起来，有效地制定营销策略。

房地产企业目标市场的选择包括四个重要组成部分，即评估细分市场、选择目标市场模式、选择目标市场战略及对其他因素进行考虑。这里还要分清两个概念：选择目标市场和定位。这两者是市场营销的基础和根本，没有明确的目标市场和清晰的定位，一切策划和营销就会变得无的放矢和摇摆不定，就不能在营销大战中把握自我。但目前许多人包括一些营销策划人员混淆和重复了这两个概念，认为选择目标市场即定位，定位即选择目标市场，把两者混为一谈。其实两者在概念上和功能上都明显不同，选择目标市场是指企业对市场经过细分后，确定自己的产品所要进入的细分的领域；而定位则是指企业要把产品留在顾客心目中的位置和印象。定位不止局限在功能特征上，它还体现在档次上、情感上、个性上、文化上、与竞争对手的比较上，或以上几种的混合上等，它是项目充分张扬的起点和基础。目标市场是定位的前提，定位是为目标市场服务的，起一个点睛的作用。

（一）选择目标市场应具备条件

1.一般企业选择目标市场应具备的条件

（1）有足够的需求量。

（2）有能力满足需求。

（3）具备竞争优势。

2.房地产企业选择目标市场应具备的条件

（1）可占领性。

（2）可发展性。

（3）盈利性。

3.房地产目标市场的选择原则

（1）有一定的规模和发展前景。

（2）有较高的盈利水平。

（3）符合本企业的目标和能力。

（4）有一定的竞争优势。

（二）房地产目标市场模式

表9-1　房地产目标市场模式

目标市场模式	说明
单一市场模式	企业只生产一种房地产产品，供应某一个顾客群，一般是小型企业采取该模式
产品专业化模式	企业决定向各类顾客群提供同一类型而规模不同的产品系列。对提供某种产品有专门特长的企业通常选择该模式
市场专业化模式	企业决定向某一顾客群提供它所能生产的各种产品。采取该模式的企业一般具有较强的营销配套能力，并对某一顾客群的利益追求有透彻的了解
选择性专业化模式	企业决定同时进入互不相关的细分市场。追求市场机会不断增长的企业往往选择该模式
完全市场覆盖模式	企业决定为所有的不同顾客群提供它所生产的各种产品。谋求行业市场领导地位的集团公司采取该模式

二、房地产目标市场定位

（一）房地产目标市场定位的概念

目标市场定位又称市场定位，指企业确定自己产品在目标市场上位置的过程。目标市场定位实际上从产品特征出发对目标市场进行进一步细分，进而在按消费者需求确定的目标市场内再选择确定企业产品的目标市场。

市场定位有利于采取与之相适应的市场营销组合。市场定位还有利于建立企业及其产品的市场特色，树立良好的市场形象，从而在顾客心目中留下深刻印象，形成一种特殊的偏爱，使产品更具吸引力，从而扩大产品的销售。

（二）房地产目标市场定位的内容

1. 确认本企业的竞争优势

目标竞争者的成本和经营情况准确估计；目标市场上的顾客真实需求，他们欲望的满足情况，比竞争者更了解顾客，才能提供更让消费者满意的产品；企业能够做出的改变和突破。

2. 准确地选择相对竞争优势

经营管理方面；技术开发方面；采购方面；生产方面；市场营销方面；财务方面；产品方面。

3. 显示独特的竞争优势

建立与市场定位相一致的形象；巩固与市场定位相一致的形象；矫正与市场定位不一致的形象。

第四节　房地产目标市场战略

一、房地产目标市场营销策略

目标市场选定之后，企业紧随着的工作是制定目标市场营销策略。这项工作涉及项目的方方面面，如企业产品定位和发展方向、新技术的引进与开发、占领目标市场的营销策略等。

房地产目标市场范围战略是指企业有可能进入的各种类型目标市场的组合。房地产开发企业所能选择的目标市场范围战略主要有五种，即密集单一模式、选择专业化模式、产品专业化模式、市场专业化模式及全市场覆盖模式。

（一）密集单一模式

对房地产开发企业来说，最简单的方式是选择一个细分市场集中营销。通过密集营销，企业可以更加了解本细分市场消费者的需要，可以建立和巩固在该细分市场中的地位。另外，企业通过对某一特点细分市场进行房地产产品的开发、建设、营销和服务，也可以实现由专业化分工带来的经济效益。如果细分市场选择得当，企业的投资便可获得高报酬。但是，密集市场营销模式的风险较大，因为其目标顾客群购买行为的改变，或者竞争者的进入，都会对该企业的开发建设和经营状况产生决定性的不利影响。

（二）选择专业化模式

这一模式是指房地产开发企业有选择地进入若干个细分市场，因为这些细分市场在客观上都有吸引力，并且符合企业的目标和资源。但是，在所选择的各细分市场之间很少有或者根本没有任何联系，然而，每个细分市场都有可能赢利。这种多细分市场模式优于单一细分市场模式，因为这样可以分散房地产开发企业的经营风险，即使某个细分市场失去吸引力，该企业仍可继续在其他细分市场获取利润。

（三）产品专业化模式

即房地产开发企业集中开发、建设或经营一种房地产产品，向所有顾客提供同一种产品。这种模式虽然在某个产品（如单身公寓）的开发建设方面容易树立很高的声誉，但是，一旦这种产品（如房型）过时，企业经营就会发生危机。

（四）市场专业化模式

市场专业化是指专门为满足某个顾客群体的各种需要而提供各种房地产产品及其相关服务。这种模式可以提高这一细分市场消费者的忠诚度，但一般要求房地产开发企业提供房地产产品和相关服务的能力比较强，即要求房地产开发企业具备一定的实力。

（五）全市场覆盖模式

这一模式是指房地产开发企业以各种房地产产品满足各类顾客群体的需求。一般来说，只有实力强的大型房地产开发企业才能采用全市场覆盖模式。

二、目标市场选择战略

企业选择的目标市场不同，其运用的营销战略也不同。目标市场的选择战略通常有三种：市场整体战略、差异性目标市场战略、集中性目标市场战略。

（一）市场整体战略

又称无差别目标市场营销战略，是只设计生产一种产品、一种市场组合策略满足所有消费者的市场需求。企业以整体市场作为目标市场，不再进行细分，而向整体市场推出同一产品。同一市场营销组合方案，通过大量生产、大量营销来争取市场上大多数人的需求。

无差别市场营销战略是立足于企业的产品对所有的消费者都有共同的需要，而忽视他们之间现实存在的差异，企业试图用同一种产品去适应各种消费者的需要。例如，在某一地区人们的居住水平还比较低，尚处于满足基本生活需要的情况下，住宅的各消费者群虽然也有各自的特殊利益追求，但是他们普遍都看重基本居住需要满足这一共性的利益追求。在住宅情况下，房地产经营企业就可以推出一种能在一定程度上满足各消费者群的普通住宅，以及基本的物业管理服务项目。

采用无差别市场营销战略的优点是企业提供的房地产商品的品种、规格、式样可以比较简单，有利于标准化和大规模开发建设，对企业提高工效，降低成本和调研、促销等费用有利。这种营销战略的不足是，它不能使房地产各消费者群的需求得到最大满足，特别是随着人们经济实力的增强，对房地产商品的需求向个性化发展的时候，或者是当同行业中有数家房地产企业都实行无差别营销战略时，固守这种战略必然导致项目市场机会的丧失。

（二）差异性目标市场营销战略

又称为市场差别策略，是设计生产多种产品、多种市场组合策略，分别满足不同的消费者——即分市场需求。房地产企业通过市场细分，推出多种房地产产品的市场营销组合战略，以适合各个目标市场的不同需求。差异性目标市场营销战略的优点是：小批量、多品种，开发建设机动灵活、针对性强，使消费者的需求更好地得到满足，由此促进产品的销售，提高开发企业的经济效益。另外，由于企业是在多个细分市场上经营，在一定程度上可以减少经营风险；同时，一旦企业在几个细分市场上获得成功，又有助于提高项目的形象及提高市场占有率。

差异性目标市场营销战略的不足之处主要体现在两个方面：一是营销成本的增加。由于产品品种多，管理成本将增加；同时，由于房地产开发企业必须针对不同的细分市场制定独立的营销机会，会增加企业在市场调研、促销和渠道管理等方面的营销成本。二是可能使企业的资源配置不能有效集中，顾此失彼，甚至在企业内部出现彼此争夺资源的现象，使拳头产品难以形成优势。例如，某房地产开发企业根据各住宅分市场上消费者对住宅设计的喜好和购买能力，决定推出大厅小房间型、双厅型和跃层复合型三种不同规模的住宅，以满足各分市场消费者的特殊需要，并运用不同的市场营销组合，期望达到高销售收益，以及在这些分市场中稳固地位。实践证明，若一个房地产开发企业能同时在几个分市场（如配套装修、配套售后服务、配套物业管理等住宅分市场）都占有优势，则无疑会提高消费者对该企业的信任感和项目的社会声誉，发展营销的业绩。但是，实行这种战略也要求项目必须增加产品种类、批量较小、广告和促销等市场营销组合多样化，这样，就会使房地产企业的开发建设成本增加、市场营销费用和物业管理费用相应增加，特别是当这种战略没有为企业带来更大利益时，企业必然就会对这种战略的不足之处作适当的修正和改进。

（三）集中性目标市场营销战略

又称之为集中营销策略，是设计生产一种产品、一种市场组合策略满足一个或少数几个分市场的需求。与上述两种战略不同，集中性目标市场营销战略不是把整体市场作为目标市场，不是把企业所有人、财、物力分摊在整体市场上，而是集中企业力量于一个或两个分市场侧面上。

实行集中性目标市场营销战略的房地产企业，一般都是自身资源力量有限的中小型企业。某些刚涉足房地产开发经营的大企业，由于受到经营和市场条件等方面的限制，业务面不可能一下子全面铺开，占领整个房地产市场，因而也会采用集中性目标市场营销战略的。例如，就中、低收入阶层来说，在住房购买过程中，可以按照价格、地段及房型等因素进行决策。对于某些实力比较弱的房地产开发企业来说，与其和其他房地产开发企业一样为这一市场提供各种价位、各种房型的房地产产品，还不如只提供一种一定面积范围之内（如90平方米）、又满足基本需要（如二房一厅）的住房。采用此战略的好处是，房地产开发企业的经营对象比较集中，对范围窄小的细分市场可作深入了解，并能够充分发挥自己在房地产开发和营销方面的专业化优势，在特定的细分市场（目标市场）上取得有利的地位，获得较高的投资报酬。但是，实施集中市场营销战略市场区域相对较小，企业发展受到限制，而且给企业带来较大的风险，这些风险或来自消费者需求的转移，或来自强有力的竞争对手的挑战等。因此，从经营的安全角度上说，房地产开发经营企业不能把集中市场营销战略作为一种固定不变的长久战略。事实上，许多房地产企业都实行多角化经营战略，把企业的经营目标适当地分散到几个分市场中去，甚至搞一些跨行业的投资经营项目，以达到增加企业的盈利机会和经营的安全性目的。

三、房地产目标市场范围战略的类型

房地产目标市场范围战略是指企业有可能进入的各种类型目标市场的组合。房地产企业可以选择的房地产目标市场范围战略主要有五种类型。

第一，产品、市场集中型。

例如，某房地产开发商只开发经济适用房满足3人以下家庭需求的住宅。

第二，产品专业化型。

例如，某房地产开发商只开发高档住宅。

第三，市场专业化型。

例如，某房地产开发商只开发满足 5 人以上家庭需求的住宅。

第四，选择性专业化型。

例如，某房地产开发商为 3 人以下、5 人以上家庭开发普通住宅；为 3 ~ 5 人家庭开发高档住宅。

第五，整体市场型。

例如，某房地产开发商开发不同类型的住宅满足不同类型家庭的需求，开发经济适用房满足 3 人以下家庭需求，为 3 人以下、5 人以上家庭开发普通住宅；为 3 ~ 5 人家庭开发高档住宅。

四、目标市场选择营销战略的影响因素

房地产企业在选择目标市场营销战略时，受到以下因素的影响。

（一）房地产开发企业自身的资源或实力

当房地产企业在开发、建设、技术、营销及资金融通等方面实力很强时，可以选择多个细分市场，并采用选择专业化或全市场覆盖模式，运用差异性或无差异性目标市场营销战略。而在房地产开发企业资源有限、实力不强时，则可考虑采用密集单一市场、产品专业化或市场专业化模式，并运用集中性目标市场营销战略。

（二）所提供房地产产品的同质程度

异质性是房地产产品的重要特征。这里所讲的房地产产品的同质性，是指在消费者眼里，不同企业所提供的房地产产品的相似程度。比如，不同房地产开发企业在两个相邻或相似地段开发小区规划、房型等都接近的房地产产品，则其相似程度就较高。一般来说，相似程度高，则同质性高；反之，则同质性低。相似程度高的房地产产品，企业之间的竞争将主要集中在价格上。这样的产品适合采用无差别目标市场营销战略，房地产开发企业就可以运用市场专业化模式或全市场覆盖模式。从本质上说，房地产产品在地段、房型、式样及环境等方面存在较大差别，产品选择性强，同质性较低，因此，更适合于采用差异性或集中性目标市场营销战略。

（三）细分市场的同质程度

所谓"房地产细分市场的同质程度"，是指各细分市场在顾客需求、购买行为等方面的相似程度。市场同质性高，意味着各细分市场的相似程度高，不同顾客对同一营销方案的反应大致相同。此时，房地产开发企业可考虑选择产品专业化、选择专业

化或者全市场覆盖模式,并采取无差异目标市场营销战略;反之,则适宜选择密集单一市场或选择专业化目标市场模式,采用差异性或集中性目标市场营销战略。

（四）房地产产品所处生命周期的不同阶段

房地产产品如果处于市场导入期,由于同类竞争产品不多,竞争不激烈,则项目可进入多个细分市场作为目标市场,并采用无差异目标市场营销战略。例如,复式住宅在进入市场时就属于这种情形。而当房地产产品进入成长期或成熟期,同类产品增多,竞争日益激烈时,为了确立竞争优势,房地产开发企业就必须有选择地进入少数细分市场,并可考虑采用差异性目标市场营销战略。当房地产产品步入衰退期后,为了保持市场地位,延长产品生命周期,全力对付竞争者,最好采用密集单一市场模式,并考虑采用集中性目标市场营销战略。

（五）竞争者的市场营销战略与策略组合

房地产开发企业在选择目标市场营销战略时,一定要充分考虑竞争者尤其是主要竞争对手的营销战略与策略。如果竞争对手采用差异性目标市场营销战略,则该房地产开发企业就应采用差异性或集中性目标市场营销战略与之抗衡;若竞争者采用无差异目标市场营销战略,则企业可采用无差异或差异性目标市场营销战略与之对抗。

（六）竞争者的数目

当市场上提供同类或相似房地产产品的竞争者较少、竞争不激烈时,对市场细分的要求并不高,同时可选择市场专业化或全市场覆盖模式,采用无差异性目标市场营销战略;反之,当竞争者多、竞争激烈时,就应该仔细评估各细分市场,有选择地进入一个或少数几个细分市场,并选择密集单一市场或选择专业化目标市场模式,采用差异性目标市场营销战略或集中性目标市场营销战略。

本章小结

为了进行有效竞争,房地产开发项目必须在充分市场调研的基础上进行市场细分,选择最有利可图的目标市场,集中开发商资源,制定有效的竞争策略,以取得和增强竞争优势。为了更好地满足消费者的需求,选择适当的目标市场和制定营销决策,房地产市场营销的三大重点工作就是市场细分、目标市场和市场定位。房地产市场细分是从房地产市场需求者的差别出发,根据房地产市场需求者行为的差异性,按照一定的标准把整个房地产市场划分为若干具有相似购买需求的客户群体,即细分市场。在进行了市场细分后,企业首先要认真评估各个细分市场部分,综合分析各个市场的规模、增长程度、结构吸引力和开发企业自身资源等因素,然后根据自己的营销目标和资源条件选择适当的目标市场,并决定自己在目标市场上的相应战略。房地产目标市场选择由影响目标市场选择的主要因素、目标市场概述、房地产项目的市场定位和目标市场选择程序等组成，目标市场选择以房地产项目的市场定位为重点。不同的消费者，其消费习惯和消费行为特征也不一样，其消费能力也不一样。

复习思考题：

1. 房地产目标市场营销战略有哪些？选择目标市场营销战略的影响因素有哪些？请举例说明不同的目标市场营销战略。

2. 什么是房地产企业目标市场选择？目标市场选择的意义是什么？

3. 房地产企业选择目标市场时要考虑到的因素包括 ＿＿

    A. 市场规模   B. 环境条件   C. 资源条件

    D. 盈利性   E. 市场四份

4. 房地产市场细分与目标市场有何不同？

5. 以某楼盘项目为例，说明其市场细分的标准有哪些？其细分市场的规模、增长程度和结构吸引力如何？说明其目标市场选择的理由和依据。

附后案例

（一）昌隆房地产公司

昌隆房地产公司参与开发北京 CBD 辐射区域的一个近 30 万平方米的大型社区，在制订开发计划、设计户型配比、制订营销计划和销售计划的时候，充分考虑了这一区域的客户细分情况，在设计产品的时候，就把握住这个社区是为哪些客户提供的产品，充分了解这些客户的消费习惯、生活状态、职业、年龄等信息，并将这群客户定义为"都市新锐"，后来这个名称在京城楼市中被众多楼盘采用。下面是该公司拿地之前对目标客户的描述和客户细分。

有关专家预测，中国入关后，已形成一定商务规模的朝阳中央商务区将是最大的受益者，每年将会有 9 万人左右的外企员工涌进这片区域，同时，每年将会有十几万本土化的新的白领阶层在这片区域里从事各项工作。而这些高收入的外方员工和本土化的白领阶层要生活，要解决衣、食、住、行就要消费，将会带动相关产业，住宅便是其中的重要一项。由于大部分写字楼聚集于 CBD 商圈，因此，这些外企白领将成为购买周边项目的主力军。此外，IT 界人士也是 CBD 区域不可忽视的购买群体：京广中心市场推广部有关资料显示：自 2000 年 6 月中下旬该大厦写字间即已客满，主要是由于新兴网络公司的大量涌入。由于 IT 业引来许多外地高科技人才，这些人在北京没有现成住所，目前大多租房居住，以致房地产租赁市场形成了新的消费群（"新白领"）。

"都市新锐"特征：年龄在 25 ～ 35 岁，单身居多，从事网络、软件开发、通信设备等行业，月薪 6000 元以上，有的每月还可得到一笔可观的房屋津贴，可以承受 3000 元左右的房租。"都市新锐"对居住要求很高，向往质量高的楼盘——环境优美、设计超前、交通便利、定位年轻化，最好还有一定的"知名度"和升值潜力。因此，东三环沿线一些现有的普通住宅和小户型的公寓将是那些年轻创业者钟情的住所或一些人的"第二居所"。而东四环、五环沿线，作为 CBD 的周边地带，凭借便利的交通、优美的绿色环境，将吸引越来越多的 CBD 人士安家落户。通过上面的客户细分，公司把目标客户描述为：教育程度较高、率先接受国际先进住宅概念，并注重生活品质的年轻成功人士（外企白领、IT 界人士、私企业主，年龄在 30 ～ 35 岁），功能以自用为主。他们的日常工作、交际地点主要集中在 CBD 外企集中地带。另外，还包括一部分投资客户（购房用于出租）。通过专业的市场调查，公司充分了解了这群客户的购房需求，为这群客户量体裁衣，所设计的产品充分满足他们的需求喜好，因为把握了市场需求，准确地对市场进行了细分，清楚的知道项目的目标客户在什么地方，所以，后来项目销售非常火爆。最初的目标客户选定，与实际成交的客户群体非常相似。可以说，这是一次非常成功的客户细分案例。每一个项目都应该有自己的目标客户群体，在项目建设之初准确地进行客户细分，按照选定的目标客户群去设计产品、营销产品，将是项目成功的关键所在。

昌隆房地产公司在这个社区开发中成功应用了市场细分的原理，获得了巨大的成功。他们首先根据地块所处的地理环境：CBD 区块，以及人口分布状况来选择潜在客户群。CBD 区域的基本市场特征是：外企和高科技企业居多，这一带的从业人员多为有较高收入的年轻人，即都市新锐一族。都市新锐一族的需求：居住观念是追求高品位、环境优美、设计超前、交通便利、定位年轻化的自住房。在明确目标市场特征和需求以后，结合他们的购买力，公司把客户细分定位为：教育程度较高、率先接受国际先进住宅概念，并注重生活品质的年轻成功人士。在盈利性上有了市场和购买力的保证，从而具有很大可行性。在明确细分市场的需求后推出相应的户型，水到渠成，从而保证了项目的成功，达到了企业收益最大化。

（二）东莞万科房地产目标市场选择分析

1.东莞万科房地产发展状况。

东莞万科房地产公司是万科集团的子公司，成立于 2004 年。自从万科房地产走进东莞，迅速地影响东莞，8 年来开创了 18 个投资项目，开创项目的范围遍及东莞各个城区和镇区，其中比较典型的是在 2012 年万科房地产建造了三大主力的投资项目，包括长安万科广场、松山湖万科生活广场和厚街万科生活广场等，东莞万科房地产以创造一个娱乐、购物、饮食等一站式服务的生活广场为目标，促进了大量国内外知名品牌的加盟，给广大消费者创造了一个休闲、舒适的消费环境，让他们可以放开身心，尽情地享受，满足自己各个方面的需要。东莞万科以打造"幸福东莞"为己任，增强城市的承载能力，为更多家庭筑造理想的居住环境，用更多实践行动履行企业的使命，全面提升城市人的品质，创建城市美好的未来。

2. 东莞万科房地产目标市场选择情况。

房地产目标市场选择由影响目标市场选择的主要因素、目标市场概述、房地产项目的市场定位和目标市场选择程序等组成，目标市场选择以房地产项目的市场定位为重点。不同的消费者，其消费习惯和消费行为特征也不一样。因此，目标市场选择主要包括：公司的白领，年轻、接受过高等教育，工作较稳定，资金积累较少，追求时尚和创新，追求生活质量和品牌；投资者，追求高收益低风险的投资，注重产品的投资收益；个体经营者，有一定的资金基础，生活比较节省，对生活环境有更高的要求。

不同的消费者其消费能力也不一样。因此，目标市场选择主要集中在低端市场和中端市场。低端市场，目标客户主要是白领，年龄在 25 ~ 35 岁，以一家两口或三口为主，每年收入在 5 万元左右，接受教育水平较高，购买需要以居住为主，追求品牌。中端市场，目标客户主要是投资者和个体经营者，年龄在 35 ~ 45 岁，以一家三口或五口为主，每年收入在 10 万元左右，教育水平不高，购买已投资或第二次置业为主，追求产品的质量和实用性。而作为房地产业的领先者，万科房地产要选择正确的目标市场，以提高服务质量，满足消费者需求为核心。

3. 东莞万科房地产目标市场选择存在的问题。

由于当前东莞房地产向理性化发展、房地产市场的激烈化竞争、土地资源的稀缺、消费者住房需求的下降导致房地产企业在进行目标市场选择时出现好多问题，应该引起重视。

（1）目标市场选择不合理。目标市场选择受到了资源条件、投资规模大小即受到土地资源使用有限、投资资金不足等影响，万科房地产就存在着目标市场定位不合理、以中低端市场定位为主的问题，没有发展高端市场，只能满足一般消费者的需要，不能满足追求高生活质量和追求高水平的少数消费者的需要。

（2）目标市场选择单一化。万科房地产把目标市场确立为公司白领、投资者、个体经营者等，按照消费者不同的消费习惯和消费行为特征来划分，并没有充分地考虑消费者的经济实力和产品自身的特征来综合考虑目标市场的选择，导致万科企业只能考虑单一消费者的需求，不能根据产品本身的特征（产品的档次、产品的质量、产品的结构等）去给每一位消费顾客选择适合他们自身的产品。

（3）没有考虑企业的文化及其内部管理。万科企业在进行目标市场选择的时候，没有考虑到企业本身的文化（企业本身的发展历史、企业员工的文化建设等），也没有考虑到企业内部的物业管理理念，来为企业在进行目标市场选择时打下基础，导致万科企业不能通过了解自身的文化来确立自身的产品适合什么人，进行满足顾客的需要。

（4）没有考虑到国家政策的影响。万科企业在进行目标市场选择时，没有考虑到国家对房地产的政策要求，导致万科企业在选择目标市场时，没有响应国家的政策，不能开发适合广大顾客的产品。

4. 东莞万科房地产市场定位策略。

（1）东莞万科房地产定位策略现状。

房地产市场定位是一个变化发展的过程，随着消费者的消费心理和消费行为的变化而改变。主要的定位策略包括战略定位、产品定位和品牌定位。战略定位强调的范围和内容比较广泛，是指从企业发展的角度来定位；产品定位是根据产品本身不同的特点（档次、质量、规模）来定位；品牌定位是强调虚拟的定位，从企业本身的文化和历史悠久性来定位，从产品的使用价值和价值出发，促使产品给消费者思想、空间上美的感觉。而万科以品牌定位策略为主，它借以万科本身的、悠久的历史和首创的物业管理理念来确立定位策略。万科企业的创始人王石把企业自身的成长历程与定位策略联系起来，在企业内部宣传品牌意识，影响了万科每一个工作人员，促进了企业文化的发展，也促进了产品销售工作的开展。对于万科集团而言，员工是万科的资本，顾客是万科的伙伴。万科作为东莞房地产业的领先者，已经和著名的广告公司合作，确定万科的品牌策略。直到今天，万科品牌已经深入人心，由于确立了品牌定位策略，万科走上了成功的道路。

（2）东莞万科房地产定位策略存在的问题。

东莞万科房地产的定位策略主要以品牌定位策略为主，品牌定位策略是指从商品的使用价值和价值方面出发，给予顾客一种美感和遐想，强调产品能给予顾客思想上、空间上美的感觉，但没有实在的定位。因此，品牌策略在市场定位的时候存在一些问题。

第一，忽视品牌定位的长远性和前瞻性。它只是借以万科品牌的悠久历史、企业文化深厚和首创的物业管理理念来进行定位，并没有加强在后期品牌宣传和品牌保护的工作，导致万科品牌不能被众人所认识。

第二，品牌定位不准确。品牌定位是一种虚拟上的定位，没有在房地产产品上进行实在的定位，给消费者一种迷茫、困惑的感觉，不利于消费者根据自身的需要去选购合适的产品，不能满足顾客的需要。

第三，品牌定位缺乏对企业的管理。万科房地产只是创立品牌，而没有加强在品牌定位过程中企业自身的内部管理和物业管理建设的工作，导致造成企业"内力"不足的后果，从而影响万科品牌建设工作的进行。

第四，没有结合产品定位。产品定位是按照不同的商品房产品档次、规模大小、质量不同来进行定位的，不实行产品定位和品牌定位相结合，会导致产品后期的销售工作很难展开，不利于产品的销售量增加，更不能很好地满足广大顾客的需要。

5. 改善东莞万科房地产目标市场选择与定位策略的建议

第一，分析各种影响因素，确立目标市场。万科企业在进行目标市场选择时，要综合分析影响目标市场选择的各种因素，确立正确的目标市场选择，以中低端市场为主，高端市场为辅，响应国家政策，建设商品保障房和商品经济房，满足普遍大众的需求，同时发展高质量的别墅区去满足追求高生活水平的消费者需求，让其享受美好的生活。

第二，分析消费者和产品本身的特征，确定目标市场。万科企业在进行目标市场选择时，要充分考虑不同消费者的消费习惯和消费行为，在这一基础上结合消费者的经济实力和自身产品的特征，确立正确的目标市场选择，从而使以后的产品销售工作能够顺利地开展，促进销售量的增加。

第三，分析企业文化和内部管理，确立目标市场。万科企业在进行目标市场选择时，要分析企业本身的文化，比如了解企业的发展历史、了解企业员工文化建设的开展工作是否顺利等，还要分析企业内部的物业管理理念是否合适、物业管理工作是否到位等，通过以上了解，可以让万科企业在进行目标市场选择的时候，充分考虑到企业本身的产品到底适合什么人，从而促进产品的销售量，满足广大顾客的需求。

第四，分析国家政策对房地产的影响，确立目标市场。万科企业在进行目标市场选择时，要分析国家政策对房地产业的要求，比如国家政策推行房地产商发展经济适用房、发展经济保障房等要求，根据企业本身的经营特点和企业产品的特征，结合国家政策，从而确立目标市场选择，促进企业产品的开发。

第五，深化和增强顾客的品牌意识。在房地产市场中，由于品牌意识已经深入地影响消费者，广告宣传成为传播品牌意识的重要渠道，因此万科房地产商通过广大传播媒体或各种传播工具进行广告宣传，例如在微博、微信、电视上插入广告来提高万科品牌的知名度，吸引更多的消费者。

第六，加强企业自身各方面的管理建设。由于万科品牌拥有悠久的历史、企业文化深厚和首创的物业管理理念，因此必须在原有品牌建设的基础上，加强企业自身各方面的管理建设，比如提高企业员工的综合素质和服务质量水平、提高企业内部的设施建设，从而提高企业的竞争力，在市场竞争中占据优势。

第七，深化企业的品牌定位。由于品牌定位策略本身是虚拟的，给人一种迷茫的感觉，不利于企业产品的定位。因此，要深化企业内部规划人员品牌定位的思想，让他们更好地了解品牌定位的核心，实现真正的品牌定位，让广大顾客在选择产品时，做出正确的选择。

第八，实行品牌与产品定位相结合。由于品牌定位策略本身带有虚拟性，给消费者一种迷茫、不知如何选择的感觉，不利于房地产产品销售工作的开展。而产品定位策略是根据消费者不同的消费习惯、消费行为、消费方式等和房地产商产品的性能、质量来进行市场定位，两者相结合有利于消费者准确地购房，寻找适合自身的产品。

第十章 商品住宅市场分析

　　住宅市场是住宅作为消费品用于交换的场所及由于交易发生的经济关系的统称。住宅市场是房地产市场的重要组成部分，其具有相对独立性和独有的特点。

　　一般的，狭义理解的住宅市场是指为住宅提供租赁、抵押、买卖等交易的场所或者空间；广义上的住宅市场是指，因为住宅所有权和使用权等转让、交易等活动，而产生的经济关系和社会关系的综合，比如，从不同角度理解住宅商品的供需关系，有能力购买住宅的个人或全体或者期望购买住宅的个人或群体等。

　　本章将简要分析商品住宅市场的特征及其影响因素。

第一节 商品住宅市场的特征

　　商品住宅市场是指由开发商开发建设，面向中高收入家庭的普通商品住宅市场和面向高收入家庭的别墅市场和高档公寓市场等。本节将粗略描述一下商品住宅市场的特征。

一、商品住宅市场具有地区性

　　住宅一旦建成，便牢牢固定在土地上不可移动，因此它只能按就近原则，为其周边一定半径的空间范围内的消费者提供服务。也就是说，它的客户人群受到很大的地理局限，与之相关的需求和供给都被限制在较小的地区范围内。在特殊情况下，开发商固然也可以将某类住宅产品推至异地甚至境外去销售（例如海滨别墅或森林度假所），但是购买者仍然必须到住宅所在地来消费和使用它，并且只能按照当地的价格进行交易结算。住宅市场的这种"地区性"会带来如下结果：

　　1.为市场垄断和近似垄断提供了先天便利条件

　　异地的要素和产品难以参与到本地的市场竞争中来，不利于消费者完全自主自愿地选择商品；尤其在价格上和性能上容易形成一定的卖方市场，而买方处于相对弱势的地位，如果没有政府干预，消费者的权益难以得到根本保障。

2. 增大了市场的风险

市场无法从广域上对住宅商品进行流动调配，因此常常容易造成区域性的市场波动，给投资者带来较大的风险。

3. 难以从全局把握市场走向

我们看到的每一个市场，无论观察有多么深入和细致，都只能代表某一个特定地方的情况，并非市场的全貌，也就无法从一个或几个地方市场的供需状态变化去对整体的市场趋势妄加判断。

二、商品住宅市场具有分散性

住宅是异质性商品，每一户住宅都具有自己独特的住宅特征，因此也就有不同的价值构成基础。反映在价格上，则任何一户住宅的成交价都仅仅是个案，只对其他住宅的价格起到参考借鉴作用，而无法成为单一的均衡价格去放诸于市场上。此外，住宅不可移动使得人们很难建设一个类似于超市的集中市场来进行房产交易，而必须分散到各个住宅的所在地去进行一对一的踏勘与谈判，因此有关整个地域内的住宅市场的交易详情就很难集中收集和发布，信息传递具有某种天然的缺损、失范和不透明。这便是住宅市场的"分散性"。

三、商品住宅市场具有多元性

住宅市场的"多元性"表现为它具有下列特点。

1. 商品属性多重

一方面，住宅是家庭最大宗的消费品，在人的一生中时时不可或缺。人们选购和选租住宅，基本动机和最终目的是为了消费，所以住宅市场主要具有消费品市场的属性。另一方面，住宅的特殊之处在于它具备保值增值的能力，无论是专门把住宅作为一个投资项目来经营，还是在消费住宅的同时"额外"享有增值收益，住宅都可以为其业主带来经济上的好处。人们投资于住宅，几乎就像投资于金银、文物、期货和股票、债券等一样，所以住宅市场又具有投资品市场的属性。再一方面，在政府干预能力较弱的时期及住宅短缺的地区，投机者炒买炒卖、兴风作浪的现象屡见不鲜，所以住宅市场一定程度上也有投机的属性。

2.交易形式多样

即住宅交易具有买卖、租赁、典当、抵押、信托等不同的方式，体现的经济关系也因此不同。

四、商品住宅市场具有反复性

一般的商品，在完成从生产者到经营者再到消费者这个过程之后，流通活动便告结束，从而退出市场运行环节。但住宅由于具有使用寿命长、在使用中还能实现保值增值的特点，于是可以在整个寿命期内反复多次地进入市场流通领域，频繁地更换业主和用户，而且每一次的交易价格都是有起有伏、涨跌不定的，这便是住宅市场的"反复性"。

第二节　商品住宅市场细分

商品住宅市场细分是根据一定的细分变量来进行的，这些细分变量反映了房地产购买者的需求和欲望，构成了住宅市场细分的标准。由于房地产市场的基本分类是不同的，每一类市场上购买者的购买目的和购买特点存在显著差别，这就必然形成了每一类房地产商品住宅市场具有显著不同的细分变量。

一、住宅市场的基本特征

住户：住宅需求的基本单位。住宅市场的基本需求单位是住户，即共同占用一个居住单位的人或人们，他们在居住开支上是一个独立核算的单位。住户可以是家庭，也可以是非家庭。

住宅单位：基本的供给单位。住宅单位是由消费者占有的并提供基本生活功能的场所。它一般是指排他的私密空间（包括排他的私密处所，如厕所、浴室。但在有的情况下，它只是用来睡觉的地方）。

住户在住宅单位中的分配。要理解住户在住宅单位中的分配过程，必须了解影响这一分配的决定因素，并对市场的供给方，即住房单位的来源及需求方，即住户进行分类对比。

二、住宅市场细分

在住户分配的过程中，一些质量相似的住宅单位的供给构成一个住宅子市场，这个子市场的住宅由性质相似的住户群居住。从一个总体的非标准化的市场中确认出一个相对标准的子市场的过程叫做市场细分。

供给的不同属性及其复杂组合表示面向不同的住户需求，可以选择不同特征的供给，从而可以得到不同的细分结果。

完成了市场细分以后，要把消费者按相似性质进行分组，这些消费者要表示出对某一类型物业有相似的需求。如市场分析者试图确认价格在30万元左右的单元房的需求，一定要找到一个能够支付得起这一价格的最低收入水平，就要对需求按收入进行分类。

三、住宅市场细分的标准

住宅市场细分变量主要分为四类，即地理变量、人口变量、心理变量和行为变量，各类变量又包含众多的子变量。住宅市场根据这些变量或子变量划分成不同的细分市场，如表10-1所示。

现在住宅消费者追求的不仅仅是可以居住这样的单一功能，还要综合考虑其他因素才能做出购买决定，因此，进行商品住宅市场细分时，需要考虑的变量很多。当然，实际操作中，房地产开发商并非要考虑表10-1中所有的细分变量，而是需要综合考虑本企业的实际情况和当时的市场状况，经过适当取舍后方能决定。

表10-1　住宅市场细分变量一览表

细分变量	子变量			细分市场类型（举例）
地理变量	地理位置	本地购买者		南宁市青秀区、邕宁区、江南区等
		外来人口购买者	本省购买者	柳州市、桂林市、玉林市等
			外省（市）购买者	北京、上海、杭州、广州、深圳等
			境外购买者	港澳台地区消费者市场、其他国家（地区）消费者市场

细分变量	子变量		细分市场类型（举例）
地理变量	区域环境	自然地理环境	自然资源、地形、地质、气候条件等	优等市场、中等市场、差等市场
		经济地理环境	基础设施、公共设施等	优等市场、中等市场、差等市场
		人文地理环境	文化氛围、居民素质、社会治安等	优等市场、中等市场、差等市场
人口变量	性别	女性、男性	根据这些人口变量，可分别划分为不同的细分市场
	年龄	25岁以下、26～35岁、36～60岁、60岁以上	
	职业	职员、商人、教师、公务员等	
	文化程度	小学、中学、大学、研究生等	
	家庭规模	单身、2人、3人、3人以上	
	家庭收入	高收入、中收入、低收入	
	家庭生命周期	单身、新婚、满巢、空巢、鳏寡	
	家庭代际数	一代户、两代户、三代户、四代户以上	
	民族	汉族、壮族、满族等	
	宗教	佛教、基督教等	
	国籍	中国、美国、日本等	
心理变量	生活方式	时尚潮流、朴素低调	根据这些心理变量，可分别划分为不同的细分市场
	个性特点	内向与外向、低调与张扬、开放与保守	
	价值观念	求实型、求新型、求美型、求廉型、求名型	
	社会阶层	富豪阶层、富裕阶层、中产阶层、工薪阶层	

续　表

细分变量	子变量		细分市场类型（举例）
行为变量	购买时间	淡季、旺季	根据这些行为变量，可分别划分为不同的细分市场
	购买动机	自住、投资、投机	
	购买次数	首次置业、二次置业、多次置业	
	对产品态度	狂热、喜欢、无所谓、不喜欢、敌视	
	追求利益	追求方便、注重环境、关心物业管理、重视子女教育	

四、住宅市场细分的方法

根据所采用的细分变量数量的多少，可将商品住宅市场细分的方法分为三种，即单变量细分市场法、双变量细分市场法和多变量细分市场法。

（一）单变量细分市场法

单变量细分市场法是根据一个细分变量的变化情况进行市场细分的方法。例如，按年龄将住宅市场划分为年轻人住宅市场、青壮年住宅市场、中老年住宅市场。根据单变量进行市场细分，操作上简单易行，但由此划分出的细分市场可能过粗，不能满足市场的需求，所以一般情况下不采用单变量细分市场法，而是采用其他两种方法。

（二）双变量细分市场法

双变量细分市场法是根据两个细分变量的变化情况进行市场细分的方法。具体做法是，对选取的两个细分变量，先用单变量细分市场法分别划分各自的细分市场，然后将划分好的细分市场进行排列组合，得到若干个组合细分市场。通过对这些组合细分市场的研究，就可以从中选取有吸引力的市场。

（三）多变量细分市场法

多变量细分市场法，是根据多个细分变量的变化情况进行市场细分的方法。多变量细分市场法的具体方法很多，有时也很复杂，其中一种简单的方法就是路线寻找法，这种方法的步骤如下：

第一步，列出主要细分变量。

第二步，对每个细分变量，分别划分出各自的细分市场（采用单变量细分市场法）。

第三步，从第一个细分变量划分得到的众多细分市场中，选择一个最有吸引力的细分市场。

由第三步出发，继续进入到由第二个细分变量得到的细分市场中，从中选择一个最有吸引力的细分市场。

以此类推，进入到由最后一个细分变量得到的细分市场中，从中选择一个最有吸引力的细分市场。

经过以上五步后，会形成一个由多个细分变量细分市场后最具吸引力的组合细分市场。

五、住宅市场细分的原则

虽然进行房地产市场细分时，可参考的细分标准和可采用的细分方法很多，但并不是所有的细分都是有效的，例如按性别将住宅市场细分为男性市场和女性市场，诸如此类的细分就没有什么意义。因此，要使市场细分有助于开发商的市场营销活动，除了掌握细分标准和方法之外，还必须遵循以下原则。

（一）差异性原则

通过房地产市场细分，应该使得每个细分市场上的消费者需求具有明显的差异性，而且细分市场对企业营销组合策略中任何要素的变化都能做出迅速灵敏的差异性反应。如果每个细分市场上的消费者需求不具有差异性，就没有市场细分的可能和必要；如果各个细分市场对企业营销策略组合中任何要素的变化都做出相同的或相似的反应，这种市场细分就是失败的。

（二）可衡量性原则

细分市场必须是可以识别和衡量的，以及要求细分变量是可以识别和衡量的。如细分市场中消费者的年龄、性别、文化水平、职业、收入水平等都是可以衡量的，由这些细分变量所细分出的市场不仅范围明确，并且它的容量大小也能大致做出判断。但是有些细分变量如以保值或炫耀经济实力为标准来划分的细分市场究竟有多大，就不易衡量，这种细分就没有多少实用价值。

（三）可进入性原则

通过市场细分而得到的某些细分市场，应该是企业市场营销活动能够到达的市场。在这些细分市场上，企业具有进入的资源条件和竞争实力，其产品信息能够通过一定的传播渠道传递给其中的消费者，而且在一定时期内能将产品通过一定的分销渠道送达细分市场，否则细分市场的价值就不大。

（四）可盈利性原则

进行市场细分时，企业必须考虑细分市场上消费者的数量多少、购买力有多大，其中的某些细分市场规模和容量能否达到足以使企业实现其盈利的目标。如果经过市场细分后所得到的所有细分市场的规模过小或市场容量太小，在任何一个细分市场上，企业均无利可图或获利甚少，那么这种市场细分就没有多大意义，而应该将一些细分市场合并或者选用新的细分标准重新进行市场细分。

六、住宅市场细分的种类

从经济学的角度看，住宅市场可定义为：住房的买方在某个特定的地理区域，于某一特定的期间，达成的所有交易的总和。与房地产市场相比，住宅市场是商品住宅交换的场所和领域，是住宅交换所形成的经济关系的总和。

按进入市场的时间顺序划分，住宅市场划分为住宅一级市场和住宅二级市场：住宅一级市场指新建住房流量的权属首次让渡的市场，如新建商品住宅的买卖、租赁等。二级市场指存量住房的交易市场，即住房权属的转让或再转让的市场。在发展比较成熟、稳定的住房市场上，二级市场上的交易量是反映住房市场景气的重要指标。

按住宅类型划分，住宅市场可分为公共住宅市场和商品住宅市场：公共住宅市场是指政府直接参与开发建设，面向最低收入家庭出租的廉租房市场和面向中低收入家庭出售的经济适用房市场，以及安居房、解困房市场；商品住宅市场是指由开发商开发建设，面向中高收入家庭的普通商品住宅市场和面向高收入家庭的别墅市场、高档公寓市场等。

按购买者目的划分，可分为自用型住宅和投资型住宅。

七、商品住宅市场环境分析

（一）经济环境分析

在商品住宅市场的影响因素中，经济环境似乎只是一个背景，但对经济环境进行分析却是商品住宅市场得以好坏运行的基础。

（二）生产总值分析

生产总值包括国内生产总值（GDP）和国民生产总值（GNP）。国内生产总值（Gross Domestic Product）是指一个国家或地区的常住单位在一定时期内（通常为1年）生产活动的最终成果，即所有常住机构单位或产业部门在一定时期内生产的可供最终使用的产品或劳务价值。国民生产总值（Gross National Product）是指一个国家或地区所有常住机构单位在一定时期内在国内或国外所生产的最终成果和提供的劳务价值。它等于国内生产总值加上来自国外的净要素收入。

（三）三大产业分析

在分析三大产业时，主要分析三大产业对 GDP 的贡献，同时分析三大产业的比例是否合理。

（四）外资投资分析

获得大量外资的投资，不仅可以促进当地经济的发展，同时大量外方工作人员的进入，也会增加商品住宅市场的潜在需求。在分析外资投资时，主要分析每年外资项目的数量、投资额达到了多少、与上一年相比增加了多少等。

（五）固定资产投资分析

固定资产投资可以分为基础建设投资和房地产投资两大方面，从中反映商品住宅市场。

（六）居民生活水平分析

房地产是一种昂贵的商品，若居民的生活水平没有达到一定的程度，他们是没有"闲钱"去购买商品住宅的。当居民的生活得到提高以后，无形中增加了商品住宅市场的潜在客户群，所以对居民的生活水平进行分析比较重要。在分析居民的生活水平时，主要分析居民的工资收入、储蓄存款余额和可支配收入等指标。

（七）规划环境分析

虽然土地利用规划、国民经济和社会发展规划及其他规划都会对商品住宅市场产生影响，但对住宅市场规划环境影响的分析主要是要分析城市规划、土地利用年度计划、住房建设规划和住房建设年度计划等三种规划环境。

对于城市总体规划，主要分析城市规划区的范围、城市功能分区、人口规模、居住用地的安排与布局、基础设施建设规划、公共服务设施建设规划、交通设施和交通线路的建设规划。对这三种建设规划，重点分析的内容为这些设施或线路的选址与布局、规模、范围及建设进度安排，分析应主要依据城市总体规划中的近期建设规划。分析城市总体规划环境对商品住宅的影响时，首先要分析这些规划要素以一种什么样的路径来影响商品住宅市场的供给或需求，产生影响的时间、强度、期限和范围。不仅要从整个城市的商品住宅市场来分析这些规划环境的影响，当针对某个开发项目做市场分析时，还要从竞争的角度来分析这些城市总体规划要素的影响。

对城市详细规划环境的分析，要完全从片区竞争的角度来分析，而且要从项目的竞争供给量、项目的占有率这些指标上来分析城市详细规划（控制性详细规划）对目标项目市场供求的影响。

对土地利用年度计划的分析，主要是从中预计当年住宅用地的供给量，从而预计出当年新增商品住宅的供给量。对于住房建设规划和住房建设年度计划的分析，主要是从中分析未来各年的住房供给量及供给结构，并分析出当年各类住房的供给量及其分布的空间位置，从而为项目的竞争分析提供基础。

需要指出的是，规划环境是政府这种无形的手对市场施加的影响，但它对市场影响的大小还有赖于市场条件，政府各项规划的实施都需要有经济基础，要使土地的供给转变为商品住宅的供给就必须让市场的参与者所接纳，规划环境对商品住宅市场供给的影响还需要通过市场本身来发挥作用。因此，市场分析人员不能把规划环境与市场供给划等号，而必须结合其他方面来确定，市场分析问题不能脱离市场来分析。

（八）社会文化环境分析

社会文化环境一般包括人口状况、教育程度、风俗习惯、宗教信仰等各个方面，商品住宅市场的社会文化环境影响主要是指在人口状况和教育程度两方面的影响。其中受教育程度主要与人们的学历层次结构有关；而人口环境分析的主要影响因素有：城市人口规模及分布、家庭人口规模、人口的年龄结构、就业人员数量、人口的就业分布、家庭可支配收入、目前的居住水平（如人均住房面积）、人口的就业率或失业率、人口的收入层次结构、各片区的治安状况、消费习惯、投资习惯、外来人口状况、城市化进程安排、目前的房价收入比等因素。在对社会文化环境影响分析时，主要就是上面这些因素的调查统计分析。

第三节　商品住宅市场供求分析

一、住宅市场供求分析的基本内容

（一）商圈的界定

对于某一地区某种类型物业的市场分析，首先要确定其商圈，目的是确定一个研究范围，避免泛泛研究的无效工作。不同项目的商圈是不同的，对于商铺物业来说，商圈是它的服务半径所涉及的范围；对于住宅来说，商圈是客户来源的范围，比如据项目一个小时车程范围内的地区；最容易定义的是那些为政府进行的物业市场分析，他们的商圈一般就以一个城市、一个地区或一个街区，总之是以行政区划为界限来定义商圈的。

但是，如果是对某一类型的物业进行市场分析，这要区别特定物业的情况进行商圈的定义。不同用途、不同特征的物业，他们的服务范围是不同的。

显然商圈不一定是一个圆形的范围，它可能因为一些因素的影响而变成不规则的，比如一条铁路把两个距离很近的楼盘分在两个不同的商圈，距高速路很近的商场或住宅的商圈，可能会因为高速路的建设而使其商圈扩大到很远，也可能因为一座高架桥修建被遮蔽起来，因而商圈变小了。市场研究工作中，研究人一般总是先根据路程或服务半径划定一个范围，再在实际调查中，根据经验进行商圈的修正。

（二）供求缺口的分析

把不同子市场的供给量与需求量进行对比，需求大于供给的差额就是供求缺口。比如，把某一区域的住宅供给细分为三个档次，对应于不同档次的供给有不同层次的需求，不同层次的需求可以按收入进行细分，经过对比可能会发现高档次住宅的供给量已经大于需求量，而低档的住宅供不应求，于是可以把低档住宅的供求缺口当作目标市场。

当然，通过子市场的供求对比，只是确定目标市场的基本方法，并不是唯一有效的方法。在市场普遍不太景气的情况下，有可能会出现这样的情况，即通过供求对比发现每一个子市场都已是供过于求了。那么这时只有两种可能的做法，一是停止房地产项目的开发，等市场转好以后再进行投资，二是采取差异营销的策略，区隔新市场，也就是对需求进一步的细分寻找目标客户。

即使是每一个子市场都已供过于求，即在每个档次都存留有许多空置房，仍有开发商可以开发出新的有特点的楼盘产品，创下好的销售业绩。即使是在供求分析中发现已无路可走的情况下，还是可以通过产品的定位和策划设计，提高性能价格比，从众多竞争对手中脱颖而出。

供求分析虽不是唯一有效的方法，但这种研究分析可以使开发商认识到竞争的激烈程度。在现实的市场研究工作中，由于资料的限制，使很多市场研究人员无法确切估计供求缺口，有的只做供给分析，而不进行需求分析，或者只做供给和需求的分析，而不做供求缺口的分析。这样的分析严格地说都是不利于开发商正确决策的。常见的分析报告是通过单方面的研究供给，说明别人都在生产什么，哪些卖得快，而后得出的建议是也去生产什么。这样的建议是有很大风险的，当市场的供求缺口已经填满了以后，从众的策略是非常危险的。

二、住宅子市场供求变动的影响因素

通过对供求影响因素的分析，可以了解其影响结果，经济和人口的变动影响着供求曲线的位置，从而影响着价格的水平。

（一）影响需求水平的经济、人口因素

1. 新住户生成

首先要注意的是新住户的形成。我国城市家庭中一般当孩子 12 岁以后，就可能与父母分室居住了，就意味着一间新房间的需求产生。新增的住户会由于成人的增加和结婚人数增加而生成，同时也会随死亡和迁移人口的增加而减少。

2. 住户的年龄结构

不同年龄段的住户对住房种类的要求不同。比较年轻的住户，如在 18～25 岁的年龄段，一般选择租房；中年的住户则倾向于选择拥有一幢住宅，他们对户型的要求也大异其趣。青年人和中年人的移动性较强，他们频繁地迁入迁出会使区域住宅需求有较显著的变动。人口的婚姻状况及家庭结构的变动，使现代社会的家庭规模日渐缩小，对住宅单位的需求量也日渐提高。

3. 收入

住户收入的水平变化对住宅市场的影响极大，所以要确定收入水平及其变动对需求的影响。一般来说，随着收入的提高，人们对于住房的需求也会提高，表现为面积的增加和规格档次上的提高。不仅新房需求量增加，它还会带动二手房市场供给量的增加，因为较多的人购买更高档的新房，这样旧房就空了下来。

4. 信用条件

住宅的价格比消费者几年的收入还要高得多，一般买者要贷款购房，这样购房贷款就成为影响住宅市场的重要因素。对于需求方来说，抵押贷款利率的下降，或者贷款期限的延长，月供款额的减少，会使更多的人进入市场成为潜在的购买者。

5. 代替性品种的价格及拥有成本

每一种住宅都会有几种代替品，因此每一种住宅都会受到其代替品市场变动的影响。假设某类住宅为 X，其代替性产品为 Y 的话，当 Y 产品的价格增加，X 产品的价格也增加。因为 Y 产品价格增加，使消费者转向 X 产品进行购买，因而使 X 产品价格上升。每一种住宅还有一些互补性产品。一般的情况是互补型产品价格提高会使该种住宅需求减少，从而价格下降。

某项住宅的拥有成本（如契税、保险金、维修成本、使用成本、借款及其利息）提高会使这种住宅的需求减少，从而导致其价格的下降。

6.对未来的预期

住宅市场中消费者对未来预期，可能极大地影响市场的需求水平，其中两个最主要的变量是未来的价格和抵押贷款利率。如果消费者预计这两个变量在未来将提高，他们就会在现期内购买住宅。相反，消费者则会推迟购买行为。季节性影响，需求水平因季节不同而异，住户变换住房，夏季多于其他季节，因为人们不愿因搬家中断孩子的完整学期。

（二）影响住宅市场供给的因素

考察住宅市场的功绩必须分别考察新建住宅和旧房，因为它们的消费群体是不同的，影响他们的经济因素也不同。

影响新建房屋市场的经济因素：建筑过程中所有要素的价格；这些要素的生产率和技术；市场中开发商的数量；开发商对未来销售量的预期。

在旧房市场上，供给不受生产性因素（如投入要素的价格、开发商的数量等）的影响，但它却受非生产因素（如经济的、人口的因素）的影响。旧房市场上需求的影响因素是市场上需要住宅和能够买得起的住户的数量，供给的影响因素是市场上想要并愿意出售房屋的住户的数量。

影响旧房上市的因素有：失业或住户的购买力减少；住户的生命周期；工作地点的变动。

三、住宅供给市场的供求结构失衡问题

投资结构不合理，结构性失衡严重，近年来，房地产市场呈现了一种非常明显的现象，即商品住宅投资结构不合理，中低价位的住宅过少，结构性矛盾突出。有的开发企业为了追求高额的投资回报，开发的非住宅供应量占据总量的2/3，如一度出现"豪宅别墅热"，反映出住宅过分追求豪华和奢侈。而普通百姓能真正消费起的商品房和经济适用住房建设比例偏低，造成供需结构严重失衡，居民和广大中低收入者的住房需求成为迫切需要解决的问题。

住宅市场供求结构失衡的原因：如前所述，当前我国住宅开发建设中，结构性供求失衡是住宅市场失衡的主要原因，而这些都是由于住宅投资结构不合理，供给方生产经营决策失误造成的。住宅制度改革滞后也是造成当前我国住宅市场供求失衡的重要因素，它给住宅市场带来的负面效应表现为：居民住宅消费动力不足、住宅租售比

价不合理、住宅供给双轨制、住宅供给主体的扭曲和缺位。这些在较大程度上引发了供求矛盾。同时商品住宅价格构成不合理，价格居高不下，商品房销售价格上涨幅度不仅远远高于一般消费品价格上涨幅度，也高于居民人均收入的增长速度。另外，城镇职工工资收入中住房消费含量不足，高房价低收入的矛盾严重制约了住宅市场有效需求的扩大。最后导致住宅商品供给结构不合理。

第四节　商品住宅市场需求分析

一、住宅市场需求结构的划分

按住房支付能力的大小划分住房市场需求结构，需要考虑家庭收入、收入中可用于住房消费的比例及与收入水平相适应的住房标准和可供选择的现行融资方式等。由于住房消费比例与收入水平成正相关，因此在划分需求结构的实际操作中，可依据家庭收入水平划分消费群体。

我国住房市场需求结构的划分按照家庭收入分布的不同，首先确认收入中位数（即中等收入水平）为计算基数，然后依次划分出高收入、中等偏上、中等收入、中等偏下、低收入、最低收入需求群体，以及各群体的数量分布、可支付的住房消费比例、需求类型等。具体区域的实际需求结构还要根据区域市场的特点进行划分。另外，住房市场需求结构根据住房占有形式的不同，可分为购房者群体和租房者群体；从需求住宅面积的大小，可分为大户型需求家庭和小户型需求家庭。

二、住宅市场需求结构的因素

（一）住宅支付能力的影响

一个国家或地区在同一时期内，不同家庭因收入水平和家庭规模的差异而分处不同的消费层次，各层次消费群体的家庭户数分布、住房需求特征即形成该国或地区住房市场的需求结构。

对住房需求结构划分的主要依据是家庭住房支付能力的大小。衡量住房支付能力的指标主要有住房消费比和住房收入比，其中住房消费比表示某一时期内住房消费在家庭收入中所占的比例；而住房收入比表示为住宅平均价格与家庭平均收入的比例。我国目前处于困难和温饱层次的家庭，住房消费支出极为有限，而高收入家庭即使住房消费比例很小，也能很轻易地买得起房。因此，最具实际意义的是确定中、低收入家庭能支付的住房消费比例，进而采用相应的优惠、补贴政策。

（二）购买时间、置业次数的影响

（三）购买区域的影响

（四）对购房的基本要求的影响

（五）付款方式和月供款额的影响

（六）对物业的设备要求的影响

三、住宅市场需求量分析方法

需求量分析应包括需求潜力分析和需求偏好分析。需求潜力分析方法有三种：一是运用人口资料进行分析；二是运用家庭规模资料进行分析；三是运用收入资料进行分析。

（一）人口增长与住宅需求潜力

运用人口资料分析潜在住宅需求的方法，在实际中应用得相当普遍，很多关于市场预测的教科书也多次介绍过其原理。运用人口资料进行住宅消费需求的预测，就是要掌握新增人口数量及人均居住面积的数量。具体做法通过案例 1 加以说明。

案例 1：分析北京市的住宅潜在需求。

20 世纪 90 年代初，经济发达国家的人均住房建筑面积达到 40 平方米，每套新建住房的建筑面积平均为 200 ~ 300 平方米，而我国到 1998 年人均住房建筑面积不足 19 平方米，平均每套住房为 70 ~ 80 平方米。20 世纪 90 年代，北京市人均住房使用面积一直呈增加趋势，年平均增长 3.88%，如表 10-2 所示。2000 ~ 2003 年，保持或超过这一平均增长率，如表 10-3 所示。

表 10-2　1990 ~ 1999 年北京市人均住房使用面积

	1990 年	1991 年	1992 年	1993 年	1994 年	1995 年	1996 年	1997 年	1998 年	1999 年
使用面积（m²）	11.17	11.64	12.1	12.45	12.85	13.34	13.82	14.36	14.96	15.88
年增长率（%）		4.2	4	2.9	3.2	3.8	2.6	3.9	4.18	6.1

	1990 年	1991 年	1992 年	1993 年	1994 年	1995 年	1996 年	1997 年	1998 年	1999 年
平均年增长率（％）	3.88									

表 10-3　2000 ～ 2003 年北京市人均住房面积

	2000 年	2001 年	2002 年	2003 年
使用面积（m²）	16.5	17.14	17.8	18.5
建筑面积（m²）	21.9	22.84	23.67	24.6

20 世纪 90 年代以来，北京市人口增长速度很快，1994 ～ 1999 年北京市城镇人口从 683 万人增至 747 万人，年平均增长 12.68 万人。根据《北京城市总体规划》，到 2010 年北京市城镇人口控制在 850 万人，实际增长速度已大大超过，由于人口增长几乎都是机械增长，我们将结合规划和实际两个方面，按年平均净增人口为 12.68 万人进行分析，如表 10-4 所示。

表 10-4　2000 ～ 2003 年人口预计

	1999 年	2000 年	2001 年	2002 年	2003 年
城镇人口（万人）	747.2	759.88	772.56	785.24	797.92

住房面积需求总量（S）由每年新增人口需求面积（S_1）和原有人口需求增加面积（S_2）、年拆迁面积（S_3）三部分构成。表 10-5、表 10-6、表 10-7 分别列出了2000 ～ 2003 年有关数据。

表 10-5　2000 ～ 2003 年新增人口需求面积（S_1）

	2000 年	2001 年	2002 年	2003 年
使用面积（万平方米）	209.22	217.34	225.7	234.58
建筑面积（万平方米）	277.69	289.61	300.13	311.93

表 10-6　2000～2003 年原有人口需求面积（S_2）

	2000 年	2001 年	2002 年	2003 年
增加建筑面积（万平方米）	592.71	726.21	651.75	742.07

1991～1999 年每年平均拆迁 2 万户，安置拆迁用房户均建筑面积为 70 平方米，年拆迁安置用房需求建筑面积（S_3）140 万平方米。

北京市 2000～2003 年住房面积需求量 $S=S_1+S_2+S_3$。

表 10-7　2000～2003 年北京市住房需求量

	2000 年	2001 年	2002 年	2003 年
建筑面积（万平方米）	1010.4	1155.82	1091.88	1194

（二）人口结构与住户规模变动对商品住宅需求的影响

人们常说的户型实际上是建筑设计上的套型。"套"是指家庭独用的空间范围，其中应具备为满足家庭生活行为所必需的活动空间。

家庭作为社会的细胞，社会发展和文化规模深刻地影响着家庭行为和生活方式，户型是为住户使用服务的，所以人口结构和家庭结构的变化也影响着户型的变化。

第一，从数量上看，人口数量与结构直接影响套型规模和种类。

从人口的年龄结构分析，由于人口发展，有两个波峰对套型需求结构将产生重大影响。一是 1962～1975 年生育高峰出生的人口在近十年内将出现结婚高峰，城市每年约有 200 万对青年结婚用房。二是人口平均寿命的增长和出生率下降趋势所导致的人口老龄化的波峰到来，1999 年全国 60 岁以上老人超过 9000 万，2000 年达到 1.3 亿左右，占总人口数的 10.6%，65 岁以上的人口占 7%，已经达到或超过了国际上公认的老龄化社会临界点开始步入老龄化社会。在对老年人的调查统计中发现，老年人口中 75% 有配偶，25% 丧偶或离异。老年人口中有 89.09% 的人完全能自理，有 36% 不愿意与子女居住在一起。老年人需要的套型引起注意。

第二，从家庭规模上看，套型规模有减少的趋势。

从规模上看，现代化的大生产促使家庭成员从业自立，消费分散，家庭结构松散，家庭观念淡化。一方面，居住水平的提高，住房的增加，为家庭的分化带来有利条件；另一方面，家庭成员之间的抚养和赡养关系及传统道德观念的制约，又维系着家庭关系，家庭分化与维系矛盾交织。户均人口的减少及套型规模的缩小成为必然趋势，同时又形成"分而不离"的核心家庭模式。

表 10-8 为 1991 ~ 1999 年北京市家庭规模的变动趋势。家庭规模在缩小不仅表现在大家庭占总户数的比例缩小，还表现在一人户、二人户比例的增加，说明结婚人数和离婚人数的增加，老年人口的增长是一人户、二人户增长的另一个原因。核心户的比例有所减少。

表 10-8　1991 ~ 1999 年北京市家庭规模的变动趋势

年份	家庭规模				
	一人户	二人户	三人户	四人户	五人及以上户
1991 年	8.8	16.4	36.5	22.3	16
1992 年	7.7	16.3	37.3	22.9	15.8
1994 年	8.5	16.9	40.1	20.2	14.3
1995 年	8.3	19.1	40.7	19.5	12.4
1996 年	8.71	20.54	41.73	18.06	10.96
1997 年	7.91	18.36	44.62	17.52	11.59
1998 年	9.92	20.76	42.94	15.86	10.52
1999 年	9.9	21.8	42.3	16.8	11.6

从表 10-8 中可以看出，1991 ~ 1999 年间一人户增加了 1.1 个百分点，二人户增加了 5.4 个百分点，三人户增加了 85.8 个百分点，四人户减少了 15.5 个百分点，五人户减少了 4.4 个百分点。从表中可以看出，二人户的增加与三人户的增加速度接近，看起来这似乎没有什么异常。9 年来人们以增长 5.4 个百分点的速度结婚，以增长 5.8 个百分点的速度生一个孩子。其实并非如此简单，因为像北京这样的城市，出生率是每年千分之几。在这种情况下，可以推断二人户的增加还有一个原因就是近年来离婚率上升了。

据社会学者研究发现，从 20 世纪 80 年代以来，中国内地离婚率直线上升，15 年间离婚率上升了近 3 倍。

另外值得关注的是，40 ~ 50 岁之间的中年人的离婚现象较为突出，而这个年龄段的人也正是购房能力较强的人群。

第三，家庭人口构成与套型的基本种类。

套型不但与家庭规模大小有关，还与家庭的人口构成有关，即除家庭的人口数外，还必须考虑家庭成员的性别、代际关系、年龄大小、是否结婚等。

运用家庭人口和家庭规模的资料可以分析出家庭人口结构的变化趋势，家庭人口数与住宅的居室数量有直接的关系，从中以推断家庭对户型的要求。

（三）收入与住宅需求潜力

住房需求与人口有关，更与人们的收入状况有密切联系，通过市场问卷调查可以发现住宅需求与收入之间的关系，从而指导开发商进行住宅开发。2000 年 9 月，中国消费者协会进行了题为"北京市商品房消费"的定点问卷调查活动，这次活动对分布在北京市 14 个区县的 2099 位被访者（其中绝大部分是前去各商品住宅售楼处的意向购房者）进行了问卷调查，对调查结果进行研究，获得了北京消费者对于商品房消费的许多有价值的数据和结论。

调查结果表明，有 25.1% 的家庭月收入在 2000 元以下，有 29.8% 的家庭月收入在 2000 ~ 3000 元，有 23.1% 的家庭月收入在 3000 ~ 5000 元，有 10.5% 的家庭月收入在 5000 ~ 8000 元，有 5.6% 的家庭月收入在 8000 ~ 10000 元，有 5.9% 的家庭月收入有 10000 元以上。

被访者中有 42.3% 的人可承受的最高购房总价为 20 万元，26.9% 的人可承受购房总价为 20 ~ 30 万元，67.2% 的人只能承受 30 万元以下的购房总价，只有 5.9% 的人选择购房总价 100 万元以上。

家庭月收入在 8000 元以上的消费者中，有 5.5% 的人最高可承受购房总价为 20 万元以下，有 8.9% 的人最高可承受购房总价为 30 万元，有 17.3% 的人最高可承受购房总价为 50 万元。如果以购房总价 50 万元为一档，那么可承受购房总价 50 万元以下的占 31.7%，50 ~ 100 万元的占 32.5%，100 ~ 150 万元的占 19.4%，150 ~ 200 万元的占 10.5%，200 ~ 300 万元的占 3.4%，300 万元以上的占 2.5%，承受 100 万元以上总价的人数共占 35.8%。

家庭月收入在 8000 元以下的消费者中，有 47.1% 的人最高可承受购房总价为 20 万元以下，有 29.2% 的人最高可承受购房总价为 20 ~ 30 万元，有 15.2% 的人最高可承受购房总价为 30 ~ 50 万元，有 6.5% 的人最高可承受购房总价为 50 ~ 100 万元，有 1.4% 的人最高可承受购房总价为 100 ~ 150 万元，有 0.6% 的人最高可承受购房总价为 150 ~ 200 万元，有 0.1% 的人最高可承受购房总价为 200 ~ 300 万元。

如果与住宅供给状况对比一下可以发现，各热点区段商品住宅的供给价格平均总价在 60 万元以上，而对消费者的调查结果则表明，有 69.2% 的家庭只能承受总价在 30 万元以下的商品住宅。可见市场的供求矛盾不是总量的矛盾，而是结构上的矛盾。在每年近 1000 万平米的供给量中，50% 为总价 60 万元以上的商品住宅；而在近 1000 万平米的需求方面，70% 的需求是总价为 30 万元以下的商品住宅。如果按供给面积计算供给结果的话，至少有 50% 的总价在 60 万元以上的商品住宅面积，对应 30% 的相应价格的需求。在中高档次的商品住宅市场上，供过于求的局面是很明显的。如果再考虑到许多高收入层人士进入经济适用房市场的可能性，中高层次上供过于求的状况将更加严重，而中低档住宅则严重供不应求。

（四）需求量数据的获得

需求量的数据可以从两类资料中获得，一类是直接调查的一手数据，另一类是二手资料。进行直接调查对房地产市场研究是必不可少的，通过直接调查可以及时发现消费需求的变化。

消费者调查是了解消费者市场需求的重要手段。购房需求的调查对象可以是全体居民、特定的人群、已购房者、或是意向购房者；调查的方式可以是面访、电话访问、小组讨论、一对一的深入访谈。选择什么群体进行调查，选择什么方式进行访谈，要看调查的目的，并且要设计一份好的调查问卷。

调查问卷一般是就一些与建筑功能有关的问题，而不是与风格品味有关的问题，因为与建筑风格品味有关的问题涉及许多心理学方面的东西，很难得到准确的结论。即使是关于功能方面的问题，问卷的作用也是有限的，因为被访者有时分不清 7 平方米的卫生间与 8 平方米的卫生间有多大区别，对于 3 米的净高也没有什么感觉。

在调查问卷中还应有一个重要的调查内容就是关于消费者的媒体习惯，这种调查有助于进行广告策划。

调查问卷中第三个重要内容应是消费者自身的信息及客户特征，这对于了解消费者是非常有效的。通过这种调查问卷的积累和分析，对了解消费者的消费偏好会很有帮助，所以这种调查要经常进行。

第五节　商品住宅市场供给分析

从微观经济角度看，住宅市场供给是指生产者在某一特定时期内，在某一价格水平上愿意而且能够租售的住宅商品量；从宏观经济角度看，住宅市场供给就是住宅总供给，是指在某一时期内全社会住宅供给的总量，包括实物总量和价值总量。

住宅市场的供给又包括存量供给和增量供给两部分。在住宅供给的各种形式中，有效供给是供给理论中一个非常重要的概念，从微观经济角度看，是指住宅现实供给层次中符合消费者需求的、正在或即将实现交换的那一部分供给量，但住宅现实供给不等于有效供给，现实供给中凡属难以实现销售的部分，也不能称其为有效供给；从宏观经济角度看，有效供给是指住房商品的总供给与总需求达到均衡状态时的总供给。

供给量的数据对开发商来说是极其重要的，对供给量进行分析包括两部分：准备上市的增量供给量；已经上市的增量供给量。

一、商品住宅增量供给量的分析

从我国国情出发，分析研究增量住宅内部的结构关系比存量住宅结构更加重要。因此，本节将重点分析新增住宅的供给结构。

（一）新增住宅供给的种类

按性质可分为市场价商品住宅、经济适用房和廉租房。市场价商品住宅是指由开发商开发建设，面向中高收入家庭的普通商品住宅市场和面向高收入家庭的别墅市场和高档公寓市场等。经济适用房是指根据国家经济适用住房建设计划安排建设的住宅，具有社会保障性质的商品住宅。由国家统一下达计划，用地一般实行行政划拨的方式，免收土地出让金，对各种经批准的收费实行减半征收，出售价格实行政府指导价，按保本微利的原则确定。经济适用房相对于商品房具有3个显著特征：经济性、保障性、实用性。廉租房是指政府以租金补贴或实物配租的方式，向符合城镇居民最低生活保障标准且住房困难的家庭提供社会保障性质的住房。廉租房的分配形式以租金补贴为主，实物配租和租金减免为辅。

按建设方式可分为自建、联建的住房和房地产开发住房。自建房，也叫单门独院、单门独户、独门独户，是泛指拥有自有土地的单位和个人，自己组织并通过雇佣他人施工而建造的房屋和建筑。自建房是我国传统建造方式的主流，尤其是在我国农村地区，农村居民几乎都是通过自建房方式来满足各自的居住需求的。不能在城镇规划区外或建设用地范围建房。联建房是土地部门卖出单间的土地给私人（一般面积为3.8米乘12米），也有可能是拆迁安置所得。再由同一块土地上的所有私人业主联合建设成商品房的一种形式。是温州地区所特有的一种建房方式，在温州各个乡镇都有存在。房地产开发房是指房屋，是住人或存放东西的建筑物。

按供给者可分为政府供给的住房、民间非营利机构建造的住房和房地产开发商开发建造的住房。

（二）新增住宅供给的影响因素

住宅供给的影响因素有很多，主要包括：商品价格、住宅房地产投资来源和数量、开发商素质及其对未来的预期、政府政策、市场交易条件、住宅房地产开发建设能力、旧有房屋的数量和质量。

（三）新增住宅供给的分析方法

要建房首先必须得拿到土地，在增量供给量分析中，要想知道拟健开发的住宅量，比较直接的方法就是根据国家出让的土地和开发规划的数据中得来。开发商要获得拟建项目的信息十分困难，而且很难找到权威、系统、准确的市场信息，但我国房地产管理法规定，土地出让之前要由政府进行土地利用的整体规划及功能分区规划，同时政府部门掌握着大量的相关信息。因此，用市场调查来对潜在供给量进行分析是行不通的，我们必须借助政府的资料来完善住宅市场增量供给的资料。

增量供给量分析就是对未来时期房屋供给量进行预测和对计划开发物业的销售期内即将投入市场的供给数量进行预测。对增量住宅进行分析也就是通过将要开发的住宅量、将要竣工的住宅量、将要预售的住宅量的统计，核算出住宅市场中将要增加的住宅各类户型和物业的供给量。这些未来时期内投入市场的供给量当然可以从政府部门得到信息，但是每天都可能会有新的项目竣工，有新的项目开始预售，有新的项目批准立项，因此在市场分析时对增量供给进行统计一定要保证数据的有效性和完整性，避免增量供给数据与事实不符所带来的不良后果。

在现行比较实际可靠的方法之一就是通过"房地产住宅开发管道图"来搜集数据，把整个对房地产开发的管理过程当作一个流动的过程，把一个个审批环节连接起来看成是一个"管道器"，通过分析"管道"中各个部分的数据，从而确定未来销售期内的潜在供给量。

二、商品住宅存量供给量的分析

存量住宅是与增量住宅相对应的概念，增量供给被市场上的投资者或消费者购买或租用后，就变成了住宅市场上的存量。一个健康的住宅市场应该是新旧房源互动的经济运行体系，由于对住宅消费水平的提高和因工作变动等原因，原住宅消费者可能会选择新的住宅而放弃原有住宅，原有住宅便可能成为住宅市场的存量供给。同时由于投资者要寻找最终的住宅使用者，也将向住宅市场提供存量住宅的供给。

一般通过失业率或住户的购买力、住户的生命周期、工作地点的变动等要素的资料搜集对居民更换住宅量进行分析，然后根据居民更换住宅量和投资客手中准备投入市场的住宅量等数据的衡量来对存量供给量进行分析。存量供给数据一般通过组织市场调查来获取，同时现在大多数城市都有专门的政府机构或商业机构对市场现有的各种物业的供给结构及供给量进行调查，并出版月度、季度、年度的住宅物业统计报告，这也是获得现有供给信息的重要渠道。

三、住宅供给市场的主要问题

目前住宅供给市场存在的主要问题有：开发商期待或确定的房地产项目利润率过高，一般在 15% 以上，更有达 30% 的情况，再加上开发项目建设成本有所上升，造成房价居高不下，有连年上涨的趋势；政府对住宅开发企业监管不严且存在管理制度上的漏洞；安居工程和廉租房供给明显不足，远远不能满足低收入者的居住需求；个别开发商在承建经济适用房项目时，为保持高利润，有减少合理配套设施的倾向，另外也有为降低房屋造价而降低房屋施工质量的做法。这使得某些经济适用房项目成了半成品或劣等品，不仅不能满足需求，反而加大了空置量。

对于上述问题可以从以下方面加以解决：开发商应努力降低成本费用，降低过高利润期望；同时政府应规范土地使用权转让市场，进一步完善管理制度，提高办事效率，有计划地建设充足的平价房以解决中低收入居民的住房问题，并确定合理的房价范围；建立新的住房供应体系，对不同收入家庭实行不同的住房供应政策，以便不同经济水平的家庭都能各得其所。

四、住宅供给市场的空置问题

在房地产经济学中，空置（Vacancy）是指建筑物的整体或部分目前并未得到使用，处于等待出租或出售的状态，无论是第一次进入市场的新房屋，还是由于当前房屋使用者迁移后留下的房屋，目前没有确定新使用者的房屋都属于空置的范畴。

我国的空置率反映的是住房存量市场的指标即：空置率 = 当前商品房空置量 / 近 3 年商品房竣工量。由建设部 2006 年 2 月公布的数据可知，2005 年前 11 月我国商品房空置面积达 1.14 亿平方米，其空置率大于 26%，大大超过了国际警戒红线。我国住房空置率确实处于较高水平，这也是住宅市场不成熟的表现，但通过对比国内外空置率的概念可知，我国商品住房空置率之所以如此高是因为空置率的测度标准有着本质的区别：国外的空置房中既有新房，也有旧房，空置率反映了一种微观经济现象，主要被用来指导居民流动的可能性；而国内的空置房仅指新房，只反映一部分市场情况，因此不能当成唯一判断房地产整体形势的指标。

在住宅市场上有一种比较普遍的现象，即一方面存在大量的空置住宅，另一方面又有大量的住房需求得不到满足。对此，房地产理论界很有一片批评之声，然而，不管从宏观还是微观角度进行分析，住宅市场上空置房的存在是不可避免的。正如法国经济学家欧仁阿韦尔在《居住与住房》一书中所说："住房没有伸缩性的特点总是要求比合乎需要的数字建造更多的住房。"即住宅空置并不能说明房地产资源没有被有效利用，也不能说明房地产资源的浪费。从某种角度来说，空置有其合理性，具有调节市场供求、帮助卖方实现最大利益及提供产业结构调整的物质基础的作用。因为只要市场上存在一部分余房，置业者就不会因某种类型房屋投资的压缩而无房可买，同时开发商也可以把自己的空置房缓缓出售以维持企业运转。可见，正如过高的空置率将使供给方处境艰难一样，过低的空置率必然抑制潜在的需求，使市场变得毫无生气。在这两个极端之间，必然存在一个正常的空置率以维持住宅市场的相对供求平衡，我们称该空置率为合理空置率。有关人士认为，我国目前比较合适的商品住宅空置率应在 5 % ～ 14 % 之间，住宅空置率在 14 % ～ 20 % 之间为空置危险区。

第六节　住宅市场供给结构的分析方法

供给量的数据对开发商来说是极其重要的。进行供给量分析不仅要分析上市的供给量，还要分析准备上市的供给量，不仅要知道供给总量，还要知道供给量的结构。

很多开发商在项目开发前并没有做认真的市场供求分析，原因之一是获得信息十分困难，开发商很难找到权威的、系统的、准确的市场信息。政府掌握大量信息多数是保密的，没有起到指导市场的作用，这不仅对开发商来说是一种经济损失，对于政府也同样是一种损失。政府要为积压产品承担各种不良影响，处理纠纷、投诉，制定特别的政策为空置房找出路，应有的税费收入减少，管理工作陷入被动。正是由于事先引导开发市场不够，而是事后要为开发商收尾。

政府拥有充分的信息，这些信息使它可以全面掌握市场的状况。按照房地产的开发程序，开发商要进行房地产开发，每一个开发步骤都要向政府上报格式文件。据了解，在整个房地产项目开发过程中，要经过 100 多个程序，报批和成交的各种文件不下 300 种。这些信息足以让人们掌握市场方方面面的状况。然而这些信息分散在不同的部门和环节，给信息研究造成很大的不便。目前不少机构为了及时掌握市场供求信息，就不得不花大量的人力物力用于实地调查，见到新楼盘广告就去实地调研，沿途见到工地就进去问问，这种原始的办法费时费力，调查的数据还不准确，只反映了市场新开工楼盘的情况，或者只反映了开始预售楼盘的资料，而且这当中还有人为力量难以避免的误差。所以最好的办法是政府开发出一种信息查询或分析工具，为开发商提供市场投资的指导。

开发利用信息资源，不仅要认识到信息资源对于市场分析的重要性和必要性，还需要有正确的方法。那么，如何运用政府现有的信息来分析市场指导市场呢？

一、开发程序与管道分析方法

在划定了研究范围和类别以后就可以进行供给量的分析了，供给量的分析包括现在供给量和潜在供给量的分析。进行现在供给量分析主要是运用市场调查的方法，而潜在供给量分析就要依据政府审批开发项目过程中形成的各种数据资料。要利用这些数据资料，就要对开发程序有所了解。

按我国房地产管理法的规定，土地出让或划拨之前，要由政府进行土地利用的总体规划及功能分区规划。土地批租和划拨以后，建设单位要上报建设规划和施工方案，再由政府主管部门批准，获得建设规划许可证和建设工程开工许可证。在获得了建设规划和建设工程开工许可证以后，才可以申请预售，得到商品房预售许可后就可以卖期房。现房和期房都是现在房屋供给量，要对未来时期房屋供给量进行预测，还应了解在预测期将竣工项目的供给数量。预测期将竣工的项目数量、建筑面积可以通过建设工程开工许可证发放部门得到。当然，每天可能都会有新的项目竣工，也会有新的项目申请立项报建。每天都可能会有新的项目获得建设规划许可证或建设工程开工许可证、商品房预售许可证。因此只有把整个管理过程当作一个流动的过程，把一个个审批环节连接起来看成是一个"管道"，分析"管道"中各部分的数据，从中获得所需要的信息。

从政府部门应能获得的信息包括：

①规划用地面积，即政府已做了总体规划的用地面积。

②分区规划用地面积，即政府做了功能分区规划的用地（如规划住宅用地、商业用地等）面积。

③做过"三通一平"的用地面积，即对详细规划用地进行了"三通一平"的开发，"生地"变成了"熟地"的面积。

④获得《建设用地规划许可证》用地面积，即建设用地单位向政府提交用地申请书和有关建设项目的详细资料，政府批准并获得了《建设用地规划许可证》，有了具体项目用地的确定选址的面积。

⑤获得《国有土地使用证》用地面积，即获得土地使用权的用地面积。

⑥获得《建设工程规划许可证》用地面积，即做了详细规划的用地面积，即为了进行项目的开发做了较为详细的平面布局规划（包括容积率的确定，建筑物的摆放布置道路及出入口的方向等），设计方案获得批准的面积。

⑦获得《建设工程开工许可证》用地面积，即建设单位向政府提交了项目的进一步详细资料（包括概算、预算、施工图等），并得到政府的《建设工程开工许可证》的用地面积。

⑧领《商品房预售许可证》用地的面积，即按国家规定，建设单位获得了规划许可证和开工许可证，向国家交付了全部土地使用权出让金，在项目地块完成了25%的投资，并获得《商品房预售许可证》的用地面积。

⑨竣工前未预售量，即由于实行预售制度，使一部分商品房以期房的形式上市成交，在项目竣工前尚未售出的面积。

⑩竣工后待销售量，即要在竣工后继续销售的面积，未售出的部分为空置量。

二、潜在供给量的分析方法

当政府审批过程的数据无法获得时，可以运用土地供给量的资料估算新增房地产供给量。

潜在土地供给量的来源包括三部分：

1.新建城区的土地供给量（M_1）

M_1= 规划城区面积 – 已开发建成区的面积 – 已出让的面积

2.旧城区改造过程中可供开发的土地量（M_2）

M_2= 规划改造面积 – 已改造面积

3.工业仓储改变用途可供开发的土地量（M_3）

M_3= 工业仓储实际面积 – 工业仓储规划面积

潜在土地供给量 $M=M_1+M_2+M_3$

三、现有市场商品住宅存量的分析方法

运用已竣工量和销售量的资料估算现阶段商品房供给量。现有市场商品住宅存量应该以获得销售许可证的商品住宅面积为主要分析对象，根据平均销售周期分摊到各年进行累计计算。实际中，某些项目即便没有获得销售许可证仍然可以投入市场。为了不重复计算，我们将商品住宅面积作为现有市场商品住宅存量（K），而将未出让土地使用权的土地供给量作为新增商品住宅面积总量（S）。

四、供给量结构分析方法

供给量的分析在整个地区的市场研究中具有重要意义，但是它只能给开发商一个较为笼统的供求状况的概念。在决策自己的项目时，仅仅知道总的供给量显然是不够的，开发商还要详细了解某一种类物业中某一类型产品供给量的大小，了解这一类型产品在周边区域内供给量的大小，这就需要进行供给量的结构分析。

1.对区域市场供给量的结构分析

对区域市场供给量结构进行分析，要求在供给量分析基础上收集某一区域的资料，然后对该区域的产品按户型、面积、价位进行分类，分别计算其供给量。

2.对不同区域市场供给量结构的比较分析

在对某个区域的市场供给量结构进行分析以后，还可以将各区的供给量结构进行对比，从而发现各区域的特征。

五、供给量数据的获得

以上的供给量分析要依据大量市场调查资料和数据，在政府的数据资料不能公开又无法用于市场研究的情况下，很多公司只能依靠实地的市场调查来进行供给量的统计和结构分析工作。实地调查是任何一个房地产市场分析工作人员必做的基本工作。在这些数据的基础上，分析人员才能对一个地区的房地产市场的供给量进行总量和结构分析。不同公司有不同的格式的市场调查表，但是其基本内容是相似的。

第七节　商品住宅市场的竞争性分析

市场存在买卖的交易活动就会出现竞争，在商品住宅市场中也不例外，由于住宅

产品的多元化，市场的日渐复杂，竞争的出现是必然的，本节主要从产品竞争方面阐述商品住宅市场的竞争性分析。

一、商品住宅产品竞争性分析内容

进行商品住宅产品的竞争分析，最主要的就是发掘出产品的卖点和劣势。

（一）卖点

"卖点"无非是指商品具备了前所未有、别出心裁或与众不同的特色或特点。这些特色、特点，一方面是产品与生俱来的，另一方面是通过营销策划人的想象力、创造力来产生"无中生有"的。在经济领域中，住宅产品竞争性分析主要是为产品寻找和发掘卖点，找出市场营销的突破口。商品住宅产品的卖点分析主要是通过对住宅的价格、户型、配套、景观等的分析和对比，从而发掘其优于或异于其他产品的地方。

（二）劣势

俗话说"知己知彼，方能百战百胜"，其中"知己知彼"主要就是指要了解自身产品和竞争产品的特点，分析各自产品的优势和劣势。商品住宅的劣势分析是竞争分析的重要内容之一，只有了解自身的劣势才能在竞争时采取相应的措施扬长避短，了解竞争住宅项目的劣势能从中发掘自身项目相对竞争项目的优势所在，从而扩大自身住宅项目在群众中的影响。一般从建筑外立面、地理位置、产品特色、户型设计、物业类型等各个方面对住宅进行分析，找出项目的劣势。

二、商品住宅产品竞争能力分析方法

对商品住宅产品竞争性分析的方法主要有打分法和SWOT分析法，但在做竞争分析时，第一步就是要了解清楚目标住宅项目自身和周边竞争住宅项目的具体情况及产品的详细资料。

（一）打分法

打分法一般通过请专家打分的方式会比较有说服力，采用权重法打分，首先是列出影响因素，然后标出每个因素的权重，然后根据实际现状比较给每个影响因素打分，可采用十分制也可以采用百分制，住宅产品最后得分就是各个因素得分乘以相应的权重后相加之和，得分越高，说明住宅产品的竞争力越大。

（二）SWOT分析法

SWOT分析就是对住宅产品优势、劣势、机遇、挑战分别进行分析，然后用SWOT矩阵组合来分析提升产品竞争力的战略对策。SWOT分析理论是当前市场分析研究的主要分析理论之一，在竞争分析中也有非常重要的影响，在商品住宅竞争市场分析也同样具有重要的借鉴意义。

本章小结

商品住宅市场是房地产市场的重要组成部分，分析其特征及影响，能够方便房地产企业迅速了解当前房地产市场。住宅的特征决定了市场的发展速度和方向，同时也影响着房地产市场的供给和需求量的变化，分析方法多种多样，要选择正确适合的方法进行分析，就要掌握所有的概念知识和其中的关联，不只是一方面的知识，更需要将许多知识综合理解和运用。

复习思考题

1. 商品住宅市场有哪几个特征？住宅市场的基本需求单位是什么？

2. 住宅市场细分的标准有哪些？方法有哪些？需要遵循哪些原则？

3. 商品住宅市场供求结构失衡问题是什么？可能会造成什么样的市场影响？

4. 如何更好地解决住宅供给市场的空置问题？请列出至少5条有效的解决措施和建议。

5. 什么叫管道分析法？运用管道分析法分析本区域的供给结构。

第十一章 写字楼市场分析

第一节 写字楼市场供给预测

写字楼是总部经济的重要载体，是城市经济领航发展的主战场。本文对写字楼市场进行了概念界定与特征归纳，并利用回归模型初步构建了地区写字楼市场供给预测模型，利用深圳市 1992 ~ 2016 年写字楼竣工面积与第三产业从业人口统计数据，实证分析了深圳市写字楼市场供给规模，据此给出了相关政策建议。

一、写字楼市场特征

写字楼也称办公楼，是经济活动管理集中地，也是总部经济的重要载体。写字楼承载了城市经济领航发展的重要使命，是社会文明、创新发展、城市繁荣的主战场。判断一个城市经济发展水平如何，写字楼数量与实际使用面积往往是重要指标甚至是直接判别标杆。作为与地产关联的概念，写字楼却表现出与传统地产截然不同的特征：第一，非住宅非商业性。写字楼市场通常包括甲级写字楼与 5A 级写字楼两种，与洋房、小高层、酒店式公寓、别墅、商铺等地产概念不同，写字楼市场面向的是一种高端办公场所需求，高度体现了经济管理活动的集中性，其建设有独特的质量标准，既不能当住宅也不能当商业街区使用。第二，高端顶级。不管是 5A 级写字楼还是甲级写字楼，写字楼均体现了人们对高端顶级办公环境的诉求。从国外对写字楼功能的界定看，集中收集市场信息、高层做出管理决策、企业总部公文传输、经营管理命令发布及其他经济管理行为。写字楼并不具有一般意义上的生产制造、市场营销、广告推介、产品研发设计等企业经营管理活动功能。第三，超大规模。写字楼往往是城市地标的重要载体，其建筑本身要求规模庞大，并且需要强大的综合配套设施，包括总部经济、办公经济、会展中心、商务会谈等一体的大空间。并且由于写字楼办公人员涉及面较广，其要求区位优势、制度优势、市场优势等优势暗含了写字楼应坐落在交通便利、与政府职能部门相近、与市场终端毗邻的地方。第四，生态智能。花园式办公、有氧办公是写字楼生态、环保的基本要求，也是适应现代化快节奏办公舒适性要求的集中体现，也是高端顶级的基本要求之一。独立私家感受、开放自由的办公环境、人工智能便捷体验则是写字楼智能化题中应有之义，也是体现写字楼高效办公的一种理念使然。

二、写字楼市场供给预测模型设定

与其他物业形态相比，写字楼市场受更多环境因素的影响，也更易受经济环境的影响与国内外经济形势的变动影响。从宏观环境来看，GDP、FDI、城市规划、房地产管理制度法规，包括经济结构转型、结构调整都会直接影响到写字楼市场整体的发展。但是，从传导机制上讲，这些宏观的因素对写字楼市场的总量影响是存在一定时滞的。如果表征在模型上，并不会表现出明显的同步放量或减量态势。因此，我们考虑选择其他在传导机制上更具有时间同步性的指标。从微观市场供求关系来看，现代服务业的发展带动了写字楼市场的需求。这一点，从各城市大量的调研结果均可窥见一斑。大量的数据也向我们表明，写字楼市场上的主力需求均来自第三产业。但我们并不能单从第三产业的 GDP 来判断其发展带来的写字楼需求的影响，简单地说，银行业在发展的过程中所创造的价值越来越多，但公司发展到了一定程度以后，对于写字楼的需求并不会无限增长。由此可以看出，第三产业 GDP 并不是一个很好的与写字楼总量联系起来的指标。我们将公司对写字楼的需求细分到更小的需求单位上，企业对写字楼的需求量最直接地表现在企业中的"白领"从业者。第三产业的从业人口中有一部分的比例，而且是一部分较为固定的比例的人从事着白领的工作。从这个传导理论上来讲，将第三产业从业人口作为衡量写字楼需求的关键指标。在选取表征写字楼供给的关键指标时，我们选取了写字楼开工面积、竣工面积、开发投资额、施工面积等指标来进行对比考究，认为选取竣工面积更为合适。根据所进行的相关调查与分析，我们试图分析写字楼市场与第三产业的发展中存在的内部联系，并建立起写字楼市场总量与第三产业从业人口的关联模型。根据 1992～2016 年深圳写字楼市场累计竣工面积与第三产业从业人口的统计资料，建立以写字楼市场竣工面积为自变量、第三产业为因变量的一元线形回归模型。根据商品的需求曲线模型，我们构造如下研究模型：$S=b_0+b_1N+e$。

其中，S 作为被解释变量，表示深圳写字楼市场累计竣工面积，用于衡量市场的存量；N 表示深圳第三产业从业人口；b_0 是常数项；e 是残差。模型中数据主要来源于 1993 ～ 2017 年《深圳房地产年鉴》与《深圳统计年鉴》。

三、实证分析

运用统计软件 SPSS 19.0 软件，将写字楼市场竣工面积的累计量对第三产业从业人口直接回归。结果发现：回归方程的复相关系数为 0.987，决定系数（即 r2）为 0.975，经方差分析，F=429.284，P=0.000a，回归方程有效。方程的拟合度好。拟合方程如下：S=−67.807+2.276N。根据拟合方程验算预测值与实际值的偏差程度，我们可以发现方程拟合度非常好。

为了减少预测误差，我们选取近三年深圳第三产业从业人口年平均增长率推算 2017 年的第三产业从业人口。根据 2014 ～ 2016 年相关数据，我们可以知道，近三年第三产业从业人口年平均增长 10%。如果保持这样的比率增长，2017 年第三产业从业人口为 212.058 万人。据此，2017 年深圳市写字楼市场总供给为：

S=−67.807+2.276N=−67.807+2.276×212.058=414.837（万平方米）

由此可知，2017 年深圳写字楼总体市场存量达到 414.837 万平方米。

接下来可以考虑用此数据，以及存量数据去研究深圳市写字楼增量，但是，反观来看，这个思路可能也是错误的。究其缘由主要是需求还有投资属性。现在来看，这个研究最主要的应用，应该是宏观调控层面上，一个城市总的办公类供应量应该有多少是一个合理的区间范围，以帮助实现市场的平稳。

第二节　写字楼租赁市场

最近几年，地方房地产事业蓬勃发展，写字楼租赁交易的例子越来越多，它的市场营销成为写字楼租赁经营必不可少的技术性、专业性工作。写字楼是房地产市场的有机组成部分，产业结构的持续更新和优化为写字楼租赁提供了广阔的前景。

有些写字楼属于老旧写字楼，楼的年龄过于老化，基础设施建设比较落后，导致空置率比较高，加上租金和售价的快速增长、市场环境变化这些问题，增加了写字楼的销售难度，加强写字楼租赁市场营销的优化和创新有重要意义。现今，写字楼租赁市场的竞争越来越大，越来越激烈，所以我们必须要加强对写字楼租赁经营的思考。

一、写字楼租赁经营的主要特征

第一，租赁期限比较短，价格具有很强的时效性。在国内的写字楼一般的租约为3年左右，呈现出的特点为短租，主要原因是租户要回避市场风险和经营风险，出租者也会预期在今后的租金会有大幅度上涨的趋势，而且租金的价格只在双方的约定期限里有效，协议或合同满期之后会有新的价格。

第二，写字楼的租金价格和出租率呈下降的趋势，也就是租金在上涨、出租率在下滑，并不是出租率最高时总收益最高，也不是租金单价最高时总收益最高，只有找到两者最佳的结合地方，才能得到最高的收益。所以在写字楼租赁经营中不能过度地追求某一个指标。

第三，单一产权的租赁优势比多元产权更显著一些。产权单一的写字楼权属比较清晰，有利于预防产权纠纷的发生，更有利于统一经营、管理、调配，满足扩大租赁的需求，并且采取统一市场的营销战略能够长期维持物业的品质；产权多元化的写字楼容易引发业主之间的无序竞争，很难确保顾客的品质，形成恶性循环的过程，降低楼宇的运营质量。

第四，写字楼的租赁重视的是长期的收益。写字楼属于建筑物，生命周期较长，期间经历的经济环境、市场波折等都无法预料，在租赁经营中获得稳定收益能够弥补经济波动风险，达到资产保值与增值的效果。所以写字楼租赁经营不是一锤子的买卖，不能片面追求短期的收益，而是最大化的获得长期收益。

二、写字楼租赁市场销售的策略和建议

（一）租赁产品策略

一方面，需要提升写字楼硬件品质。如果是新楼盘，需要注意加强写字楼项目策划、与规划设计，加强租赁市场的调研，重视建筑的安装和物业的管理等方面，建立高能力、高水平、经验丰富的专业团队；如果是老旧的楼盘，应当按照市场的情况引导人们转移关注点，让客户认识到写字楼的潜力，保值和增值的趋势。例如，某报业大楼已经有20年楼龄，没有电梯和车库这些硬件配置，应在市场营销中采取产品差异化的策略，突出报业大楼的地段、层高、采光、区位等优势，引导客户转移目光，弱化电梯、车库、智能化程度等方面的劣势，和竞争对手形成差异，提升整体营销水平，提高写字楼租赁效益。

另一方面，优化写字楼软件环境。写字楼的软件环境主要体现在产品品牌和物

业管理。在市场营销中，写字楼的产品品牌有助于树立业主、物业公司和项目的正面形象，形成市场号召力，保障楼宇的品质和信誉，并且同时扩展客户资源，提高租赁收益。例如，写字楼可参加形式各异的活动，充分利用现有资源打造产品和品牌影响力，提高写字楼的品质。对于写字楼的物业管理，很多客户在租赁时都很看重物业管理质量，所以其优劣会直接影响写字楼的租赁经营。这就需要物业公司将自身的经营手段、服务宗旨、目标效益等和写字楼融为一体，实现优势互补，提高物业管理质量，提高写字楼租赁效益，实现两者的双赢。

（二）租赁定价策略

第一，为写字楼确定合理的租赁价格目标。写字楼要按照现下的市场供求情况制定正确合理的价格目标，达到市场需求和定价目标的一致性，确保市场能够接受租赁价格。实际上写字楼出租者单一的定价情况比较少见，通常是兼顾多种目标，立足自身实际正确组合，并且灵活运用，制定多种目标价格决策。与此同时，竞争已经成为写字楼租赁市场营销的主题，面对供大于求的现实状况，只有兼备足够的价格竞争优势才能取胜，所以租赁价格目标务必要适中。

第二，处理好写字楼品质和租赁价格的关系。大多数客户衡量及决策的标准都是物有所值，但因为市场信息不对称，导致客户把握写字楼的价值时不如出租者准确，需要出租者灵活运用租赁价格和品质的关系。例如对于写字楼的品质、租赁价格，可选择的价格组合策略包括：优质低价、优质中价、优质优价；中质低价、中质中价、中质高价；低质低价、低质中价、低质高价。作为出租者必须要结合写字楼租赁定价目标和市场需求、市场竞争等因素合理选择。

第三，要处理好写字楼租赁价格和地段位置的关系。写字楼租赁需求的选择性一般都较强，只有商务环境好的写字楼才能吸引大量客户，零散写字楼招租局面不利，所以说地段位置是影响租赁价格的重要因素。例如建成较早的写字楼地段位置很好，很多后来居上的写字楼虽然在品质与服务上都有更大的优势，但租赁价格都比不上老楼。另外，写字楼租赁市场出现租赁者分散办公区域的趋势，即客户面对不断上涨的地价和写字楼租赁价格，不得不重新规划业务活动地点，打破过去所有部门统一在特定区域办公的做法，按照各个业务部门的实际需求，以最经济的原则寻求最佳办公地点，只要写字楼价格定位合理，避开过度竞争，就能有发展空间。

第四，处理好和竞争项目租赁价格的对比关系。当下较为合理的办法是市场比较法，即以市场为导向，适应市场发展趋势与市场竞争需求。只是在制订写字楼租赁价格时要理性处理和竞争对手的价格对比关系，在竞争的同时实现双赢。因写字楼具有项目扎堆效应，并且写字楼应具备良好的商务氛围、外部环境，所以竞争项目之间不仅有竞争关系，还有一起优化市场环境的合作关系，这对写字楼聚集区之外的零散项目更为关键。一些老旧写字楼因周边缺乏配套设施、商务氛围，只依赖自身配套功能无法充分满足配套需求，应积极和周边的其他房产租赁项目合作，通过互助经营不断提升配套硬件设施的充足率。当然，写字楼租赁始终具有竞争性质，争抢客户群不可避免，在制订租赁价格时必须分析项目优劣势，将其体现在价格之中，即便没有绝对优势，也要挖掘利用相对优势，制造卖点，扬长避短，实现营销任务。

（三）渠道分销策略

写字楼的市场租赁分销渠道主要有两种：第一是自行租赁，第二是其他分销渠道。

自行租赁能让写字楼出租者直接面对客户，准确掌握客户租赁写字楼的动机与需求特征，按照市场情况随机应变，同时控制营销费用，降低市场营销成本。然而自行租赁渠道要求出租者有雄厚的资金实力，有强大的营销力量，并建立高效营销组织和掌握市场营销知识、法律法规知识和写字楼租赁经营知识的高素质队伍。

其他分销渠道表现为写字楼是不动产，无法实现实物转移，加上一些老旧写字楼的规模较小，最常用的分销渠道就是同行、自由经纪人。每一个写字楼都有固定的特征，不可复制，例如写字楼的户型结构、位置、物业管理方式等，一些客户会到同行处租赁写字间，当同行的写字楼资源无法满足客户需求时就会将其介绍到有对应资源的写字楼，所以同行介绍是写字楼租赁市场分销渠道之一。自由经纪人则是指以某个企业为载体的房产租赁经纪人，把房地产企业和经纪人的雇佣关系转变成合作关系。自由经纪人的营销能力很强，能为写字楼带来一些客户，是写字楼主要的市场分销渠道。

（四）促销整合策略

写字楼租赁市场促销整合的基础是整合营销传播理论，通过全方位整合写字楼租赁市场营销的各个阶段的各种资源，取得最佳市场营销效果。常见的促销整合方式包括：整合各种各样的广告宣传手段，例如报纸广告和宣传册、网络广告等，统一营销口径，加大宣传力度，实现整合传播；整合营销与付款方式，例如长期租赁、短期租赁和季度支付、半年支付、整年支付等付款方式；整合市场促销手段，例如折扣租赁、租赁赠物等。对于写字楼租赁市场营销的促销策略，其工作步骤为：第一，找寻客户。写字楼应通过广告宣传、连锁介绍等方面找寻更多客户。前者主要是利用广告传播，包括报纸、网络等，大力宣传写字楼，吸引潜在客户留下电话、需求信息等；

后者是由老客户介绍有可能租赁写字楼的其他客户。第二，约见客户。在获取客户的需求信息之后，写字楼出租者要主动约见客户，积极邀请他们到现场看一看写字楼或体验租赁服务。出租写字楼是以不动产为基础的商务服务，只有让客户看到实际的写字楼、写字间，才能使其了解写字楼的位置、结构、通风采光、朝向、周边环境等，让客户在了解这些信息之后明确写字楼能否满足需求。第三，正式面谈。这是写字楼租赁促销的关键环节，在面谈中让客户对写字楼有深度了解。所以出租者要按照客户需求，结合写字楼的特色与优势，为客户提供租赁方案，并通过面谈挖掘客户的潜在需求，提高写字楼租赁市场营销服务质量。

第三节　写字楼和工业物业开发

写字楼和工业物业的开发有某些相似点。事实上，两者的定义就有重合之处。一些混合型的物业既可以作为写字楼又可以归为工业物业。这类物业的使用者无需严格限制他们所搜索的物业类型。分析写字楼和工业物业市场首先需要了解当地的商业环境：哪些行业的规模正在扩大，扩大到何种程度？对特定的行业和商业活动来讲，哪些地点或位置最抢手？新行业及正在发展的行业对物业的数量、类型和价格等方面有什么特别要求？工业物业使用者的需求比写字楼物业更难确定，因为整个写字楼物业的需求仅仅是单个使用者需求量的简单函数，而工业物业的租户之间在生产行为及由此引起的对工业物业的需求等方面存在很大差异，因此开发工业物业需要对目标行业进行广泛深入的了解。

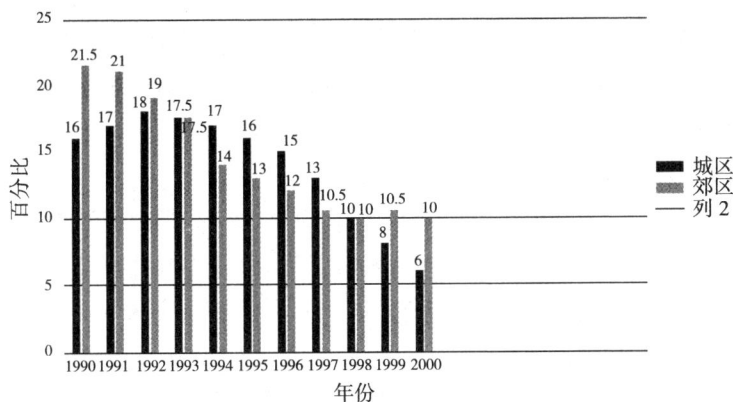

图 11-1 美国年末办公物业空置率

一、写字楼的特点

写字楼的开发涉及建造规模、档次和选址等各个方面的问题。在美国，约有20％的从业人员工作在写字楼里，他们大多属于服务和信息行业。

有些写字楼是专为某些利用基础市场开发的，如医疗机构、银行和后勤部门，面向这些利用基础市场开发写字楼，需要进行特别考虑（数据处理、顾客服务、订购货物等方面的问题），至于写字楼的位置，可能在市中心、在郊区高速公路两侧、在写字楼聚集区、或在综合物业地带。除政府机构的写字楼外，约有20％的写字楼为业主自用，其余的由投资于房地产的行为个体所有，并向外出租。这些经营个体包括公共机构、保险公司、REITS、合伙制公司、家族企业和个人等。写字楼物业可以根据以下几个因素分类：

◎等级；

◎位置；

◎建造规模和布局灵活性；

◎持有形式和经营方式；

◎功能与配套设施状况。

（一）写字楼物业的等级划分

写字楼物业的等级根据建成时间、位置、装修质量、建造体系、配套设施、出租率及租户定位来划分。写字楼通常分为三个等级，其中A级又称投资级，该等级写字楼最合市场心意。高档装修和完善的配套设施是它们的主要特征。入驻其中，能使公司形象得到提升。B级、C级建筑一般比较陈旧，设计和功能跟不上现代潮流，但有些旧楼经过重新整修和定位提升到A级物业。大规模的新建写字楼通常都是A级，而规模较小、结构简单、配套设施缺乏的写字楼可能从建成起就应划入B级物业。写字楼等级规定是不变化的，但通常需要考虑建成年限、建造规模、租金水平、位置、建筑材料和配套设施等方面的因素。

（二）写字楼的位置

写字楼密集、租金水平高的城市中央商务区（CBD）是开发写字楼的主要地点，在该地区办公的主要为服务性公司，比如律师事务所、会计师事务所和咨询公司，当然，政府机构大多也选址于此。次一级的写字楼的地点仍在市区内，但在CBD以外，它们大多数以医院大学或其他商业核心区为中心展开。郊区的位置难以评价，它们吸引着各种不同类别的写字楼用户。大城市的郊区有许多发展比较成熟的社区，它们拥有自己的中心"城区"写字楼，由这些写字楼组成的核心区甚至可以挑战CBD。

（三）建造规模和布局的灵活性

写字楼的建造规模差异很大，既有小于 10000 平方英尺的，也有大于 100 万平方英尺的。纽约世贸大厦的双塔总建筑面积达 1200 万平方英尺。写字楼常按规模分为三类：16 层或 16 层以上为高层建筑，4 层至 15 层为多层建筑，3 层以下为低层建筑。对于需要租用大面积连续空间的客户而言，写字楼的单层面积至关重要。随着越来越多的租户选择无阻隔的开放式楼层布局和更有效的空间利用，写字楼空间利用的灵活性变得日趋重要。目前，写字楼的单层面积通常在 3000 ～ 18000 平方英尺之间。

（四）写字楼物业的经营方式和持有形式

写字楼既可以只有一个租户，也可以有多个租户。通常，单一租户的建筑，租户本身就是该物业的持有者，亦即写字楼由持有者自用。为特定的租户建造物业称为"定制"，为不确定租户建设的楼宇则被称为"投机"物业。

（五）写字楼物业的功能与配套设施状况

写字楼最重要的品质特征之一是停车场的容量和收费，如果处于市区中心，还包括周围的公共交通设施是否便利。建筑物某些品质的重要性是由其所面对的目标客户来决定的。如果客户是高技术公司，那么电力供应和通信设施显得异常重要，如果目标客户是高级律师事务所，那么，建筑设计和公共区域的装修品质就成为关键因素，还有些租户希望物业配有健身俱乐部、餐馆和零售商店等设施。

建筑物所有者和管理者协会与城市土地研究所一起对写字楼物业租户进行了调查，发现租金和其他代缴性收费是决定租户是否签约或续约的最重要因素；其次是工作环境的质量，包括舒适的温度、室内空气质量、隔音效果和噪声控制等；物业管理和建筑物的维修也是比较重要的因素。现在的租户很少关心建筑物是否有豪华的大堂和昂贵的外装修。

二、工业建筑和仓库的特征

写字楼和工业物业的界限很模糊，因为越来越多的公司需要可以满足多种活动需求的混合物业。工业物业的开发包括一系列不同种类的房地产产品，从类似于办公空间的研发场所到无需任何装修的仓库都会涉及。混合物业综合了写字楼和工业建筑的特征，并非单纯地限于一种用途。新建的工业物业多位于商业区，主要进行仓储和配销活动，进行非生产活动。仓储和配销物业的特点是建筑空间的使用率比较低，这是选择市场分析方法时必须注意的一个重要因素。

工业物业按用途可以分为三大类：生产制造；研究与开发；仓储 / 配销。大多数新厂房按用户要求设计建造且由用户持有。实验室、培育室和仓储设施可以由单个租户使用，也可以由多个租户共同使用，既可以是定制物业，也可以是投机物业，即客户不确定。尽管大的连锁商店一般都有自己的库房，但采用由第三者统一管理的多租户仓库越来越普遍。除了所经营商品不易保存外，大量公司会选择个别大型的仓储物业存放商品。

仓储/配销物业中办公空间所占的比例是区分该物业类型与其他物业的重要标准之一。这里的办公空间是相对于包装、运输存储空间而言的。小公司通常空间布局灵活，办公面积比例较高，约为 25% ~ 50%。办公面积小于 10% 的大型仓库的租金比装修过的工业物业要低得多。

由于工业物业是低层建筑且大部分没有经过装修，所以建造库房比写字楼物业花费的时间少，因而小型库房市场供需状况很容易失衡。尽管建造工业物业相对简单和快速，但是仓储物业市场的波动仍小于写字楼市场。在经济扩张时期，较低的库房租金和使用率会平稳上升，在经济萧条时期，会稍稍下降。

特定的工业物业有时会集中于某些大城市，如圣何塞、波士顿、奥斯汀、圣地亚哥、明尼阿波利斯和北新泽西州云集了高科技研究和实验中心；而亚特兰大、辛辛那提、哥伦布、印第安纳波利斯、堪萨斯城和萨克拉门托因为位于州际高速公路的交叉点上而成为仓储物业中心，如案例研究中桃树（Peachtree）工业园；洛杉矶、奥克兰、西雅图、迈阿密和纽瓦克（Newark）的大型港口，仓储物业也很发达；制造业所需物业则集中于东南和中西部城市。

由于仓储物业自动化程度越来越高，现在的仓储物业和过去已经有很大不同：

◎面积在 100000 平方英尺以上的物业很常见，很多库房面积达 300000 平方英尺。

◎库房为"立方体"结构，通常高度至少为 24 ~ 32 英尺比较合适，有些可达 60 英尺。高度需要采用轻型结构体系，增加了建造费用。

◎要求的技术水平越来越高，储备和配销实现高度自动化以达到及时存盘。

◎由于货物堆置高度增大，货盘也变重，所以混凝土楼板承载力也在提高。

◎库房装卸平台增加，能够同时装货和卸货，称为交叉装卸。过去的标准是每 10000 平方英尺只有一个平台，新建筑每 5000 平方英尺就有一个平台。

◎为了便于大型卡车通行，场地的转弯半径加宽，停车道加长。

◎用户既需要高平台，又需要能驶入库房内的车道。

这些新的设计标准意味着大量的现在库房已经过时。不过，上面列出的只是国内大公司或跨国公司对仓储物业的需求。本地企业通常将仓储和配销功能集结到同物业中，不需要或者不愿购买这类现代自动化设备。便于租户扩建或改建的物业会受到投资者和使用者的青睐。

厂房和实验室通常按照用户的要求设计，因此，当租户搬走或业主计划停业的时候，很难处置这些专门为特定用户设计的物业。由于改建已有的工业厂房或高科技产业物业使之满足新用户要求的费用很高，所以工业厂房和研发物业的吸纳周期比库房长。

三、写字楼和工业物业的市场分析

写字楼工业物业开发的开发商通过市场分析发现新的开发机会并评估开发价值，以吸引投资者和金融机构进行投资，又或对已有项目重新制定销售价格。为了高效率地进行开发，在项目规划和建设的整个阶段，市场分析结论需要不断检验、补充和更新。在规划和设计过程中，市场可能发生新的变化，获得新的信息，如出现了新的竞争者，那么以前的分析结论包括对租金水平、吸纳进度、物业使用率等的预测需要调整。在市场中出现一个大单租户的时候，可以考虑向上调整吸纳量、使用率和租金水平，而如果单个大租户缩小租用规模或退租，那么可以考虑将物业吸纳量、使用率向下调整。

（一）从宏观分析到微观分析

商业开发的实施是建立在一系列成功的分析基础之上的，内容从宏观经济分析也就是整体市场研究，到当地市场分析，待开发地块分析及项目的市场可行性分析。通过这一系列的分析，开发商形成了某种开发思路，并对其进行细化。许多公司对办公和工业物业开发进行了研究，尤其在较大的市场中，这类数据已经很多了，所以分析者不必面面俱到地逐项分析。

（二）宏观经济分析或整体市场研究

整体市场研究通过对一个或多个较大市场区域的场地条件、经济状况及市场状况进行评估，确定潜在的开发或投资机会。宏观经济分析通常集中于大的方面，如特定市场经济状况和发展前景、使用办公或工业建筑的经济部门的发展潜力、劳动力的来源和成本、开发环境及区域市场中写字楼和工业物业的供求状况。各种类型和等级的建筑物的净吸纳量、占用率、空置率和出租率的变化趋势如何？目前市场上有多少空置的物业？有多少物业处于待建或在建？下面这些问题也应受到重视：

◎子市场中的主要雇主是谁，他们的行业正在发展还是衰退？

◎在这个地区中，什么产业发展得比较好？

◎在较大的子市场中是否有不同类型的租户集中于某个更小的子市场中或写字楼聚集区？

◎各子市场之间及子市场内部的租户是否存在流动搬迁的可能性？

◎不同地区分别吸引什么类型的租户，如大公司的后勤部门、总部或小型专业租户？原因是什么？

◎不同地区分别吸引多大规模的租户？原因是什么？

◎该地区对写字楼来讲有哪些服务设施？这些设施够吗？

◎周围有哪些类型的住宅区？附近是否有行政人员的住房？

◎项目开发时能否从附近地区雇用到所需人员？如果所需人员住在其他地方，他们到该地方的公共交通便利吗？

（三）当地市场分析

当地市场分析主要是跟踪分析子市场的动态变化。一般来说，其目的是确定哪些子市场具有开发办公或工业房地产的潜力。它包括对城市区域经济基础的分析，对开发趋势的预测及对子市场优势和劣势的详细评估，也就是根据建筑物级别和租户需求量的大小预测各个子市场的净吸纳量、占用率和出租率。

在同一个大城市中，各个子市场的条件可能有很大差异。分析者一般以交通站点、某个卫星域或者城市中的行政区、社区为中心来划分各个子市场。工业子市场的划分通常以交通运输站点为基础，例如，机场和主要的高速公路交汇点可能是工业子市场的中心市场区域。

如果一个区有大量同类物业，首先要按地理位置划分市场区域，然后再缩小范围，直至最后仅包括该市场区域内一些最有竞争力的建筑物。有时为了增加竞争建筑物的数量，有必要扩大市场区域的地理范围或增加它所包括的建筑类型。对于特定的办公或工业项目，确切的市场区域的确定取决于许多因素，通常有如下几个因素：

◎主要竞争物业的位置；

◎项目周围地区的街道和干道状况；

◎场地是否靠近公共交通站点；

◎居住区与该地区之间的通勤时间；

◎是否靠近与目标租户有关的场所，如大学和其他机构；

◎行政区域的界限；

◎工业物业是否靠近机场、铁路或州际高速公路；

◎土地使用模式；

◎该地区存在的客观阻挡物；

◎该地区存在的心理或知觉性阻碍物，如到达某个物业必须穿过不安全区或不受欢迎的区域。

分析者必须明确划分市场区域要考虑哪些因素。如有一幢写字楼位于公共交通站点，那么，它与其他交通站点附近物业的竞争可能强于它和周边远离该交通站点物业之间的竞争。在对比市场区域作界定时需要考虑这种可能性。城区和郊区定义市场区域的方式不同，城区写字楼的市场区域可能仅包括建筑物周围的几个街区，而对于郊区的写字楼项目，可能包括多个区域或围绕中心城市的边缘城市。

由于运输对于工业的物业很重要，所以相比写字楼，工业项目选址受运输的影响更大，工业房地产的市场区域可能是机场周围的商业区或者火车站附近的工业区。研发综合物业的区域划分取决于其通向大学或其他研究中心的交通是否便利。

开发住宅和零售物业的开发，市场区域的确定主观性很大，而商业房地产开发主观性相对小一些。许多情况下可以把普遍承认的开发区作为市场区域。代理公司和潜在租户也经常这样进行市场分区，所以这些子市场的相关数据已经被归纳出来了。

（四）选址

选址是开发写字楼或工业项目的一个关键步骤，项目的位置直接影响着租金水平和占用率。即使互相靠得很近的写字楼，由于位置差异，租金水平和使用率的差别也可能非常大，例如，一幢楼房位于公共交通站点的步行距离以内，与仅两三个街区以外的建筑物相比，它的租金就要高一些。从公路上可以看见的建筑物要比看不见的租金高。土地价格可以反映场地的重大差异，开发商如果只考虑价格便宜而买下土地，就会发现项目建成以后即使降低租金也没有竞争力。

场地的任何特性都会影响写字楼吸引租户的潜力。开发商应该比较几个场地的位置、交通和客观条件，以确定潜在的机会和障碍。首先应该比较每个场地周围建筑物的租金和占用率，其次还要注意不同场地分区情况和潜在的允许开发量。

写字楼适于建造在综合商业区。周围环境的协同作用，如餐馆、购物区和俱乐部等为租户提供的方便，会提高写字楼的租金和租用量。在已有的写字楼区域中进行拆迁和再开发，可以充分利用已经成形的外部环境、其他基础设施和分区规划优势。

郊区的写字楼应该靠近高速公路或者与地区交通网相连的普通公路。另外，与邻近公路间的交通是否便捷也是关键，即使靠近高速公路的土地可见性很强，但可能没有通向高速公路的入口。高速公路边的土地有时也只能从侧面街道甚至后面街道出入。对于郊区的写字楼，街道镶边石的位置、数量、布置方式限制了停车位置，从而影响着写字楼的通道。

交通流量大的繁忙街道适合于开发零售商店，写字楼开发商应该避开交通拥挤的地区。场地的地形对项目可行性有着重要影响，如山丘上的场地需要修建台阶，会增加建造费用，但如果依地势修建停车场，则可以减少土方挖掘量。开发商业区和工业物业除了要考虑场地的大小和形状以外，其他重要因素还包括周围的设施、将来的扩建能力和邻近土地的使用方式。写字楼和工业项目的开发许可经常取决于项目是否会增加高峰时间的交通压力。

第四节　写字楼开发的需求分析

对整体需求状况和各种不同种类的物业需求状况进行认真分析和预测非常重要。预测是不确定的，而且经常是主观的，分析者应该记住短期的需求趋势只能带来短期的收益。如果开发商能够辨明长期发展趋势，项目是不确定的，而且经常是主观的，需求的增加来源于使用写字楼物业的工化分析者就能够经受住时间的考验而不贬值。

需求的增加来源于使用写字楼物业的工作岗位的增加。遗憾的是，许多市场中的就业数据并不按照使用物的类型来划分，因而分析者无法确定有多少工作岗位需要使用写字楼物业，尤其在子市场中更加难以确定。因此，借助目前公布的就业数据也无法确定办公楼未来的需求量。然而，通过对就业状况的预测，可以搜集到关于当地经济结构和发展潜力的重要信息，从而能够整体把握写字楼物业需求的变化趋势。

一、每个雇员占用的物业面积预测法

市场分析者经常把预期办公室岗位的增加量乘以平均每个雇员占用的面积，得到将来写字楼物业的需求。这个方法的第一步是调查当地工业或其他行业的就业模式，美国劳动统计局（BLS）有大量关于这方面的数据。BLS 提供的各县和各大城市的就业数据按照标准产业分类（SIC）代码对各行业进行划分。

SIC 代码给出的行业类别包括一些使用写字楼物业的行业，其中金融、保险和房地产（合称为 FIRE）等行业对写字楼的需求比较可观。但是 BLS 数据并没有区分办公室工作和非办公室工作。有的分析者使用 SIC 代码中的一两个行业类别，如 FIRE和商业服务行业，近似确定分布在写字楼内的就业量，这种方法很不准确。分析者要得到更准确的推论，只有根据自己对当地经济状况的了解，估计出当地每个重要的行业里，办公室工作人员和非办公室工作人员的比例，对当地经济状况的了解可以通过访谈主要的雇主和当地劳动力市场专家来获得和当地的许多划机构会对未来的就业水平进行预测，研究人员可以利用这些预测进行需求分析。BLS的就业数据不包括对未来情况的预测，但美国商业部的经济研究局（BEA）提供了大市区就业状况的预数据。BEA的预测结果是州和本地预测数据的主要来源。另外，许多商务性公司也对就业状况进行预测。本书的附录列出了这些提供预测数据的机构在获得就业状况预测信息的基础上，这种以就业估计未来写字楼需求的方法可以进入第二步，即估计单个雇员平均占用面积。分析者处理这个问题时应该谨慎保守一些。许多使用写字楼物业的公司为了削减租赁费用，为雇员留出的办公空间减少了，越来越多的公司采用开放式的办公空间，减少个人办公室。同时，技术革新取消了许多办公室工作，而增加了设备的占用面积。

虚拟办公方式是写字楼物业需求减少的另一个因素。各种不同的办公方式使人们在传统的办公室里度过的时间减少了，如通信业和旅馆业，员工只在必要的时候使用办公室，还有一些行业的员工在路上或客户所在地办公，完全不使用办公室。过去每个雇员的平均留置面积是250平方英尺，包括按比例分享的公共空间、走廊和休息室面积。这个数字现在已经失效了，许多情况下每个雇员的平均留置面积不足200平方英尺。不过，不同产业和位置的需求量有很大差异，有必要对专门的市场进行研究。

为了分析写字楼物业的需求状况，最重要的问题是预测项目所在市场区域的需求，而非预测地区整体需求。分析者必须清晰地、尽可能完整地勾画出相关市场区域未来的发展状况和趋势，包括对该市场区域就业状况的变化趋势、物业需求特点和其他需求影响因素的分析和判断。

目标租户通常可分为两大类：主要使用者和次要使用者。主要使用者是指一级租户，通常是发展前景较好的大公司。潜在的一级租户通常都固定在当前的位置上，由于希望办公空间集中，因此，他们一般不会将扩租行为实施于其他物业。如果原有物业无法满足其扩租需求的话，他们会整体搬过去。开发商必须确定他们的市场区域中有多少发展速度快的大公司及这些公司对物业的需求状况。其他潜在的一级租户可能偏爱某个特定的位置，如法律公司经常租赁靠近法院的物业。次要使用者也就是二级租户，一般规模较小，如公共关系公司、咨询公司等，这些租户一般选择靠近他们主要客户群或便于获得潜在客户的地区的物业。

二、租赁活动和市场吸纳率趋势分析法

前面介绍了粗略计算写字楼物业需求的办公室工作职位法，下面介绍市场吸纳率趋势分析法，以对其进行补充和校验。吸纳率分析是指分析市场区域内各种不同类型写字楼物业的净吸纳率的变化趋势。分析者必须把吸纳率和租赁活动分开，"净吸纳率"是指在特定时期内写字楼使用量的变化，"租赁活动"指在特定时期内承诺租赁和签订租约的空间数量。租赁活动并没有扣除这段时期内空置出来的空间，而净吸纳已经扣除掉了。一个租户最初在 X 楼房中租赁 50000 方英尺的空间，后来从 X 中搬出，租赁了 Y 楼房中的 50000 平方英尺空间，那么，市中 5000 平方英尺的空间被租用了，但净吸纳量为零。

由于这两种指标都反映了写字楼空间的使用状况，因此，它们与写字楼需求分析相关。大部分分析者认为净吸纳率表明了市场是强劲还是疲软，而租赁活动则是市场内部的变化。比较净吸纳率和租赁活动的变化趋势，分析者可以总结出写字楼物业市场的潜力和稳定性。例如，在一段时间内净吸纳率和租赁率接近，说明市场比较稳定，而二者相差较大则正好相反。

如果租赁率很高而净吸纳率很低，则说明市场是波动性的。在波动的市场中，租户从某一幢楼房中搬出，搬入同一市场区域的另一幢楼房中。虽然市场看起来在发展，但物业使用量却几乎没有增加。市场发生波动通常说明供应过量，租金下降，市场中存在质量更高而价格低廉的物业，吸引租户搬出现在的楼房。

写字楼工作岗位法和净吸纳率法都不是预测写字楼物业需求的完美方法，不能仅依靠其中一个进行市场分析，如果二者同时使用，预测结果会更合理些。

三、科学地分析物业需求

无论使用写字楼工作岗位法还是净吸纳率法，对写字楼物业的需求采用直线预测都是极不准确的。直线预测是指利用近期的发展趋势，估计将来的需求状况，完全不考虑经济周期的下个阶段中极有可能出现的现象。依赖于近期历史趋势所进行的分析同样无法考虑由多种用素引起的行业和当地就业状况的变化。

20 世纪 80 年代，开发商和投资机构纷纷采用直线方法预测写字楼物业的需求，认为将来需求量会很大，结果导致了 90 年代初期商品房市场急速崩溃。市场研究不应该局限于现实的吸纳率和就业状况变化趋势，还应该考虑国家和地区的经济周期将会进入什么阶段，以及新的阶段会对市场区域中写字楼物业的需求产生什么影响。

需求分析应该不仅仅限于对将来的需求进行一般性的预测，还要找出具体的写字

楼项目的需求来源，并对其进行评估，通过分析寻找潜在租户和利基市场及他们对物业的特定要求。分析物业需求必须包括以下几个步骤：

◎访问房地产代理商和其他专业人士、商业机构专家及大雇主，了解他们对理想中的建筑物功能和配套设施等方面的需求。

◎了解竞争物业的租赁情况，包括空置率、出租率和租户类型，以掌握目前的需求状况。

◎了解潜在租户或某种类型租户需要的服务和便利设施。

◎估计市场吸纳率变化趋势，以确定是存在新的需求，还是简单的市场波动而已。

第五节　写字楼物业的供给分析

与预测写字楼物业的需求情况相比，预测竞争性写字楼供应情况的主观性少一些。分析案例研究介绍了写字楼市场研究中需要建立的一系列表格。

首先要了解市场区域中现存的写字楼物业和计划开发的项目。写字楼物业基本的特售是建筑质量或者等级，这需要根据各种不同的特点包括楼房的位置、设计风格和配套设施等来评定。市场研究应该包括对不同类别写字楼的比较分析。对市场中的写字楼加以分类可以根据其物业属性，如规模、样式、位置、出租率和租期、持有形式、租户性质、建筑体系的类型和质量及涉及到的服务设施等，其中租户性质指物业由业主自用还是向外出租，是服务于单租户还是多租户。把建筑物按照这些物业特点分类不仅可以掌握供应状况，还可以得到关于当地写字楼物业需求和租户偏好的重要信息。

实地考察那些有竞争力的物业，有助于分析者核实市场中公开的数据，并产生独特见解。在调查中要确定的关键因素是建筑物面积、高度、质量和租户类型。以下一些物业特点也值得关注。

一、建筑物外部特征

◎建筑物有多少层？1～3层为低层建筑，4～15层为多层建筑，16层及16层以上为高层建筑。高层建筑通常更有名且能够提供优越的视野景色。物业位于街区的中部还是拐角？街区中部的物业由于缺少好的视野，即使是高层建筑，也可能不如拐角处的物业。

◎通向建筑物和停车场的道路是否方便畅通？转弯标志是否与建筑物的出入口一致？显然，租户更喜爱交通便利的物业。

◎在街上或高速公路上能看到该建筑物吗？

◎周边环境是否与所建物业相协调？使用功能相近的写字楼物业核心区较适合新办公物业的开发选址。

◎建筑物具有外观吸引力吗？是否得到了妥善的维护？周围的景观如何？建筑物的第一印象会影响租户的态度，因此有必要持续维护建筑物的质量，以此长期吸引租户。

◎停车场是露天的还是与建筑物毗连，或者是位于地下？停车场是否收费？如果收费，月租费是多少？停车场容量多大？汽车是前后停放的吗？由车主自己停放还是由服务人员代停？从写字楼门口到停车场有多远的距离？有遮蔽物的停车场或者地下停车场比较受欢迎，尤其在气候寒冷或潮湿的地区。

◎建筑物的外装修是什么类型的，是抛光花岗岩、玻璃、混凝土还是砖？长期质量怎么样？如果物业打算十年以后出售，那么到那时其外观品质会如何？建筑物的外观影响着租金水平，因此，有必要投资那些外观能够长期吸引租户且租金能够稳步上升的物业。

二、内部公共空间

◎电梯数量和电梯比是多少？电梯比是指除底层以外，楼层单位面积的电梯数。适当的电梯比是每部电梯覆盖 30000 ～ 40000 平方英尺。

◎建筑物中有哪些服务设施？典型的服务设施有传达室、健身房、餐馆或食杂店、会客室、干洗店、杂货店或其他零售商店及银行。小型建筑内部可以不必设立这些服务设施，但在楼房附近必须有类似场所。写字楼底层的零售商店通常很难租赁出去，除非市场确实需要，否则应该尽量减小规模。

◎大堂的样式是否已经过时了？最近重新装修过吗？维护得怎么样？大堂的形象应该与租户的类型协调。现在许多公司对费用很敏感，因此他们不愿意为一个设计风格已经落伍的大堂付出昂贵的租费。

◎走廊看起来很现代化吗？通道有多宽？层高多少？租户的公司标志与走廊的风格协调吗？开阔的走廊至少要有 6 英尺宽。合适的走廊层高一般是 8 英尺。

◎休息室的设计风格符合当前的潮流吗？室内有为残疾人设计的扶手吗？

◎楼层布局简单明了还是错综复杂？

三、转租物业

查明市场区域中可转租的物业数量是分析供应状况的另一个重要部分，这样的物业通常称为"转租"物业。20 世纪 90 年代市场供给过量，租户为了降低费用或租赁更好的物业，常常在租约到期之前就迁出。一般来说，市场中有大量可转租的物业说明虽然租赁数据显示市场情况良好，但实际并不如此。

转租物业即使空置，也非技术性空置，它仍然处于已出租状态，而且租户仍然在付租金，只不过可以再次出租。租户如果在租约到期之前就搬出，经常会把物业转租出去。转租的物业一般比其他物业租金要低一些，所以如果市场区域中有大量转租物业，这对现存物业或待建项目是个重大的冲击。因此，分析待开发项目将要面对的竞争形势的时候，估计转租物业数量是很重要的。

四、空置物业

空置率变化趋势是供应分析的另一个关键部分。不仅需要分析整体市场空置情况，还必须了解各个子市场中空置率情况的差异，具体分析这些差异可以了解哪些地区和哪些种类写字楼物业的空置率高，哪些比较低，空置率在上升还是下降等。市场中空置的物业规模多大？各种等级建筑物的空置情况分别是怎样的？空房遍布于整个市场还是集中在某个地区？分析者应该弄清楚租赁出去的物业已经被使用了，还是仅仅签订了租赁协议。有时贷款人要求新的写字楼开发项目应该有 30% 的空间被预租出去，以此作为提供贷款的前提条件，在工业项目中，一般要求 40% 的空间被预租出去。

分析空置趋势还有助于确定潜在的项目"稳定占用率"，它通常指项目启动以后的年占用率，这是评估项目可行性的一个重要因素。在 20 世纪 80 年代初期和中期，写字楼市场的分析者大都预测稳定占用率为 93% ～ 95%，然而在接下来的 10 年中，开发项目猛增，需求开始下降，新写字楼的实际稳定占用率比预测的要低得多。今天，即使目前市场整体空置率小于 5%，预测新项目的稳定占用率也应该保守一些。

案例分析

（一）购买写字楼：芝加哥郊区（1997）

一家房地产咨询公司拥有一位很想在大城市里购买 A 级写字楼的客户。这位客户想长期拥有这个物业，希望在大约 10 ～ 15 年时间内有稳定的现金收入。负责购买的人已在芝加哥郊区看好了一处物业，建筑物共七层，处于施工阶段，可出租面积为 270000 平方英尺。项目计划在两个月内完工，并已经与几个信誉良好的大租户签

309

订了长期租约，出租率近乎 100％。该地区计划分阶段开发一个 42 英亩的写字楼区，这幢物业是第一个项目。第二个项目面积为 260000 方英尺，已经开工，第三个项目正在设计。所有项目都完工后，这个办公区将有 110 万平方英尺 A 级办公建筑和一个宾馆。

客户要求市场研究人员进行下列研究：使客户熟悉当地市场；确定这个物业是否值得投资；确定是否存在没有考虑到的隐患。

实地考察是研究人员收集信息的一个步骤，通过它可以调查目标物业和子市场的情况，从而评估该地区的整体状况和竞争物业。与熟悉子市场情况的业主、管理者、出租代理商及其他房地产专业人士交流，可以获得另外一些有用的信息。公开的数据也是市场信息的一部分。

（二）芝加哥的经济情况

分析需求的时候，采用从宏观到微观，从整个城市到子市场的分析方法很有效。

按人口计算，芝加哥是美国第三大都市区，1996 年人口已达 770 万，虽然预测未来人口增长率将低于美国平均水平，但绝对增长量仍将很大，每年大约为 4.2 万人，5 年内，人口将增加 21.2 万。

芝加哥的经济高度多元化，与整个美国的经济状况非常相似。芝加哥的工作岗位以每年 1.3％ 的速度增加，比美国的平均速度稍低，原因在于芝加哥劳动力市场的失业率一直低于 5％。工作岗位增加的部门主要是服务和建筑行业，预计 1997 年内，芝加哥的经济将以适当的速度持续增长（见表 11-1）。

市场分析时不但要考虑工作岗位的增长率，还要考察其绝对增长量。虽然芝加哥工作职位增长率比美国平均水平稍低，但绝对增长量却居于全国第二位，仅次于洛杉矶。这个大都市区是美国中西部销售、运输、通讯和金融服务中心，同时还是全国最有实力的 500 家公司除纽约以外最大的集中地，这些因素都非常有益于该地区经济发展。商业建设和风险投资仍有发展潜力，但这些行业已过了其发展高峰期。

芝加哥经济的近期前景看好，不仅因为它处于经济周期上升阶段，同时还因为城区有大量扩建和重建的项目。根据选址杂志发表的数据，在过去两年内芝加哥新建项目数量位于全国之首，仅 1996 年一年就有 350 个新建项目。芝加哥占有的优势如下：

◎是美国交通基础设施最好的城市之一；

◎处于美国的中心位置；

◎资本市场发达，芝加哥是中西部地区的金融中心，人均商业存款额位于全国第五位。

经济增长势头较强的城市为了适应经济增长，要兴建许多新项目，又因为有大量可开发的土地，所以极有可能带来开发过度的问题。尽管芝加哥大部分行业的增长速度比全国平均水平慢得多，但增长潜力较大，所以也不能忽视这个问题。

表 11-1　美国和芝加哥地区 1992～2001 年度平均增长情况

	1992～1996		1997～2001	
	芝加哥	美国	芝加哥	美国
人口增长率	0.7%	1.0%	0.5%	0.9%
就业增长率	1.7%	2.0%	1.3%	1.6%
工作岗位增加量	80300	2725000	52300	1775000
城市生产总值	2.8%	2.7%	2.5%	2.8%

（三）服务业

芝加哥已经从传统的制造业中心转变为中西部地区的服务和销售中心，所以经济增长的主要驱动力一直是服务行业。在过去 12 个月中，工作职位增长量的 3/4 来自服务行业，这是因为芝加哥现在是许多公司总部所在地、金融机构的中心，同时芝加哥的计算机软件行业发展很快，企业经营管理的方式也在变化。

（四）高科技行业

芝加哥高科技行业的工作岗位数量仅次于圣何塞和波士顿，居全国第三位。而且高科技行业仍然有发展潜力，从 1991～1996 年工作岗位每年增长约 3%。芝加哥的大型高科技公司主要生产通信设备或者从事软件开发，为许多总部设在芝加哥的大型零售商和金融机构服务。同时大型的传统制造行业越来越依赖技术，也需要高科技产业的发展。芝加哥的高科技产业与国防的联系很少，因此发展较其他地区稳定，这对芝加哥来说非常有利。

（五）运输业

芝加哥的运输网络使它成为产品销售和出口中心，并且也是旅客的聚集地。奥黑尔机场是全国最繁忙的机场，它的旅客流量比位于第二位的 Hartsfield 机场多 9%。此外，芝加哥还是国家铁路枢纽。

（六）大都市区经济状况总结

芝加哥市区商业经营的费用较高，劳动力价格比全国平均水平高 14%，住房费用比东北部及加利福尼亚的大都市区稍低，但在中西部地区是最高的。长期以来，这一直是制约经济增长的因素。

影响芝加哥未来经济发展的主要因素有下面几个：运输和销售网络，出口型的工业使其作为中西部地区金融、商品贸易和服务中心的地位。经济的多样化、高科技产业和通信行业的发展也是大都市区经济增长的重要来源。

本章小结

写字楼是总部经济重要载体，是城市经济领航发展的主战场，在城市发展中发挥着重要的作用，是衡量城市经济发展水平的重要标志。开发商可以通过写字楼市场供给预测模型对市场进行预测和评估，并针对当地城市写字楼租赁市场的特征和发展状况，正确制定写字楼租赁市场的销售策略。新时代的写字楼为了顺应智能化、创意化等新需求又进行了不少新的设计和发展。为了满足物联网、电子商务和创意工作的需求，开始从设计布局、使用功能和管理服务三大方面下手。以设计为例，当下的超高层写字楼大都广泛的使用钢结构及玻璃幕墙。既满足建筑美学，又能带来空间使用效率的最大化。并且很多在内部设计为无承重柱、承重墙，使得整层连贯成超大的办公空间。

复习思考题

1. 请分析我国本地区近几年的写字楼市场发展状况。

2. 分析我国写字楼租赁市场在写字楼市场中的比重，并举例论证写字楼租赁经营的特征和销售策略。

3. 如何区别写字楼和工业物业开发？农村集体用地是否可以进行写字楼和工业物业开发？与城市开发土地有何不同？针对物业的消费者有何建议？

4. 写字楼市场供给预测模型是什么？请以本地区为例，预测本地区未来5～10年的写字楼市场供给和发展状况，并提出开发建议。

第十二章　商铺分析

第一节　商铺与商铺投资

一、商铺与商铺投资的概念

商铺，即为古代的"市"，在《说文解字》中，"市"的解释为"集中交易的场所"。现如今，学界对"商铺"做出如下定义：商铺是经营者为顾客提供商品交易、服务功能与感受体验的场所。与古代商铺的定义相比，有类似的地方，即商铺首先是商品交易的场所；而不同点则在于现代商铺的概念不仅仅涵盖了交易的功能，而且也涵盖了服务功能及感受体验的功能。

商铺的租金收益率大约在 8%～15% 之间。商铺的价格上涨具有一定的空间，类似一些批发市场的商铺，一年能够涨上七八倍。

直至目前，商铺市场的状况跟住宅还存在较大差异：住宅自从 20 世纪 80 年代末尾开始发展，至目前已经经过了近 30 年的发展，进入了一个不太理性的阶段。但商铺投资却与住宅投资不同，商铺的投资市场是从 2001 年才开始启动的，拥有后发优势，值得各路投资者的关注。

商铺投资是指投资者以商铺购买或者是以租赁的方式来获取投资收益的投资行为。那么，商铺投资的价值究竟体现在哪里呢？

人尽皆知，商铺是单纯依靠经营来取得收益的，它需要依托于经营的特色以及商业地段的价值等，具有很强的商业性。开发商与物业管理提供商的商业经营、管理水平的高低对于商铺的运营效果有着重大的影响，所以自然对于商铺的投资收益也起着决定性的作用。从宏观角度来看，经济形势的变化与国民消费水平的增减也是左右商铺投资收益的关键因素。由此得知，如果要选购一支"潜力股"绝非易事。但是如果把握得当的话，即使成本较高，商铺投资也极有可能让你挖掘到一桶金。

现在的商业竞争日趋激烈，这导致了商铺投资备受关注。近几年来，许多房地产商蜂拥而至，开始青睐与涉足商铺投资这一领域，这对于现代化商业的发展无疑是一件美事。不过需要指出的是，并非起了房子就会有收益进账，也并非开了百货公司就会赚得盆满钵满，它还会受很多种因素尤其是人流、物流与商铺市场定位等因素的制约。如若我们不去考虑与掌控这些因素，盲目进行投资行为，这样不仅会造成资源的浪费，而且如果操作不当的话就很有可能导致投资失败。商铺互换投资，但是投资也需要科学把握。

二、商铺投资所具有的特点

（一）商铺投资所具有的稳定性特点

房地产业内专业人士经研究分析认为，投资商铺相对而言具有稳定性。普通住宅的租约期限一般都为半年至一年，相对来说较短；而商铺的租约通常都有 3 至 5 年乃至更长的时间。承租户对于商铺的装修投资、盈利预期及长期规划，更决定了商铺租约的稳定性。除此之外，租金的递增也保证了商铺投资长期的收益增长。而租金预付的付款方式也使得商铺投资较有保障。

（二）商铺增值的特点

商铺投资是一个长期的过程，它不会因为房龄的增长就会降低它的投资价值。与之恰恰相反，好的商铺因为它的稀有性或特定的供应条件，会随着商圈的发展而不断升值；商铺价值提升的同时，租金的增长也是理所当然的。如果从资金成本的角度上来看，长期租用肯定是不如直接买下来，如若说住宅的价值可以相对准确地衡量，那么，成功的商铺的价值就是难以估量的。除开传统意义上的地产价值之外，商业经营和市场环境因素都会对商铺的价值产生深远的影响。

（三）商铺投资的回报率较高

相较于人们传统的资本增值方式，商铺投资的利润率更高。根据业内人士的研究分析，商铺的投资回报率单租金收益这一方面就高达 10% ~ 15%，有的人气旺铺甚至能够达到 20% 以上。有些选择购买社区商铺的业主，伴随着住宅业主的入住人气提升，商铺价值的提升则成为必然。这些类型的案例几乎在每个城市都可寻到，例如，北京的东方新天地项目。此外，伴随着城市化进程的展开，商铺价值与价格及城市环境的成熟荣辱与共。如若能够把握这样的趋势，成为商铺的投资赢家也是理所应当的了。

不过，需要特别指出的是，除开商铺租金收益之外，高明的商铺投资者还会充分利用商铺的增值来提高投资收益，等到商铺升值到一定水平时就趁机出售，以完成商铺投资的全过程。

（四）商铺所具有的投资潜力

目前在国内，商铺投资的概念远未全面普及，一般商铺和住宅的价格的比例还远远未达到成熟市场情况下的 4：1 ～ 5：1，由此可见，商铺的价格还有较大的上升空间。不过商铺投资者不可以直接套用此比例来投资操作，这是因为市场环境、市场供应状况的差异等因素会对商铺的价格造成重大影响，而且假如住宅价格透支，这一比例就更不具备参考性了。自从我国加入了世贸组织之后，商业、零售业、服务业蒸蒸日上，越来越多的金融机构及零售业便开始了一轮接着一轮的对于商铺的"圈地运动"。

（五）商铺投资的方式灵活，可出租、可经营、可出售

根据相关调查结果的数据显示，选择商铺作为投资的投资者大多分为两种：一种是专业的商铺投资商，他们经济实力较为雄厚，通常会进行大型商铺的交易，即购买一些商铺的产权或是经营权，然后将其出租给各个经营商，或者自己也亲身参与经营，但并不以经营为主业；另一种则是小型商铺的投资商，他们通常拥有一定的闲置资金，只投资一至两个商铺。来自网络进行的市场调查，在这之中有 55% 的人是为了将商铺出租之后获得盈利而选择购买商铺的，而处于以自营为目的的购买商铺的人仅为 35%，此外还有 10% 的人单纯只是为了从买进卖出中间赚取差价。

第二节　商铺的类型

一、购物中心商铺

（一）购物中心的概念

在 2000 年 5 月发布的国家标准《零售业态分析》中，对于购物中心的定义是"企业有计划的开发、拥有、管理运营的各种零售业态、服务设施的集合体"。它的业态结构特点是"由发起者有计划的开设，实行商业型公司管理，中心内设置商店管理委员会，开展广告宣传等公共活动，实行统一管理。内部机构由百货店或者超级市场作为核心店，以及各类专业店、专卖店等零售业态及餐饮、娱乐设施构成。服务功能齐全，集零售、餐饮、娱乐为一体。根据销售面积设置相应规模的停车场。选址为中心

商业区或城乡接合部的交通要道"。商圈视不同的经营规模、经营商品而定，设施奢华、店堂宏伟、宽敞明亮，实行卖场租赁制。目标客户群以流动客户为主。

（二）购物中心分类

购物中心依照规模可分为下列几种。

1. 小型（近邻型）购物中心

出租的面积一般为 7000 平方米，所入驻的商户大约为 10 ~ 20 家，处于商圈内的人口约为 5 万 ~ 10 万人，商圈的半径应在 10 分钟的车程之内，主要经营日用品与一般食品，配置的停车位约为 100 个。

2. 中型（社区型）购物中心

出租的面积约为 1.3 万平方米，所入驻的商户约为 20 ~ 100 家，商圈的半径应在 30 分钟的车程之内，主力商店为大型超商或者是从事批发经营的商店，配置的停车位约为 500 个。

3. 大型（区域型）购物中心

出租的面积应为 1.5 万 ~ 7 万平方米以上，所入驻的商户应为 100 家以上，处于商圈内的人口应为 20 万人以上，主力商店为大型百货公司或者是商品批发店，配置的停车位为 1000 ~ 5000 个。

4. 超大型（超区域型）购物中心

出租的面积约为 7 万平方米以上，所入驻的商户数量为 150 ~ 200 家，主力商店有大型百货公司与批发店组合 3 ~ 5 家，处于商圈内的人口在 50 万人以上，配置的停车位约为 5000 个。

5. 超级型（SHOPPING MALL）购物中心

出租的面积在 10 万平方米以上，所入驻的商户数量为 250 ~ 700 家，主力商店例如百货公司、超商、家居旗舰店等 3 ~ 6 家，商圈可辐射的人口多达几百万人，更有甚者能辐射上千万人，所配置的停车位数量约有 10000 个乃至更多。

（三）中国购物中心的发展特点

我国现阶段的购物中心发展具有下列特点。

1. 发展势头迅猛

购物中心进入中国的时间相比来说并不算长，但是却有着较快的发展速度，而且发展的区域范围呈逐渐扩大之势，由最早的北京、上海、广州、深圳等特大城市，拓展到各省的省会城市，再由省会城市拓展到目前国内的许多二、三线城市。现如今，购物中心已成为房地产投资与商业投资的主要类型之一。

2. 开发规模大

有一些统计数据显示，全国各地许多地方都在打造航母级的商业中心，十几万、几十万甚至上百万平方米的购物中心比比皆是。与此同时，区域购物中心与社区购物中心也慢慢称为市场的主角，它们既是未来市场的主体，也是投资机构收购的主要品种。

3. 区位中心化

根据相关的统计数据显示，全国将近77%的购物中心集中分布在城市的中心区域，只有18%的购物中心集中在城市的边缘区域，而仅仅有5%的购物中心分布在城市的郊区。

（四）购物中心商铺的特点

处在购物中心的商铺大多以店中有店的形式出现，店铺规模的差距较大。大的主力店铺可以高达几千乃至是上万平方米，而小的店铺就只有十几至几十平方米不等。普通投资者所选择的一般都是这些较小的店铺。购物中心主要采取的模式为统一管理的模式，由购物中心进行自主招商，商铺即使出售了也往往会采取带租约销售或者是统一招商经营的形式。也有一部分购物中心会将外围的商铺或者是商业街进行出售，之后不再参与其经营，这些是属于完全的产权式商铺。

购物中心的"店中有店"的模式，使得购物中心的店铺具有良好的可视性，具有产品展示与品牌展示的双重功能，所以能够受到商家及投资者的青睐。

（五）购物中心商铺的投资特点

鉴于购物中心的管理与运营特点，所以在购物中心需要出售产权式商铺之时，一般采取"带租约销售"或者是委托统一招商的模式。这样，投资者虽拥有商铺的产权，但是并不会参与商铺的招商，甚至在投资者购买商铺之前，商铺就已经被投资者统一出租，开发商或者物业管理方会依照合约定期以一定比例将租金交予投资人，这个比例一般在8%～12%之间。在这之中，投资者无权干涉商铺承租方的经营。这种"带租约销售"或者委托统一招商管理的商铺的产权可以自由买卖，这并不会影响商户的经营，与此同时，商户的进退也不需要涉及商铺的产权者。这些就是购物中心商铺投资最大的特点。

就市场运作的状况来看，出售商铺的购物中心比例较少，一般多是项目方自我管理或是运作，即使出售，其售价也较为昂贵，是一般投资者难以接受的。

从投资收益方面来看，购物中心的商铺投资收益较为稳定，但是受建筑体量的影响，其经营所面临的风险也相对较大，投资者在进行此类投资活动时应当慎重考虑。

二、商业街商铺

（一）商业街的概念

商业街是指以平面的按照街道的形式所布置的单层或是多层的商业房地产形式，其沿街两侧的铺面及商业楼内的铺位均属于商业街商铺。

从宏观角度来看，北京的王府井商业街、上海的南京路商业街均属于商业街的范畴，但是事实上，它们均是由多个不同规模的购物中心、百货大楼、体育用品商店、娱乐及餐饮服务等各类商业房地产组成；从微观角度来看，我们常见的例如建材、汽车配件、精品服装、酒吧、美容美发用品等商业街。上述的以某种类型的商品混业经营内容的商业街，起步较早的，大多都已获成功。直至目前，已有不少商业街采取各类商品混业经营的方式，商业街的命名只体现地点特征，此类商业街取得成功的难度相对较大。

与商业街的发展有密切联系的就是商业街商铺，商业街商铺的经营情况完全依赖于整个商业街的经营状况及人气情况：运营较为良好的商业街，其投资者大多已收益颇丰；运营不善的商业街，自然就会令投资商、商铺租户、商铺经营者面临损失。

（二）商业街的分类

依照商业街经营的商品是专业类别还是不加确定的复合形式，我们将商业街的商铺分为专业的商业街商铺与复合的商业街商铺。专业的商业街商铺往往集中经营某一类（种）商品，如建材商业街、汽车配件商业街、酒吧街、休闲娱乐街和市场上较为流行的餐饮街；复合商业街商铺对经营的商品不加确定，经营者可以按照自己的设想去随意经营，如北京西单商业街。

需要指出的是，根据专业商业街经营商品的统一性特点，整个商业街的市场成本比较低，只要商业街的开发商对整个商业街进行恰当的包装，那么，所有的商铺就可以享受开发商统一市场宣传所带来的市场效果。从此特点可以得出结论：从运营成本的角度看，专业商业街符合市场规律和竞争规律。另外，因为专业商业街经营商品的品种简单，其规划设计的复杂程度较低，因此不太容易发生因为商业街的规划设计不合理，而最终导致整个项目运营产生问题的情况。

就复合商业街来讲，因为经营商品没有统一性、协调性，所以开发商对项目的市场宣传所能带给经营者的利益相对较少，这一点并不符合竞争规则。除此因素以外，复合商业街的规划设计难度较高，若投资者、经营者不认同项目的规划设计方案，则会导致项目失败；也会因项目市场成本太高而引起竞争力降低。

我国成功的复合商业街很多，但基本上都属于经过几十年市场长期锤炼的品牌化商业房地产综合形式。北京的王府井商业街、西单商业街、前门大栅栏商业街，上海南京路都属于典型的复合商业街，另外，它们都经过了长期的市场培育，在国内已经成为耳熟能详的商业品牌，所以它们的成功是自然的、必然的，也是值得借鉴的。

（三）我国商业街的发展现状

我国城市里的商业街，最早出现和形成于北宋都城东京（开封）。

先秦以后，中国城市的基本模式是封闭的街区结构，大城套小城，街上什么都没有，只有死气沉沉的坊墙，官家不准临街开门，更不用说商肆店铺，人们买东西只能到指定的交易区。大宋建国之初，东京有东、西、北三市，但随着城市商业和人口的发展，坊里也逐渐出现了市，发展到后来，大街上几次发生侵街现象，坊市制度开始崩溃。仁宗景佑年间（1034—1037），政府开始允许临街开设店铺客栈。坊墙终于倒塌（坊只作行政单位），商业街在东京（南京）迅速发展，城市空前繁荣起来。后来这种商业街的形式发展到各个不同规模的城市，甚至在村镇也形成了小型的商业街。

如今，中国的商业街遍布城市、乡镇，成为居民主要的消费场所。在很多城市，不但有历史上遗留下来的传统商业街，也有伴随着城市发展的新商业街。每个城市都有不同类型的商业街，有的是商户自发形成的，也有的是政府规划的。因为商业街有着巨大的人气带动作用，在一些地方，商业街的发展成为对当地政府政绩的重要考察项目。每一个城市都有一两条商业街作为城市的名片，展现在市民的眼中。有些商业街因为历史悠久，更成为驰名中外的人文胜地，比如北京的王府井商业街，也是世界的"王府井"。

（四）我国商业街的发展特点

第一，我国的商业街有着悠久的历史，较深的文化底蕴，但是其文化传承的发展不够。商业街在中国发展了1000多年，在各个古老的城市都有比较古老的商业街，如北京的王府井、前门、龙福寺，西安的鼓楼大街，成都的春熙路，山西平遥的明清大街、榆次大街等，这些历经上百年发展的商业街，积累了深厚的文化底蕴，具有较强的知名度。尤其是平遥的明清大街，不但在文化底蕴上传承了历史风味，在建筑形态上也保持了古朴的风韵。但是目前，像平遥这种保存完好的商业街在中国少之又少，包括平遥明清大街在内的古代建筑群正在遭到不同程度的破坏，很多具有几百年历史的商业街并没有让我们看到它古朴的一面。

第二，我国的传统商业街普遍存在规划问题，未来存在隐患。我国现存的商业街90％是商户自发形成的，存在很多经营上的隐患，如商户占路现象严重、存在严重的消防隐患、停车位不足、货物运输障碍等，即便政府后期进行规划，但是碍于产权和建筑条件原因而收效甚微。例如，北京的王府井作为中国的第一商业街，与其他知名商业街的差距越来越大，其经营环境、用地规划都存在很多问题。很多商家都卷入了混乱的经营秩序，给"王府井"这块金字招牌带来了不利影响，东城区政府不断地介入管理，但是成效甚微。

第三，商业街在城市商业发展中起到了越来越重要的作用。商业街具有较强的人流汇集作用，而且规划灵活，成为商业主要的开发类型，尤其是近10年，伴随着购物中心的发展，商业街成为大型购物中心开发的重要组成部分。除了购物中心的开发，各地政府也在热衷于商业街的开发，使之成为城市的新名片，政府的形象工程。

（五）商业街商铺的特点

商业街是国内典型的商业发展模式，目前在国内有不少成功的、已经有长期经营历史的商业街案例，也有一些正在探索市场的商业街案例。我国商业街商铺有如下特点。

第一，商铺铺面区分明显，经营相对独立。商业街依街而建，商铺与商铺间的建筑及出入口都保持独立，每个商铺都可以与两边的商铺严格划分，每个商铺都有自己的出入口，即便存在二层及三层的建筑样式，通常也是商铺内部各自联通。这样就使得商业街经营商户之间保持经营上的独立。这种独立性不但包括经营业种的独立，也包括经营时间、定位、理念上的独立。

第二，与商业街的定位、规划、管理的关系不大，商业街商铺的这种相对独立性，使得商业街的整体规划要求不高，通常采用简单的格子式划分形式。消费者动线也相对简单，人流量在商业街的各个地段保持均衡，不会形成市场商铺或购物中心商铺出现的动线死角问题。只要商业街的整体经营效果不错，里面的商家都没有太大的经营压力。

购物中心、百货店以经营定位作为主要区分，商业街的定位对商铺经营的影响不大，多是采用自然的市场竞争来维系商业街的平衡，这也是商业街通常情形下没有统一商业管理的原因；即便有统一的规划或管理，商业街经营成功与否也与管理方关系不大。

第三，经营形式灵活，商家进退容易。商业街商铺的独立性使得商铺的经营不受其他商铺经营的限制，从而变得更为灵活，这也是商业街人气旺的原因，很多人都可以在一条商业街中找到自己感兴趣的店铺；同时没有统一管理的特性，使得商业街商铺的经营以自然的市场竞争为原则，商户进入经营和退出经营变得相对容易。

（六）商业街商铺的投资特性

独特的经营特性使得商业街具备良好的投资特性，升值的潜力也比较大，成为商铺投资者的首选。经营的灵活性使得商业街保持较高的换铺率，这一特点尤其表现在餐饮街的经营上，为了维持餐饮街的集客能力，餐饮街的店铺都保持着较高的换铺率，让消费者每一次光临都发现新的、不同特点的店铺。一次次的换铺，不但使得商业街的经营更加有新意，也增强了对消费者的吸引力，还抬高了商业街的租金，这自然是投资者乐见的结果。

三、交易类市场商铺

（一）交易类市场商铺的概念

市场是指各类用于某类或者是综合商品批发、零售的商业建筑，有一些则是单层建筑，不过有一些进行日用品批发、零售的市场根本就没有建筑，即采取地块商铺的形式，除此之外其他大多数则为多层建筑。此类商业建筑里的商铺，就是所谓的交易类市场商铺。

伴随着零售业在国内的发展，全国各地涌现出大量从事某类商品经营的专业批发和零售市场，比如，超市、大卖场、家居主力店、药材批发市场、图书交易市场、电子市场、家用电器市场、家具城、建材城等，上述市场在国内商业领域的角色举足轻重。

有些市场的建筑采取新开发商业房地产项目的方式，不少则采取租赁工业厂房、饭店等方式。采取新开发方式的，其经营状况大多数比较好，而且往往是生意越火越敢投资，越敢投资生意越旺。经过一段时期的经营，市场容易靠商品的价格优势形成在一个区域甚至一个城市里的市场竞争优势，从而经营者在低利润率状态下靠高营业额实现利润。

（二）市场商铺的分类

按照市场经营的商品是单一类别还是综合类型，我们将市场类商铺分为专业市场商铺和综合市场商铺。专业市场商铺往往集中经营某一类（种）商品如建材市场、电子市场等；综合市场商铺经营的商品虽然有范围，但基本上覆盖的是某一大类商品，如北京万通新世界商品交易市场等。

需要指出的是，鉴于专业市场类商铺经营商品的统一性，整个市场的营销成本比

321

较低，只要该市场的开发商对整个市场的定位准确，那么所有的商铺就可以享受开发商统一市场宣传所带来的市场效果。据此特点可以得出结论：专业市场商铺的运营成本比较低。另外，因为专业市场商铺经营商品的品种简单，其规划设计的复杂程度较低，开发商比较容易完成项目的合理规划。就综合市场来讲，因为经营商品没有统一性，所以开发商对项目的市场宣传所能带给经营者的利益相对较少。除此因素以外，综合市场的规划设计、定位、招商及经营难度相对专业市场较高，对开发商的专业能力也有要求。

（三）交易市场的发展现状

市场是中国最早形成的商业业态，在宋朝以前，中国古代城市的居民生活区与购物区有严格的划分。居民生活在"坊"里，而购物地点在"市"里，交易的地点和时间有严格的限制，这就是中国最早的市场。

市场在中国发展了几千年，如今也在居民的生活中占有重要位置，专业性市场、综合性市场遍布中国的城市和农村，但是伴随着各种新生的商业业态，市场在中国商业占据的份额正在减少。但是因为市场类商铺能营造出较为浓郁的消费氛围，对消费者和开发商都具备很强的吸引力。

（四）交易市场的发展特点

第一，市场规划、管理存在隐患，购物环境有待改善。我国早期的市场均是商户自发形成的，发展到一定规模之后，政府再加以规划引导。很多市场的规划较为松散，存在较多的经营隐患和安全隐患，购物环境有待改善。

第二，专业性市场越来越受欢迎，发展前景看好。由于专业化市场高度的专业性、稀缺性、规模性和品牌性，因此显示出旺盛的生命力。专业性市场在我国越来越受欢迎，涉及的行业已经覆盖到居民生活的各个方面。从食品、服装、家电、建材、窗帘、布艺到电子市场，各种专业性市场出现在我们的视线之中。

（五）市场商铺的特点

市场商铺最大的特点就是以铺位为主要形式。通常铺位的面积都不大，属于半开放式的经营模式。比如，服装市场小商品市场商铺的面积普遍在 6 ~ 30 平方米，进入门槛比较低。市场商铺的各个铺位比较集中，所以商铺与商铺之间的连带关系比较强，要么就是相互补充的关系，要么就是扎堆经营。比如，在市场的某个区域都是经营服装的，这就属于经营上的积聚效应，在经营服装区域的里面有一家经营服装饰品的，这就是经营的互补关系。市场商铺的连带关系，有些时候是由市场的管理方特意规划的，有时候也是商户自发形成的。

市场商铺之间的这种聚集关系，使得市场商铺对于市场中的各种资源多是共享关系，包括市场中的过道、仓库、停车场等，这也造成了市场经营上的混乱局面。

（六）市场商铺的投资特性

市场商铺最大的投资特性就是投资门槛低，存在较大的风险与较大的投资回报率的冲突。由于开发和规划都相对简单，所以市场类商铺的开发成本比较低，售价相对于其他商铺却有可能比较高。在市场经营状况好的情况下，商铺的售价和租金都有较大的增长空间，投资回报率也非常高。但是一旦市场的运营出现问题，商铺的价格就会一落千丈，这种情况下，即便降低租金也不会扭转经营状况，因此投资风险就会加大，甚至可能血本无归。所以投资者在选择市场商铺投资的时候，一定要认识到它的投资特性，在没有较大把握的情况下，不要贸然挺进。

市场商铺的投资者以在市场内从事经营活动的商户居多。一是商户在实际经营中了解市场的经营状况，二是很多商户受到连年上涨的租金牵制，想摆脱现有的状况，三是商户有一定的资本积累，没有精力进行其他类型的投资。很多商户出于自身经营的考虑，会在不同市场设点经营，采取观望的态度，一旦其中的一个市场经营状况不好，就会转移至其他的市场中。这种情况在市场商铺中还是比较常见的。

四、社区商铺

（一）社区商业的概念

社区，即以人群聚集为首要特征。凡是有人群聚集、居住、生活的地方，就会有商业，这就是社区商业。社区商业是指以社区内居民为服务对象，以便民利民为宗旨，以优化居住环境、提高居民生活质量、满足居民综合消费为目标，提供日常生活需要的商品和服务的属地型商业。社区商业的服务对象主要是社区内的居民，应具备行业齐全、服务配套的特点，并以先进的商业业态和优美的商业环境，在满足社区居民日常生活需求的同时，更注重提供文化娱乐、休闲服务等多样化、个性化的综合消费。

社区商铺，指位于社区中的商业铺位，是社区商业的组成活动单元，其经营对象主要是住宅社区的居民。所以社区商铺不同于一般的零散商铺，它是随着成批、成群的住宅的出现作为居民的商业配套而出现的。

社区底商和社区商业是两个不同的概念，社区底商是物业范畴，是相对于建筑类型而言的，一般指住宅、公寓等物业作为商业、服务业设施的底层建筑，是社区配套的组成部分；社区商业是一种有别于城市的区域中心商业、大型购物中心、特色步行街的商业业态，它有很强的地域性，是一种为本地区居民服务的商业模式。当然，二者之间有不少重合，就像酒瓶最适合装酒一样，社区底商很容易成为社区商业的一部分，社区商业常常以底商为重点区域。它们有可能完全重合，也有可能部分重合，像一些毗邻交通要道、繁华地段的社区底商，它们就不仅仅是社区商业，还是城市商业的组成部分；社区商业也可以不在社区底商里，而在社区建成一条独立的商业街或一个集中的商业区域，甚至在某住户的家里。但是碍于住宅底商的特许性，本节中的社区商业并不包括住宅底商。

（二）社区商业的分类

按目前我国社区商业的发展状况来讲，可将社区商业分为两大类，社区零售商业和社区服务商业。

社区商铺主要用作与人们生活密切相关的生活用品销售和生活服务设施等。零售型社区商铺的商业形态为：便利店、中小型超市、药店、小卖部、书报亭及少量服装店等；服务型社区商铺的商业形态主要为：餐厅、健身设施、美容美发店、银行、干洗店、彩扩店、花店、咖啡店、酒吧、房屋中介公司、装饰公司、幼儿园等。

（三）社区商业的发展现状

中国的现代社区商业的快速发展始于20世纪90年代以后，随着住宅项目的不断开发，社区商业配套渐受重视，大多数的住宅项目都或多或少地配备社区商业，大型的住宅项目都伴随着大体量的社区商业。近年开发的世纪星城、远洋山水等住宅项目，社区商业配套达到了10多万平方米以上。

严格来说，社区商业一定是针对社区日常消费需求的商业，但建在社区周边的商业却未必是社区商业。50万平方米的住宅也就能支撑1万平方米的商业，假如不符合这样的比例，那么即使建在社区旁边，这样的商业也应该算是区域商业，投资人要对此有所警惕。社区商业可以改善社区居住人口的生活质量，成为住宅项目的重要配套之一。尤其是近年来，城区居民向郊区扩散，远离商业中心，社区商业的出现改善了这些居住者的消费环境，从目前的住宅项目开发来看，有大型社区商业配备的项目均处于城市周边区。开发商也从社区商业的开发中得到实惠，因为社区商业的销售价格远远高于住宅的销售价格，所以社区商业开发成为开发商利润的来源之一。

（四）社区商业的发展特点

第一，社区商业开发渐受重视。对于开发商来说，社区商业可以增加其开发利润；对于商家，社区居民消费中蕴含的巨大商机，引来众多各业种业态的商家，甚至是大型商家作为欧洲的零售业巨头——家乐福也开始进驻社区商业。对于居民，社区商业只要不影响其正常的生活，自然是多多益善。这种供需两旺的投资产品，具备了良好的投资特性，更是受到商铺投资者的热捧。

第二，开发体量越来越大。从社区商业的开发状况来看，开发体量越来越大。甚至出现一百万平方米的住宅社区旁边开发了十五万平方米的商业的情况，这样规模的商业单纯靠这个社区根本无法正常经营，所以开发商和投资者都要对此谨慎分析。

第三，社区商业向城市边缘扩散。大型住宅项目的开发都分散在城市边缘。大型社区商业的出现，形成了新的商圈板块。从政府规划来看，居民居住郊区化是城市发展的必然趋势，从北京的市场布局规划上也体现了这一特点。在规划大型住宅项目的时候，政府也在鼓励居住区社区商业的开发，以完善社区功能。

第四，餐饮业在社区商业中占绝对优势。"民以食为天"，这是民生之道，尤其是在社区商业中。目前，我国的社区商业经营中，餐饮业有绝对优势，有些社区甚至占到半壁江山。

第五，社区商铺的投资特性。社区商铺作为与人们的生活密切相关的商业房地产形式，其市场极为成熟，只要商铺投资者保持理性的投资思维，不是以过度透支的价格购买商铺，就不会面临大的投资风险。

但是需要投资者注意的问题是社区开发规模的合理性。若一个社区的商业开发过多，势必会造成恶性竞争，商家无法生存，投资者自然难以找到合适的租户。目前，很多住宅开发商本着"有条件要上商业，没有条件创造条件也要上商业"的原则，大力开发社区商业。至于日后社区居民消费是否能够支撑如此庞大的社区商业，就不得而知了。

五、底层商铺

（一）底商的概念

底商是指位于住宅、写字楼等建筑物内底层的商用铺位。

写字楼的底层商铺进入国内商业房地产市场的时间已经很久，比如，北京丰联广场就属于写字楼底层商铺，经过长期市场竞争，其市场价值已经得到了认同。住宅底层商铺（后面，简称"住宅底商"）是目前市场极为关注、投资者热衷的商铺投资形式，很多房地产开发商充分认可建筑底层商铺的巨大价值，不仅避免了过去住宅底层不好卖的尴尬局面，而且获得了更大的投资收益。住宅底商上面的建筑将会带来稳定的客户流，建筑底商未来的客户基础将相对可靠，换言之，投资者的投资风险相对较小。

严格意义的住宅底商与社区商业配套也是有区别的。标准住宅底商和写字楼等都属于"公共建筑"，而商业配套设施属于"配套公共建筑"，二者的税费、经营运作模式完全不同。散户能够直接进行投资的更多的是住宅底商和写字楼底商。

（二）底商的分类

按照服务区间的区别，可以将住宅底商分为服务于内部和服务于外部两种。有些住宅底商主要的客户对象是住宅社区里面的居民，而其他住宅底商则不仅将客户范围局限在住宅社区里面。

对于大型的住宅社区，底商主要以社区内部居民为服务对象。在功能上要结合小区业主的消费档次、消费需求、消费心理生活习惯而设定。这样的店铺，投资少，风险不大，资金回笼也较快。

对于服务于小区外部的商铺，则应考虑周边商业业态、街区功能来确定商铺功能。这样的商铺应位于交通便利、商业气氛浓郁的地区，店铺面积不宜过小（最好在1000平方米以上），主要有大型超市、各种专卖店、大型百货商场等。

按照不同性质建筑的区别，可以将底商分为住宅底商和商务类底商。住宅底商是为了满足居民的生活需求，无论是经营业种的选择还是定位，都围绕周边住宅居民的需求和市场状况；而商务类底商是为了满足工作人员的商务需求，这里所述的商务楼不但包括写字楼，还包括酒店、会所、展馆等商务场所建筑。

因为住宅底商与商务类底商的服务对象不同，主要消费时间也不同。住宅底商面向居民，主要消费时间在下午、晚上及节假日，这时居民不用上班，所以有时间出来消费；商务类底商服务于楼内的上班族，主要消费时间集中在上班时间，尤其是中午，在节假日及下班以后人流较少。

（三）底商的发展现状及特点

相对于成片的商业设施来说，规模小、与所在建筑联系紧密、能提供方便快捷的服务是底商商业的最大特点。底商因为只在建筑的地上一、二层和地下一、二层，所以商业体量不会太大，开发的目的通常只为满足楼内工作人员和居民生活的需要。对于面临马路的底商，服务对象还包括过往的行人。底商通常体量较小，并不具备人流聚集性，但是底商可以方便地服务过往行人及满足建筑内人员的需求。从商业开发的角度来看，底商具有较高的价值，底商的价格通常是其上层物业价格的2～3倍，所以很受开发商青睐；从消费者的角度来看，底商可以很方便的进出，满足其购物便利性的需要。所以，目前底商的开发很普遍，基本临街的建筑都有底商开发，而且规划也比较合理，开发体量也有加大的趋势。

（四）底商的投资特性

底商类似于商业街商铺，可以独立经营，又时常临街，使消费者较为方便快捷的消费。不同的是，底商自身承载了一定消费者，在客源上具备一定优势，所以资金回笼较快，投资风险相对较小，同时，这些优良的投资特性也决定了底商的高售价。一般情况下，住宅底商是其住宅价格的 2 倍左右，在一些二、三线城市，这个差距可以达到 5 ~ 10 倍，商务类底商是其商务楼价格的 3 倍左右。

如果开发商能够因势利导，根据物业使用人员的特点对底商做出准确定位，就确保了底商的经营具备一定的排他性。这样的底商，无论是对投资者还是经营者都减少了风险。反过来，对于投资者来说，低风险的底商也就容易销售或出租，又降低了开发商的风险，从而获得双赢。

六、商务楼商铺

（一）商务楼商铺的概念

商务楼商铺，指诸如酒店、商住公寓、俱乐部、会所、展览中心、写字楼里面用于商业用途的商业空间。这类商铺的规模相对较小，但商业价值很值得关注。

写字楼在北京、上海、深圳、广州等大中城市的发展也呈现长期持续发展的态势，一个个商务区陆续在各大城市建成。这些地方集中了大批有良好消费能力的白领阶层，从而形成了无数规模不等的商业环境。商业环境的形成吸引了很多商家在此类区域进行经营，有效地推动了商务楼、写字楼商铺价值的提升。

我们也发现，市场里出现了很多专门在写字楼从事商铺经营的运营商。比如，精品川味餐厅俏江南集团专门在高档写字楼开店，在北京的国贸中心、万泰北海大厦、恒基中心、嘉里中心、盈科中心、亚运村阳关广场、融科中心及上海的大上海时代广场开设其餐饮连锁店，消费者主要是这些写字楼里面的白领。写字楼内的白领阶层良好的消费能力意味着写字楼商铺的投资价值。

（二）商务楼商铺的分类

这一章节所述商铺虽然也位于商务楼中，但是不同于上节所述的商务类底商，本章节所述商铺不包括商务楼底商，仅指商务楼中位于高层或是办公区域里的商铺。以北京 SOHO 现代城为例，位于一、二、三层的商铺是其底商，位于底商之上的就是商务楼，里边也有很多商铺性质的店铺在经营。

商务楼商铺的最大特点就是建筑条件与商务楼写字间没有区别，只是用途不一样而已。开发商也不会标明哪里是商用性质的商铺，哪里是纯办公性质的写字间。所以位于商务楼中的商铺没有具体的分类，仅仅是经营品类上的不同而已。

（三）商务楼商铺的特点

位于商务楼中的商铺确切来说不应该称之为商铺，而应称之为商用，由承租者或是产权拥有者考虑用途，若承租者或是产权拥有者作经营活动，这样商务楼的房间就变成了商铺。

商务楼商铺位于商务楼的内部，不临街、不临商业场所，这就决定了商铺的客群只能是商务楼内的工作人员。所以位于商务楼的商铺较少，各种类型店铺均匀分散。如一个商务楼中，通常只有一家图片工作室，一家便利店，一家咖啡馆，定位精准、垄断性强是商务楼商铺的一大特点。

由于位于商务楼中，以在楼内的工作人员为客户，这就决定了商务楼的营业主要集中在白天的工作时间。除此之外，由于其所处环境的限制，商务楼店铺的经营范围也有较大的限制。这类商铺有些不具备明火条件，不能开设迪厅、卡拉 OK 等噪声较大的娱乐场所。商务楼商铺的经营多以购物、商务会所、商务服务为主，其他业态经营鲜见。

（四）商务楼商铺的发展现状

商务楼商铺的经营特性，使得很多开店者和连锁商家也将目光转向了商务楼里的这些白领阶层的高品质客源，进驻商务楼的商家越来越多。从经营成本的角度来看，商务楼店铺的租金比沿街商铺低很多，经营者完全可以将这部分因为租金降低的成本，体现在商品低廉的价格上，赢取消费者的青睐。

在香港，这种开在商务楼、公寓里的店铺称之为"楼中店"，在香港的黄金之地，"楼中店"成为很多人的购物选择。基本上大大小小的商务楼都有各种各样的店铺，很多商务楼的店铺不仅有本楼的客人光临，很多其他的顾客也会慕名而来。

（五）商务楼商铺的投资特性

沿街商铺或底商有良好的投资特性，但是价格也比较昂贵，将很多投资者挡在门外。商务楼商铺先天性的在客源上有一定的保证，而且其价格仅是写字楼的价格水平。同住宅楼商用一样，商务楼商用也有较高的利润空间，所以商务楼商铺投资越来越受到投资者的关注，若商务楼的管理商品牌很好，那么，里面的商铺价值就非同小可了。就以北京王府饭店的地下精品街为例子，有海量的国际大牌云集，租金自然在北京也属于佼佼者之一。

七、交通设施商铺

（一）交通设施商铺的概念

交通设施商铺，指位于诸如地铁站、火车站、飞机场等交通设施里面及周围的商铺，以及位于城市大型公交换乘车站的商铺。

交通设施商铺无处不在。比如，每个城市火车站周边都会有很多主要服务于乘客的各类商铺；地铁站内及地铁站周边也会有大量依赖于地铁交通的商铺；对于大城市来说，城市公交枢纽换乘站也有大量的人流，衍生出的公交枢纽换乘设施商铺也是交通设施商铺之一。

众所周知，交通条件是决定商铺价值的重要因素之一，既然如此，交通设施商铺最大化地发挥了交通条件因素的作用，所以交通设施商铺具有良好的、天然的市场吸引力。

（二）交通设施商铺的分类

按照商铺与交通设施的位置关系，将交通设施商铺分为交通设施内部商铺和交通设施外部商铺两大类。

交通设施内部商铺主要指火车站、地铁站、飞机场等交通设施里面的各种从事服务于乘客业务的商铺。这类商铺在几乎所有的火车站、地铁站、飞机场都存在，值得投资者关注。

交通设施外部商铺主要指火车站、地铁站、飞机场外部各种服务于乘客的铺面，规模越大的火车站、地铁站、飞机场周围，该类商铺的规模越大。大型的批发市场商业因为依赖广域的商圈，对于交通设施的依赖性较强，常常位于城市的火车站、长途客车站的周边。

居民在出行过程中对于交通有两种层面的需求，一种是城区内的交通需求，还有一种就是区域间的交通要求。按照居民对于不同的交通设施的依赖，可以将交通设施商铺分为域内交通设施商铺和广域交通设施商铺两大类。

域内交通设施商铺指位于满足居民日常出行需求的交通设施中的商铺，如城市中的公交枢纽商铺和地铁商铺。区域间的交通设施商铺指位于满足居民长距离出行需要的交通设施中的商铺，如火车站商铺和长途汽车站商铺。

（三）交通设施商铺的发展现状

交通设施商铺伴随交通商业而产生，对于交通设施使用者旅客的依赖程度较大。交通枢纽一旦形成，交通商业必然就会出现。尤其是近现代以来，交通设施种类和数量都在增加，交通环境正在改善，居民的出行需求日益增强。巨大的旅客群所产生的巨大的消费需求，催生了旅游商业的发展，这一发展的最大表现就是旅游商业的产生。

目前，我国各级、各地区域中心城市都已经形成不同规模的交通设施商业。在一些省会级以上的城市中，交通商业开发日渐受到重视，交通设施商业的体量不断增加，业种也由当初满足旅游最基本的饮食需求，发展到购物、休闲、娱乐、餐饮等不同层面的需求。这样，不同类型的交通设施商铺不断地被投放市场，成为商铺投资者新的选择。

（四）交通设施商铺的特点

依据交通设施商铺不同的分类标准，交通设施商铺有不同的特点。对于位于交通设施内的商铺来说，受商业体量和管理方的限制，这部分商铺通常都是为了满足旅客的基本需求，而且由交通设施管理方管理。对于位于交通设施外部的商铺来说，主要是为了吸引旅游消费，这些商铺都存在于大大小小的商业设施中，通常以市场、底商或专业店的形式出现。

域内交通设施商铺仅仅是满足城市内部居民的日常出行需要，业种业态较为单一，商业体量也比较小，与居民日常购物场所差别不大，区域交通设施商铺则主要是为了满足居民的长途旅行需要，业种业态组合比较复杂，也很难做到有序管理，但是通常伴随巨大的、不同层次的人流量，可以说商机无限。

（五）交通设施商铺的投资特性

中国有句老话就是"穷家富路"，就是说，居民在出行的时候都不吝惜花费钱财。这也是交通设施商业的消费水平高于其他同等定位商业设施的原因，交通设施商业内所销售的商品，一般情况下都高于市场平均价格，这也是交通商业与其他类型商铺相比最大的特点。

交通商业的这一特点决定了交通设施商铺的投资特性。高售价、高回报和低风险是交通设施商铺的最大特点。因为交通商业的巨大利润，所以交通设施商铺一般采用的销售方式是"只租不售"，所以虽然目前交通设施商业的开发项目很多，但是真正投放到市场中的商铺较少；投放到市场中的商铺售价也比较高。这种高售价决定了交通设施商铺的进入门槛要高于其他类型的商铺。同时，交通设施巨大的人流产生了巨大的消费需求，这就决定了交通设施商铺的高投资回报率，这种人流聚集的特性，也使得交通设施商铺的经营状况得到保证，投资风险也大大降低。

虽然交通设施商铺的进入门槛较高，但是其高回报、低投资风险的特性还是吸引了较多商铺投资者，甚至出现了"一铺难求"的现象。以地铁商铺为例，地铁巨大的客流无疑是一块诱人的大蛋糕,因此不少人对地铁商铺的关注越来越多。在日本,大商场楼下几乎都有地铁。站内往往设有大型百货商场、超市及其他休闲服务设施,休闲、购物都可以在一两个地铁口中的商铺进行,其地铁商业已经发达到无处不在的程度。

八、旅游区商铺

(一)旅游区商铺的概念

伴随着中国旅游市场的开发,中国的旅游业取得了很大的发展,不但包括旅游产品的开发、旅游收入的增加,旅游商业也开始异军突起,成为旅游业发展的重要附属。

所谓旅游区商业地产,主要指依托文物、景点在旅游区内或旅游区旁边所开发的为旅游、休闲提供服务的商店、餐馆、娱乐等建筑物和相关设施。旅游区商铺就是依托于旅游业的商业地产形式。相对于其他的商铺,旅游区商铺是旅游商业的重要组成部分。

(二)旅游区商铺的发展现状

国际权威机构预测,未来 20 年,中国的旅游业和房地产业都将会有极为广阔的发展前景,旅游商业地产作为两个黄金产业的交叉型产业,是一个巨大的"金矿"。国内有关专家分析表示,假日经济已经成为中国经济的重要增长点。而由于目前中国整个旅游房地产项目发展刚刚开始,可以预计,未来中国旅游区商业地产项目将是房地产投资的另一个重头戏。

作为旅游商业的载体,旅游区商铺也伴随着旅游商业地产的开发不断涌现。相对于一般的商铺,旅游区商铺的整体建筑风格、定位都与旅游业紧密联系。因为旅游业具有较高的利润率,所以旅游区商铺的投资日渐成为投资者的新宠。

(三)旅游区商铺的分类

旅游区商铺依据其经营内容可以分为商品销售型商铺和旅游服务型商铺。商品销售型商铺是指商铺所销售的商品是与旅游产品密切联系的商品与当地土特产。如在西安兵马俑附近的商铺销售的兵马俑陶俑,在长白山上的商铺销售的长白山人参等。这类店铺以出售实物为主,体现了当地旅游业的特点。除了销售的商品与当地旅游业密切相关,商品销售型商铺还包括满足游客基本消费需求的店铺,如为游人服务的便利店、服装店、日用品商店等。

旅游服务型商铺是指提供与旅游业密切相关的服务。如在北京故宫附近商铺提供的皇家风格照相馆、宫廷菜馆等,在江南水乡船坞提供的船上游览等。这类店铺所提供的服务与当地的文化有密切关系，通过旅游区商铺所提供的服务，可以使游客体验当地的文化特色。当然，除了这种与旅游产品密切联系的服务，旅游服务型商铺也包括满足旅游基本需求的服务产品。如游客在游览景区时需要就餐、住宿，据统计数据表明，游客的餐饮和住宿是游客旅游消费的重要组成部分。

（四）旅游区商铺投资的特点

第一，投资利润空间巨大。旅游商业与旅游业的密切关系，使得旅游商业获得同旅游业一样的盈利空间。良好的经营环境决定了旅游商铺的巨大投资利润空间。如在景区附近的商店中，一瓶价格只有 1 元左右的矿泉水可以卖到 3 ~ 10 元，巨大的利润空间也属于商铺的投资者和拥有者。

第二，与景区联系紧密。旅游商业与旅游业巨大的密切关系，这样才会彰显旅游商业的行业特性。这种联系不但包括旅游商业地产的位置与旅游资源的密切联系，同时也包括旅游商业的经营理念和主题概念要与当地的旅游资源保持一致。如陕西西安的旅游商业，大多是以"秦风""唐韵"为主题，吸引了大量的游客光临。旅游商业虽然依附于旅游业，但是旅游商业的发展也增加了旅游业的游览价值，完善了旅游业的服务功能。如贵州的黄果树国家公园附近，汇集了大量的西南少数民族特色商业，以展示不同的民族人文文化，使得单纯的自然景观风景区具备了人文魅力。

第三，商铺投资进入门槛高。旅游商业的巨大利润空间，也造就了高额的旅游商铺价格。这使得商铺投资者进入旅游商铺投资的门槛增高。如贵州旧州，仅仅是一个普通的县城，普通的商铺价格不到 4000 元，但其位于土家族民俗村内的商铺价格达到 10000 元，是普通商铺的 2.5 倍之多。

案例

市场商业——投资经营两不误

广州商人齐某，一边从事服装生意，一边利用手中的余钱进行商铺投资。因为自己就在市场里经营，看到听到最多的也就是市场商铺，看惯了不值几个钱的铺位几年的时间获利就可以成倍的增长，他也开始了市场商铺的投资。以下是其这几年投资市场商铺的心得，希望投资者能从齐某的经历中了解市场商铺投资的特性。

"20 世纪 90 年代初，各行各业都比较容易赚钱，下海创业时，开始也不知干什么好，恰好政府开发了一个专业批发市场，便试着买下了一间店面用来做生意。批发市场的生意基本上是厂家的资金在流动，自己在批发差价中赚了钱，投资的念头便产生了。我还是将目光放在本市场上，成本每平方米几百元的铺卖给我们小投资者上万元一平方米。"

"手头有了一点儿闲钱，我就决定多买两间铺面，说实话当时也没有什么把握，可能是觉得做生意有点儿不那么实在，没生意做时便要喝西北风了，有点儿租金收入可能会稳妥一点儿。后来瞅准机会在市场扩大时多买了两间，碰上当时经济发展快，市场也景气，马上有人求租了，有十个点左右的回报率，立即答应下来。专业市场是按每年收租的，第一年的租金和押金够还掉借款了。总的来说是算成功的投资，将买铺面时借的钱还完还有赚的！"

"一直都没有将投资商铺的经历说出来，一个原因是这段时间盯着股市不敢分心，另一个原因是正在反思投资商铺的得失。今天总算将手中的股票全清理掉了，舒了一口气。"齐某谈起商铺还想起了一直让他欲罢不能的股票投资。

"在以后所买的商铺中，没有一间比这两间的收益更高。不过买下了这儿的资金都用完了，心中的汽车梦想不得不一再推迟。本身我们这些在批发市场工作的人就是风里来、雨里去，全年365天能上360天班，苦啊！我觉得商铺投资还是要量力而行，买得多了虽然挣得钱就多，但是背着贷款过日子还真是难受，国家一说要调整贷款利息，就像有人把手放在自己脖子上似的。可是手上刚有一点儿闲钱就开始琢磨着再买一间铺子，什么时候是个头呀。我算是想明白了，以后不想再买商铺儿等把该还的贷款还完了，就可以好好享受生活，准备买个车子，以后再买个大房子，到时候生意也不做了，天天就是收租金，剩下的时间就是去各地旅游。"

"现在我也有担心的事情，目前这个市场的二层还在扩张，虽然目前生意很好，但是这样的市场是很好复制的，我敢说只要附近再开一家这样的市场，我们这个市场必死无疑，这样我的这几个商铺连本都不能收回来。"

案例分析

我们从齐某的投资心得中看到了商铺投资者辛酸的一面，虽然商铺投资具有良好的收益，但是这些投资者也承受了投资所带来的压力。市场商铺投资有较好的收益空间，但是投资风险也不小，一旦市场的运营出现问题，商铺的价格就会一落千丈。很多投资者都采用了银行按揭的方式，在取得收益的同时也在承受资金压力，国家的贷款政策、房改政策都会牵动投资者敏感的神经，甚至关系到投资者的家庭生活。所以，商铺投资回报率虽高，但是也要看好行情，量力而行。

思考：请就近挑选一个你所了解的商铺进行市场分析。

本章小结

商业房地产商铺的价值评估，是投资决策的重要一环，如何洞察先机，发掘投资项目的潜在价值，是商用房地产投资的盈利关键点。商铺投资可以是为了拥有这份物业，也可以只是为了通过对这份物业的投资而获得更高的收益。投资者在进行商铺投资时，应根据不同的经济实力、不同的投资目的，选择最合适自己的投资方式。

复习思考题

1. 商铺投资的特点是什么？商铺投资的风险点在哪里？开发商和投资者应该如何应对和选择？

2. 请就近挑选一个你所了解的商铺型商业物业进行市场分析和评价。

3. 商铺的类型有几种？分别有哪些优劣势？试从八种类型的商铺中选择一个进行投资分析，并给出选择的理由。

5. 以某商铺开发项目为例，分析其商铺类型和特点，以及投资综合评价和建议。

附后案例库

1. 万科集团经营决策的转变

万科公司组建于1984年，最初从事录像机进口贸易，接着"什么赚钱就干什么"。到1991年底，万科的业务已包括进出口、零售、房地产、投资、影视、广告、饮料、机械加工、电气工程等13大类。在企业发展方向上，其创始人王石曾提出，把万科建成一个具有信息、交易、投资、融资、制造等多种功能的大型"综合商社"。1992年前后，万科通过增资扩股和境外上市筹集到数亿元资金，一方面将业务向全国多个地区、多个领域扩展，另一方面向国内30多家企业参股，多元化发展的速度和程度达到其历史顶点。虽然万科的每一项业务都是盈利的，但是，从1993年开始，万科的经营战略发生了重大改变：第一，在涉足的多个领域中，万科于1993年提出以房地产为主业，从而改变过去的摊子平铺、主业不突出的局面；第二，在房地产的经营品种上，万科于1994年提出以城市中档民居为主，从而改变过去的公寓、别墅、商场、写字楼什么都干的做法；第三，在房地产的投资地域分布上，万科于1995年提出回师深圳，由全国13个城市转为重点经营京、津、沪、深四个城市，其中以深圳为重中之重；第四，在股权投资上，万科从1994年开始，对在全国30多家企业持有的股份进行分期转让。

请问：万科集团的多元化经营是成功的，因为其每一项业务都盈利，但是，为什么万科集团要从多元化经营向单一领域经营回归呢？你如何看待万科集团的决策？

答：目前的盈利不代表永远盈利。万科集团由原来的多元化经营实施收缩战略和撤退战略，使企业将资源集中于企业最擅长的市场，有利于企业在未来的长期竞争中培养自身的竞争优势，获取更大利益。实施多元化经营也是很多企业完成资本积累的做法。待资本积累到一定程度，都不同程度集中于一定的主业市场。

2.北京红石实业公司目标市场

北京红石实业公司，通过市场细分，选择了其中的两个目标市场，该公司集中有限的资源先后为北京的居家办公的目标市场开发了SOHO现代城，为金领人士组成的目标市场在海南开发了高挡海景别墅。

问：（1）房地产公司采用了哪种目标市场选择的策略？

（2）房地产目标市场选择应该按照什么程序进行？

（3）谈谈你对红石公司的目标市场选择策略的看法。

答：①红石公司采用的是选择性专业化策略。指房地产企业根据市场需求，选择某几个细分市场，为不同需求的顾客提供不同类型的产品。②房地产目标市场选择的程序是：第一，市场调研及市场细分。第二，细分市场分析与评估。第三，目标市场选择。③红石公司通过市场细分，有效运用了目标市场。选择中的选择性专业化策略，根据市场需求，结合自身的实力，选择了其中两个目标市场，然后集中公司的资源先后为北京的居家办公的目标市场开发了SOHO现代城，为由金领人士组成的目标市场在海南开发了高档的海景房别墅，两种不同类型的产品，取得了成功。

3.某房地产项目销售渠道的改变

某房地产发展商开发的某项目，推出市场后销量不佳，一个月仅成交3套。于是发展商转变策略，委托某销售代理公司销售。代理商接手后，进行调查后发现主要是原有的设计和营销策略不当。于是，代理商的建设设计研究部参与了其户内面积修改，并建议发展商利用属下各地的房地产项目的庞大客户资源，整合集团其他机构资源，进一步加强项目品牌宣传。通过整改，该项目重新推出市场，销售业绩大幅提高。

问：阅读以上案例，试分析为什么房地产开发商采用直接销售渠道导致了失败，而采用间接销售渠道取得了成功。直接销售渠道与间接销售渠道各有哪些优缺点？

答：①房地产直接销售的优点有以下几个方面：1）减少代理费用。2）可更好地了解目标市场。3）提供更优质的服务，较好地控制销售渠道。4）我国目前房地产中介市场仍存在诸多问题。

②房地产直接销售渠道的缺点有以下几个方面：1）产品推销成本较高。2）易失去部分市场。3）自营推销人员素质往往较差，推销经验不足。

③房地产间接销售渠道的主要优点有以下几方面：

1）可弥补房地产开发商经营能力的不足，使其能集中精力搞好生产。2）即可使产品具有最大的市场覆盖面，同时还可降低房地产开发商的销售成本。3）可避免社会资源的浪费，促进房地产商品的快速流通。4）可提供全过程的营销服务。5）降低和减少房地产市场的风险。

④房地产间接销售渠道的缺点有以下几个方面：

1）难以整合形成核心竞争优势，营销策略容易被竞争对手模仿。2）消费者认可开发商品牌，而对代理商的品牌认识相对薄弱。3）大部分代理公司注重营销的短期利益，而对长期利益重视程度不够。4）我国房地产中介市场运作尚不成熟，存在很多不规范的操作行为、荣易导致开发商信誉受损。

4. 户型创新

在商品房开发中，户型创新是提高住宅产品竞争力的重要手段之一。不少案例里开发项目在区位、环境等因素不可改变的情况下，通过不断挖掘创新型户型作为卖点，为产品提高竞争力，已经成为楼盘制胜的关键。商品房的户型设计可谓亮点不断，空中花园、小复式、跃式结构等等，这些舒适性和实用性兼备的产品设计为消费者所追捧，为楼盘销售注入了强有力的兴奋剂。

问：户型属于房地产产品整体观念的哪一层次？结合案例，谈谈你对房地产产品整体概念的理解。

答：①户型属于房地产产品概念中的有形产品。房地产有形产品是房地产和新产品的载体，是消费者可以直接观察和感觉到的内容。消费者实际是从有形产品考察房地产产品是否满足其对核心产品的需要，是选购房地产产品的直接依据。

②房地产的产品整体概念包括核心产品、有形产品和附加产品。有形产品是核心产品的载体，企业必须将产品的名称、外观特色、包装和其他属性合理组合，把核心产品转化成有用的东西，准确地把核心利益传送给消费者。案例中的不断创新户型，就是通过各种花样的户型这一有形产品的直观性来吸引消费者的。附加产品是消费者在购买房地产产品过程中可以得到的各种附加服务和利益的总和，主要包括售前咨询、代办手续、按揭保证、提供贷款、物业服务等。特别是物业管理服务，在日益激烈的市场竞争中，提供优质的物业管理服务也是房地产产品营销的重要手段。

5. 产品整体概念以及现代房地产市场竞争趋势

广州某楼盘在开盘盛典上发布了"双十保"（十足质量保证，十年免费保修）的承诺。在房地产行业由质量问题而引发的投诉率居高不下的现阶段，敢于作出这样的承诺，这一举动意味深长。据负责人介绍，做出这样的承诺是因为"四不"：一是不出风头，把钱花在你看不见的地方，如16厘米厚的无梁楼板、双层中空玻璃；二是不炒概念，注重楼盘内在品质；三是不惜代价，聘请高素质合作伙伴；四是不怕"浪费"，600元当300元花，给住户配备高标准装修套餐。

问：阅读以上案例，根据所学的有关知识，说明你对产品整体概念以及现代房地产市场竞争趋势的理解。

答：①产品整体概念包括了核心产品、有形产品和附加产品，售后服务与保证是产品的重要组成部分。②市场竞争的内容和形式是动态的，现代房地产市场的竞争趋势是在附加产品上来提高产品的吸引力。在日益激烈的市场竞争中，如何提供更完善的附加产品是房地产开发经营者重要的手段。附加产品包括售前咨询、代办手续、按揭保证、提供贷款、物业管理等。特别是物业管理，作为房地产附加产品的重要内容，已成为房地产产品不可分割的部分，也成为了产品营销的重要手段。物业管理公司通过优质的物业管理服务，为业主和使用者提供了良好的环境和便利条件，更充分地体现了房地产产品的使用价值，满足了房地产产品保值增值的要求。

6. 两个不同项目目标市场选择

案例一：北京市天创房地产开发公司精心打造天缘公寓（高层住宅项目），该项目位于北京市宜武区白纸坊和西二环交汇口，项目总建筑面积7万平方米，公寓的户型面积从75平方米到193平方米，涵盖了二室二厅、三室两厅、四室两厅等多种规格，开发商力图通过该物业的开发建设来满足不同目标市场（小康型住宅需求群体、富裕型住宅需求群体、豪华型住宅需求群体）的需求。

案例二：位于南京新街口中央商务区的标志性建筑天安国际大厦，它的目标客户群体定位于在南京CBD办公的白领阶层，该项目的1～8层为大洋百货公司，9～13层为高档写字楼，14～42层是公寓，开发商通过在一个楼盘中开发不同类型的物业，较好地满足了南京新街口CBD区域内的白领人士购物、餐饮娱乐、办公、居住等各种需求。

问：（1）案例一、案例二的房地产公司分别采用了哪种目标市场选择的策略？

（2）房地产目标市场选择应该按照什么程序进行？

（3）谈谈你对案例中两个房地产公司的目标市场选择策略的看法。

答：（1）案例一采用的是产品专业化策略，案例二采用的是市场专业化策略。产品专业化策略是指房地产企业向各类购房者同时供应某种房地产，由于面对不同的购房者，需要房地产商品在档次、质量或区位等方面有所不同。市场专业化策略指房地产企业面向同一市场类型，如高收入阶层。

（2）房地产目标市场选择程序应按照以下程序进行：1）市场调研及市场细分。2）细分市场分析与评估。3）目标市场的选择。

（3）目标市场的选择是建立在市场细分的基础上的，因此，广泛的、深入的市场调查与研究是尤其重要的。房地产项目投资巨大、投资周期长、涉及因素复杂、风险大等特点，都要求重视市场研究，真实地把握市场规律。以上案例中开发企业就是对目标消费群体进行了充分的调查、分析、研究的基础上针对目标消费群体对房地产产品属性、特征、功能的需求，塑造产品的特色形象，并把这种形象传递给了消费者，从而吸引顾客、占领了市场。

7.日照海滨教授花园案例分析

2006年秋，"日照海滨教授花园"成为各大门户网站的焦点话题。9月25日网易在新闻的头版头条以《300多北大教授山东日照购海景房)》为题进行了报道，然后凤凰网、搜狐网、人民网等各大门户网站以及《北京青年报》等众多媒体相继进行了大量报道。"日照海滨教授花园"一时间声名鹊起，引起了社会各界的极大关注。日照市作为新兴的海滨城市，在国内的知名度并不高，更不要说教授花园的开发商山海天城建集团这家房地产公司了，可是他们在短短的十年时间内，连续成功开发了教授花园一到四期工程，种下的"梧桐树"，竟然引来了四百多名以北大教授为代表的"金凤凰"入住园区。

分析讨论

1.分析"教授花园"促销策略成功之处。

答："日照海滨教授花园"促销成功之处，可以归纳为三个论点：

一、项目自身的内在素质中分析

（1）发现了项目的卖点，并在计划实行之前进行了提炼卖点，通过自身优势和消费需求抓住营销的切入点，打开市场；（2）寻找建筑的唯一性，将营销切入点投放于建筑的单体设计方面，将此彻底形象化；（3）使用条件上体现出了良好的物业管理服务；（4）成功的销售为房地产项目增加了附加条件，预支了商品的销量。

二、准确的广告诉求点

（1）在广告诉求点上找到产品实质.上的比较强项，是群众被吸引，刺激消费者从而产生消费行为；（2）广告诉求点与客户需求一致，有效吸引顾客，高效果广告起到促进销售的作用；（3）主诉求点与次诉求点恰如其分，专一的广告主题成功吸引目标客源。

三、系列广告的影响

（1）运用传播媒体强有力的吸引群众的眼球，虽然费用高，但迅速及时，适合"教授花园"；（2）在视觉媒体上，加强目标的针对性，使其独特化，重点体现设计的精致型，达到以单体设计为卖点的目的；（3）利用观念广告的模式，将"日照海滨花园"楼盘，以一种概念传播出去。

2.制定楼盘促销策略是要考虑哪些因素？"教授花园"还可以采用那些促销策略？

答：制定楼盘促销策略时应考虑的因素：（1）促销目标；（2）市场竞争状况；（3）购买者心理接受阶段；（4）消费需求；（5）产品建设的不同周期；（6）企业的促销费用；（7）其他营销因素。案例中的"日照海滨花园"作为一家中、高档住宅开发为主的小型房地产开发企业，根据项目开发的档次及适宜的消费人群，很好地锁定了目标客户。然后，它的楼盘名字也是一个亮点，给人一种温馨、舒适的感觉，同时也充满了人文气息，以一种观念设计给人一种工作之余，惬意的生活方式。阳光、海滩、沐浴大自然之风的享受之感，既优雅又不失时尚，正如案例中讲到的种下的"梧桐树"吸引了"金凤凰"。感应消费者的需求，是资源和优势相吻合，在一定程度上缩小宣传范围，节省了人力、物力、财力等，并且商品也附有了专一性的效果。由于建筑本身具有的独特性，而单体设计的形象展示可谓是物之所用。因为没有哪个设计师可以设计出高于客户需求的商品，显然建筑功能和使用条件不可作为营销切入点。而此项目正好抓住建筑单体设计的卖点大力宣传房地产商品。首先，确定了诉求点，通过央视做品牌广告，在地方台做专题广告等，告诉客户值得信赖的条件；紧接着，根据客户需求抓住主流客源；而后，使用形象广告为主题继续宣传楼盘设计，广泛参加房地产展销会、商品模型展览、设计图纸介绍、散发宣传小册子，通过精心安排的主题广告轮流上演保持楼盘的内容常亮常新。形象提升，美誉度增加之后，最终达到促销目的，通过客户做宣传广告，将优秀的管理和周到的服务传播出去，品质和内涵相结合，"教授花园"真可谓日新月异。

8.北海房地产市场崩溃

1984年，北海被国家批准为全国十四个沿海开放城市之一。1992年，仅用了一年时间，一个不足9平方公里的城市拓展到28平方公里，扩建框架延伸到80平方公里。1992 年和 1993 年的 GDP 增长幅度 48.17% 和 74.8%，一项统计数据表明，全国 14 个沿海开放城市 9 个主要经济指标综合比较，增长最快的是北海。北海以低门槛的政策为中心，以房地产的拉动实现了第一次经济腾飞。

广西北海市政府效法广东、海南，抓住房地产业，掀起了"开发热"，在 1992 年一年之内就建立近 20 个开发区，批出土地 80 多平方公里，批准成立房地产公司 500 多家。到 1993 年 6 月为止，该市的房地产企业已有 1100 多家。9 个开发区破土动工，千余家房地产开发公司结彩燃鞭、挂牌开张。据统计，在不到两年的时间里，来自全国 30 个省市的 3000 家企业，近 10 万外地人前来淘金，投入的资金高达 100 多亿，北海市政府出让规划用地多达 67.75 平方公里，建筑工程项目投资 43 亿，施工面积接近 400 万平方米，在建工程中超过 20 层的建筑达 45 幢，14 条宽 50 米以上的城市干道同时开工。

但在 1993 年上半年，这些土地经三四次转手后，市场价格涨至原价的一二十倍。土地价格从 1992 年初的三、五万元 / 亩开始急速攀升，1993 年春节前后到达顶点，很多地块超过了 100 万 / 亩，1993 年 8 月开始下降，1994 年，跌到有价无市。这一时期，北海房地产市场上的公寓、写字楼、别墅的价格也由 800-1000 元 / 平方米升至 3000 元 / 平方米、4000 元 / 平方米。但变冷后，房产和土地价格同步下跌，到 1999 年，房产跌到 700 元 / 平方米、地价格 8 万元 / 亩，许多房产与其最高价相比，已跌去六七成。

1993 年中开始的全国宏观经济调控对北海是泰山压顶的一击，北海从此成了一个被房地产套牢的城市。1994、1995、1996 年 GDP 增幅仅为 12.53%、3.3%、5.9%，北海经济逐渐萧条，大批大开发时代移民迁出，北海人气下降。1995 年后，房地产成了一把枷锁牢牢地套住了北海，打官司成了北海房地产商和金融机构最忙乎的事。北海市的商品房、土地大都被全国各地来的法院贴上了封条。一个叫恒利海洋运动娱乐中心项目的 45 万平米房子全部被查封，许多官司打到了最高人民法院。1992、1993 年两年时间，新闻媒体 3150 人次造访北海，在省级以上报刊发文稿 7996 篇，大规模密集式的推介成就了北海房地产，成就了北海，但 1995 年后媒体只有大量北海泡沫经济以及北海别墅养猪的报道。据北海市房产土地部门统计，到 2000 年 2 月底，来自全国法院系统的房地产查封案件 755 宗，查封土地面积 1 万多亩。

9. 保利军事房产营销案例浅析

首先做一个结论：保利房产的营销可谓经典案例。国防宣传教育公益活动和房产营销捆绑，既达到了国防教育的目的，又达到了吸引大量客户并宣传企业及地产楼盘的目标，增值了该地段的房价。

（1）营销

①营销立意高，超过传统的房产营销的宣传方式。兵器展属于公益性活动，不收费，可以宣传国防知识、兵器知识，增进人们对国家国防建设的了解，对于儿童来说则是启发儿童好奇心很好的一种方式，对于家庭来说，父母带着孩子出来本身对增进家庭的和谐也有好处，对于恋爱中的男女来说，去看兵器展无疑也是一种很好的约会方式。

②门票发放免费，发放地点遍布成都（主要为超市），保证了潜在客户不会因为票难求而放弃前往。

③网络营销攻势到位。值得一提的是，此次兵器展得到腾讯地方新闻弹出框的支持，不看新闻的网虫也没办法避免不中枪。

（2）管理和布置

①保安人员均使用统一服饰，服饰显得正规、规范，直接向到场潜在客户展现楼盘的治安管理风貌。

②展会人流控制科学、得当。整个区域分为出入口2个，一个可进可入，一个只许出不许入。实体兵器展示区域、人流缓冲区、缓冲走廊、军事模型展区、房产展区、室外军事游戏区、文化宣传走廊、签名墙等。保安会根据室内人流量大小，间歇性地将人流从缓冲区放入室内。

③整个展会参观流程，房产和军事捆绑紧密。

1）入口处，免费领取门票，同时参观者也会领到一张该楼盘的广告宣传单。

2）缓冲区内。摆放着数架坦克、特警车、武警用车等军用车辆。同时在人行道便立有宣传公司军工实力的广告墙和万人签名墙。

3）缓冲走廊。走廊修筑优美，有假山，有楼阁还有水。走廊架在水上，水中放置了模型的潜水艇和标识"中国力量"的金字塔。进入室内前可以看到四周墙面上各种标语。

4）模型展区过后就是楼盘展示处。楼盘的模型沙盘摆在正中央，使用华丽的黄色灯光，多位工作人员手拿广告单，发给人群。楼盘靠墙处，有楼盘销售情况以及近期各房的售价。

10. 宝库中国：中国文化地产标杆创领者

2015年末，易居中国正式推出1.0版本的地标宝库，它成为文化与建筑创新结合的第一案例。最初，它用宝库运营费用反哺博物馆的模式，为地下空间带来了超高溢价。数据显示，上海中心观复宝库入市之初的单价为 100 万元 / 平米到 150 万 / 平米。当然，精工打造的它，本身也如同一件件传世艺术品。

在中国大量城市地标只有物理高度，缺少精神高度背景下，宝库文化给建筑注入了新的生命活力。它顺应了国家大力发展文化产业的方向。

这只是宝库故事的开始，它要把流动的博物馆搬到社区里。

2016 年 6 月，宝库推出了 2.0 版本，即社区宝库。据悉，社区宝库是易居中国花五年时间，潜心打造的一个全新的产品，它不仅能让文化下社区，还能增加项目的软实力及附加值。在面粉比面包还要贵的时代，开发商要达到好的利润空间，就必须要在品质上做突破，做概念、卖点和运营叠加。

以前，宝库只是银行的专利；现在，它不仅可以成为房地产文化产业的探索方向，还将是未来优化居住的标配。在新一轮市场竞争中，越来越多的开发商意识到，与其把营销费用花在别处，不如脚踏实地，把产品与服务做到极致。而宝库将成为未来开发商突破包围圈的"独门武器"。

有数据显示，在社区宝库推出后的短短 38 天时间内，就与星河湾、中粮、中电建、富力、中信泰富、华发等 20 余家主流房企签订战略合作，另有 100 多个项目陆续向宝库伸出了橄榄枝。

易居中国董事局主席周忻认为，宝库 2.0 就是给宝贝一个安全的、展览的空间，打造家门口的博物馆，给老百姓安全感、幸福感、人文感。

据不完全统计，中国大约 5000 家博物馆里有 4000 多家是政府支持的，还有 1000 多家民办博物馆是自负盈亏的，中国的民办博物馆发展潜力特别大。宝库就是一种新模式的探索。